RÜDIGER SIEBERT

Java · Bali

Rüdiger Siebert

Java · Bali

Eine Einladung

Prestel-Verlag

Frontispiz:

Detail aus dem Avadana-Relief
an der Hauptmauer der ersten Galerie
der Tempelanlage Borobudur

CIP-Titelaufnahme der Deutschen Bibliothek:

Siebert, Rüdiger:
Java – Bali: eine Einladung / Rüdiger Siebert. –
München: Prestel, 1991

© 1991, Prestel-Verlag

Prestel-Verlag, Mandlstraße 26, 8000 München 40
Telefon (089) 38 1709-0, Telefax (089) 38 1709 35

Lithographie:
Repro Ludwig G.m.b.H., Zell am See, Austria
Satz, Druck und Bindung:
Passavia Druckerei GmbH Passau

ISBN 3-7913-1171-9

Inhalt

9 VORWORT · *Rast am Rande des Reisfelds*

13 JAKARTA · *Vom Malaria-Loch zur Millionenmetropole*

- 13 Die Hauptstadt im Überblick
- 19 Inseln der Vergangenheit
- 27 Hafengeschichten
- 36 Das alte Batavia
- 42 Wo Chinesen unter sich sind
- 48 Die Harmonie mußte dem Fortschritt weichen
- 54 Das Gold der frühen Jahre
- 60 Männer, Blut und Träume
- 77 Die Straße ins 21. Jahrhundert
- 80 Ur-Viecher und andere Besonderheiten

86 WESTJAVA · *Eine Landschaft wie Musik*

- 86 Das Sanssouci der Tropen
  Bogor – Ciampea
- 94 Aufatmen in kühler Bergwelt
  Puncak – Cibodas – Salabintana
- 98 Studenten, Flugzeuge und eine berühmte Konferenz
  Bandung
- 103 Stockpuppen, Schatten und die Geister
- 109 Der Humboldt von Java
  Tangkubanprahu
- 114 Kraton im Abseits
  Sumedang – Cirebon
- 129 333 Stufen ins Paradies
  Situ Cangkuang – Garut – Naga

132	Magische Orte, heilige Stätten
	Tasikmalaya – Situ Lengkong – Astana Gede
136	Am Ende die Fackel des Fortschritts
	Pangandaran – Cilacap – Segara Anakan

| 141 | ZENTRALJAVA · *Geist und Geister großer Kulturen* |

141	Nahtstelle der Schöpfung
	Dieng-Plateau – Gedong Songo – Demak – Kudus
149	Versandete Häfen
	Demak – Kudus
151	Borobudur
166	Vom Geist der Steine
	Von Ratu Boko bis zum Candi Morangan
183	Die gefährliche Liebe der Loro Kidul
	Imogiri – Parangtritis
191	Malioboro zwischen Kraton und Kommerz
	Yogyakarta
196	Im Labyrinth der Macht
205	Der streitbare Prinz als Guerilla-Führer
217	Heldentum und Personenkult
219	Die farbige Urkraft des Malers Affandi
221	Zucker und Reis
	Klaten
224	Postkutsche in Solo
	Surakarta
229	Morsche Knochen, Nebel und Erotik
	Sangiran – Candi Ceto – Candi Sukuh

234	OSTJAVA · *Versunkene Reiche, geschäftige Gegenwart*
234	Neue Horizonte der Macht Von Sarangan nach Sanggrahan
241	Mythos Sukarno Blitar – Panataran
245	Große Tempel in kleinen Dörfern Von Malang bis zum Candi Sumbarawan
249	»… zum Himmel strebt der Gipfel, so goldig, blütenbunt« Tretes – Jalatunda – Belahan – Mojokerto – Trowulan
258	Zu den Wallfahrtsstätten des Konsums Surabaya
261	Am Rande des Infernos Propolingo – Tengger-Gebirge

265	BALI · *Die einzigartige Insel*
265	Paradies mit Widersprüchen Banyuwangi – Gilimanuk
274	Erste Einsichten im Norden Pura Pulaki – Brahma Vihara
278	Comic Strip auf Palmblättern Lovina Beach – Singaraja – Sangsit – Kubutambahan
291	Tödliche Schrecken Pura Tegeh Koripan – Gunung Batur – Penelokan – Trunyan
297	Stirb und werde Bangli – Pura Kehen
301	In Ubud und um Ubud herum
309	Nach Gunung Kawi und Pura Tirta Empul
311	Malerei und Museen
315	Walter Spies und Ubud

318 Schwere Wolken des Unheils
Pura Besakih

322 Alles fließt
Karangasem – Tirtagangga – Candi Dasa –
Tenganan – Goa Lawah

328 Grausamkeiten zwischen Himmel und Hölle
Klungkung

331 Schwarze und weiße Magie
Batubulan

335 Abgesang auf einen Mythos
Denpasar

340 Spanne und Spannung zwischen Berg und Meer
Mengwi – Tabanan – Pura Luhur – Tanah Lot

JAVA UND BALI AUF EINEN BLICK

350 Historische Entwicklung
354 Indonesisches Kultur-Kaleidoskop
361 Balinesische Besonderheiten
365 Reisehinweise von A bis Z
378 Literatur
381 Personen- und Götterregister
385 Orts- und Sachregister
392 Abbildungsnachweis

KARTEN

Übersichtskarte Java · Bali
Vordere und rückwärtige Einband-Innenseiten

Java
Jakarta 12 · Westjava 88 · Bandung 99
Zentraljava 142 · Prambanan 168 · Yogyakarta 192
Surakarta 225 · Ostjava 236 · Trowulan · 254

Bali
Inselkarte 268 · Pura Besakih 320 · Pura Taman Ayun 342

VORWORT
Rast am Rande des Reisfelds

»*Ruh dich aus und mach Rast am Rande des Reisfelds,*
Wo still plätschernd das Wasser die Felder durchfließt.
Silbern glänzt es, den Himmelsglanz spiegelnd,
Der, blau jetzt, sein Licht vergießt.
Der grüne Reis, in Reihen gestellt, zählt die Lichter
Auf dem Wasserspiegel, der glitzernd verharrt.«

Dieses Buch ist eine Einladung. Ganz so wie es in jenem Gedicht des javanischen Lyrikers Trisno Sumardjo (1916-1969), in der Übersetzung von Bertold Damshäuser, anklingt.

Um Mißverständnissen vorzubeugen: Auch Indonesien ist vom Wirbel fragwürdigen Fortschritts erfaßt und in die Dynamik modernen Lebens einbezogen worden. Ein dichtes Flugnetz verbindet die Inseln des Archipels. Verkehrsstau ist zum städtischen Problem geworden. Polusi als Lehnwort für Umweltverschmutzung hat Eingang in die indonesische Alltagssprache gefunden. Auch der Reisende wird einsehen müssen, daß ihn kein Paradies erwartet, mögen es ihm die Hochglanzprospekte noch so verlockend preisen. Doch Indonesien mit seinen 13 000 Inseln ist ein einzigartiges Land geblieben, ein Kontinent von seinen Ausdehnungen, eine der vielfältigsten und farbigsten Kulturlandschaften der Welt. Java und Bali liegen im Herzen dieses Inselreiches. Hier ist der Pulsschlag des ganzen Archipels zu vernehmen; lautstark und dröhnend in den städtischen Zentren, verhalten und im Einklang mit uraltem Lebensrhythmus im dörflichen Hinterland. Dort erfahren wir von der geistigen und kulturellen Eigenart der Inseln und ihrer Bewohner. Dazu bedarf es der Geduld und der Umwege, zu denen mein Buch ein Begleiter sein möchte.

Ich bin oft gefragt worden, wie man sich denn Java und Bali am eindrucksvollsten nähert. Der große Bogen, den ich auf den folgenden Seiten von den Jakarta vorgelagerten Inselchen durch

Java hin zu Bali schlage, ist meine Antwort; und mein wichtigster Rat heißt *Sabar subur:* Geduld trägt Früchte. Natürlich gilt es, religiöse Stätten zu besichtigen, bestimmte Orte aufzusuchen, herausfordernde Vulkane zu besteigen. Doch den Geist, der all dies erfüllt, vermögen wir nur bei geziemender Verzögerung, bei allmählicher Annäherung zu erspüren: bei immer neu erlebter Rast am Rande der Reisfelder. So öffnen sich uns Java und Bali. Nicht in kultureller Erstarrtheit, nicht als Museum mit Kunst hinter Glas werden die Inseln wahrgenommen, sondern in der gegenwärtigen Lebendigkeit ihrer Veränderungen auf dem soliden Fundament tiefverwurzelter Kultur.

Dabei versteht sich dieses Buch als eine Einladung zu Umwegen, aber auch als praktischer Ratgeber. Geschichte wird lokalisiert; geistige Strömungen und die Spuren wichtiger Reiche werden nachvollzogen. Dazu gehört auch, die Beobachtungen früherer Reisender wahrzunehmen; wo immer möglich, werden sie zitiert und eingebunden in die eigenen Erfahrungen. Jeder erwähnte Ort, jede beschriebene Sehenswürdigkeit sind mit Hilfe des Registers individuell anzusteuern. Jedes einzelne Kapitel ist in sich geschlossen, wenngleich im großen Zusammenhang alle selbstverständlich aufeinander bezogen sind. Fast alle der skizzierten Routen sind mit öffentlichen Verkehrsmitteln zu befahren, fast alle Orte damit zu erreichen, wenn man genügend Zeit aufbringt. Ohnehin wäre es vermessen, die Verästelungen javanisch-balinesischer Gemeinsamkeiten bei einer einzigen Reise ergründen zu wollen. Dieser Reichtum sollte nur fein dosiert genossen werden. Im informellen Anhang werden dafür die praktischen Tips, die historischen Zusammenhänge und die Hinweise auf literarische Vertiefung gegeben.

So wie wir beim Unterwegssein in Java und Bali immer wieder freundliche Hilfe, ein aufmunterndes Lächeln, ehrliche Anteilnahme an unserem Woher und Wohin erfahren und erst mit den menschlichen Begegnungen eine Reise zum Erlebnis wird, so konnte auch dieses Buch nur mit Unterstützung vieler Freunde, Kollegen und Bekannten in Indonesien und in Europa geschrieben werden. Wiederum sah ich mich dabei in der Dankesschuld von Dr. Karl Helbig, dessen wissenschaftliches und literarisches Lebenswerk über Indonesien auch meine Reisen und Weltsicht beeinflußt hat. Besonderer Dank zu sagen ist Frau

Professor Dr. Irene Hilgers-Hesse, der großen alten Dame der Malaiologie in Köln; Dr. Rudolf Gramich, dem langjährigen Leiter verschiedener Goethe-Institute in Indonesien; Adolph Heuken SJ in Jakarta, dessen Stadterkundung auch mir wertvoller Wegweiser war; Ida Dayu Agung Mas und Dr. Danker Schaareman, die mir auf Bali zu Umwegen verhalfen; den Kollegen von Radio Mara in Bandung und denen vom Indonesischen Programm der Deutschen Welle in Köln, ebenso Dr. Wolfgang Weise, dem langjährigen Leiter der Asien-Redaktion dieser Funkanstalt; Karl Mertes vom Westdeutschen Rundfunk in Köln; Doris und Peter Esche, die Bali und Java zu ihrer zweiten Heimat gemacht haben; Dr. Werner Kraus von der Universität Passau; Ulrike von Mengden in Jakarta; Margarete Fiedler, die viele meiner Reisen und das Schreiben darüber mit kreativer Kritik begleitete; Elisabeth Soeprapto-Hastrich in Jakarta, die meine ersten Schritte hin nach Bali und Java gefördert hat – vor vielen, vielen Jahren.

Wohlan denn! Die Reise nach Indonesien beginnt ja zumeist im Trubel einer der großen Städte, wo Flugplätze, Häfen, Bahnhöfe sind. Doch ich wünsche meinen Lesern und mir, noch oft Rast am Rande des Reisfeldes machen zu können.

Rüdiger Siebert,
Metternich im September 1991

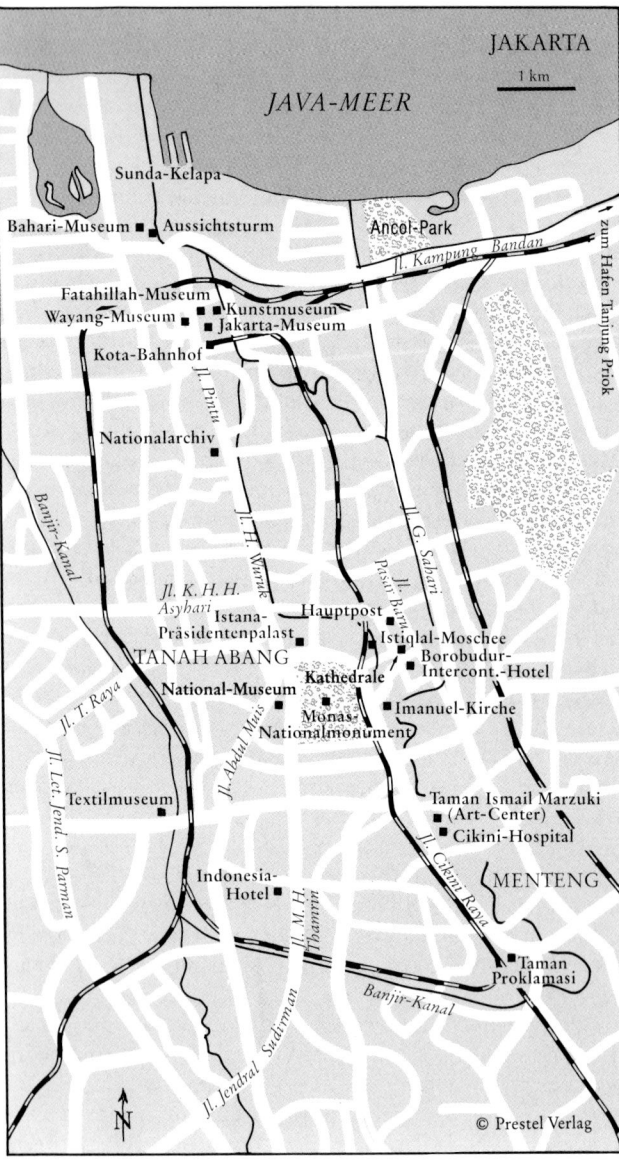

JAKARTA
Vom Malaria-Loch zur Millionenmetropole

Die Hauptstadt im Überblick

Beginnen wir die Reise durch Java und Bali also in Jakarta und steigen der Hauptstadt, bildlich gesprochen, erst einmal aufs Dach. Siebzig Sekunden verhelfen zu einem großartigen Überblick. So schnell trägt der Lift des Nationalmonuments – **Monumen Nasional**, kurz Monas genannt – den Besucher in die erfrischend windige Höhe von 115 Metern. Ein Erlebnis der dritten Dimension, die mit den Unbilden im Erdgeschoß der Neun-Millionen-Metropole ein wenig versöhnt. Eben noch mittendrin im von Abgasen verpesteten Dauerstau, schwitzend in einen überfüllten Bus gequetscht, als Fußgänger vom endlosen Autowurm gehetzt. Dann nach siebzig Sekunden Aufwärtsfahrt im Innern des Obelisken der erholsame Abstand, um aus der Vogelperspektive des höchst gelegenen Balkons, den Jakarta zu bieten hat, auf diese Stadt zu schauen und kräftig durchzuatmen.

Es ist die Sichtweise des GARUDA, jenes mythischen Wappentieres der Republik Indonesien: Der Blickwinkel distanzierter, ja philosophischer Gelassenheit, mit der sich die asiatische Welt insgesamt am besten erfassen läßt, ohne gleich die unerfreulichen Einzelheiten wahrnehmen zu müssen. Vor eineinhalb Jahrtausenden kam der Göttervogel Garuda aus dem Indischen Subkontinent in die südostasiatische Inselwelt, begleitet von Kaufleuten, Priestern, Künstlern, die mit ihren vielfältigen geistigen Impulsen die Kultur Indonesiens befruchteten – dies zu Zeiten, als dort unten, wo sich nun soweit unser Auge reicht, Jakarta ausbreitet, noch Urwald wucherte und küstenabgewandt nur wenige Menschen lebten.

Solche Menschenleere ist nicht mehr vorstellbar, wenn heute der Blick in die Tiefe und die Runde eines der dichtestbesiedelten urbanen Ballungszentren der modernen Welt schweift. Die Statistik sagt uns, daß hier 16000 Menschen auf einem Quadratkilometer leben. Leben? Immer enger mußten sie zusammenrücken, obwohl sich die Stadt immer mehr ausbreitete. 1815 hatte sie 47 000 Einwohner. Um 1900 waren es bereits 115 000. Nach dem Zweiten Weltkrieg war die erste Million erreicht. In den neunziger Jahren sind es neun Millionen. Jakarta ist gar nicht mehr der ausreichende Name, um diesen Lebensraum da unter uns zu benennen. Die angrenzenden Orte Bogor, Tangerang und Bekasi sind längst zusammengewachsen mit diesem Jakarta, das sich in seinen engeren Dimensionen über einen Umkreis von 15 Kilometern hinzieht. Bei der indonesischen Vorliebe für Abkürzungen wird das umfassende Siedlungsgebiet mit **Jabotabek** bezeichnet. Sehr flach und von keinem einzigen Hügel erhöht liegt es unter unseren Blicken und zieht sich einige Dutzend Kilometer von der Nordküste der Javasee hin zur Vulkankette im Süden, wo die Vulkane Salak und Gede hinter Bogor mit ihren Kegeln den Dunst überragen. Die Einwohner-Prognose für Jabotabek im Jahr 2000: fünfundzwanzig bis dreißig Millionen Menschen.

Bei solcher Draufsicht beherrschen noch immer die Farben rot und grün das Stadtbild, das für weite Teile den Eindruck eines riesigen Dorfes oder ausgedehnter Landsiedlungen vermittelt. Rot sind die Ziegeldächer der zahllosen, eingeschossigen Häuser, geduckt unter der Last der Ausdünstungen der Metropole und der gewaltig aufgetürmten Gewitterwolken während der Regenzeit zwischen November und März. In den bescheidenen Heimstätten, eng und übervölkert, wohnen die meisten Menschen Jakartas, die traditionsgemäß einzelne einfache Häuschen im Verband der großen Familie bevorzugen. Mietskasernen und Siedlungsblöcke gibt es bisher nur wenige; auch Appartementhäuser sind die Ausnahme. Grün die Bäume und Sträucher dazwischen, Farbtupfer einstigen Landlebens, aus dem heraus Jakarta erwuchs.

Allerdings: Wer im Abstand der Jahre von der obersten Plattform des Nationalmonumentes seine Vergleiche zieht, muß feststellen, wie die einst vertrauten Stadtfarben rot und grün mehr und mehr vom Betongrau neuer Viertel, von breiten Straßenzügen und den futuristischen Kästen der Hochhäuser verdrängt werden. Den Blick nach Süden, ehedem ungehemmt die Sicht hinein nach Java, verstellt zunehmend die Silhouette dieser Neuzeit-Schachteln. Hongkong und Singapur grüßen als Paten.

Der Platz direkt unter uns trägt den Namen **Merdeka**, was Freiheit heißt. Mit einem Quadratkilometer ist er die größte freie Fläche Jakartas. Als die Holländer noch die Herren im Inselreich waren und ihre Hauptstadt *Batavia* nannten, hieß der Platz Koningsplein und diente den militärischen Aufmärschen und kolonialer Machtentfaltung. Ein gigantisches Viereck staatlicher Selbstdarstellung ist er geblieben. Als SUKARNO, der erste Präsident der unabhängigen Republik Indonesien, 1961 den Auftrag zum Bau des Nationalmonumentes gab, wurde dem Platz ein unübersehbares Zeichen des Stolzes und der Eigenständigkeit aufgedrückt. Es gibt fast keinen Winkel der weitläufigen Stadt, von dem aus Monas nicht auszumachen wäre: der Zeigefinger des modernen Indonesiens. Über der Aussichtsplattform, allerdings nur von unten aus zu sehen, lodert weitere 14 Meter hoch die erstarrte Fackel der Freiheit. Das Bronzesymbol mit einem Durchmesser von sechs Metern ist mit 53 Kilogramm Gold überzogen. Präsident Sukarno wird nicht mehr viel Erbauung an diesem Prachtstück nationalen Neubeginns gehabt haben. Die Fertigstellung fiel in die Endphase seiner Regierungszeit, als die indonesische Wirtschaft ruiniert war und eine solche Goldflamme den darbenden Massen eher Hohn als Zuversicht signalisierte. Erst am 12. Juli 1975, ein Jahrzehnt nach dem dramatischen und opferreichen Machtwechsel von SUKARNO zu SUHARTO, wurde das Nationalmonument der Öffentlichkeit zugänglich gemacht.

Der Volksmund hat auch in Indonesien die respektlose Eigenschaft, solch hehre Größe auf Normalmaß zu reduzieren. Eingedenk des innigen Verhältnisses, das Präsident Sukarno zum weiblichen Geschlecht pflegte, wird die Flamme über dem Obelisken, des nachts prächtig angestrahlt, als dessen letzte Erektion verspottet. Vox populi befindet sich damit durchaus in der Nähe der offiziellen Deutung des Nationalmonumentes, wenn dieses in Anlehnung an urzeitliche Sinnbilder als Fruchtbarkeitssymbol bezeichnet wird: ein aufragendes Stück Männlichkeit, *Lingga* genannt; und die untere Plattform in Gestalt eines Kelches ein Gefäß der Weiblichkeit, *Yoni* geheißen. Es ist die neuzeitliche Betonversion jener hinduistisch beeinflußten Tempelarchitektur, der wir noch vielerorts im kleineren Maßstab begegnen werden.

Zum elitären Selbstverständnis der indonesischen Staatsgründer und Staatslenker in unserem Jahrhundert gehört es, demonstrativ an solche Traditionen anzuknüpfen und auf Kontinuität zu bestehen; stets voller Doppel- und Hintersinn, stets mit weiteren Dimensionen verbunden, die unter der sichtbaren, der vordergründigen verborgen sind. So sind auch die Daten der Unabhängigkeitserklärung, die am 17. August 1945 in Jakarta erfolgte, in den Maßen des Monumentes enthalten. 45 mal 45 Meter mißt die untere Plattform; siebzehn Meter ist sie über dem Erdboden; und acht Meter ist das Museum hoch, das im Sockel des Obelisken eingerichtet wurde.

In der **Unabhängigkeitshalle** im Innern der unteren Plattform wird mit der rot-weißen Nationalfahne, einer goldenen Karte des Archipels und dem Garuda an den Wänden aus grünem Marmor theatralische Feierlichkeit inszeniert. Im verschlossenen, reich mit Schnitzwerk verzierten Schrank, einem Tabernakel ähnlich, wird als Nationalheiligtum der Text der Unabhängigkeitserklärung aufbewahrt. Gelegentlich ertönt über Lautsprecher die dramaturgisch wirkungsvolle Stimme Sukarnos, der auch posthum noch die im Innenraum zusammengedrängten Besuchergruppen zu fasziniertem Lauschen zwingt.

Im erwähnten Museum, ein Stockwerk tiefer unter der Erde, ist die indonesische Geschichte in 48 Dioramen dargestellt, wie sie nach offizieller Lesart von der prähistorischen Gemeinschaft 3000 bis 2000 vor der Zeitenwende bis in die Regierungsjahre des Präsidenten Suharto reicht. Geschichte im Schaufenster, eine an zahlreichen musealen Stätten Indonesiens praktizierte Verkleinerung historischer Ereignisse; bei schlichten Gemütern beliebt, bei Historikern umstritten.

Wenn sich das Auge an der Rundum-Totale sattgesehen hat, beginnt beim Luftspaziergang die Suche nach städtischen Einzelheiten, an denen sich Jakartas Werden von den kubischen Hochhäusern der Gegenwart bis zu den Anfängen an den sumpfigen Gestaden der Javasee zurückverfolgen läßt. Zwei Denkmäler direkt unter uns auf dem Freiheitsplatz markieren historische Einschnitte. Auf martialischem Schlachtroß, die Rechte in siegreiche Ferne gerichtet, hinter sich einen wallenden Umhang: So reitet der Nationalheld DIPONEGORO für Indonesiens Unabhängigkeit. Diponegoro (1785-1855) verkörpert zentraljavanischen Widerstand gegen die Holländer. »Besser Vernichtung als Sklaverei / Besser Untergang als Unterdrückung / Sei's auch erst in der Todesstunde: / Leben muß man erleben. / Vorwärts / Angriff / Stürmt / Schlagt los.« Mit diesen Versen feierte den streitbaren Prinzen Diponegoro der jugendliche Dichter, dem ein paar Meter weiter eine Büste aufgestellt worden ist: CHAIRIL ANWAR (1922-1949). Der Frühvollendete aus Medan, der 27jährig während der unruhigen Zeit der Unabhängigkeitsbewegung in Jakarta starb, gilt als Wegbereiter der modernen Literatur in indonesischer Sprache, *Bahasa Indonesia*. Mit seinen nur 75 Gedichten als Lebenswerk faßte er den Zeitgeist des Umbruchs und des Neubeginns in revolutionäre Worte. Ein Vertreter jener stürmischen, idealisierten Generation mit der Forderung nach einer gerechteren Zukunft, der bereits früh an jenen machtpolitischen Zwängen scheiterte, die den Ruf bis heute aktuell halten.

Koloniale Restbestände sind von oben gut auszumachen. Nach Norden hin, in unmittelbarer Nähe zum Merdeka-Platz, leuchtet strahlend weiß der einstige Palast holländischer Gouverneure, 1861 im neoklassizistischen Stil erbaut wie viele Repräsentationsbauten jener Epoche: sechs korinthische Säulen davor, die verkleinerte Ausgabe des Weißen Hauses in Washington. Sukarno residierte darin zuweilen. Suharto, der Nachfolger, zog die bürgerliche Villa im Stadtteil Menteng vor. Das streng bewachte Nobelgebäude gehört zum weitläufigen Regierungskomplex, dem – von hier oben nicht zu sehen – im rückwärtigen Bereich ein weiterer Palast aus kolonialen Tagen angegliedert ist: Bina Graha, das Präsidialamt, dessen Verlautbarungen fast täglich in den Massenmedien zu vernehmen sind.

Der Blick wandert nach links, in westliche Richtung. Dort steht das Gebäude des staatlichen Rundfunks, Radio Republik Indonesia, RRI, ein kastenförmiges Haus; gleich daneben das Informationsministerium. Ein paar Schritte weiter wieder ein Beispiel kolonialer Architektur: das Nationalmuseum, fast von Bäumen verdeckt; und noch ein paar Meter weiter das Verteidigungsministerium, eher unscheinbar in der einstigen juristischen Ausbildungsstätte von 1928 untergebracht. An dieser Ecke des Merdeka-Platzes werden die Geschicke des gesamten Archipels mit seinen 190 Millionen Menschen bestimmt; hier werden

*Ansicht von Jakarta –
links die Istiqlal-Moschee, in der Mitte die katholische Kathedrale und
daneben das Minarett der Moschee*

in den Schaltzentralen Intrigen gesponnen und Machtstreitigkeiten in den höchsten Etagen der Republik ausgetragen.

Auf der östlichen Seite des Merdeka-Platzes befindet sich der kompakte Rundbau der Imanuel-Kirche, 1835 errichtet, mit klassizistischen dorischen Säulen davor. Gleich gegenüber der Gambir-Bahnhof vom Ende des vorigen Jahrhunderts. Das sind koloniale Erbstücke, die aus der 115-Meter-Sicht fast wie vergessen erscheinen und keinen Bezug zu den neuen Bauten haben, zur Eisenbahntrasse auf Betonstelzen beispielsweise, die an der Gambir-Station entlangführt, oder zum Hochhaus der Pertamina-Zentrale, dem Machtapparat des staatlichen Erdölkonzerns in der Nachbarschaft an der nordöstlichen Ecke des Platzes. In einsamer Größe glänzt dort weiß und gewaltig das eindrucksvollste Gebäude überhaupt, das sich beim Rundblick zeigt, die Istiqlal-Moschee. Auf quadratischem, von schlanken Säulen unterbrochenem Monumentalbau wölbt sich eine Riesenkuppel. Es ist das größte islamische Gebetshaus im südlichen Asien; fertiggestellt erst in den siebziger Jahren. Die beiden neogotischen Türme der katholischen Kathedrale werden von der wuchtigen Moschee nicht nur optisch in den Hintergrund gedrängt, sondern demonstrativ auf den Nebenplatz verwiesen, der der religiösen Minderheit gebührt. Die Moschee Cut Mutiah, deren goldenes Dach in der Sonne leuchtet, entgegengesetzt südöstlich gelegen, wirkt als islamische Stätte aus der Jahrhundertwende vergleichsweise bescheiden. Dahinter stehen die Villen holländischer Bürgerlichkeit der zwanziger und dreißiger Jahre im Stadtteil Menteng, ein Inbegriff von Wohlhabenheit.

Angestrengt schließlich der Blick in nördliche Richtung, um noch weiter in die Vergangenheit zu schauen; dorthin nämlich, wo die Geschichte Jakartas oder besser gesagt: die Geschichte Batavias begann – an der Küste. Über die aus dem flachen Dächereinerlei herausragenden Kaufhäuser des chinesisch geprägten Viertels Glodok reicht die Aussicht hin zum Küstenstrich und den Schemen der vorgelagerten kleinen Inseln in der Bucht von Jakarta. Nordöstlich die Kräne und Hallen des modernen Hafens Tanjung Priok, genau im Norden der alte Hafen Sunda Kelapa mit den Lagerhallen der berühmt-berüchtigten Vereinigten Ostindischen Kompanie, *VOC*. Aus der Höhe des Nationalmonumentes ist vom Schauplatz europäisch-asiatischer Rivalitäten im Kampf um die Schätze des Orients kaum etwas zu erkennen. Zu weit ist das alles entfernt, räumlich wie zeitlich. Es hilft alles nichts: Jakartas Geschichte läßt sich nicht nur überfliegen, sie will erfahren, auf ureigenstem Boden ergangen sein. In siebzig Sekunden kommen wir wieder im Parterre an. Die ebenerdige Erkundung erfordert Stunden, Tage, Monate.

Inseln der Vergangenheit

Es klirrt gläsern bei jedem Schritt. Am nördlichen Ufer der Insel **Onrust** stapft und stolpert der Wanderer über zersplitterte weiße Korallen, die grell leuchtend zu Massen in der Sonne bleichen. Eine knappe halbe Stunde bedarf es, das winzige Eiland in der Bucht von Jakarta zu Fuß zu umrunden. Hier ist die Vergangenheit atmosphärisch spürbar geblieben wie nur an wenigen anderen Orten aus der Zeit des alten Batavias. Noch ehe diese Stadt an Javas Nordwestküste als niederländischer Stützpunkt gegründet wurde, hatten die künftigen Kolonialherren die Insel Onrust in Besitz genommen und verteidigten sie gegen die Konkurrenten aus vieler Herren Länder.

Des Goldes und der Gewürze wegen hatten sich die europäischen Mächte vom 15. Jahrhundert an in einen maritimen Wettlauf um den Erdball eingelassen. Von Westen kreuzten als erste in Asien die Seefahrer auf, die unter portugiesischer Flagge das Abenteuer gewagt hatten. VASCO DA GAMA, ALBUQUERQUE hießen die Helden der Epoche. Von Osten durch den Stillen Ozean kamen die Segelschiffe, die der Portugiese FERDINAND MAGELLAN in spanischem Auftrag befehligte. Als 1509 die ersten portugiesischen Handelsfahrer nordsumatranische Häfen anliefen, als zwei Jahre danach portugiesische Schiffskanonen das sich verzweifelt wehrende **Malakka** eroberten und 1521 spanische Anker vor der Molukkeninsel **Tidore** ins Wasser gelassen wurden, ging die Zeit unwiederbringlich zu Ende, da die Asiaten ihr Schicksal in eigener Regie hatten bestimmen können.

Zum Ende des 16. Jahrhunderts mischten sich die Niederländer in den südostasiatischen Handel ein und konnten sich schließlich gegen alle Konkurrenten behaupten. Schon die Jungfernreise unter dem Kommando des aus Gouda stammenden CORNELIS DE HOUTMAN, die ihn und seine Männer als erste Niederländer in Bantam an Javas nordwestlicher Küste den Boden Indonesiens betreten ließ, ermunterte die Geldgeber in Amsterdam zur Investition in weitere Expeditionen dorthin, wo der Pfeffer wächst. Mit vier Schiffen hatte das Unternehmen begonnen, das 1596 den drei Jahrhunderte währenden niederländisch-indonesischen Kolonialkontakt herstellte. Wie sehr sich der Aufwand der teilweise mehrjährigen Reisen nach Java und in die Molukken lohnte, läßt sich daran erkennen, daß 1601 schon 65 Schiffe in 14 Flotten vereint aus niederländischen Häfen in diese Richtung ausliefen. Mehrere private Handelsgesellschaften hatten sich zusammengeschlossen, was den militärischen Schutz der Segler-Konvois erhöhte und die Position gegenüber den europäischen und asiatischen Widersachern verstärkte. 1602 gründeten die Niederländer die Vereinigte Ostindische Kompanie, deren Kürzel *VOC* zum Markenzeichen für Profit und politische Einmischung wurde. In der VOC schlossen sich alle damals bestehenden niederländischen Handelshäuser zusammen, die an

Südostasien interessiert waren. Die VOC war eine der einträglichsten Geschäftsgründungen aller Zeiten. Von den 22 000 Hochseeschiffen, die im 17.Jahrhundert in europäischen Häfen registriert waren, sollen 16 000 im Auftrag der VOC gesegelt sein. Zu jener Zeit kontrollierte die VOC den gesamten Außenhandel Indonesiens – das freilich noch nicht diesen, erst zum Ende des 19.Jahrhunderts aufkommenden Namen trug, sondern Niederländisch-Ostindien oder einfach Indien hieß.

Beteiligt am Geschäft waren auch chinesische Händler. Die Malakka-Straße zwischen Sumatra und der Küste Westmalayas und Singapur an deren Südspitze, heute einer der befahrendsten Schiffahrtswege des Welthandels, ist traditionell die Verbindung zwischen dem chinesischen Festland und dem indischen Subkontinent gewesen. In diesem Raume begegneten sich Kulturen, Religionen – und seit mehr als zweitausend Jahren eben auch Kaufleute.

Zu Beginn des 17.Jahrhunderts richteten die Holländer auf **Onrust** einige Werkstätten zur Ausbesserung ihrer Segelschiffe ein. Monatelang, zuweilen jahrelang waren die Galeonen ums Kap der Guten Hoffnung gegen alle Widrigkeiten der Wetter und Feinde unterwegs, ehe sie in dem ruhigen Gewässer der Bucht an Javas Nordwestküste vor Anker gehen konnten. Üblicherweise kamen die Segel zerfetzt, die Bootskörper ramponiert, die Masten lädiert an und bedurften der gründlichen Reparatur. Onrust fungierte als Werft und Trockendock. Dem holländischen Namen entsprechend – Unrast, Geschäftigkeit – gab es stets genug zu tun. Auf Onrust wurde eine befestigte Stadt eingerichtet. Ende des 18.Jahrhunderts lebten und arbeiteten hier etwa zweitausend Menschen. Onrust hatte in Seefahrerkreisen ob der Handwerkskunst und Verläßlichkeit seiner Werftarbeiter einen guten Ruf. Daran ließ auch der berühmteste Kapitän keinen Zweifel, der hier sein Schiff nach Sturmschäden in der Südsee für die Heimreise nach England rüsten ließ: JAMES COOK. Als er nach wochenlanger Reparatur Ende 1770 wieder auf seiner »Endeavour« Segel setzen konnte, hatte er keinen Grund zur Klage über die Ausbesserungsarbeiten, wohl aber über die Lebensbedingungen in und um Batavia: »Das ist sicher kein Fleck der Erde, den zu besuchen Europäer sich drängen sollten; sollten jedoch zwingende Umstände einen solchen Be-

Der aufgelassene Kolonialfriedhof auf der Insel Onrust

such dennoch erfordern, so täte man gut daran, ihn so weit als möglich abzukürzen, denn sonst würde man die Folgen der ungesunden Luft dieser Gegend gar bald zu spüren bekommen. Es ist meine feste Überzeugung, daß eben diese Luft für den Tod von mehr Europäern verantwortlich ist, denn die Luft an irgendeinem anderem Platz des Globus.« So in Cooks Aufzeichnungen nachzulesen. Wahrlich kein Empfehlungsschreiben für Batavia. Die wenigen Grabstätten, die nahe des nördlichen Ufers von Onrust aus jener Zeit übriggeblieben sind, passen zu Cooks Klage. Zerstört und zerborsten künden die Steinplatten von den Menschen, die der Insel eine historische Dimension gaben. Nur noch zwei, drei Inschriften vermag ich zu entziffern, wenn die Hand die Blätter wegstreift, die die hohen, ausladenden Bäume über den vergessenen Friedhof streuen. Von einem Cornelius Willemse Vogel und seinen Lebensdaten (1695-1738) und seinem Geburtsort Edam ist zu lesen; von Anna Adriana Duran, die 1772 neunzehnjährig gestorben war; und von Maria van de Veedeslyk aus Amsterdam, deren graue Grabplatte die kurze Lebensspanne von 1693 bis 1721 mitteilt.

Ein merkwürdiger Verwesungsgeruch liegt über der Insel, den auch der ständige Wind nicht zu vertreiben vermag. Die meisten Wege sind überwuchert, nur am einstigen Hafen und der heutigen kleinen Anlegestelle wohnen noch ein paar Menschen. Von der radikalen Zerstörung während des britischen Interregnums in Indonesien hat sich Onrust nie mehr erholt. Als Folge europäischer Kriege hatten die Briten zwischen 1811 und 1816 die Niederländer im Fernen Osten ausbooten können. Onrusts Gebäude wurden dem Erdboden gleichgemacht. Was heute zu sehen ist, stammt aus dem vorigen Jahrhundert. Verloren und ungenutzt stehen das einstige Gefängnis und das einstige Krankenhaus: Verbannungsstätte für Staatsfeinde das eine, Quarantänestation für heimkehrende Mekkapilger das andere.

Der deutsche Dichter MAX DAUTHENDEY, der als Reisender während des Ersten Weltkrieges das neutrale Niederländisch-Indien nicht mehr verlassen durfte, fürchtete, auf eben dieser Insel interniert zu werden. 1915 schrieb er in sein Tagebuch: »... wir Deutschen hier auf Java werden gleich auf eine Insel außerhalb Batavias gebracht. Diese Insel heißt ›Onrust‹, d.h. Unruhe. Es soll eine richtige Fieberinsel sein. Augenblicklich sind Soldaten aus einer Garnison, in welcher Starrkrampf ausgebrochen war, in die Baracken auf der Insel ›Onrust‹ hingebracht worden.« Die Sorge war unbegründet gewesen; Dauthendey und andere Deutsche konnten sich während des Ersten Weltkrieges in Niederländisch-Indien frei bewegen.

Onrust hat keine Bedeutung mehr, weder strategisch als Wachposten in der Einfahrt zum Hafen von Jakarta, noch als Ort der Verbannung. Diesen Rückfall in die Vergessenheit teilt das Eiland mit den Nachbarinseln, die alle in Sichtweite liegen: Bidadari, Khayangan, Kelor. Sie gehören zu den sogenannten Tausend Inseln, Pulau Seribu auf indonesisch. Wie von einer Riesenhand sind sie in die Bucht von Jakarta gestreut; zwar keine tausend, aber doch Dutzende. Fast alle haben heute Namen aus der malaiischen Welt. Auf holländischen Landkarten der dreißiger Jahre sieht das noch ganz anders aus. Damals hießen die Inseln Edam, Alkmaar, Leiden, Monnikendam, Enkhuizen, Amsterdam, Middelburg und so weiter, als sei dies eine Merkliste

Auf der Suche nach exotischen Gewürzen, edlen Hölzern und Edelsteinen landeten im 16. Jahrhundert die Europäer auf dem indonesischen Archipel

niederländischer Geografie. Heute wecken die heimischen Namen unter touristischen Vorzeichen andere Assoziationen als die Erinnerung an VOC-Ruinen. Eine Handvoll der nördlich von Onrust ausgebreiteten Inselchen ist zu mehr oder weniger luxuriösen Hotel-Oasen ausgebaut worden: Pulau Putri, Pulau Pelangi, Pulau Ayer, um einige zu nennen. Solche Inseln sind mit Schnellbooten, mit Hubschraubern und Kleinflugzeugen zu erreichen und pauschal zu buchen. Die Insel **Bidadari** ist ein Wochenendziel der Bevölkerung Jakartas. Im Innern Bidadaris, hinter Palmen versteckt, sind überwucherte Ruinen aus der holländischen Vergangenheit erhalten, Kasematten und ein wuchtiger Rundbau, der als Fort und Munitionslager diente. Wie ein romantisch verfallenes Schloß wirkt heute das Gemäuer, das einmal Eckpfeiler weißer Macht gewesen war. Den Kindern jener Elterngeneration, die nun mit Kühltaschen und Badetüchern und Sonnenöl anrücken, ist es allenfalls noch Abenteuerspielplatz. Jeden Vormittag legt ein Motorboot am Pier von Ancol ab; die Überfahrt dauert knapp eine Stunde.

Die anderen Inseln der Vergangenheit sind in keinen Fahrplan einbezogen. Nach einigem Feilschen setzte ich die Reise ins Gestern mit einem gecharterten Fischerboot fort, auf eingerollten Netzen hockend, von jeder stärkeren Bugwelle überschüttet. Jede der benachbarten Inseln hat ihren besonderen Reiz des Morbiden. Auf **Kelor** erheben sich die roten Ziegelsteine einer Rundfestung. Der Verfall ist nicht aufzuhalten. Hier siedelt kein Mensch mehr. Wurzelwerk überzieht das einstmals wehrhafte Gestein und sprengt mit natürlicher Kraft, was Schiffskanonen ehedem nicht zustande brachten. Die Insel **Khayangan** nannten die Leute hier einst Insel des Himmels. Der Wind der Verlassenheit weht auch über deren Gestade. Das Gefängnis von Khayangan: verwinkelte Ruinen ohne Dach, enge Zellen, eingestürzte Mauern. Unvermeidlich der Gedanke an Abenteuer à la Papillon. In einem hölzernen Fischerhaus, dem einzigen der Insel, flickt eine alte Frau zerschlissene Netze. Mißtrauische Katzen schleichen umher. Hühnergegacker mischt sich mit dem Geschrei der Seevögel. Alles verkommen und in seltsamer Agonie. Am Strand lassen die Wellen den angeschwemmten Dreck, Plastik und leere Bierdosen schwappen und dahintreiben, was die Millionen-Kloake Jakarta sonst noch ins Meer spuckt. Auch das ist Gegenwart. Vom Fischerboot aus sind all diese Inseln mit einem Rundblick zu erfassen. Auch die Hochhaus-Silhouette des modernen Jakarta bleibt landeinwärts im Dunst zu erkennen. Ein eigenartiges Gefühl, mit tuckerndem Boot, das gegen die Wellen ankämpft, von einem der ehemaligen Außenposten europäischer Macht zum nächsten zu fahren und seiner Phantasie freien Lauf zu lassen. Die Segelschiffe, die hier einst kreuzten und Kurs nach Europa nahmen, waren schwer mit den Schätzen des Orients beladen gewesen. Edle Hölzer, Gewürze, Gold, Edelsteine, Schildpatt, Porzellan wurden in die Schiffsbäuche gepackt, um die Nachfrage auf den fernen Märkten zu befriedigen. Die Verlustrate war immens hoch, jede Passage zwischen den Kontinenten bedeutete häufig ein Himmelfahrtskommando. Die verfeindeten Europäer, aber auch asiatische Piraten und chinesische Handelsfahrer versuchten, sich gegenseitig die Beute wieder abzujagen.

Onrust, Kelor, Khayangan, Bidadari. Hier wurde der Stoff gesponnen, aus dem Romane sind; hier wurden hitzige Gefechte ausgetragen, die – wenn überhaupt noch überliefert – in nüchternen Geschichtszahlen registriert werden. Der Einsatz war hoch, der Profit nicht minder; doch viele der Abenteurer, Glücksritter und kühl rechnenden Kaufleute kamen nicht mehr zu solcher Einsicht, wie sie ein portugiesischer Schiffbrüchiger Mitte des 16. Jahrhunderts nach seiner glücklichen Rettung aus indonesischen Gewässern zu Papier brachte: »... lieber mit weniger zu Lande auskommen, denn auf dem Meere den vergänglichen Dingen nachjagen.«

Hafengeschichten

Die Brise von See läßt den Wald der Masten schwanken. An der Pier von **Sunda Kelapa** haben vierzig, fünfzig Frachtensegler festgemacht; und dem seemännisch ungeübten Auge erscheint es, als hätten sich deren Taue, Ketten, Strickleitern und Segelbefestigungen hoffnungslos ineinander verfilzt, so eng liegen die wuchtigen hölzernen Schiffe beieinander. Hier fließt träge und verdreckt Kali Besar, der große kanalisierte Fluß, in die Javasee. Es stinkt nach Tang und faulem Fisch. Am ältesten Hafen Jakartas werden keine der legendären orientalischen Reichtümer mehr umgeschlagen. Über wippende Laufstege wuchten halbnackte Träger grobgeschnittene Langhölzer an Land und stapeln Säcke mit Zement und tragen Kartons mit Konserven an Bord. Die Fracht enttäuscht romantische Erwartungen an die traditionelle Seefahrt im indonesischen Archipel; die Frachter indes entsprechen den phantasieanregenden Bildern, wie sie auf zahllosen Stichen und Gemälden überliefert sind. Sunda Kelapa ist das geblieben, was es schon im 15.Jahrhundert war: der Segelschiffhafen. Die *Praus*, Sammelbegriff für die Vielzahl indonesischer Segler-Varianten, wirken ganz so, als seien sie aus jener Vergangenheit übriggeblieben.

Jede der Seefahrt betreibenden Volksgruppen hat mit eigenen Formen und farbenprächtigem Dekor zur Bereicherung des interinsularen Schiffsverkehrs beigetragen. Sunda Kelapa bietet die besten Beispiele. Leti-Leti und Janggolan sind Segler der Maduresen. Nadé heißen die Schiffe im Riau-Archipel. Die berühmtesten von allen sind die *Pinisi* der Buginesen, die an der Südküste Sulawesis (Celebes) zu Hause sind. Zwei Masten hat solch eine Pinisi, die dreißig Meter lang ist und eine Wasserverdrängung bis zu 250 Tonnen haben kann. Mehr als dreitausend Praus kreuzen noch heute in den indonesischen Gewässern und übernehmen wegen der zu geringen Tonnage moderner Hochseefrachter weiterhin einen bedeutenden Teil des Warenaustauschs im Archipel der 13 000 Inseln.

Für das gesamte Inselreich ist Sunda Kelapa noch immer eine Drehscheibe. Der Blick in die Gesichter der Seeleute offenbart die völkische Vielfalt der Indonesier, die mit diesem Namen mehr als 250 verschiedene Ethnien vereinen. Das Kommen und Gehen in Sunda Kelapa gibt eine Ahnung davon; und in fast babylonischer Sprachenfarbigkeit tauschen die Leute hier ihre Erfahrungen aus. An Hafenplätzen wie diesem bildete sich die Kultur des Archipels heraus, befruchtet immer wieder aufs Neue von den Anregungen, die weitgereiste Händler, Seeleute, Priester von fernen Küsten mitbrachten.

Hundert Kilometer weiter westlich von Jakarta ist die Bucht von **Banten** eine andere dieser merkantilen Begegnungsstätten von tiefgreifenden kulturellen und religiösen Einflüssen gewesen. Dort herrschte kosmopolitische Offenheit im Schnittpunkt der großen Handelsströme zwischen China und Indien als *Jayakarta*, wie Jakarta vor Ankunft der Europäer genannt wurde, noch ein unbedeutender Nebenplatz war. Das mächtige, reiche Banten, festverwurzelt im Islam, wurde von den Interessen der neuen weißen Herren mehr und mehr ins wirtschaftliche und politische Abseits gedrängt. Sunda Kelapa sollte der neue Platz lukrativer Geschäfte werden. Banten ist längst versandet, seine Mauern und Paläste verfallen, kein Ziel mehr für Praus, wie sie in Sunda Kelapa liegen.

Hier gingen solche und ähnliche Segelschiffe schon vor Anker, bevor die ersten Europäer auftauchten und noch die Fürsten hindu-javanischer Reiche an dieser Küste das Sagen hatten. Mit den Portugiesen, die 1512 von Malakka aus als erste Europäer in Sunda Kelapa festmachten, begann die folgenschwere Fremdbestimmung. Die Hafenanlage und was heute an historischen Gebäuden zu sehen ist, geht auf die Holländer zurück. Der starke Mann der Gründerzeit hieß JAN PIETERSZOON COEN, der erste Generalgouverneur der VOC mit umfassenden Vollmachten. Mit seinem Namen sind die Anfänge *Batavias* verbunden. Das Gemälde, das ihn um 1625 auf dem Höhepunkt seiner historischen Mission darstellt, zeigt ihn als Herr über Leben und Tod: prächtig das bestickte Gewand, die linke Hand am Degengriff, die rechte auf die Hüfte gestützt, den Hals von hoher weißer Krause umgeben, den Bart gezwirbelt und am Kinn spitz geschnitten, eine kantige Nase, die Gesichtszüge asketisch, der Blick stechend. Ein Mann des Handels und des Handelns, der 1586 im nordholländischen Hoorn geboren wurde. In jungen Jahren arbeitete er bei einem niederländischen Kaufmann in Rom. Zwischen 1607 und 1610 führte ihn seine erste Reise in Diensten der VOC nach Indonesien. Der strenggläubige Calvinist Coen machte schnell Karriere. 1618 wurden ihm von den VOC-Gewaltigen in Amsterdam die Vollmachten als Statthalter im ziemlich unsicheren Jayakarta übertragen. Jayakarta, »Großer Sieg«, hatte der PRINZ FATAHILLAH den Ort genannt, nachdem er als muslimischer Führer und Repräsentant des nordostjavanischen Königreiches Demak die angreifenden Portugiesen erfolgreich zurückgeschlagen hatte. Das war am 22. Juni 1527 gewesen. Das Datum gilt offiziell als Geburtstag der Stadt Jakarta, deren Name sich von Jayakarta ableitet.

Die Holländer konnten sich sieben Jahre später dauerhaft behaupten. Nach ersten Anläufen, die VOC-Niederlassung in den **Molukken**, den berühmten ostindonesischen Gewürzinseln, zu etablieren, erkannte Coen schnell, daß Jayakarta strategisch gesehen der bessere Platz sein würde. Gegen den Widerstand der bereits Handel treibenden Portugiesen und Briten und gegen die heftige Abwehr der einheimischen Fürsten setzte sich Coen mit seinen Leuten durch. Sie bauten Befestigungsanlagen und verschanzten sich hinter hohen Mauern. Ihr Hauptkastell wurde am 12. März 1619 in Fort Batavia getauft; das Gründungsdatum der späteren Hauptstadt der Kolonie Niederländisch-Indien. Der Name erinnert an die Bataver, die Vorfahren der Niederländer, die in vorchristlicher Zeit am Niederrhein siedelten.

Coen war von der Vision niederländischer Macht erfüllt, die die gesamten indonesischen Inseln umgreift und fest regiert. »Dispereet niet« hatte er zu seinem Lebensmotto gemacht: Verliere nie die Hoffnung. Er legte von Anfang an Wert darauf, nicht nur Handelsstützpunkte einzurichten, sondern zu kolonisieren und von Holländern beherrschte Siedlungen anzulegen. Auf seinen dringenden Wunsch hin schickte die VOC ledige Frauen nach Batavia, sogenannte Kompanie-Töchter, mit denen die Männer der VOC eigene Familien gründeten; ein frühes Beispiel für Kontinente überspringende Heiratsvermittlung. Coen waltete seines Amtes mit eiserner Faust, getrieben von einem Sendungsbewußtsein und infolge der Monate, Jahre dauernden Briefverbindungen zwischen Batavia und Amsterdam eigenmächtig Entscheidungen von historischer Tragweite fällend.

In dem Jahrzehnt seiner (zwischen 1623 und 1627 unterbrochenen) Amtszeit legte er das Fundament des mehr als drei Jahrhunderte währenden niederländischen Kolonialreiches. Später wurde es *Insulinde* genannt, ehe es Indonesien heißen durfte – ein Name, der sich erst an der Schwelle zum 20. Jahrhundert durchsetzte. Die Bezeichnung war von einem britischen Ethnologen in die Wissenschaft eingeführt und von dem deutschen Forscher ADOLF BASTIAN 1884 zum festen Begriff gemacht wor-

Seefahrt wie in längst vergangenen Epochen –
Bugi-Schoner in Sunda Kelapa, Jakartas Segelschiffhafen

den. In Größe und Vielfalt überragte Indonesien das winzige »Mutterland« an der Nordsee beträchtlich. In Coens Biographie spiegeln sich Macht und Selbstgerechtigkeit ebenso wider wie die Opfer, die Hollands Herren jenseits der Ozeane auch ganz persönlich zu bringen hatten. Coen starb am 20. September 1629, gerade 42jährig, an einer tropischen Krankheit, vermutlich Cholera. Es ist keine Grabstätte überliefert. Das Standbild, das ihm die Landsleute in den zwanziger Jahren des vorigen Jahrhunderts auf dem Waterloo-Platz in Batavia, dem heutigen Banteng-Platz, aufstellten, ist längst verschwunden. Aber nicht etwa indonesischer Freiheitswillen ließ den Gründer Batavias als Symbolfigur stürzen, sondern japanische Großmannssucht. Schon in den ersten Tagen der japanischen Besetzung während des Zweiten Weltkrieges, Anfang 1942, wurde die Statue demonstrativ beseitigt. Die Aktion gehörte zur Politik, ein Großasien unter der Flagge der aufgehenden Sonne schaffen zu wollen, verbunden mit dem Anspruch der Japaner, daß mit ihnen ein neues Kapitel der Geschichte beginne. So wurden die Zeichen der Holländer getilgt, Straßen umbenannt und Batavia durch den Namen Jakarta als Abwandlung des vorkolonialen Jayakarta ersetzt.

Das **Bahari-Museum** in Jakarta ist der rechte Ort, den Lokaltermin mit der Geschichte fortzusetzen. Von Sunda Kelapa aus über die Jalan Maritim Raya und dann rechts in die Jalan Pakin in wenigen Minuten zu Fuß zu erreichen. Reizvoller aber ist es, sich durch die Hafenbecken und verschlungenen Kanäle und Abflüsse mit einem Ruderboot erstmal zum Fischmarkt, dem Pasar Ikan, bringen zu lassen. Wo die Festungsmauern der Holländer standen, breiten sich heute die Warungs und Stände des bunten Marktes aus. Ein geschäftiges Durcheinander, in dem die Käufer und Großhändler aller möglichen Meerestiere auf ihre Kosten kommen und die Schiffsleute von der Schraube bis zum Anker alles erwerben können, was zur Seefahrt gehört. Gegenüber vom Fischmarkt stehen einstige Lagerhallen der VOC; hinter solchen Mauern wurden die östlichen Kostbarkeiten gehortet, ehe sie auf die große Reise nach Europa geschickt wurden. Die meisten der Hallen sind ungenutzt, dem Verfall preisgegeben. In einer von ihnen, einem dreigeschossigen Gebäude mit soliden hölzernen Fensterläden und umlaufendem Wehrgang, wurde das Bahari-Museum eingerichtet. Das Haus wurde 1977 zum 450. Geburtstag Jakartas restauriert wie einige andere historische Gebäude, derer sich der damalige tatkräftige Gouverneur von Jakarta, ALI SADIKIN, angenommen hatte. Seitdem ist kaum mehr etwas zur Erhaltung getan worden. Auch das Bahari-Museum präsentiert sich bereits in schäbiger Vergessenheit. Auf zwei Etagen wird darin die Geschichte der indonesischen Handelsschiffahrt und des Küstenlebens ausgebreitet. Da stehen Schiffe und Schiffsmodelle, deren Originale ein paar Ecken weiter in Sunda Kelapa noch immer in Betrieb sind. Auch die Insel Onrust finden wir wieder: auf einem knappen Quadratmeter als Holzmodell mit den Anlagen von 1618. Weitflächige Wandgemälde vermitteln einen Eindruck von den Veränderungen gerade dieses Küstenstreifens an Javas Nordwesten, wo sich im Ringen um die Vormacht im Archipel das Schicksal Indonesiens entschieden hat.

Vom Bahari-Museum ist bereits der Aussichtsturm zu erkennen, der ein paar Schritte weiter an der Jalan Pakin einst dem Hafenmeister den Überblick der Schiffsbewegungen in Sunda Kelapa und auf der Reede verschaffte. *Uitkijk* nannten die Holländer den Turm, der in seiner heutigen Gestalt allerdings erst aus der Mitte des vorigen Jahrhunderts stammt. Von seiner zugigen Höhe aus kann man sich so recht inmitten der Zeitenläufte wähnen. Der Standort des Turmes markiert exakt den Kampfplatz, wo sich Indonesier und Holländer in die Haare geraten waren und die Würfel fielen, die ein Coen später so geschickt zu Hollands Gunsten auszunutzen verstand. Von den Bastionen seiner Epoche und den Forts seiner Nachfolger ist nichts erhalten geblieben bis auf die Mauerreste am Bahari-Museum, die einmal ein Teil der Stadtbefestigung waren. Nicht einmal Ruinen erinnern noch an die alte Zeit, so gründlich wurde hier vor allem nach dem Zweiten Weltkrieg erneuert und Raum für neue Generationen geschaffen. Zum Land hin tut sich der Blick in die Gegenwart mit all ihren sozialen Problemen auf. Die Hütten der Ärmsten kleben da an den verschlammten Ufern der Kanäle, deren schwarzes Wasser zum Himmel stinkt. Bei Regenwetter versinkt hier alles im Dreck. Weiter landeinwärts, über die Dächer dieser zusammengestoppelten Behausungen hinweg, türmt sich die Hochhauswelt des modernen Jakarta in den Himmel.

Bei Sonnenschein funkelt die Flamme über dem Monas-Obelisken golden wie das ferne Versprechen einer besseren Zukunft.

Wir lassen uns noch ein wenig den Seewind um die Nase wehen und bleiben an der Küste. Wem nach Unterhaltung im Stil von Disneyland zumute ist, kann auf dem weiteren Weg entlang der Javasee in Richtung Osten in Ancol sein Vergnügen suchen. **Taman Impian Jaya Ancol** heißt der Freizeitpark, der seit den achtziger Jahren auf das dem Meer abgerungene Schwemmland gebaut wurde: Riesenrad, Achterbahn, Schwimmbecken, Luxushotel, Bungalowsiedlungen, Seafood-Restaurants, Delphinarium – alles da und alles in gigantischen Ausmaßen. Das trifft auch auf die Besuchermassen an den Wochenenden zu. Dann ist zu spüren, wie sehr es die Leute aus der Enge ihrer Kampungs an den Strand treibt und die käuflichen Träume konsumiert werden. Der Kunstmarkt in Ancol, Pasar Seni, bietet auch dem Touristen einiges an traditionellen Stücken und an Bildern und Schnitzwerken zeitgenössischer Künstler. Ancol ist ein Rummelplatz, der zugleich dem kritischen Besucher eine farbige Vorstellung von dem vermittelt, was das städtische Indonesien und seine Bewohner prägt.

Um es mit einem Beispiel zu illustrieren: Die kultischen Schnitzfiguren der Dayaks aus dem Innern Kalimantans (Borneo), die für die Menschen dort eine religiöse Bedeutung haben und tiefverwurzelter Bestandteil ihrer Kultur sind, werden in Ancol aus Beton geformt aufgestellt und dienen an Wegekreuzungen nicht etwa als wetterbeständiges Museumsstück, sondern als Sockel für Reklametafeln mit dem Schriftzug einer weltbekannten Filmmarke. Ausverkauf der Kulturen. Wir werden solche Zeugnisse auf den weiteren Wegen noch häufig sehen.

Wen es mehr nach Innerlichkeit und Ruhe drängt, wird am westlichen Rand von Ancol fündig, wo neben einem Neubauviertel mit Luxusvillen und einer Autorennbahn einer der ältesten chinesischen Tempel Jakartas, ja Indonesiens steht: **Klenteng Ancol** oder Da-bo-gong-Tempel. Über Schwemmland und Morast erhebt sich das rote Ziegeldach, flankiert von den vier roten Türmen der Verbrennungsöfen. Trotz seiner Abgelegenheit gehört dieser Tempel zu den von der chinesischen Volksgruppe am meisten verehrten Gebetsstätten. Sie wurde während der achtziger Jahre renoviert, reicht in den Anfängen jedoch in die Mitte des 17.Jahrhunderts zurück. Es ist nicht so sehr das Äußere, das Klenteng Ancol mit vielen chinesischen Tempeln gemeinsam hat, sondern die Besonderheit seiner Geschichte, die den Besuch lohnt. Es gibt da eigenartige Verbindungen zu einem chinesischen Tempelkomplex in Semarang. In Klenteng Ancol gilt die für einen solchen Ort ungewöhnliche Vorschrift, kein Schweinefleisch mitzubringen oder gar zu essen. Muslimische Gräber unter dem Hauptaltar und im dahintergelegenen Hof geben dafür die Erklärung. Der Tempel ist von seiner Entstehung her ein sowohl von taoistischen Chinesen wie von muslimischen Javanern besuchter Ort gewesen; ein frühes Beispiel für temporär und lokal begrenzte Toleranz zwischen den verschiedenen Religionen und Volksgruppen. Die Legende bringt den Tempel mit dem chinesischen Admiral CHENG HO und seinem Vertrauten WANG ZHU-CHENG in Verbindung. Eine Statue des letzteren ist im Ancol-Tempel aufgestellt. Die beiden chinesischen Seeleute waren zwischen 1403 und 1424 mit ihrer Flotte mehrmals in indonesischen Gewässern gewesen und gelten als höchst verehrungswürdige heilige Figuren, deren religiöser Hintergrund muslimisch gewesen sein soll. Die historischen Quellen lassen zu dieser Legende viele Fragen offen, was die geheimnisvolle Atmosphäre im Ancol-Tempel erhöht. Daß die verschiedenen Gebäude alle bisherigen Überschwemmungen überstanden haben, steigerte deren Ruf der Besonderheit.

Ein paar Steinwürfe entfernt, hinter der erwähnten Autorennbahn direkt am Meer gelegen, breitet sich ein anderer Platz der Nachdenklichkeit aus: Der Kriegsgräberfriedhof, den die Holländer nach dem Zweiten Weltkrieg anlegten: **Erefelden Ancol**. 2018 Tote sind hier begraben, wo unablässig eine steife Brise über den Rasen und die weißen Kreuze und weißen Holztafeln für die muslimischen Gefallenen der niederländischen Armee fegt. Es sind die Opfer im Kampf gegen die japanischen Truppen, die nach 1942 die alteingesessenen Holländer vertrieben oder in Militärcamps steckten und unter den Indonesiern ein Schreckensregiment führten. Auf vielen Kreuzen steht nur ein Wort: geexecuteerd – hingerichtet. Das Rasenstück markiert in seiner Unauffälligkeit das Ende der niederländischen Kolonialmacht; unwiederbringlich brach sie im Ansturm der Japaner zusammen und war militärisch nicht zu retten.

Das alte Batavia

Wir kehren zurück in den Teil Jakartas, der einmal Kernstück von Batavia war und noch heute *Kota* genannt wird: die Stadt. Ein paar Meter vor der einstigen Befestigungsmauer, von der kein einziger Stein mehr über dem anderen geblieben ist, steht das Gotteshaus **Gereja Sion**, dessen Gründung auf die Mardijkers zurückgeführt werden kann. Im Volksmund hat sich bis heute der ehemalige Name erhalten: Gereja Portugis. De Nieuwe Portugese Buitenkerk, die neue außerhalb gelegene portugiesische Kirche, nannten die Holländer das stattliche Steingebäude, das an der Jalan Jayakarta zu finden ist: die älteste noch erhaltene Kirche Jakartas. Die Glocke im freistehenden Turm an der Nordseite erklang zum erstenmal 1675. Damals war hier ein Friedhof; und in der Nachbarschaft hatten sich besonders zahlreich jene *Mardijkers* niedergelassen, die aus ehemals portugiesischen Niederlassungen wie Malakka gekommen waren, als konvertierte Protestanten von den holländischen Herren wohl gelitten und in Diensten der VOC eingesetzt, aber eben doch vor die Mauern der eigentlichen Stadt verdrängt. Dort wurde am 19. Oktober 1693 der Grundstein für die Gereja Portugis gelegt und das Bauwerk nach erprobter Machart wie in Amsterdam auf zehntausend in den morastigen Boden gerammten Holzpfählen errichtet. Zwei Jahre danach konnte das Gotteshaus geweiht werden. Eine Gedenktafel erzählt von dieser Geschichte.

Die Kirche ist 1920 und 1978 renoviert worden. Vom einstigen Friedhof sind nur noch acht Grabplatten zu sehen, die vor dem Haupteingang von einem niedrigen Zaun eingefaßt werden. Eine Bronzetafel ist besonders gut erhalten: HENRIC ZWAARDECROON, Rotterdam 1667, Batavia 1728, Generalgouverneur von Niederländisch-Indien; üppig geschmückt das Grab mit Totenköpfen, Blumendekor und einem Wappen mit abgebrochenem Schwert.

Im hohen lichten Innenraum der Sion-Kirche herrschen die Farben schwarz und weiß und ein schweres Dunkelbraun vor. Sechs runde weiße Säulen stützen das dreigeteilte Deckengewölbe. Das Gestühl, die Fensterrahmen, das Gebälk sind schwarzglänzend gestrichen. Die Orgel und die mit ausladendem kronenartigen Überbau versehene Kanzel sind mit barockem

Schnitzwerk verziert, in dem goldene Engelsfiguren die Strenge etwas auflockern, ja menschlicher machen. »Jesus Christus lebt« ist unter der Orgel zu lesen. Seit 1980 wird dieses Instrument, das aus der Mitte des 18. Jahrhunderts stammt, in mühevoller, langwieriger Arbeit restauriert. Die Atmosphäre wirkt auch ohne Gottesdienst feierlich und steif und ganz zu den Grabtafeln passend, die da hölzern an den weißen Wänden prangen und dunkelfarbige Familienwappen und Inschriften auf schwarzem Grund tragen. Vier tiefhängende kupferne Kronleuchter verstärken den Eindruck von einstigem Reichtum derer, die hier beteten und mit dieser museal gewordenen Demonstration verblichener Macht den heutigen Besucher rückblickend an die fragwürdige Selbstgerechtigkeit der damaligen weißen Herren denken lassen.

Im 18. Jahrhundert löste sich die Eigenständigkeit der hier ansässigen portugiesisch geprägten Mardijkers mehr und mehr auf und verlor sich schließlich im holländisch bestimmten Lebens- und Arbeitsstil der Kolonialherren. Deren Spuren ist wie nirgends sonst mehr in Jakarta nur noch hier in Kota nachzugehen. Als Hinterlassenschaft aus dem vorigen Jahrhundert beherrscht wenige Schritte von Gereja Sion entfernt der Kopfbahnhof **Kota** das Straßenbild, ein massiger Halbrundbau, in dem die ganz Java verbindenden Eisenbahnstrecken mit dem östlichen Gegenpol Surabaya enden; Umschlagplatz für Nah- und Fernverkehr. Von Aufbruchstimmung ist etwas zu spüren, wenn wir durch die Haupthalle gehen. Es ist der kürzeste Weg zum **Fatahillah-Platz**, dem letzten historisch noch authentisch in sich geschlossenen Platz aus Batavias alten Tagen. Stadhuisplein, Rathausplatz, hieß er damals. Mit Taman Fatahillah erinnern die Indonesier an die Zeit vor der Eroberung und an den Fürsten, der den Europäern die Stirn geboten hatte.

In dessen Mitte steht das restaurierte Brunnenhäuschen, einst die öffentliche Wasserzapfstelle und damit eine der Quellen für den chronisch schlechten Gesundheitszustand der Bewohner im Batavia innerhalb der Mauern. Einwandfreies Trinkwasser war (und ist) Mangelware. Die nach holländischen Vorbildern angelegten Kanäle, die im alten Batavia sowohl Teil der Befestigungsanlagen waren als auch dem Waren- und Personenverkehr dienten, boten zugleich den Moskitos ausgedehnte Brutplätze.

Das Batavia, an das der Fatahillah-Platz erinnert, trug auch den wenig erheiternden Namen »Grab der Holländer«. JAMES COOK war nur einer von vielen, die davon entsetzt berichteten. »Nicht nur steht der Engel des Todes mit ausgestrecktem Arm oft in unserer Mitte und hauet und tötet mit dem Schwerte der Cholera, auch zur Zeit des Westmonsuns, vom November bis April, wenn die starken Westwinde wehen und schwere Wolken durch Regen und Gewitter sich häufig entlasten, erzeugen sie durch Nässe, Nebel, faulige Dünste aus den Sümpfen und Gewässern, viele Fieberkrankheiten, unter dem allgemeinen Namen ›Bataviasches Fieber‹«, stellte 1844 der evangelische Missionar E.H. RÖTTGER in seinen »Briefen über Hinter-Indien« fest.

Es gab der Gründe mehr, bereits in frühen Jahren sein Leben zu verwirken. Gerade dieser Platz mit dem **Stadhuis** als Kulisse autoritärer Staatsmacht war immer wieder Ort grausamer Justiz. Hier wurden die Diebe ebenso wie die Rebellen, die Huren wie die Hehler, die Mörder wie die Betrüger bestraft. Der heute eher beschaulich wirkende Platz war neben dem Kastell einige hundert Meter weiter in Richtung Meer (Anfang des 19.Jahrhunderts beseitigt) die zweite öffentliche Arena, wo sich die fremde weiße Macht demonstrativ zu behaupten trachtete, indem sie immer wieder enthaupten ließ.

Für solchen Autoritäts-Anspruch steht das Stadthaus, das doppelstöckig mit säulenbewehrtem Hauptportal und einem Kuppeltürmchen über dem Dach 1710 vollendet ist; ein besonders stilvolles Beispiel kolonialer Architektur jener Zeit. Das breitgestreckte Gebäude ist das dritte Rathaus an dieser Stelle. Mit dem ersten war bereits zu COENS Regierung begonnen worden; das 1620 fertiggestellte Haus überdauerte allerdings ebenso wie das folgende nur wenige Jahre. Das Stadhuis war einstmals Machtzentrum der VOC und zugleich Verwaltungssitz für Batavia. Vornehm und gediegen ist das seit 1974 als Museum zugängliche Gebäude noch heute. Hohe Räume, geschnitzte Treppenaufgänge, knarrende Holzfußböden. Von der Replik des Tugu-Steins (Prasasti Tugu aus früher Hinduzeit) bis zu einer Gouver-

Das Stadthuis am Fatahillah-Platz in Jakarta –
Ausdruck kolonialer Macht und Architektur des frühen 18. Jahrhunderts

neurs-Galerie der VOC-Gewaltigen reicht der Bogen an Stadt- und Regionalgeschichte, der hier präsentiert wird.

Vom Stadhuis rechterhand führt der Weg über den Fatahillah-Platz zu dem Palast, in dem während der Endphase niederländischer Kolonialverwaltung über Recht und Gerechtigkeit entschieden wurde: das Justizgebäude. 1866 bis 1870 in neoklassizistischer Bombastik errichtet, dem damaligen Ausdruck der Autorität. Seit den siebziger Jahren unseres Jahrhunderts sind die Hallen und einstigen Amtsräume der Kunst gewidmet: **Balai Seni Rupa Jakarta**, das Kunstmuseum mit einer beachtlichen Sammlung von Keramiken und Porzellan des früheren Außenministers ADAM MALIK. Außerdem sind hier Gemälde indonesischer Künstler aus dem vergangenen Jahrhundert bis zur Gegenwart zusammengetragen; unter anderen sind Raden Saleh und Affandi vertreten. Die Beleuchtung und Präsentation der Bilder ist leider mangelhaft; und die Werke der bekanntesten Maler werden aus Sicherheitsgründen im Lager aufbewahrt. Keine reine Freude also dieser Besuch, der einem klar macht, wie dürftig die öffentlichen Mittel für die Gestaltung solcher unpolitischen Museen sind.

Auf dem Wege zum dritten Museum am Fatahillah-Platz kommen wir auf der rechten Seite an einer Kanone vorbei, die aus dem portugiesischen Erbe stammt und sich aus zwei Gründen volkstümlicher Aufmerksamkeit erfreut – und zwar seit Jahrhunderten. Um 1641 war das eiserne Ungetüm von Malakka nach Batavia als Kriegsbeute gebracht worden und erregte wegen der Hand am hinteren Ende, deren Finger-Daumenhaltung zweideutig-eindeutig sexuell ist, und wegen des Sinnspruches »Ex me ipsa renata sum«, aus mir selbst wurde ich wiedergeboren, öffentliches Interesse. Seither gilt das Monstrum als Fruchtbarkeitssymbol. Vor allem von Frauen wird berichtet, daß sie sich von der Berührung mit der Kanone, Si Jagur genannt, Kindersegen erhoffen. Museum Nummer drei schließlich an der Westseite des Platzes, ist der Welt des *Wayangs* geöffnet, dem Schattenspiel und seinen vielfältigen Formen, wie sie in Asien, besonders auf Java und Bali, gepflegt werden. Das Museum bietet einen vortrefflichen Überblick; und jeden Sonntagvormittag wird eine Wayang-Kulit-Aufführung geboten. Das Gebäude mutet historisch an, ist aber erst 1912 gebaut und 1938 erweitert worden. An dieser Stelle standen einst zwei Gotteshäuser: die Alte Reformistische Kirche (1640-1732) und nach deren Abriß die Neue Holländische Kirche (1736-1808), die dann der Neugestaltung Batavias unter der Zuchtrute des Generalgouverneurs HERMAN WILLEM DAENDELS weichen mußte. Er regierte von 1808 bis 1810, als es schon gar keine VOC mehr gab; die war am 31. Dezember 1799 vom niederländischen Staat völlig heruntergewirtschaftet übernommen worden. Daendels, der ob seiner rigorosen Methoden als »donnernder Marschall« in die Geschichte einging, ließ das Batavia aus Coens Zeiten einreißen, einschließlich des Kastells am Hafen, Kanäle trockenlegen und weiter landeinwärts ein neues Wohn- und Amtsviertel errichten, das die Holländer Weltevreden nannten, Wohlzufriedenheit. Im Innenhof des Wayang-Museums erinnern Inschriften an diesen und an die anderen obersten Statthalter holländischer Kolonialmacht; die Namen sind um den des JAN PIETERSZOON COEN gruppiert. An dieser Stelle soll einmal sein Grab gewesen sein, worüber die Ansichten der Gelehrten auseinandergehen. Übriggeblieben ist davon nichts. Von den authentischen Grabplatten, die hier aufgestellt sind, fällt die des GUSTAAF WILLEM BARON VAN IMHOFF auf, mit Wappen und Waffen geschmückt. Der Mann ist am 8. August 1705 im niedersächsischen Leer geboren, der einzige deutschstämmige Generalgouverneur in VOC-Diensten, gestorben am 1. November 1750 in Batavia.

Den Spuren dieses bemerkenswerten Mannes und baulichen Zeugnissen seiner Zeit begegnen wir, wenn wir am Wayang-Museum vorbei zum dahinterliegenden, träge dahinsickernden Kali Besar gehen. Entlang dieser stinkenden schwarzen Brühe, die einmal als befahrener Kanal eine der Lebenslinien Batavias gewesen ist, sind noch immer die Banken und Handelshäuser aufgereiht, in denen die Holländer ihren Reichtum verwalteten und mehrten. Zumindest die schäbigen Fassaden künden weiterhin davon; und auf einem Dachfirst ist wie ehedem zu lesen: »Assurantie Kantoor«. Noch immer überspannt etwas oberhalb in Richtung Sunda Kelapa eine doppelte Zugbrücke den Kali Besar, einst **Hoenderpasarbrug** genannt, die Hühnermarktbrücke, ganz nach dem Muster von Amsterdam und anderen holländischen Städten gebaut. Auch diese letzte bis vor wenigen Jahren noch intakte Brücke war 1977 gründlich restauriert, dann aber vernachlässigt worden. Anfang der neunziger Jahre war sie gesperrt und bot einen jammervollen Anblick der Verwahrlosung. Einige Gebäude aber werden noch so genutzt wie vor zwei Jahrhunderten. Neben der Chartered Bank, einem Eckhaus vom Ende des vorigen Jahrhunderts, finden wir drei Gebäude weiter eines der am besten erhaltenen Bürohäuser, das **Toko Merah**, aus dem ersten Drittel des 18.Jahrhundert. Es lohnt die Visite. Noch heute dient es der Verwaltung und riecht in seinem Innern nach Aktenstaub und Kaffee; die roten Backsteine, die ihm den Namen gaben, sind weithin zu erkennen. Wahrscheinlich diente dieses Gebäude dem Baron van Imhoff als Wohnstätte, ehe er Generalgouverneur wurde. Die beiden Häuser daneben waren einmal eine Marineschule, die van Imhoff gegründet hatte. Diese Einrichtung gehörte zu dem Reformprogramm, mit dem er in die Geschichte einging. Zu Zeiten, da die VOC bereits ihren Glanz eingebüßt hatte, mehr und mehr von Korruption und Privatgeschäften ihrer eigenen Beamten ausgehöhlt, versuchte van Imhoff den Neubeginn. Er war der erste, der die hygienischen Lebensverhältnisse in Batavia zu verbessern suchte, der Bildungseinrichtungen für breitere Bevölkerungsschichten anregte und den internationalen Handel liberalisierte, indem er das VOC-Monopol lockerte und andere europäische Kolonialmächte am Südostasiengeschäft teilhaben ließ. Zur Tragik seines Lebens und den sieben Jahren seiner Amtszeit gehört es, daß sich die VOC bereits selbst überdauert hatte und den gewandelten Anforderungen auch durch Reformansätze nicht mehr gewachsen war.

Wo Chinesen unter sich sind

Schon frühere Reisende rümpften die Nase: »Dieses entsetzliche Gemisch von Knoblauch, Fischgeruch, an der Sonne hängendem und mit Schmeißfliegen bedecktem Schweinespeck, aashaft zersetzten Speiseresten, von allen erdenklichen Auswurfstoffen der Häuser (nein – der Misthöhlen), welche ihren Weg durch die Gassen suchen, um sich schließlich einem halbfaulen, stagnierenden Wasser beizumengen, dieses Duftkonzert alles Ekelhaften, durch das hier und da penetrante Aroma von Gewürznelken oder atschinesischem Pfeffer (aus Aceh, Sumatra) einen Augenblick durchdringt; wie die Klarinette aus einem Haufen verstimmter Blechinstrumente, wird meine arme Nase ihrer Lebtag nicht vergessen«, empört sich 1898 der österreichische Reisende E. HAFFTER nach einem Streifzug durch das Chinesenviertel **Glodok**. Sinnlich einprägsam ist ein solcher Bummel noch heute, wenn man aus Kota kommend von der Jalan Pintu Besar Selatan nach rechts in die Jalan Pancoran biegt und in die abzweigenden Gäßchen eintaucht. Diese Winkel und Ecken gehören zum Farbigsten, Urwüchsigsten, was das moderne Jakarta noch zu bieten hat. Auf der Suche nach einem Stück lebendigem Asien, das ein bißchen auch wie Bilderbuch und Klischee aussieht, werden wir hier fündig.

Entlang der Jalan Pancoran reiht sich ein Geschäft ans andere; und es bedarf gelegentlich der Ellbogen, sich in dem Menschengewühl den Weg zu bahnen. Wer es hier eilig hat, läßt sein Auto sowieso stehen, geht zu Fuß oder hockt sich auf den mäßig gepolsterten Rücksitz eines der Fahrräder, die als wendige Nahverkehrstaxis fungieren und einer Heerschar strampelnder Männer zu einem Job verhelfen. Hier ist nicht einmal für Becaks ein Durchkommen. In den frühen Abendstunden, wenn die Tageshitze einer angenehmen Milde weicht, wird Glodok zum Rummelplatz, der nur noch in diesem Viertel so deutliche chinesische Züge trägt.

Wir schlüpfen hinein in das mit Zeltplanen und Wellblechdächern vor Sonne und Regen geschützte Labyrinth des **Pasar Petak Sembilan**. Herrn Haffters Nase würde darin wiederum recht beleidigt werden. Vom Trockenfisch bis zum geheimnisvollen Wunderheilmittel ist da alles zu haben, was asiatisches Wohlbefinden zu steigern vermag und europäische Sinnesorgane in Aufregung versetzt. Ein bezopfter Kuli würde uns nicht sonderlich überraschen, so er sich mit einer Traglast durch das Gewimmel der Schau- und Kauflustigen drängte; doch natürlich sind derartige Typen auch hier längst ausgestorben. Aber was sich da für Ein- und Ausblicke auftun! Chinesische Läden mit der knallbunten Vielfalt an phantasievoll verpackten Räucherstäbchen, Feuerwerkskörpern; halbdunkle, schäbige Restaurants, die an Opiumhöhlen denken lassen und erstaunen, wie groß plötzlich inmitten der Enge solche Etablissements wirken können; Marktstände mit Gemüse, Früchten, Fisch, Fleisch und Gewürzen, allem, was die chinesische Küche erfordert. An den Essensständen, die auf der Jalan Pancoran aufgestellt sind, läßt sich davon kosten. Jedes dieser Mini-Restaurants ist auf eine Besonderheit spezialisiert. Das dampft und siedet und zischt und brodelt. Ein Erlebnis für sich. Einfach an einem der niedrigen Tische auf einem Hocker Platz nehmen und mit Gesten und in welcher sonst verfügbaren Sprache die Eßbereitschaft signalisieren. Bei den bereits speisenden Gästen ist auf deren Tellern und Schälchen zumindest optisch erkennbar, was da auf einen zukommen wird. Zwischendurch streckt eine Bettlerin ihre Hand aus. Ein alter Mann kratzt mit der Unbekümmertheit eines Gehörlosen auf seiner Geige herum. Von den Lautsprechern tönt indonesisch-chinesische Unterhaltungsmusik, die von süßklebriger Monotonie sein kann und besonders auf die Worte *Cintaku*, *Cintamu* eingestimmt ist: meine Liebe, deine Liebe. Von einem der Geschäfte mit Musikkassetten mischt sich mal ein Wiener Walzer, mal Beethovens Neunte in die Geräuschkulisse. Glodok beschäftigt alle Sinne.

Wohltuend für den europäischen Gast ist es, einigermaßen sich selbst überlassen zu bleiben und kaum beachtet zu werden. Chinesische Zurückhaltung nimmt ihn nicht über Gebühr zur Kenntnis, und das sonst auf Märkten, in Bussen, Bahnen, an Haltestellen trotz aller Freundlichkeit in seiner ständigen Wiederholung gelegentlich lästig werdende Woher? Wohin? – *Darimana, Kemana?* – bleibt hier fast aus. Man spürt, daß Chinesen und chinesisch-stämmige Bewohner Jakartas zumindest in diesem Viertel ziemlich unter sich sind und ihre Identität zeigen, die andernorts in der Öffentlichkeit eher versteckt wird. Die ungeliebte Minderheit hat seit dem Massaker von 1740, dem zehntausend Chinesen zum Opfer gefallen waren, wirkungsvolle Überlebenstechniken entwickelt, möglichst wenig aufzufallen und doch die Schalthebel von Wirtschaft und Finanzen in Händen zu halten. Unter den 190 Millionen Indonesiern gibt es etwa fünf Millionen Chinesen, von denen die meisten weder beson-

Eine europäische Ansicht Batavias in einem Stahlstich,
der das Massaker an den Chinesen vom 9. Oktober 1740 zeigt

ders arm, noch besonders reich sind, doch zwanzig Prozent der gesamtindonesischen Wirtschaft werden von etwa zwei Dutzend kunstvoll verschachtelter Großunternehmen kontrolliert; fast alle sind sie im Besitz indonesischer Chinesen mit besten Verbindungen zur höchsten Spitze in Politik und Wirtschaft, was nahezu identisch ist. Da hat sich seit den Tagen der VOC im Prinzip wenig, im gewaltig gestiegenen Finanzvolumen allerdings sehr viel geändert. Die chinesisch-stämmigen Tycoons haben alle politischen Systeme und deren jeweilige politische Repräsentanten überdauert. Geblieben ist aber auch das populäre Mißtrauen gegenüber dieser völkischen Minderheit, deren entfernte Vorfahren bereits des Geschäftes wegen in die Inselwelt Indonesiens gekommen waren. Die ersten Handelsbeziehungen zwischen chinesischen Kaufleuten und indonesischen Fürsten reichen ins 4.Jahrhundert zurück. Heute unterscheidet der indonesische Sprachgebrauch zwei Gruppen: zum einen die *Totok*, die Reinblütigen, die erst in diesem Jahrhundert einwanderten und etwa eine Million betragen; und zum anderen die vier Millionen *Peranakan*, deren Vorväter schon vor Jahrhunderten sich im Archipel niedergelassen hatten; vor allem den Peranakan ist Indonesien zur Heimat geworden.

Dem Fortschritt der Neuen Ordnung der Suharto-Regentschaft haben fast alle einstigen chinesischen Viertel weichen müssen. Pasar Senen im gleichnamigen Stadtteil bot in jüngerer Zeit den Schauplatz des spektakulären Abrisses. Nur drei alte Chinesenhäuser durften stehenbleiben, die im künftigen Komplex als eine Art Museum bewundert werden können. Wann auch Glodok das gleiche Schicksal ereilt, weiß niemand. Schon beschleicht einen das Gefühl von Nostalgie, obwohl noch pralles Leben in diesen Gassen steckt und die typischen kleinen chinesischen Häuser an den verdreckten Kanälen bewohnt sind. Sie haben ein leicht nach vorn gewölbtes hohes Ziegeldach, im ersten Stock einen Balkon und im Erdgeschoß einen zur Straße offenen Laden, Familien- und Geschäftsleben in einem. Solch vermeintliche Idylle wird auch in Glodok bereits von gigantischen Parkhäusern überragt. Im Tempel **Jin-de Yuan** bleiben solche Ungetüme weit hinter einem wie die Versatzstücke einer anderen Welt. Dieser Klenteng gilt unter den etwa siebzig chinesischen Tempeln als Hauptgebetsstätte der Chinesen in Jakarta; ein weitläufiger Komplex mit einem Dutzend Altären, deren älteste Teile aus dem Jahre 1724 stammen. Die Ursprünge dieses mit einer Vielzahl von buddhistischen und taoistischen Figuren geschmückten Tempeln reichen ins Jahr 1650 zurück. Die auch Wihara Dharma Bhakti genannte Anlage war 1846 und 1890 gründlich renoviert worden. Der Name läßt sich mit »Tempel der goldenen Tugend« übersetzen. Direkt vor seinen Mauern und Türen klappern die ambulanten Essensverkäufer mit ihren Tellern. Lastenträger ziehen vorbei. Kindergeschrei. Es ist, als schwappte etwas vom Markttreiben hinein in den Innenhof, wo sich Familien zusammenfinden, wo man die Tagesneuigkeiten austauscht und in ernsthafter Männerrunde seine Zigarette raucht. Derweil schreiten die Betenden, ein Bündel glimmender Räucherstäbchen über den Kopf haltend, von Altar zu Altar, lassen scheppernd die Wahrsagehölzer fallen, deren Lage etwas über die Zukunft verrät, und bringen eiligen Schrittes brennendes Symbolgeld zum Ofen, der im Freien steht.

Bei Totenfeiern werden auch ganz andere Sachen dem Feuer überlassen. Nach altem Brauch gilt es, dem Verstorbenen die Zeichen seines bisherigen Wohlstandes durch die Flammen geläutert ins Jenseits mitzugeben. In früheren Zeiten reichten dafür Früchte und Eßwaren. Seit einigen Jahren verlangt das chinesische Statusdenken mehr und mehr nach hochkarätigen Sinnbildern der Wohlhabenheit. So werden aus Bambus und Buntpapier gefertigte Nachbildungen von Fernsehapparaten, Videorecordern, Flugzeugen ins Feuer geworfen. Nicht weit vom Tempel entfernt hat sich in der Jalan Songsi Nummer 14 ein florierender Handwerksbetrieb auf die Fertigung solcher leicht entflammbarer Totengeschenke spezialisiert. Eine Marke, die sich bei den Kunden ständiger Nachfrage erfreut, heißt Mercedes. Originalgetreu auf Spielzeugformat nachgebaute Autos mit dem Stern gehören bei Verstorbenen vermögender chinesischer Familien zur Grundausstattung der Verbrennungsutensilien.

Auch an ganz gewöhnlichen Tagen tränen einem bald die Augen, wenn man sich nur ein paar Minuten im Hauptraum des Jin-de Yuan umschaut. Betuchtheit und Frömmigkeit werden mit mannshohen und baumstammstarken roten Kerzen demonstriert. Nirgends sonst sind mir solche korpulenten Kerzen aufgefallen. Daneben knistern Hunderte ihrer kleineren Geschwister. In Ölbehältern schwimmen brennende Dochte zu Dutzenden. Überall steigt kräuselnder Rauch von Duftstäbchen auf. Jeweils sechs Ventilatoren an den beiden Seitenwänden geben sich alle Mühe; doch die Statuen, die Gemälde die rußgeschwärzten, goldbronzenen Mönchsfiguren in Glasvitrinen werden von Rauchschwaden eingehüllt, die dem Besucher den Atem rauben. Hier sind Chinesen unter sich und pflegen die geheiligten Kulte und Riten, die einst mit den Vorfahren in die neue Heimat Java mitgebracht worden waren. Da lebt etwas fort an Geist und Geistigkeit, was den Zusammenhalt dieser Menschen mit ihren Wurzeln im fernen China trotz aller Anfeindungen gestärkt hat. Auffallend viele junge Leute. Wir schauen ihnen zu und ahnen etwas von der Bedeutung solcher Stätten, die Abgrenzung und Identität gewährleisten.

Die Harmonie
mußte dem Fortschritt weichen

Von sehr viel geringerer Dauer erwies sich das tempelähnliche Gebäude, in dem einst die einflußreichen Europäer ihrerseits um Abgrenzung und Identität besorgt waren. *Harmonie* nannten sie diese Stätte, wo die Weißen auf gesellschaftliche Etikette und standesgemäßes gleichfarbiges Publikum achteten. Wir werden dieses unser nächstes Ziel auf der Suche nach der verlorenen Zeit zwar nicht mehr vorfinden, aber der Weg dorthin und die geschichtsträchtige Umgebung lohnen den Ausflug. Von Glodok fahren wir auf der breiten Doppelstraße weiter in Richtung Merdeka-Platz, die auf dieser Seite Jalan Gajah Mada und durch einen Kanal getrennt, in der Gegenrichtung Jalan Hayam Wuruk heißt. Rechts und links die Neonreklamen und Geschäftsfassaden moderner Hochbauten, austauschbar, optisch zwar bunt und doch auf eigenartige Weise farblos, weil keines der modernen Gebäude ein markantes Profil vorzuweisen hat, das zum genaueren Hinsehen Anlaß böte. Dazu gibt es erst bei der Hausnummer 11 einen guten Grund. Hinter hohem Eisenzaun und umgeben von einem gepflegten Park erstrahlt das schönste und besterhaltene jener wenigen Nobelhäuser, die aus der Mitte des 18. Jahrhunderts in Jakarta stehengeblieben sind.

Beim Versuch, den Wagen aus dem Verkehrsfluß zu lenken und zu stoppen, fällt es schwer sich vorzustellen, daß dieses noch immer Ruhe und Würde symbolisierende Anwesen, das nun der laute Fortschritt so unfreundlich einkeilt, 1760 als ein Landsitz gebaut worden war.

Blendend weiß das zweistöckige Haus mit trapezförmigem roten Ziegeldach, die Front von dreizehn hohen Fenstern mit geschlossenen rotgestrichenen Läden und einer Doppeltür aufgegliedert. Im üppigen Schnitzwerk über der Tür erkennen wir die symbolische Figur der Hoffnung mit einem Anker in der rechten Hand. Prächtig geschnitzte Treppenaufgänge mit roten und goldenen Farben in der Eingangshalle; gediegenes Mobilar im Obergeschoß. Das atmet soliden Reichtum und ist in bestem Zustand. Staatliches Interesse hat wenigstens diesen Landsitz vor Spitzhacke oder Verfremdung gerettet. 1925 hatten die Holländer in den großzügigen Räumen ihr *Landsarchif* eingerichtet, das die nachfolgenden Herren seit der Unabhängigkeit als **Arsip Nasional** weiterführen. Begonnen hat dessen Baugeschichte mit REINIER DE KLERK (1710-1780), der mit diesem Haus die Erfolgsstory seines Lebens zur Schau stellte. Als einfacher Seemann war er in den zwanziger Jahren des 18.Jahrhunderts nach Batavia gekommen und brachte es schließlich zum Generalgouverneur der VOC. Nach seinem Tode diente das Gebäude einem weiteren Generalgouverneur als Amtssitz und wechselte häufig den Inhaber, ehe es als Aufbewahrungsort staatlicher Dokumente auserkoren wurde. Angesichts des Hauses und bei seiner Erkundung wächst das Verständnis für jene Reisenden des 18. und 19.Jahrhunderts, die Batavia als »Königin des Ostens« priesen. Für eben dieses Etikett bietet das heutige Jakarta dem Besucher kaum noch Anhaltspunkte.

So ist es denn auch mit dem erwähnten »Harmonie«-Gebäude. Wenn wir die Jalan Gajah Mada weiter südwärts fahren, kann es passieren, daß uns der Verkehr an der Kreuzung Jalan Suryo Pranoto/Jalan Veteran einfach mitzieht und wir in eine breite Straße, die Jalan Majapahit, rollen und gedrängt werden, ohne den Eindruck zu haben, daß im Stadtbild etwas fehlen könnte. Wo nur noch eine Straße ist, stand bis 1985 das älteste Clubhaus, das Europäer einst in Asien errichteten. Der umtriebige Generalgouverneur DAENDELS hatte 1810 den Baubeginn angeordnet. Seine Art der Stadterneuerung, die in ihrer Rigorosität einiges mit den gegenwärtigen Kahlschlägen gemeinsam hat, strebte nach völliger Neugestaltung. Auf die bisherigen Befestigungsmauern des alten Batavia konnte verzichtet werden; die Steine wurden unter anderem für den Bau des neuen Clubhauses verwendet. Es sollte der gesellschaftliche Mittelpunkt einer neuen europäischen Kommunität werden, die mit den rauheren Sitten der vergangenen VOC-Epoche nichts mehr zu tun hatte. Daendels erlebte die Einweihung des Clubhauses nicht mehr. Sein Nachfolger während jenes englischen Zwischenspiels im Ringen um Indonesien zwischen 1811 und 1816, THOMAS STAMFORD RAFFLES, setzte sich für die Vollendung ein. So kam es, daß der nachmalige holländische Treffpunkt der feinen Leute im August 1814 ausgerechnet zum Geburtstag der englischen Königin Charlotte eröffnet wurde.

Mit seinen klassizistischen Säulen und der streng proportionierten Fassade im Empirestil war die »Harmonie« mehr als ein Jahrhundert der Inbegriff des gehobenen Lebens der weißen Oberschicht in Insulinde, wie sich deren Angehörige in einer liebevollen Bezeichnung angewöhnten zu sagen. »Wir hielten an in der Nähe des großen Gesellschaftslokales der in Batavia wohnenden Europäer, der sogenannten ›Harmonie‹. Es ist ein monumentaler Säulenbau mit prachtvollen Räumlichkeiten – Billard-, Lese-, Tanz- und Restaurationssälen – und schönem Garten. Eben ertönten dorther die Klänge einer meisterhaft exekutierten Regimentsmusik, und wahrhaftig – das erste, was ich in Java Musikalisches zu hören bekomme, ist ein heimeliger Wiener Walzer ...«, stellte begeistert der österreichische Reisende E. HAFFTER in seinen »Briefen aus dem Fernen Osten« 1898 fest. Die weiße Hautfarbe allein reichte für den Zutritt nicht. Je mehr Niederländer sich in Indonesien ansiedelten, und je mehr sich der Typ des Übersee-Niederländers herausbildete, der in Batavia und an anderen Orten des Archipels geboren war und das sogenannte Mutterland aus eigener Anschauung gar nicht kannte, desto differenzierter wurden auch innerhalb der weißen Gesellschaft deren Schichten. Es gab arme Schlucker unter ihnen, Militärs der untersten Ränge, Ausgeflippte, Pechvögel, Alkoholiker. Ihnen waren die Tore der »Harmonie« verschlossen. Die Einheimischen waren hier nur als Domestiken willkommen. Das mag erklären, warum sich gegen die Pläne des Abrisses in den achtziger Jahren kaum eine indonesische Stimme aussprach. Zu sehr war die »Harmonie« ein Symbol der weißen Herrschaft gewesen. Gleichwohl hätte es dem Selbstbewußtsein der neuen Elite gut angestanden, dieses Zeichen überwundener Fremdbestimmung den künftigen Generationen in musealer Präsentation zu erhalten. Nur als Stadtteilbezeichnung erscheint auf Straßenschildern weiterhin das Wort »Harmonie«, von dessen historischem Bezug die Jüngeren keine Ahnung haben.

Die verbreiterte Straße auf dem Grundstück des ehemaligen Clubhauses gibt nun die Aussicht frei auf Anbauten der Präsidialverwaltung. Wir sehen Betongebäude mit Säulen à la Griechenland, die in den Proportionen den antiken Vorbildern Hohn sprechen und den europäischen Betrachter an den architektonischen Totalitarismus des Nürnberger Reichsparteitagsgeländes denken lassen. Der Rundumblick von der Verkehrsinsel der Vergangenheit animiert zu weiterer Rückblende. Wo schräg gegenüber der einstigen »Harmonie« an der Jalan Gajah Mada heute die glatte Fassade eines Shoppingcenters glänzt, stand einmal das Hotel, das kaum einer der Reisenden seit dem Ende des 19.Jahrhunderts in seinen Berichten zu erwähnen vergaß: **Hotel des Indes**. »In hübschen, zweispännigen Wagen fuhren wir sogleich nach Weltevreden in das Hotel des Indes, dessen glänzend erleuchtete Veranden und Gärten an die Conversationshäuser eleganter Badeorte erinnerten«, bekannte der deutsche Professor F. JAGOR in seinen »Reiseskizzen« von 1866. Das war erst der Beginn. Immer größer wurde die weltbekannte Nobelherberge ausgebaut und zum Inbegriff gehobener Gastronomie in Batavia stilisiert. Die Reistafeln im Hotel des Indes, deren einzelne Schüsseln von zwanzig Kellnern aufgetragen wurden, waren ebenso berühmt, wie perfekte Organisation und Luxus. In den sechziger Jahren ging es damit zu Ende. Ein renommiertes Stück Hotelgeschichte Indonesiens mußte der neuen Zeit weichen.

Wenn wir der Jalan Abdul Muis weiter südöstlich folgen und in die Jalan Tanah Abang I einbiegen, kommen wir zu dem Ort, wo im übertragenen Sinne die ganze Kolonialepoche begraben ist: **Taman Prasasti**. Hier breitete sich der Stadtfriedhof aus, Tanah Abang genannt. Um 1795 war der Gottesacker angelegt,

1976 war er endgültig geschlossen worden. Die Lebenden beanspruchten den Platz der Toten. Geblieben ist ein Memorial-Park mit originalen Grabstätten und Grabsteinen, die allerdings nur noch zum Teil die eigentlichen Gräber kennzeichnen; die meisten sind längst aufgegeben worden. In die Mauern des Hauptportals sind mehr als ein Dutzend der prächtigsten Platten eingelassen und stehen da aufrecht wie ausgeklappte Seiten eines Geschichtsbuches. Unter einem Wappen mit Männergesicht, Weltkugel und einer Taube lesen sich die Daten eines Lebenslaufes beispielsweise so: »Hier onder rust Johannes Mooris, Coopman in Dienst der EE Compagnie, geboren tot Amsterdam anno 1636 den overleden den 18. Februar anno 1694.« Die Vorhalle des Tores ist überdacht. Einer Kindermeute dient sie als Spielplatz, und deren fröhliches Geschrei vor der in Stein erstarrten Kulisse der Vergänglichkeit läßt den Lebenswillen einer neuen Generation erklingen.

Jenseits des düsteren Tores liegt Trauer in der Luft; Trauer, die über ein einzelnes Schicksal weit hinausreicht und einer mehr als drei Jahrhunderte währenden Generationenfolge von Europäern gilt, die ihre Existenz mit der eines gewaltigen Archipels verbanden, ein Stück Heimat hierher verpflanzten und doch nirgends mehr zuhause waren. Sie kamen als Eroberer, mischten sich, nur ihren eigenen Interessen folgend, ein in das Bestehen fremder Völker, machten deren Menschen zu Sklaven, teilten und herrschten und kolonisierten und mußten letztlich geschlagen und als Verlierer den Archipel wieder verlassen. Gußeiserne Kreuze blieben zurück, steinerne Engel mit gebrochenen Flügeln, geborstene Säulen, fromme Sprüche. Namen, die noch immer Assoziationen wecken, sind zu entdecken. Da ist das Grab der OLIVIA MARIAMNE RAFFLES, der ersten Frau des späteren Gründers von Singapur; am 10. November 1814 war sie in Buitenzorg (Bogor) gestorben, wo im Botanischen Garten auch ein kleiner Pavillon daran erinnert, aber niemals das eigentliche Grab war. In Taman Prasasti ist auch die Grabstätte eines Verstorbenen, der möglicherweise gar nicht gelebt hat. Der Todestag eines gewissen *Kapten Jas* wird auf einer Tafel unter hohem Baum mit 5. Mai 1768 angegeben. Es ist das einzige Grab, das mit frischen Blumen geschmückt ist und noch immer Indonesier zu stummem Gebet veranlaßt, hoffend auf Beistand aus einer anderen Welt. Um Kapten Jas kreisen mehrere widersprüchliche Legenden. Allesamt reichen sie in die Zeit zurück, da es noch bei der alten portugiesischen Kirche (heute Sion-Kirche) einen Friedhof gab, der dann hierher verlegt worden war mitsamt diesem ominösen Grab. Ob ein solcher Kapitän gelebt hat oder ob sein Name nicht nur die volkstümliche Umschreibung für Gevatter Tod, für Sensenmann, war und »ins Land des Kapten Jas gehen« ein anderer Ausdruck für das Sterben bedeutete, ist unter den Geschichtsinterpreten umstritten. Die Grabstätte jedenfalls ist in Taman Prasasti unübersehbar.

Einer der letzten erhaltenen Herrschaftssitze, der noch heute eine Vorstellung von vergangener Wohlstandsrepräsentation vermittelt, steht an der Jalan Jembatan Tinggi, jenseits des Kanals Terusan Banjir, nahe der Bahnstation Tanah Abang. Das Anwesen mit der Straßennummer 4 hat einen gepflegten Vorgarten, alte Bäume und zwei Zufahrten, auf denen einst die Pferdedroschken einbogen, wenn große Empfänge stattfanden. Die beiden Seitentrakte mit hohen Bogenfenstern und massiger weißgestrichener Fassade zur Straße hin sind ganz auf die Zur-Schau-Stellung gesellschaftlicher Reputation ausgerichtet. Tief reichen die Räume und Zimmerfluchten in den hinteren Teil des Gebäudes. Der Architekt war Franzose; sein Werk vom Ende des vorigen Jahrhunderts sind die in die Tropen transportier-

Grabinschrift auf dem Friedhof
Taman Prasasti in Jakarta, auf dem auch viele europäische
Seeleute ihre letzte Ruhestätte fanden

ten Ansprüche der weißen Oberschicht. Wie attraktiv und vorbildhaft solcher Lebensstil auch für andere reiche Leute war, zeigte ein späterer Besitzer. Der arabische Kaufmann SAID ABDULLAH BIN ALOI BIN ABDULLAH ALATAS, der um die Jahrhundertwende hier Hof hielt, fand dieses Anwesen in seiner eigenwilligen Mischung aus Europa und Asien – east meets west – offenbar auch seinem Renommierbedürfnis für angemessen. Seit 1976 ist darin das **Textilmuseum** Jakartas untergebracht. Alles, was in Indonesien gewebt, gebatikt, gestickt und sonstwie mit Stoffen verarbeitet wird, ist hier mit Mustern zu sehen. Phantastisch die Vielfalt der handwerklichen Techniken und der Farben und Motive. Das ist Volkskunst, über Jahrhunderte gepflegt, in regionalen Techniken lebendig geblieben. Die kostbare Sammlung textiler Besonderheiten erweckt in dem Haus aus der Ära kolonialer Fremdbestimmung den Eindruck, als habe nun die indonesische Kultur eindeutig und unmißverständlich diesen architektonischen Zwitter in Besitz genommen.

Das Gold der frühen Jahre

Ein Elefant hilft bei der Suche nach der bedeutendsten Stätte Indonesiens, die einen umfassenden kulturgeschichtlichen Überblick zu Land und Leuten zu bieten hat: das **Nationalmuseum** an der Jalan Medan Merdeka Barat. Hinter hohen Bäumen und abgegrenzt von dieser stets geräuschvoll befahrenen Straße hält das grünspanige Rüsseltier auf seinem Podest stumme Wache vor den historischen Heiligtümern Indonesiens, flankiert von zwei Kanonen mit dem VOC-Zeichen. Der bronzene Elefant stammt aus Thailand und ist ein Geschenk des siamesischen KÖNIGS CHULALONGKORN, der das Museum 1871 besuchte. Gerade drei Jahre zuvor war der imposante neoklassizistische weiße Bau mit dem Portal dorischer Säulen eingeweiht worden. Des schwergewichtigen Präsentes wegen nennt ihn der Volksmund seither *Gedung Gajah*, das Haus des Elefanten. Das Museum ist die älteste von Europäern in Südostasien eingerichtete Institution mit dem Anspruch, die Zeugnisse eines ganzen Kulturraumes unter einem Dach zu vereinen. Die ersten Sammlungen wurden von der Batavischen Gesellschaft für Kunst und Wissenschaft angelegt, die bereits 1778 unter der Leitung des Holländers J.C.M. RADEMACHER ins Leben gerufen wurde, also noch zu Zeiten der VOC. Dies ist aus doppeltem Grunde erstaunlich: Zum einen hatte sich die Handelsgesellschaft in Batavia mit dem Vorhaben etabliert, von dort aus Profite zu machen; deren Repräsentanten hatten in bezug auf die Kultur ihres Gastlandes vornehmlich Ignoranz und Desinteresse gezeigt. Zum anderen zählte die europäische Bevölkerung Batavias in jenen Jahren keine 30000 Menschen, die hauptsächlich mit sich selbst und ihren Geschäften zu tun hatten. Daß sich in diesem Milieu auch einige zusammenfanden, die über jedes materielle Interesse hinaus die Fülle der indonesischen Kultur wissenschaftlich zu untersuchen und zu sichten begannen, muß als Pioniertat gewertet werden. Dabei standen Absichten und Finanzen bezeichnenderweise in argem Mißverhältnis. »Das Museum zeugt von dem lobenswerten Eifer edler Männer, etwas zu leisten. Die Mittel scheinen aber nicht hinreichend zu sein, der Anstalt gehörig aufzuhelfen, denn viel ist gesammelt, aber weniges geordnet und eingeteilt«, stellte bereits 1852 der deutsche Reisende Dr. F. EPP fest. Seiner Bemerkung ist in der Sache kaum Neues hinzuzufügen. Auch hier erleben wir die Misere der indonesischen Museen. Zum höheren Ruhme der Präsidentenfamilie Suharto wurden während der Ära der *Neuen Ordnung* in den siebziger bis neunziger Jahren zahlreiche neue Museen errichtet, aber die bereits bestehenden vernachlässigt. Dies ist auch und gerade im Nationalmuseum zu spüren.

Es mangelt durchwegs an ausreichenden Erklärungen; zum Teil sind die Beschriftungen in indonesischer, zum Teil auch in englischer Sprache, zum Teil überhaupt nicht gegeben. Viele Exponate sind schlecht beleuchtet, unsystematisch zusammengefügt, nicht genügend geschützt und so angeordnet, daß der wenig erfahrene Besucher vieles an Wichtigem übersieht. Es bedarf vieler Stunden und Geduld, im Nationalmuseum auf Entdeckungsreise zu gehen; aber diese Voraussetzung bei der Erkundung Javas und Balis ist ja überhaupt die Grundregel, um ein wenig Verständnis zu gewinnen. Das Nationalmuseum ist eine Art Übungsfeld, um sich dem Werden und Sein Indonesiens zu nähern. Der Bogen ist weit gespannt. Er reicht von den prähistorischen Anfängen mit den Knochenresten des berühmten *Ja-*

va-Menschen (Pithecanthropus erectus), die 1851 im Trockenbett des Solo-Flusses nahe des Dorfes Trinil – nördlich von Madiun beim Städtchen Ngawi – gefunden und durch ähnliche Ausgrabungen beim Dorf Sangiran nahe der Stadt Solo ergänzt wurden; diese Bewohner Javas, die als aufrechtgehende Affenmenschen gelten, haben vor mehr als einer halben Million Jahren gelebt. Die Sammlung umfaßt landwirtschaftliche Geräte, die von den Bauern noch heute benutzt werden, Musikinstrumente, die noch immer erklingen bei den Festen auf dem Lande, Wayang-Figuren, die auch weiterhin mit ihrem Schatten bei öffentlichen Veranstaltungen die Kontinuität indonesischer Kultur bewahren.

In der Eingangshalle erwarten uns vier Buddha-Figuren vom Borobudur. Sie wirken in dieser prominenten Plazierung wie Träger, auf denen die Kultur des Archipels ruht. Es sind selbstverständlich nicht die einzigen Fundamente dieser von so vielen Einflüssen befruchteten Inselwelt, aber doch wesentliche. Den hindu-buddhistischen Stücken ist denn auch über die beiden Etagen des Museums der breiteste Raum gewidmet: in den unteren Hallen die vielfältigen Statuen aus Stein, im ersten Stock die Sammlung der Bronzefiguren; beider Entstehungszeit umfaßt das 8. bis 15. Jahrhundert. Zwei eindrucksvolle Statuen seien stellvertretend für alle anderen herausgehoben.

Im unteren Saal ragt über vier Meter hoch der Gott des Todes: MAHAKALA, ein in Stein gefaßtes Sinnbild für Macht und Vergänglichkeit. Der massige Körper steht auf einer Basis, die von Totenköpfen gebildet wird; in der Linken hält Mahakala selbst einen solchen und in der Rechten einen Dolch. Schlangen umwinden seine Arme. In seinem Kopfschmuck hockt eine vergleichsweise kleine Buddha-Figur als höchstes und reinstes Symbol dafür, wie der Tod, der da hohläugig zu Füßen des Allgewaltigen liegt, überwunden werden kann. Die Statue wurde im 14. Jahrhundert gefertigt, stammt ursprünglich aus Ostjava, wurde aber in Zentralsumatra gefunden; sie war vermutlich das Geschenk eines javanischen Königs an einen König in Minangka-

*Steinerne hinduistische Relief-Tempel-Figur
im Nationalmuseum in Jakarta*

bau. Dieser Riese flößt Furcht ein und verkörpert den Anspruch, den gottgleiche weltliche Könige auch in Indonesien erhoben haben: Herr über Leben und Tod zu sein.

In der Sammlung der Bronzestatuen des oberen Stocks fesselt uns der Anblick einer Figur aus dem 10./11.Jahrhundert, die 96 Zentimeter hoch ist und vierarmig den Hindu-Gott SHIVA darstellt. Es ist die größte aus Metall gefertigte Statue, die je im indonesischen Archipel entdeckt worden ist. Ein Bauer hat sie beim Baden im Fluß Wades nahe der Stadt Tegal in Zentraljava gefunden. Die Eleganz der fließenden Formen, die Anmut der Haltung, die graziös gespreizten Finger bezaubern den Betrachter; und durch die mit Silber eingelegten Augen und die mit Gold geformte Unterlippe gewinnt das Gesicht einen energischen, gebieterischen Ausdruck, der uns beim Rundgang immer wieder zu diesem Weltenherrn der Hindu-Religion zurückkehren läßt.

Im Obergeschoß gelangen wir auch zur Schatzkammer, die mit Drehtür und Alarmanlagen gesichert ist wie der Tresor einer Bank. Es ist die modernste Abteilung im Museum, die 1986 in völlig erneuerter Präsentation wieder der Öffentlichkeit zugänglich gemacht wurde. Vollklimatisiert bei angenehmer indirekter Beleuchtung sind die Kostbarkeiten in den Vitrinen ausgestellt. Vor rotem Samt kommen die zumeist goldenen Exponate in verschwenderischer Pracht zur Geltung. Wir sehen sowohl aus dem edlen Metall geformte Gebrauchsgegenstände von den Fürstenhöfen der verschiedenen Inseln und Regionen als auch Kult-, Schmuck- und Tanzutensilien. Eine Krone aus Sumatra, vergoldete Krisscheiden, goldene Fächer, Betelnußscheren in Pferdeform mit eingelegtem Gold. Unermeßlich diese Schätze, die das Erbe von Königen vor allem jener Reiche sind, die ihre Blütezeit vor dem Eintreffen der Europäer hatten. Wenn man an deren Begehrlichkeit denkt und weiß, was sie von solchen Reichtümern in private Sammlungen und öffentliche Museen Europas entführten, ist die Bewunderung noch tiefer, solche Kunst im Lande der Herkunft schauen zu können. In den Arbeiten mit fürstlichem Auftrag wurzelt das Kunsthandwerk, das noch heute an manchen Orten Javas und Balis fortbesteht, nun längst einen Markt beliefernd, der auch und gerade von touristischen Wünschen in Gang gehalten wird.

Eine Landmarke, die die Nahtstelle für den Niedergang indonesischer Fürstenherrschaft und die Domination der neuen weißen Herrn hatte sichtbar werden lassen, ist im Erdgeschoß zu finden; versteckt fast, in einer dunklen Nische, aber immerhin im Original vorhanden: ein Grenzstein der Portugiesen, ein *Padrão*, 1522 in Westjava als Vertragsergebnis zwischen portugiesischen Seefahrern im Namen ihres Königs MANUEL und dem König des sundanesischen Reiches aufgestellt. Erst 1918 war der Stein im heutigen Gebiet der indonesischen Hauptstadt wiedergefunden worden.

Mit christlichem Kreuz und Weltkugel als Teil astronomischer Meßinstrumente auf hoher See, dem Symbol jenes portugiesischen Aufbruchs über die Ozeane zum Ende des 15.Jahrhunderts und Beginn des 16.Jahrhunderts, ist auch dieser Stein im Museum gezeichnet. Folgerichtig ist in einigen Räumen den weißen Herren nachzuspüren, die sich im Wettbewerb um die Pfründe Indonesiens am längsten hatten behaupten können. Mobilar der VOC-Zeit, aus massiven Hölzern gearbeitet, kündet von schwergewichtiger Solidität. Wenn wir von diesen Räumen ein paar Schritte weitergehen in die Säle mit den Gegenständen, die zum Leben der indonesischen Völker gehörten und teilweise noch immer gehören, wird klar, daß die Menschen aus zwei Kontinenten nichts miteinander gemein hatten.

Doch imaginäre Grenzen zu überschreiten und fragwürdige, zumeist machtpolitisch definierte Berührungspunkte zwischen den Menschen aus Ost und West zu bedenken, macht eine der Faszinationen des indonesischen Nationalmuseums aus, das ja erst seit der Unabhängigkeit des Archipels von seinen Kolonialherren als solches bezeichnet werden durfte. Mehr als 85000 katalogisierte Exponate und 350000 Bücher birgt das Elefanten-Haus und verfügt damit über die umfangreichste Präsentation der materiell faßbaren, nachlesbaren Hinterlassenschaft einer Jahrtausende währenden Kultur in Blüte und Bedrängnis. Eine mehrere Meter lange Relieflandkarte der gesamten Inselgruppe und eine der Insel Java erleichtern auch optisch den Überblick und lassen im Maßstab 1:100000 und 1:50000 die Stationen der weiteren Reise lokalisieren. – Wie begrenzt auch die Zeit in Jakarta sein mag, ein paar Stunden für das Nationalmuseum sollte man sich freilassen.

Männer, Blut und Träume

Wir bleiben in der Neustadt des 19. Jahrhunderts, deren Konzeption auf DAENDELS zurückgeht. Die neue, im eigentlichen Sinne kolonisierende Generation von Holländern nutzte das enge alte Batavia nur noch mit seinen Kontoren und residierte in der Weite des erschlossenen Hinterlandes. Sie nannte es Weltevreden und war es im Wortsinne wohl auch: wohlzufrieden. Wir folgen entweder der Jalan Veteran oder der Jalan Medan Merdeka Selatan weiter östlich. Mit solcher Richtungsangabe würden wir übrigens ganz der Auskunft aus indonesischem Munde entsprechen. Als Europäer erlebt man das immer wieder. Man fragt Einheimische nach einer bestimmten Straße, nach einem Gebäude und erwartet Hinweise wie rechts, links, geradeaus. In der Regel aber gebrauchen Indonesier für solche Angaben die Himmelsrichtung, was ihnen aus traditioneller Naturverbundenheit und dem Stand der Sonne vertrauter ist als das abstrakte Links oder Rechts. Weiter östlich also. Wir passieren den streng bewachten Präsidialbereich. Über die Jalan Medan Merdeka Selatan kommen wir am Freiheitspalast vorbei, den wir schon aus der Höhe des Nationalmonumentes gesehen hatten: **Istana Merdeka**. 1879 war das Gebäude als Repräsentationsbau fertiggestellt worden. Sechs korinthische Säulen davor, mit weißem Marmor die Treppen ausgelegt. Vor dieser Kulisse holländischer Machtdemonstration fand am 27. Dezember 1949 der historische Flaggenwechsel statt. Das niederländische Rotweißblau wurde eingezogen, das indonesische Rotweiß, Dwikora genannt, stieg am Fahnenmast auf. Die Kolonialzeit war unwiederbringlich zu Ende gegangen; und die Holländer hatten einsehen müssen, daß sie auch mit militärischen Strafaktionen die am 17. August 1945 ausgerufene Unabhängigkeit nicht mehr rückgängig machen konnten. Nun dient die einstige Stadtresidenz der Generalgouverneure dem indonesischen Staat als glanzvoller Schauplatz der Diplomatie. In diesem Palast überreichen beispielsweise die Botschafter dem Präsidenten ihre Beglaubigungsschreiben. Daß in puncto Machtdemonstration lokale Kontinuität gepflegt wird, beweist auch das zweite historische Gebäude auf diesem Compound: **Istana Negara**, der Staatspalast, der von der Jalan Veteran aus zu sehen ist. Weiß und säulengestützt auch dieser Bau, der in seiner ursprünglichen Version bereits zum Ende des 18.Jahrhunderts von einem wohlhabenden holländischen Kaufmann als Landhaus errichtet und zum Ende des 19.Jahrhunderts zu seiner heutigen Größe erweitert wurde. Darin finden Staatsempfänge und Kabinettssitzungen statt. Mit einem Sanskritwort wird dieser Palast Bina Graha genannt.

Unübersehbar auf dem weiteren Weg: die Moschee **Istiqlal**. Der Grundstein war bereits zu Zeiten SUKARNOS gelegt worden. Der erste Präsident der Republik sah sich auch als Neugestalter Jakartas. Der Hautpstadt – Ibu Kota auf indonesisch, Mutter-Stadt – wollte er ähnlich revolutionär und rigoros wie einst Daendels ein neues Gesicht verpassen; es konnte gar nicht bombastisch genug sein. Die Moschee wurde erst in den siebziger Jahren vollendet, nachdem die leeren Staatskassen, die Sukarno hinterlassen hatte, durch den Dollarsegen der gestiegenen Erdölgewinne wieder gefüllt wurden. Da erhebt sie sich aus Marmor und Stahl mit schlankem Minarett, filigran unterbrochen, mit gewaltiger weißer Kuppel, unter der zwanzigtausend Menschen Platz finden. Als nichtmuslimischer Besucher darf man nur von einer der Galerien in das Innere schauen und ist über die kühle Nüchternheit erstaunt. Nichts soll den Gläubigen von der Bezeugung seiner Gottesfurcht ablenken, keine Verzierung, kein Schmuck und natürlich, dem Islam gemäß, keine bildliche Darstellung. Es fehlen aber auch Kalligraphien oder sonstige künstlerisch gestaltete Koran-Zitate. Gedämpft das von außen kommende Tageslicht, grün das Kuppelstahlgeflecht von innen, alles andere in mattem Weiß. Ein riesiger Raum, dessen Funktionalität von einer originalen Siemens-Bahnhofsuhr auf der Galerie ergänzt wird. Der uniformierte Wächter, der uns als obligatorischer Begleiter aller nicht-muslimischen Gäste führt, klopft mit seinem Bambusstöckchen anerkennend auf das rostfreie Stahlgeländer und sagt: »Jerman Barat«, West-Deutschland. Dem Architekten der monumentalen Gebetsstätte fehlte übrigens der rechte Glaube; es war ein Mann protestantischer Herkunft.

Das Vertrauen in Stahl und Eisen ragt gleich daneben mit christlichem Vorzeichen himmelwärts. Um die Jahrhundertwende wurde die katholische **Kathedrale** in neogotischem Stil errichtet, und die beiden Türme wurden mit gußeiserner Stabilität ausgestattet. Was bei den großen Vorbildern à la Kölner Dom die mühevolle Arbeit von Steinmetzen gewesen war, besorgten hier im Geiste der Gründerzeit die Metallarbeiter. Neben der Moschee Istiqlal wirkt das katholische Gotteshaus bescheiden, was ganz in der Absicht der Moschee-Auftraggeber gelegen hatte. Unter dem dunklen Holzgewölbe erscheint das Kirchenschiff mit seinen cremefarbenen Säulen düster und bedrückend. Auch die acht Bischöfe blicken von ihren Ölgemälden im Eingangsbereich grimmig und wenig lebensfroh. Bis auf den letzten hier abgebildeten Würdenträger, nämlich A. D. DJAJASEPOETRA SJ (1953-1970), allesamt europäische Herren, die hier Kirchengeschichte machten. Die vierzehn Kreuzwegstationen im Hauptschiff sind auf bunte Kacheln gemalt, stammen aus Amsterdam und wurden von T. H. MOLKENBOER entworfen. Bis auf den Gong vor dem Hauptaltar erinnert nichts in der Gestaltung an das Land, in dem die Kathedrale steht. Ein alter indonesischer Jesuiten-Pfarrer, der mich vor dem Portal anspricht, nickt denn auch bei meiner diesbezüglichen Bemerkung des aus Europa verpflanzten Gotteshauses und sagt selbstironisch: Ja, auch er selbst sei eben ein Kolonialprodukt.

Wir machen noch einen kleinen Schlenker und biegen von der Jalan Kathedral rechts in die Jalan Pos ein, wo das Hauptpostamt Jakartas steht (ebenfalls ein koloniales Erbstück), blicken auf die andere Seite des Kanals, wo sich die Geschäftsstraßen des traditionsreichen Pasar Baru, des neuen Marktes, ausbreiten, und gehen rechts in die Jalan Kesenian, deren Name bereits auf das strahlend weiße Gebäude an der Ecke verweist: **Gedung Kesenian**, das Haus der Kunst. Als es 1821 im Empirestil errichtet wurde mit weitausladendem, von Säulen getragenen Vorbau, Treppen und einem Saal und zahlreichen Nebenräumen, hieß es Schouwburg und wurde bald der unter den Europäern beliebte Treff für Theater, Oper und Konzert. Bis vor wenigen Jahren war es dem Verfall anheimgegeben und mußte sich hinter Wellblechzäunen verstecken. Anfang der achtziger Jahre wurde es renoviert und dient seither wieder seiner ursprünglichen Bestimmung.

Zurück zum Lapangan Banteng, dem Feld der Büffel, an dessen nordwestlicher Seite die Kathedrale steht und dessen östliche Seite wir nun erreichen. Dort werden zwei Gebäude von

Palmen und hohen Bäumen verdeckt und von Neubaukästen im Hintergrund überragt; nichts strahlen sie mehr aus von der städtebaulichen Bedeutung, die sie einst hatten. Neoklassizistisch das Gerichtsgebäude, das in der Mitte des vorigen Jahrhunderts gebaut wurde. Daneben breit, langgestreckt und zweigeschossig die **Palastanlage**, in der Generalgouverneur Daendels das Verwaltungszentrum des Kolonialreiches in der Nachfolge der VOC einzurichten gedachte. 1809 war mit dem Bau begonnen worden; erst 1828, also siebzehn Jahre nach Daendels Entmachtung, konnte es vollendet werden.

Das geschah zu der Zeit, als der weitläufige Platz davor, der nun Lapangan Banteng heißt, noch Waterloo-Platz genannt wurde. Die weiße Säule, die in seiner Mitte stand und an den Sieg über Napoleon erinnerte – die Niederländer erhielten ihre Souveränität zurück –, ist von den Japanern während der Besatzungszeit im Zweiten Weltkrieg gestürzt worden, ebenso das bereits erwähnte Coen-Denkmal vor dem Daendelschen Palast. Heute steht da auf hohem Sockel ein seine Ketten sprengender Riese; das Monument zum Gedenken an die Eingliederung West-Irians (Neuguinea) aus holländischer Verwaltung in das Staatsgebiet der Republik Indonesien. Dieser letzte spektakuläre Kampf um die vollständige Übernahme des einstigen Kolonialreiches endete 1963. Der Gigant aus Bronze, die Arme dramatisch nach oben gestreckt, den Mund weit aufgerissen, verkörpert die Selbstdarstellung der Sukarno-Ära, die einige solcher Supermänner im Stil des sozialistischen Realismus über das neue Jakarta verteilte. Im einstigen Daendels-Palast, auf den der Muskelprotz von oben blickt, ist das Finanzministerium untergebracht. Spöttisch deuten die Jakartaer die zum Himmel aufgeworfenen leeren Hände des Riesen als Offenbarungseid: kein Geld, kein Geld.

Mit einem solchen Hinweis auf die eigenen Finanzen bliebe dem Gast das Gebäude verschlossen, das heute das eigentlich beherrschende an diesem Platz ist: das Hotel Borobudur. Es ist wie alle Luxushotelneubauten seit den siebziger Jahren von demonstrativer Abwehr nach außen gekennzeichnet: eine dieser modernen Wohlstandsinseln mit aufwendigem Luxus und ebensolchen Mauern drumherum. Hier fährt man vor; Fußgänger machen sich verdächtig.

Fortsetzung Seite 73

Von den Paradiesen mit Widersprüchen

Noch bevor der Reisende die Inseln Java und Bali von Norden nach Süden oder von Osten nach Westen gründlich erkundet hat und zwischen Reisfeldern seinen Weg sucht, an Vulkanen, großartigen Tempelanlagen, unzähligen Dörfern und kleinen bunten Märkten vorbeifährt, noch ehe er sein Ziel erreicht hat, ist er fasziniert von dieser Inselwelt und seiner paradiesischen Schönheit, die aber nicht ohne Widersprüche ist: längst haben auch hier die »Errungenschaften« des 20. Jahrhunderts und der Massentourismus das Gesicht der Inseln zwischen kultureller Tradition und zivilisatorischer Moderne geprägt.

1 *Reisernte in Zentraljava*
2 *Opferkörbe tragende Frauen vor Goa Gajah, Bali*
3 *Sunda Kelapa, Segelhafen von Jakarta*
4 *Frauen bei der Festvorbereitung auf Bali*
5 *Marktszene auf Bali*

Sei's drum. Wir folgen der Jalan Taman Pejambon und sehen auf der linken Seite den Neubau des Außenministeriums, dessen aufragende architektonische Langweiligkeit den Kontrast zu dem Gebäude davor bildet, das im Stil der Istana Merdeka von acht ionischen Säulen geprägt ist. **Gedung Pancasila** steht an der oberen Front: Haus der Staatsphilosophie der fünf Prinzipien, der fünf Säulen – Pancasila –, nämlich: Glaube an einen Gott, Humanität, nationale Einheit, Demokratie, soziale Gerechtigkeit. In diesem Gebäude aus den dreißiger Jahren des 19. Jahrhunderts, von einem Militärkommandanten errichtet, tagte ab 1918 der Volksraad, die Volksvertretung von Gnaden der Holländer; immerhin eine Keimzelle der nationalistischen Bewegung. In diesem Haus hielt Sukarno am 1. Juni 1945 seine flammende Rede, die die Pancasila zur politischen Grundlage der späteren Republik werden ließ. Gedung Pancasila gilt als Nationaldenkmal, kann allerdings nicht besichtigt werden.

Ein paar Schritte weiter erreichen wir die protestantische **Imanuel-Kirche**, die 1839 geweiht wurde und damals Willemskerk hieß. Der Rundbau mit seiner Kuppel und seinen Säulen, sowohl außen als auch in seinem Innern, läßt die Vorbilder, die bei griechischen Tempeln und römischen Theatern entnommen wurden, unschwer erkennen. Das innere Rund mit seiner umlaufenden Galerie wirkt licht und kühl und bietet die würdige Umsetzung jenes Obrigkeitsanspruches, der uns bereits in der Sion-Kirche begegnete. Auch Imanuel hat nichts Schwingendes, sondern ist zu Stein gewordenes Pathos. Die Orgel stammt aus dem Jahre 1843. Protestantische Zeitläufte werden auf alten Tafeln dokumentiert. »Portugesche Gemeente« lesen wir da und die Jahreszahlen 1633 bis 1807, Nederduitsche Gemeente von 1619 bis 1810, Malaische Gemeente von 1622 bis 1787, Evangelische Gemeente von 1855 bis 1951, Lutherische Gemeente von 1746 bis 1854. Seit 1948 gehört die Kirche unter dem Namen Imanuel zur Protestantischen Kirche Westjavas (GPIB) und ist keineswegs ein Museum, sondern das Gotteshaus einer lebendigen Gemeinde. Nur ein paar hundert Meter weiter südlich an der Jalan A.R. Hakim, gegenüber dem Hotel Aryduta Hyatt, können wir noch eine Stippvisite in einer historischen Kirche machen. Verborgen von Bäumen und Sträuchern und keinem Passanten auf der Straße erkennbar steht da die **Anglikanische**

Kirche, 1829 als Steinhaus von der London Missionary Society gebaut, die hier bereits 1822 eine Kapelle aus Holz und Bambus errichtet hatte. Hier sind Grabsteine von 1812 und 1814 zu finden, eine Erinnerung an das britische Zwischenspiel in Indonesien. Die Anglikanische Kirche ist das letzte erhaltene Gebäude, das in Jakarta an die Jahre denken läßt, da ein Raffles hier das britische Empire auszudehnen gedachte.

Nach diesem Stop biegen wir links in die Jalan Menteng Raya ein, die in die Jalan Cikini übergeht. Auf der rechten Seite liegt das weitläufige Gelände des Kulturzentrums **Taman Ismail Marzuki** (TIM), das mit Restaurants, Kino, Planetarium, Theatersälen, Ausstellungsräumen, Malerwerkstätten, Radiostation und Freilichtbühne ein Experimentierfeld für Künstler, Schriftsteller, Musiker ist. Alles, was das junge Indonesien an neuen Talenten zu bieten hat, stellt sich hier irgendwann einmal einem kritischen, erwartungsvollen Publikum; argwöhnisch auch vom staatlichen Zensor beobachtet, der kritische Töne gegenüber Regierung und Militär unerbittlich ahndet.

Wenn wir der Jalan Cikini weiter folgen, in die Jalan Raden Saleh links einbiegen, diesen Namen im Gedächtnis behalten und ihn an der Pförtnerloge des bald erreichten **Cikini-Krankenhauses** nennen, wird uns dort freundlich Einlaß geboten und ein Gebäude gezeigt, das einem die Attribute eigenwillig, märchenhaft, exotisch suggeriert. Schneeweiß steht es da vor uns, zweigeschossig mit hohen gotischen Fenstern, spitzen Türmchen an den Seiten, drei Spitzgiebeln an der Hauptfront und mit breiter Terrasse, zu der eine flache Treppe führt. Ein bißchen Zuckerbäckerstil, ein bißchen Disneyland, ein bißchen klerikal, ein bißchen Kulisse – aber Kulisse für was? Je länger man vor dem phantastischen Haus steht, drumherum geht, es aus der Nähe und aus der Ferne des Hospitalparks mit den Bungalows der Krankenzimmer betrachtet, desto mehr fällt einem die Ernsthaftigkeit auf, die bei aller Ironie der stilistischen Vermischungen überwiegt und den Bau schließlich als das akzeptieren läßt, als was er 1852 kreiert worden ist: als Gesamtkunstwerk.

Solche Gebäude machen überall auf der Welt neugierig; dieses aber erzwingt geradezu die Fragen: Wer hat es sich einfallen lassen? Wer hat hier einmal gewohnt? Der Straßenname gibt Auskunft: RADEN SALEH. Daß er aus javanischer Oberschicht stammte, ein Maler war, in Europa gelebt hat, ist auch heute noch in Indonesien weithin bekannt. Doch Einzelheiten seines Lebens, das um 1814 in Semarang begann und am 23. April 1880 in Buitenzorg endete, sind nur noch in Archiven zu erfahren und Gegenstand wissenschaftlicher Forschung, um die sich in Deutschland Dr. WERNER KRAUS von der Universität Passau verdient gemacht hat. Ihm sind die Informationen zuzuschreiben, die Aufschluß über den außergewöhnlichen Mann und sein einzigartiges Haus geben. »Es ist die prächtigste Residenz, die ein eingeborener Fürst im ganzen ostindischen Archipel hat«, schwärmte der amerikanische Reisende ALBERT S. BICKMORE nach seinem Besuch in Cikini 1869.

Raden Saleh, der Sohn eines javanischen Regenten mit weitläufig arabischer Abstammung, war als 15jähriger nach Holland geschickt worden, um dort eine Ausbildung in Zeichnen und Malen zu erhalten. Der niederländische Staat zahlte dafür ein Stipendium, etwas völlig Neues im Jahre 1829. Es sollte die prägende Weichenstellung für den jungen Mann werden, der sich damals noch Prinz Raden Saleh Ben Yahya nannte. Nicht nur einige Monate, wie ursprünglich geplant, blieb er in Europa, sondern 22 Jahre; und zwischen 1875 und 1878 kehrte er sogar noch einmal dorthin zurück. Als exotischer Prinz, der offenbar genau die phantasievollen Erwartungen erfüllte, die sich das biedermeierliche Deutschland von ihm machte, war er an einigen Fürstenresidenzen gern gesehen und in der gehobenen Gesellschaft willkommen. In Dresden allein brachte er vier Jahre zu, ein Freund des Königs von Sachsen. Mit dem Herzog ERNST II. VON SACHSEN-COBURG verband ihn eine tiefempfundene Zuneigung, die – so in Briefen nachzulesen – ein Leben lang währte. Raden Saleh arbeitete als Maler und brachte vor allem Motive auf die Leinwand, die die Träume vom Orient nährten: Löwenjagd, Kämpfe wilder Tiere, Pferde, Tiger, Seestürme, romantische Landschaften. Auch in akademischen Malerkreisen wurde ihm hohes Talent zugestanden. Raden Saleh muß ein allseits beliebter Mann gewesen sein, der in Europa, das er während einer Kunstreise nach Frankreich weiter kennenlernte, die geistigen Freiräume erfahren konnte, die ihm im heimatlichen Java durch Konvention und Tradition verschlossen geblieben wären. Raden Saleh lernte europäische Sprachen; er war der erste Indonesier, der fließend Deutsch beherrschte. Die gekrönten Häupter Europas überhäuften ihn mit Orden und Sympathiebezeugungen. Malerkollegen schätzten ihn. »Als Javan nach Europa abgereist, bin ich im Geist als echter Deutscher zurückgekehrt«, schrieb er am 1.März 1873 aus Java dem fernen Freund Herzog Ernst II. Der Preis für diese Teilhabe am westlichen Kulturkreis war indes existenziell: die Entfremdung von den eigenen Wurzeln und die bittere Erfahrung, letztlich in keiner Welt mehr zuhause zu sein. Raden Saleh war als erster Indonesier in den Konflikt geraten, den nach ihm bis heute noch viele seiner Landsleute zu verkraften haben; und manch einer ist daran zerbrochen: zwischen Ost und West die Identität zu verlieren.

Das Haus in Cikini ist der in Architektur übertragene Ausdruck dieser Zerrissenheit und der Versuch des Künstlers, der schmerzlich empfundenen Heimatlosigkeit ein Zuhause zu geben. Dem Bau war eine Heirat vorausgegangen, die ebenso dem Wunsch entsprochen haben mochte, in zwei Kulturen gleichzeitig leben zu wollen. Um 1855/56 ehelichte Raden Saleh die etwa dreißigjährige CONSTANCIA VON MANSFELDT, vermutlich eine Indo, ein Halbblut mit deutscher Abstammung. Sie war eine vermögende Witwe, Geschäftsfrau, sehr selbständig; alles Eigenschaften, die in der damaligen überschaubaren weißen Gesellschaft Batavias außergewöhnlich waren. Den wenigen Quellen nach zu schließen, die darüber Hinweise geben, war die Ehe mit Raden Saleh, der als javanischer Aristokrat eine Frau aus dem weißen Milieu nahm, ein gesellschaftlicher Skandal. Constancia von Mansfeldt, die 1904 in Kupang (Timor) starb, finanzierte das Bauvorhaben, Raden Salehs Traum.

Der Palast hat schon die Zeitgenossen zu Kopfschütteln veranlaßt und spätere Besucher nachdenklich gestimmt. Gotisch, byzantinisch und moorisch wurde er genannt. Aber wo sind seine Vorbilder zu suchen? In Frankreich, Holland, Nordafrika? Neuere fotografische Vergleiche geben präzisere Auskunft. Was wir in Cikini sehen, ist bis in die Details neogotischer Giebel den Schlössern Callenberg bei Coburg und Reinhardsbrunn bei Gotha nachempfunden. Es ist kaum etwas bekannt vom Leben, das Raden Saleh mit seiner Frau Constancia in diesen Räumen führte. Offenbar blieb es eine Illusion, darin »Javan und echter Deutscher« gleichzeitig sein zu wollen. 1867 heiratete Raden

Saleh ein zweitesmal, nachdem er sich von Constancia getrennt hatte; diesmal war die Wahl standesgemäß: AYU DANUREJA, die Tochter eines javanischen Aristokraten aus Yogyakarta. Sie starb 1880 wenige Monate nach Raden Salehs Tod, der seine letzten Jahre nicht in seinem Traumhaus verbrachte (offenbar weil er es nach der Scheidung nicht mehr finanzieren konnte), sondern nach Buitenzorg übersiedelt war. Heute überragt den mittleren Giebel seines Hauses ein Kreuz. Der Palast ist Hauptgebäude des katholischen Krankenhauses. 1897 wurde das Anwesen in die Anstalt einbezogen; Verwaltung, Wohnstätte für Krankenschwestern – das alles ist allerdings eher ernüchternd. In der Nachbarschaft war bereits 1857 der erste Zoologische Garten Indonesiens begründet worden, auf dessen Gelände in den sechziger Jahren das Kulturzentrum TIM etabliert wurde. Die Atmosphäre um Raden Salehs Traumhaus ist geruhsam; und mühelos können wir uns vorstellen, daß hier noch bis vor wenigen Jahren die Rehe grasten. Mitten in Jakarta! Der Lebensroman des Raden Saleh, der in seiner künstlerischen Seele Europa und Asien vereinen wollte, ist noch nicht geschrieben worden. Das architektonische Denkmal, das dieses Verlangen auf rührende Weise ausdrückt, kann besichtigt werden.

Die Straße ins 21. Jahrhundert

Der goldene Kampfwagen aus der Welt des Wayang, von acht Pferden gezogen, prescht hinein in das neue Jakarta, das an der Jalan Thamrin ins 21. Jahrhundert weist. Wo am westlichen Freiheitsplatz die Jalan Merdeka Barat in diesen Boulevard übergeht, ist als eines der jüngsten Denkmäler Jakartas dieses mythologische Gespann plaziert worden. Der zweirädrige Wagen in Form eines Garuda, die beiden Helden darin Figuren aus dem *Mahabharata-Epos*, das zum indisch beeinflußten Geistesleben Indonesiens gehört. Am 17. August 1987, dem Nationalfeiertag, war das legendäre Gefährt von Präsident SUHARTO feierlich auf die imaginäre Reise geschickt worden; eine symbolträchtige Beschwörung jener kulturellen Basis, auf der Indonesiens Politiker die moderne Entwicklung ihres Landes vorantreiben. Doch so dramatisch die Rösser dahinstürmen, die Heroen von vorgestern haben das Rennen längst verloren. Das Schild an ihrem Sockel, das werbewirksam auf ein Industrieunternehmen als Sponsor des Monuments verweist, ist bezeichnend für die Richtung, die Indonesiens Entwicklung eingeschlagen hat. Alles dreht sich um das Geschäft, und für die Markteroberung werden eben auch Wayang-Motive vor den Karren gespannt. Von dieser Insel im Verkehr aus schweift der Blick in die Jalan Thamrin mit ihren zehn Fahrspuren und dem Gebirge der Hochhäuser zu beiden Seiten. Banken, Hotels, das Ministerium für Technologie und Forschung, Kaufpaläste, Botschaften – mit den so fortschrittlich aufgetürmten Großbauten entlang dieser Straße hat sich das neue Jakarta seit den sechziger Jahren immer weiter landeinwärts nach Süden vorgeschoben. Wenn man von der Küste kommt, aus der Vergangenheit Batavias, dann wird die Jalan Thamrin in besonderer Weise zur Strecke des futuristischen Durchgangsverkehrs. Auch der Namenspatron steht für Transit.

Der baumlose Boulevard ist nach MOHAMMAD HUSNI THAMRIN benannt, prominentester Vertreter jener Bevölkerungsgruppe Jakartas, die *Orang Betawi* heißen. Es sind gewissermaßen die urbanen Ureinwohner der Metropole, nämlich jene Abkömmlinge aus dem indonesischen Volks- und Rassengemisch, das sich im Laufe der Jahrhunderte in dem Schmelztiegel herausbildete. Orang Betawi haben im Gegensatz zu den meisten Indonesiern, die moderne *Bahasa Indonesia* als Nationalsprache neben ihren regionalen Muttersprachen erlernen, schon vor Generationen das Malaiisch, aus dem das nationale Idiom gebildet wurde, zu ihrer Umgangssprache gemacht und beherrschen keine andere. Thamrin, Sohn eines hochrangigen Orang-Betawi-Beamten in Batavia, spielte in der nationalistischen Bewegung in der ersten Hälfte des 20. Jahrhunderts eine führende Rolle; er war ein Vertrauter Sukarnos. Thamrin, an verantwortlichem Posten auch in der Stadtverwaltung Batavias, war ein Vorkämpfer für menschliche Lebensbedingungen in der Stadt der dreißiger und vierziger Jahre. Er starb während der japanischen Besetzung 1941. Ob das heutige Jakarta der menschenfreundlichen Stadtvision Thamrins entspricht, sei bezweifelt.

Im Automobil werden wir vom Verkehrsfluß mitgerissen und fahren durch die Hochhausschlucht, die so austauschbar ist und den Willen der heutigen Herren Indonesiens präsentiert, modern, fortschrittlich, business-like sein zu wollen. Im Blick vor uns das Denkmal der indonesischen Gastfreundschaft: auf hohem Podest über einem runden Riesenbrunnen ein berocktes Mädchen mit Blumenstrauß und ein Junge, die enthusiastisch winken. 1962 ist das Paar in die Höhe gestellt worden, als der sozialistische Realismus den Stil solcher über die Dreh- und Angelpunkte des neuen Jakarta verteilten Monumentaldenkmäler bestimmte. Der bombastische Willkommensgruß galt damals den Gästen des ersten Luxushotels mit internationalem Standard, das in der nachkolonialen Ära hochgezogen wurde: das **Hotel Indonesia**, heute mit einem Anflug von Nostalgie bereits The Grand Old Lady unter den Nobelherbergen genannt.

1959 war mit dem Bau begonnen worden; mit japanischen Geldern finanziert, von einem amerikanischen Architekten konzipiert und von Sukarno gefördert. Als es 1962 eröffnet wurde, hatte es 425 Zimmer; nach der Renovierung und Erweiterung in den achtziger Jahren verfügt das Hotel Indonesia über 666 Zimmer. Bis in die siebziger Jahre war es das einzige Top-Hotel Jakartas. Hier stiegen Präsidenten, Könige und Kurtisanen ab. Seine Bar war lange Jahre die Nachrichtenbörse der ausländischen Korrespondenten, Schauplatz für Intrigen von hochpolitischer Brisanz. Während der folgenschweren Putschnacht am 30. September 1965 war hier SUKARNO mit seiner Frau RATNA SARI DEWI zu finden. Bevorzugtes Lokal des Präsidenten und seiner Gäste: das Nirwana-Restaurant im 15. Stockwerk. Es ist eine hochkarätige Adresse für gesellschaftliche Ereignisse geblieben. Wenn des Abends Jakartas Lichter erglühen, dann ist von der klimatisierten Nirwana-Höhe das bunteste, modernste – das Vorzeigegesicht der Metropole zu bestaunen. Der regelmäßige Gast Indonesiens, der im Jahresabstand seinen Besuch in Jakarta beginnt, ist immer wieder aufs Neue verblüfft. Noch mehr gigantische Bürogebäude, neue Luxushotels und weitere Einkaufspaläste vom Feinsten bekommt er zu sehen; noch mehr Autos, Umgehungsstraßen und sogenannte Fly-over, weitgespannte Betonbrücken, die den ewig stockenden Verkehr auf eine zweite Ebene tragen. Es ist atemberaubend, wie da dem Aufbruch ins dritte Jahrtausend ständig neue Schneisen geschlagen werden. Gewachsene Stadtteile und traditionsreiche Märkte werden von Bulldozern weggeschoben, auf daß weitere Schnellstraßen gebaut werden, die bald dem noch schnelleren Zuwachs an privaten Autos schon wieder nicht genügen.

Derweil werden völlig neue Wohnviertel aus dem sumpfigen Boden Jakartas gestampft. Dort bezieht die neue Mittel- und Oberschicht aufwendige Villen, in denen weniger individueller Geschmack, sondern eher die Aufeinanderhäufung von Statussymbolen zu bewundern ist. Das bislang modernste Aushängeschild kapitalkräftiger Hausbesitzer ragt über die Dächer hinweg: die Parabolantenne, die via Satelliten das TV-Programm bis aus den fernen USA empfangen läßt. Die Klasse der Neureichen stellt sich dar: unideologisch, pragmatisch, konsumorientiert. Geld ist der wichtigste Wertmaßstab geworden. *Koneksi*, die indonesische Version von Connexion, Verbindung, Beziehung, ist der Zauberschlüssel, um die einträglichen Geschäfte zu machen, die der auf Hochglanzanzeigen propagierte Lebensstil erfordert. Hoch oben im Nirwana-Restaurant des Hotel Indonesia schauen wir auf diese neue Seite von Jakarta, baden die Augen im funkelnden Neonmeer und spüren, daß wir das koloniale Batavia nun weit, weit hinter uns gelassen haben – endgültig.

Ur-Viecher und andere Besonderheiten

Knapp zwanzig Kilometer von der Jalan Thamrin mit ihren zukunftsorientierten Ausblicken entfernt stehen wir plötzlich Aug in Aug mit Überlebenden der Prähistorie. Krasser könnte der Kontrast der Zeitläufte nicht sein. Südlich der Stadt, von neuen Verwaltungs- und Siedlungsanlagen bereits eingeholt, liegt auf dem Wege nach Bogor der **Ragunan-Zoo** als letzte weiträumige grüne Oase, die Jakarta noch zu bieten hat. 1857 war in Cikini nahe des Märchenschlosses von RADEN SALEH und mit dessen aktiver Beteiligung der erste Zoologische Garten Indonesiens eingerichtet worden; 1967 wurde er hierher verlegt und großzügig erweitert. Mit einer Fläche von 220 Hektar, von denen zu Beginn der neunziger Jahre 120 Hektar für die Tierhaltung genutzt werden, ist er der drittgrößte Freiland- und Naturzoo der Welt, wo die Tiere ihrer Herkunft und Art gemäß leben können. Mehr als 6000 sind es. Alles, was im indonesischen Archipel kreucht und fleucht, ist hier vertreten.

Auch *Warane*, die auf den zu den Kleinen Sundainseln zählenden Eilanden Komodo, Rinca und Padar (zwischen Sumbawa, Sumba und Flores gelegen) zu Hause sind und dort in abgeschiedener Natur ihr letztes Stück freier Wildbahn haben – nur von organisierten Touristengruppen auf- und heimgesucht. Erst zu Beginn des 20. Jahrhunderts waren die Riesenechsen von der westlichen Forschung entdeckt worden; als erster veröffentlichte P.C. BOUWES, der damalige Leiter des Botanischen Gartens in Buitenzorg, 1912 eine Beschreibung der geschuppten Ur-Viecher. Ihr wissenschaftlicher Name: Varanus komodoensis. Die Warane waren bereits Zeitgenossen der Dinosaurier. Heute gelten sie als größte auf dem Lande lebende Echsen; sie können bis zu drei Metern lang und 170 Kilogramm schwer werden. Ihr individuelles Lebensalter wird auf hundert Jahre geschätzt. Die Gattung reicht in direkter Ahnenfolge ins späte Tertiär zurück, also sechzig Millionen Jahre. Drachenechsen hat sie der amerikanische Forscher W. DOUGLAS BURDEN genannt, der Mitte der zwanziger Jahre eine Forschungsreise zu den Komodo-Waranen unternommen hatte. Ein zeitgenössischer Rezensent seines darüber verfaßten Buches bemerkte »aufgewühlt und erregt«: »Das unentbehrliche Requisit des Mythos, das Tier, das vor Tausenden von Jahren schrecklich hauste, der Drache, lebt noch heute in einem versteckten Winkel unserer zivilisierten Erde. (...) Warane sind doppelzüngig wie jeder richtige Lindwurm. An kurzen stämmigen Beinen sitzen handlange starke Krallen, und der zahnbewehrte Rachen faßt das Viertel eines Schweines mit einem Biß.« Im Freigehege des Ragunan-Zoos wirken sie auf den ersten Blick eher friedlich; feuerspeiend kann man sie sich nicht vorstellen, doch die Ähnlichkeit mit den Drachen der Sagen ist tatsächlich frappierend. Ende 1989 war die Sensation perfekt. Zum erstenmal im Ragunan-Zoo schlüpfte aus den Eiern der Warane prähistorischer Nachwuchs. Von siebzehn Jung-Echsen, alle um die 40 Zentimeter lang, blieben acht am Leben; die anderen wurden das Opfer ihrer freßgierigen Eltern. Den Fachleuten geben die Komodo-Warane noch immer Rätsel auf. Nur eines ist sicher: die urweltlichen Ungeheuer sind vom Aussterben bedroht; ihr Überleben und Fortbestehen wenigstens in einem Zoologischen Garten ist deshalb von großer Bedeutung.

Das trifft ähnlich, wenn auch nicht so spektakulär und dramatisch, auch auf andere animalische Bewohner des Tierparkes zu, beispielsweise auf die *Orang Utans*. Die scheuen und als Einzelgänger in den Wäldern der südostasiatischen Inseln Sumatra und Borneo (Kalimantan) umherstreifenden rotzotteligen Affen – Waldmenschen, wörtlich aus dem Indonesischen übersetzt – waren und sind Opfer ihrer entfernten Verwandten von der Spezies der Homo sapiens. Die prominenteste und originellste Frau, die sich in Indonesien um diese Tiere kümmert, heißt ULRIKE VON MENGDEN, gebürtige Bonnerin, seit Anfang der fünfziger Jahre in der indonesischen Hauptstadt beheimatet. Wir treffen die langjährige Mitarbeiterin der Deutschen Botschaft mitten im Ragunan-Zoo, wo sie ihr eigenes Haus bewohnt. Mitte der sechziger Jahre hat sie aus einem Zufall heraus ein Orang-Utan-Baby gesund gepflegt. Seither hat sie fünf Dutzend der Waldmenschen großgezogen, bis die muskulösen Kerle schließlich hinter Gitter müssen, weil nicht etwa ihre Bosheit bedrohlich würde, sondern ihre Zärtlichkeit tödlich enden könnte. Ulrike von Mengden, Autodidaktin im Umgang mit Orang Utans, wird international auch in Kreisen renommierter Wissenschaftler anerkannt. Sie kämpft engagiert um die Erhaltung dieser Tiere. Ibu Monyet wird sie liebevoll von ihren indonesischen Nachbarn genannt: Affenmutter.

Wer von ihr eingeladen wird und in ihrem Haus im Zoo aufkreuzt, wird zumeist von einem der Orang-Utan-Kinder begrüßt, die da frei herumlaufen; und es kann dem Gast passieren, von einer kleinen, rothaarigen Hand nicht etwa zur Gastgeberin, sondern gleich zum Kühlschrank geführt zu werden. Wenn einen Ulrike von Mengden, die resolute, kantige, liebenswerte alte Dame durch den Zoo begleitet, wird das zum Erlebnis. In ihrer burschikos-herzlichen Art scheint sie mit allen Tieren auf Du und Du zu sein und erklärt eine Riesenboa mit derselben Anteilnahme wie sie Nilpferde an den Rand ihrer Becken ruft und das scheue Paar der einhornigen Java-Nashörner aus dem Morast lockt. Auch diese Tiere stehen auf der Aussterbeliste und sind in freier Umgebung nur noch im **Nationalpark Ujung Kulon** an der südwestlichen Landzunge Javas zu finden, was freilich einen wohlorganisierten, mehrtägigen Ausflug erfordert, der nur mit ortskundigen Führern erlaubt ist. Für weniger unternehmungslustige Besucher bietet der Ragunan-Zoo anregenden Anschauungsunterricht.

Ein paar Kilometer vom Tierpark weiter westlich, nahe des ehemaligen Flughafens Halim und der Autobahn Jakarta–Bogor, ist die aufwendigste Version eines modernen Unterhaltungsparks zu erkunden: **Taman Mini Indonesia Indah**, das schöne, prächtige Indonesien im Kleinformat, so die Übersetzung. Das heute 160 Hektar große Gelände mit der demonstrativen Absicht, indonesische Nationalkultur im Zeichen der Erfolge der Neuen Ordnung darzustellen, geht auf das Drängen der Präsidentengattin TIEN SUHARTO zurück und wurde 1975 begonnen. Wegen der außerordentlich hohen Kosten stieß das Vorhaben damals auf heftigen Protest vor allem aus studentischen Kreisen. Die Kritik prangerte das Mißverhältnis zwischen den sanierungsbedürftigen Slums in vielen Stadtteilen Jakartas und dem verschwenderisch gestalteten Mini-Indonesien an. Die Slums sind seither noch größer geworden. In Sachen Taman Mini haben sich die Wogen längst geglättet.

Um einen künstlichen See herum, in dem die insularen Umrisse des Staatsgebietes zu sehen sind (am besten aus der luftigen Höhe der Drahtseilbahn), gruppieren sich die regional-typischen Häuser aus allen 27 Provinzen, einschließlich des 1975 von Indonesien annektierten, ehedem portugiesischen Ost-Timor. Jedes dieser sogenannten Adat-Häuser ist als Heimatmuseum eingerichtet. Das größte von allen ist das **Museum Indonesia**, das im balinesischen Baustil erbaut wurde und dem aufmerksamen Besucher den Vergleich mit dem Nationalmuseum im Herzen Jakartas aufdrängt. Der Gegensatz ist augenfällig. Das Nationalmuseum ist überladen mit kostbaren Exponaten, ermangelt jedoch der wirkungsvollen, nach modernen Gesichtspunkten der Museumsdramaturgie ausgerichteten Präsentation. Das Museum Indonesia verfügt nur über den Bruchteil einer vergleichbaren Sammlung, kann diese wenigen Stücke aber verschwenderisch mit Platz und Licht vorführen. Authentizität muß da gelegentlich hinter dem politischen Anspruch des Staatsmottos »Bhinneka tunggal ika«, der als vollzogen geltenden Einheit in der Vielfalt, zurückstehen. Bei der nationalen »Modenschau« im Untergeschoß, wo die 27 Provinzen mit angeblich traditionellen Kleidern vertreten sind, stehen auch zwei

Paare aus Tim-Tim (Timor Timur, Ost-Timor) und Irian Jaya (West-Papua), denen operettenhafte Kostüme verpaßt worden sind, weil die originale Bekleidung den Museumsgestaltern mit präsidialem Auftrag offenbar zu primitiv erschienen waren. Peniskocher (Koteka) und Körperbemalung, heute noch bei den Papuas üblich, passen nicht in das fortschrittliche Bild Indonesiens, dem Taman Mini verpflichtet ist.

Eine Besonderheit unter den indonesischen Museen ist das erst 1987 an den Rand des Freizeitparkes gestellte **Museum Keprajuritan Indonesia**, das Museum des indonesischen Heldentums. In Gestalt einer Festung stellt es die indonesische Geschichte als dauerhaften Kampf gegen ausländische Unterdrücker, vornehmlich holländischer Herkunft, dar. Jeder einzelne Aufstand läßt sich historisch belegen, aber in der musealen Gesamtschau, die die jeweiligen regionalen Siege indonesischen Widerstandes in den Mittelpunkt von Dioramen und Schaubildern rückt, entsteht der Eindruck, als seien die Kolonialherren gar nicht so recht zum Zuge gekommen. Das ist Geschichtsdarstellung aus indonesischer Sicht. Bezeichnenderweise steht das Museum unter der Leitung der Armee, der ABRI; und die historische Kontinuität kämpferischer Selbstbehauptung mündet in die Regentschaft des Generals SUHARTO, der dieses wie fast alle anderen Gebäude des Parks eingeweiht hat. Die Tafeln künden davon. Indonesien – eine Kriegsgeschichte, die auf Siege getrimmt ist. Das entspricht freilich nur bedingt der historischen Wirklichkeit und so gar nicht der besonders auf Java vorherrschenden Mentalität. Die Mehrheit der Indonesier hat sich mit dem und den Fremden stets arrangiert. Viele einheimische Fürsten ließen sich kaufen, oft genug auf Kosten ihrer eigenen Landsleute. Nicht der offene Widerstand, nicht die militante Opposition sind in der Kolonialgeschichte vorherrschend gewesen, sondern die flexible Art des Nachgebens und des Sich-dennoch-Behauptens, der geduldige Widerpart der Gewaltlosigkeit. »De Stille Kracht« hat das der niederländische Schriftsteller LOUIS COUPERUS genannt, die stille, schweigsame, geheime Kraft. Es war das Ja-Sagen und das Nein-Meinen, womit gerade auf Java und Bali die Holländer und alle anderen Ausländer ihre Schwierigkeiten im Umgang mit den Einheimischen hatten – und Europäer unserer Tage haben.

Das Mini-Indonesien mit den Häusern in Originalgröße läßt nach einigen Stunden des Herumstreifens das Gefühl aufkommen, eigentlich könnte man sich den Rest des Landes und dessen Augenschein ersparen, so wirkungsvoll und – aufs Ganze betrachtet – so geschickt ist der Kulturpark inszeniert. Wenn der Rundgang schließlich im klimatisierten Saal des »Keong Emas« endet, in dem als goldene Schnecke gestalteten Superkino, dann wird einem klar, daß die Wirklichkeit des Landes von der Abbildung weit übertroffen wird. So wie Indonesien auf der 630 Quadratmeter großen, gemäß Eigenwerbung größten Leinwand der Welt gezeigt wird, bekommt es kein Reisender in natura zu sehen. Wer fliegt schon haarscharf über einen ausbrechenden Vulkan? Wer kann auf einem Holzschlitten eines maduresischen Stierrennens hocken? Wer auf dem Turm einer balinesischen Totenverbrennung? Indonesien durchs Froschauge betrachtet, im Zeitraffer, mit Schnellgang. Solche Perspektiven, wie sie die Superkamera amerikanischer Filmemacher auf die Leinwand gaukelt, sind dem menschlichen Auge außerhalb des Kinos verwehrt. Wenn man die goldene Schnecke und die gesamte Anlage des Taman Mini Indonesia Indah verläßt, kann die Rückkehr in den nüchternen Alltag Indonesiens ausgesprochen enttäuschend sein.

*Grabplatte aus der holländischen Kolonialzeit
im Stadtmuseum von Jakarta*

WESTJAVA
Eine Landschaft wie Musik

Das Sanssouci der Tropen
Bogor – Ciampea

»Der Drang nach frischer Luft, den man in den Tropen nur empfinden, niemals recht beschreiben kann, dieser Drang treibt jeden, der es vermag, so schnell als möglich nach Buitenzorg«, befand der Linienschiff-Kapitän FREIHERR VON OESTERREICHER in seinen Aufzeichnungen von 1879 – als er *Batavia* hinter sich gelassen hatte. Der Drang nach frischer Luft ist auch im Zeitalter der Klimaanlagen aktuell geblieben, auch und gerade im übervölkerten Jakarta, das schon lange aufgehört hat, in Einklang mit seiner natürlichen Umgebung zu leben. **Bogor** erscheint daher verlockender denn je. Das Buitenzorg der Holländer hat den Wortsinn (»ohne Sorgen«) oder die damit verbundene Wunschvorstellung bis heute behalten: ein Sanssouci der Tropen zu sein.

Bogor ist heute von Jakarta aus in einer knappen Stunde zu erreichen. Wenn man aus der stickigen Stadtebene kommt, offeriert das 270 Meter hoch gelegene Bogor noch immer eine erfrischende Abwechslung, obwohl es mit 300 000 Einwohnern nicht mehr das verträumte Städtchen ist, das die alten Reisebeschreibungen ob seiner Ruhe priesen. Was Bogor weltberühmt machte, hat nicht an Reiz verloren: der Botanische Garten, **Kebun Raya**, wie ihn die Indonesier nennen. Der berühmte Naturwissenschaftler ERNST HAECKEL aus Jena schrieb 1901 in seinen »Malayischen Reisebriefen – Aus Insulinde« begeistert: »... überwältigte mich der Eindruck, daß – wenn irgendwo auf der Erde – hier in Buitenzorg der ›Garten des Paradieses‹ in Wirklichkeit zu schauen ist. Alles, was wir seit frühester Jugend in unserer kindlichen Phantasie als ›Paradies‹ uns vorstellten, ist hier ... verwirklicht: ein prächtiger Garten, voll der mächtigsten Bäume und der schönsten Blumen, voll der köstlichsten Früchte und der herrlichsten Waldpartien – durchströmt von einer Fülle rauschender Bäche, geschmückt mit anmuthigen Teichen, auf denen Seerosen schwimmen – ebenso reich an leuchtenden Sonnenplätzen wie an verschwiegenen Schattengängen, durchzogen von einem Netze der bequemsten Fahrstraßen und Fußwege, mit unvergleichlichen Ausblicken auf die üppigen Fruchtebenen von Westjava und die stolzen Vulcankegel, die sich im Süden über ihnen erheben ... Selbst die eingeborene Bevölkerung, die man im Garten trifft, der stille, sanfte Malaye mit seinem zurückhaltenden Anstande, paßt zu dem Bilde.« Heutzutage muß man sich die 110 Hektar des Botanischen Gartens vor allem an den Wochenenden mit Tausenden anderer Besucher teilen, aber der Park in seiner majestätischen Größe ist auch diesem Ansturm gewachsen. Unter der Leitung des deutschen Professors CASPAR CARL REINWARDT wurde 1817 der Botanische Garten angelegt, der von der zartesten Orchidee bis zum gewaltigen Urwaldriesen die Flora Indonesiens vereint. Es war eine Pioniertat, die freilich nicht einfach der botanischen Ästhetik frönte, sondern einem pragmatischen Zweck diente. Hier konnten der wirtschaftliche Nutzen der tropischen Pflanzenwelt erforscht und Erkenntnisse gesammelt werden, die zur Voraussetzung für die gegen Ende des vorigen Jahrhunderts vor allem im Norden Sumatras angelegten Großplantagen mit Tabak, Kaffee, Gummibäumen wurden. Aus diesem Umfeld ist die landwirtschaftliche Hochschule Bogors – einige Kilometer westlich der Stadt – hervorgegangen.

In einer Zeit, da sich weltweit herumgesprochen hat, wie gefährdet der tropische Regenwald ist und wie rücksichtslos der für das globale Klima wichtige Grüngürtel der Erde aus kommerziellen Gründen geplündert wird – auch in Indonesien! –, gewinnt die Wanderung durch den Kebun Raya eine völlig neue Dimension. Unter den grünschattigen Domen der Baumgiganten zu laufen, die Vielfalt der Palmen zu bewundern, den raunenden Bambushainen zuzuhören, den Lehrpfaden zu folgen und botanische Namensschilder zu lesen – all dies nährt die Befürchtung, Natur werde künftig nur noch auf diese Art der musealen Darbietung zu erfahren sein. Ein blätterrauschendes Denkmal mit zwanzigtausend Pflanzen ist der Botanische Garten schon jetzt, der den ökologisch sensiblen Zeitgenossen nicht nur seiner gepflegten Schönheit wegen begeistert, sondern als Symbol einer bedrohten Natur anrührt.

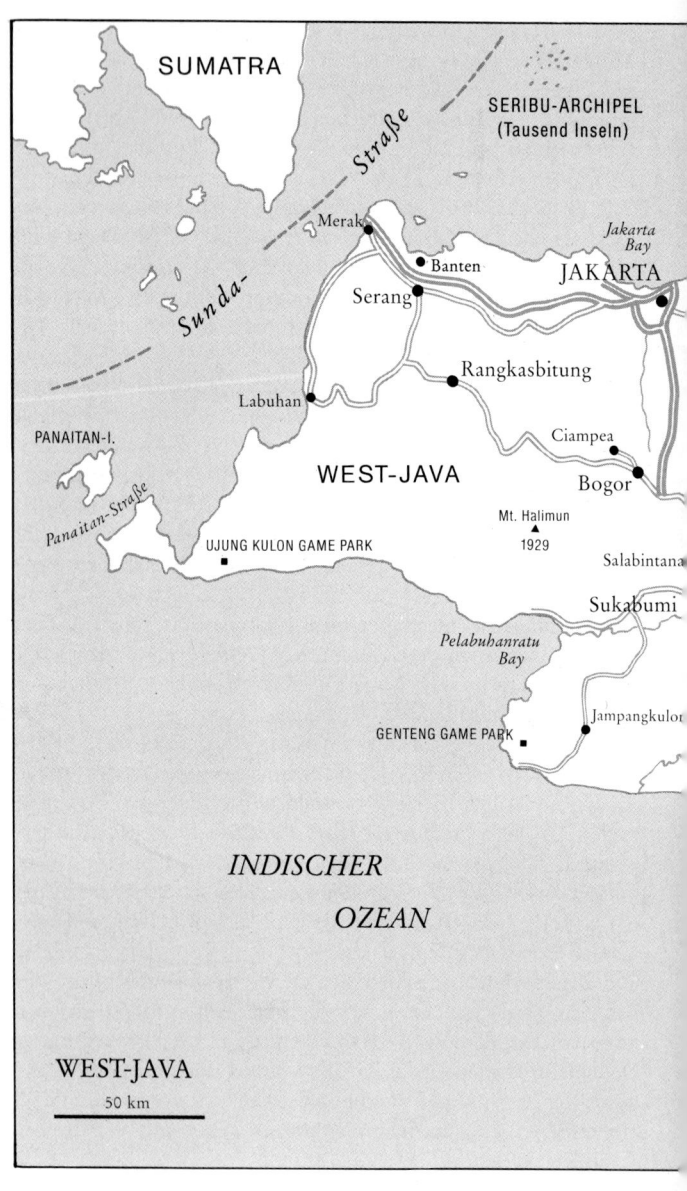

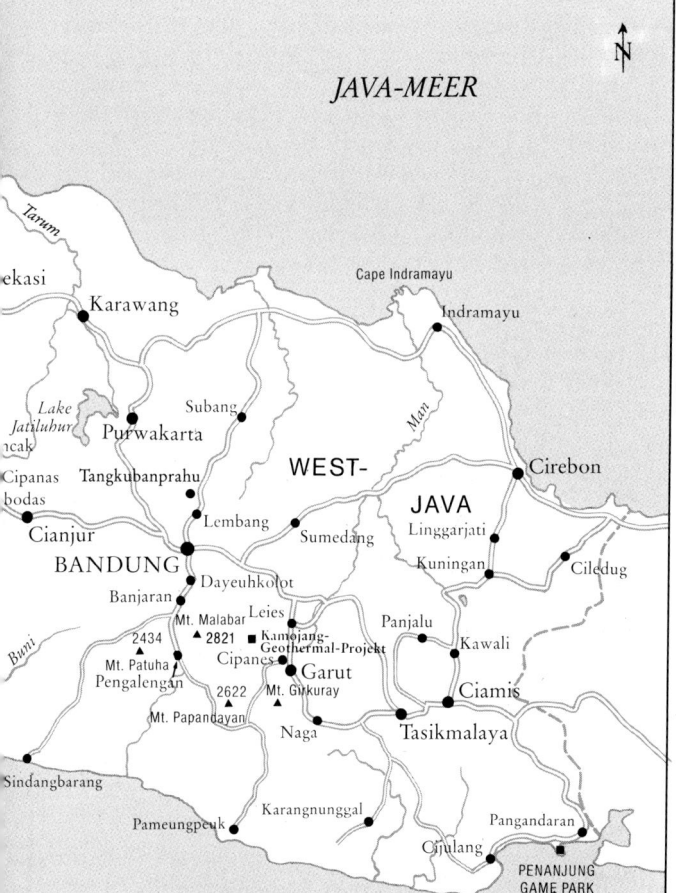

Im nördlichen Teil des Parkes steht weiß und vornehm der **Präsidentenpalast**. Der deutschstämmige Generalgouverneur BARON VAN IMHOFF war der erste Politiker, der sich hier der frischen Luft wegen amtlich niederließ. 1744 wurde auf seinen Wunsch hin eine Residenz gebaut. Erdbeben zerstörten mehrmals die jeweils größer und prunkvoller gestalteten Neubauten. Was sich nun mit goldenem Kuppeltürmchen, Säulen und antiker Pracht im Teich der Lotosblüten und Seerosen spiegelt, stammt aus dem vorigen Jahrhundert und ist architektonischer Ausdruck kolonialer Macht. Von diesem so idyllisch wirkenden Ort wurden bis ins 20.Jahrhundert hinein die Geschicke Niederländisch-Indiens bestimmt. Auch SUKARNO genoß die feudale Kulisse; in diesem Palast ereilte ihn allerdings auch die bitterste Stunde seines Lebens, als er am 11.März 1966 schriftlich seine Macht auf den Nachfolger SUHARTO übertragen mußte. Sukarno tat dies als kranker, gebrochener Mann, als Verlierer im Kampf um das höchste Amt im Staate. Präsidentenpalast ist das Gebäude geblieben (und damit Touristen verschlossen), doch die glanzvollen Veranstaltungen wie zu Sukarnos Zeiten sind selten geworden. Die Rehe, die zu Hunderten auf dem Rasen vor dem Palast grasen, können sich an diesem Platz zumeist ungestört tummeln.

Auf dem Rückweg zur Stadt kommen wir an dem Pavillon vorbei, den Sir THOMAS STAMFORD RAFFLES seiner 1814 verstorbenen ersten Frau OLIVIA MARIAMNE bauen ließ. Die eigentliche Grabstätte ist in Taman Prasasti in Jakarta zu finden. Der kleine Rundbau mit seinen Säulen im Schatten alter Bäume weckt in seiner stillen Bescheidenheit und mit dem Gedanken an die Trauer seines Erbauers romantische Gefühle.

Die Werkstätten des PAK SUKARNA bieten einen vortrefflichen Ort, sich im wahrsten Sinne des Wortes auf Java einzustimmen. Wenn man durch die Jalan Pancasan bummelt und zur Hausnummer 17 kommt, tönt es einem entgegen: klingklang, klingklang, metallen und hart, Schlag auf Schlag. Das Arbeitsgeräusch vermittelt bereits von weitem eine Vorstellung von dem, was hinter Holzwänden in dämmriger Halle gefertigt wird: Gongs und andere Instrumente des klassischen *Gamelan*. Es ist das große Orchester für religiöse Rituale und Dorffeste, für das Schattenspiel *Wayang Kulit* und die Auftritte hochgestellter Per-

Der ehemalige Palast des niederländischen Generalgouverneurs in Bogor – heute Empfangsgebäude für Staatsgäste

sönlichkeiten. Pak Sukarna leitet die Werkstätten in langer Familientradition, die bis zum Beginn des 19. Jahrhunderts zurückreicht. Heute ist die Gong-Schmiede die letzte dieser Art in Westjava, wo einstmals neun solcher Unternehmen arbeiteten. Es ist stickig und heiß in der Werkstatt. Die Funken stieben gleich einem Vulkan, wenn vier Männer in strengem Rhythmus mit ihren Hämmern auf den glühenden Rohling des künftigen Gongs einschlagen. Mit Wucht und zugleich mit enormem Feingefühl wird dem Bronzestück die Gestalt eingetrieben, die später einmal die einzigartige Stimme erzeugen wird. Die sehnigen Männer mit bloßem Oberkörper sind Schmiede und Tonmeister in einem. Zwei bis drei Tage schuften sie, um einen einzigen Gong mit dem Durchmesser von achtzig Zentimetern zu formen. An zwei Feuerstellen gleichzeitig wird gearbeitet. Mit Blasebalgen wird das Holzkohlefeuer in Gang gehalten, das die Metalle auf Rotglut bringt. Den Männern rinnt der Schweiß in Strömen; und doch erwidern sie das Lächeln des Besuchers. Aufmerksame Gäste sind willkommen.

Auf der anderen Straßenseite im Büro und Verkaufsraum erklärt uns Pak Sukarna die Besonderheiten seiner Gongs und der anderen metallenen Gamelan-Instrumente. Behörden, Hotels, Dorfgemeinschaften und Sammler in aller Welt gehören zu den Kunden. Da lebt ein angesehenes Handwerk fort, das fest im Boden javanischer Kultur verankert ist. Ich kann der Versuchung nicht widerstehen, greife einen der hölzernen Schläger und haue mit ausholender Wucht auf einen großen Gong. Ein dumpfer voller Klang füllt den Raum, dringt hinaus ins Verkehrsgewühl der Straße, hallt lange nach mit mächtigem Beben, das unter die Haut geht und in einem die Ahnung geheimnisvoller Kräfte weckt. Es ist der uralte Ruf aus den Tiefen javanischer Mystik und Meditation.

Im südlichen Teil der Stadt, in der Jalan Pahlawan (der Heldenstraße) gegenüber dem stattlichen Wohnhaus auf der Höhe, wo der entmachtete SUKARNO die letzten Lebensjahre bis zu seinem Tod im Jahre 1970 unter Hausarrest lebte, ist ein steinernes Zeugnis javanischer Tradition zu sehen: ein *Batu Tulis*, ein beschriebener Stein. Der mannshohe Brocken, der hier unter einem moscheeartig gestalteten Dach liegt, verweist laut Inschrift auf den König Baduga Maharaja des sundanesischen Pajajaran-Reiches, das im 13./14. Jahrhundert das westliche Java umfaßte, hinduistisch geprägt war und enge Beziehungen zum weitaus mächtigeren Majapahit-Reich mit dessen Zentrum in Ostjava unterhielt. Der Wächter des Steines hütet ein Holzkohlenfeuer und sorgt für religiöse Atmosphäre. Steine wie dieser, historisch faßbar und doch legendär, werden als Heiligtum verehrt.

Zehn Kilometer nordwestlich von Bogor ist ein weiterer Ort auszumachen, wo den geistigen und religiösen Wurzeln nachzuspüren ist, die noch tiefer in den javanischen, den sundanesischen Kulturboden drangen und hinduistisches Hofleben erblühen ließen. Nahe des Dorfes **Ciampea** wurde ein Felsbrocken gefunden, der zum Fundament der indonesischen Nation gehört. Wir fahren mit dem Wagen bis Ciampea und müssen dann über eine baufällige Brücke zu Fuß weitergehen. Durch Reis- und Maniokfelder, an den Häusern der Bauern vorbei, geduckt

Kinder eines Angklung-Orchesters bei der Probe in der Nähe von Bandung

unter grauem Dauerregen, der in Bogor und Umgebung sprichwörtlich ist. In abgelegenem Winkel ruht ein tonnenschwerer *Batu Tulis*. Zwei Fußabdrücke mit Lotosblüten und eine Inschrift sind in seine Oberfläche gemeißelt, Palawa-Zeichen, die ins 5.Jahrhundert (christlicher Zeitrechnung) datiert werden: »Diese Fußabdrücke, vergleichbar denen des Vishnu, sind die Schritte eines heldenhaften Eroberers der Welt, des erhabenen Purnavarman, König von Tarumanegara.« Das ist eines der ältesten Zeugnisse Indonesiens, das die Durchdringung der Inselwelt mit dem Geist aus dem indischen Subkontinent belegt und das früheste nachweisbare Hindu-Reich in dieser Region Westjavas benennt. Der Stein war im Bett des nahen Flusses entdeckt worden, vermutlich einst eine Grenzmarkierung. In den achtziger Jahren wurde er auf die Anhöhe geschleppt und unter einem Dach als Monument nationalen Werdens aufgestellt.

Aufatmen in kühler Bergwelt
Puncak – Cibodas – Salabintana

Die Wand der Vulkane Salak (2211 Meter), Gede (2958 Meter) und Pangrango (3019 Meter) war der kolonialen Besitznahme Javas lange Zeit ein abweisendes natürliches Hindernis gewesen. Bis zum 18.Jahrhundert wurde die Reise über Bogor hinaus – oder besser: hinauf – zu einem Abenteuer, das einige Dutzend Pferde und mehrere Kutschen erforderte, Wochen dauerte und sorgsam geplant sein mußte. Erst nach der Anlage ganzjährig benutzbarer Hochgebirgsstraßen, deren Bau der unerbittliche Marschall Daendels zum Beginn des 19.Jahrhunderts mit Zwangsarbeit und ungezählten Opfern bei der einheimischen Bevölkerung durchsetzte, und nach der Konstruktion der Eisenbahnstrecke zum Ende des 19.Jahrhunderts ließ sich das sundanesische Hochland mit der Stadt **Bandung** im Mittelpunkt erschließen und von den Europäern in Beschlag nehmen.

Sich von Jakarta aus Bandung mit der Eisenbahn oder mit dem Bus oder dem Auto zu nähern, ist eine alternative Entscheidung, die unterschiedliche Eindrücke vermittelt. Straße oder Schiene heißt pointiert ausgedrückt: entweder durch das Indonesien von heute oder das von gestern zu reisen.

Bis vor wenigen Jahrzehnten wurden südlich von Bogor die Pferde mit unablässigen Peitschenschlägen die steilen Kurven und Kehren hinaufgetrieben. Dann tuckerten die ersten Automobile in die Welt der Vulkane; amerikanische Benzinkutschen wurden bereits um die Jahrhundertwende in Java importiert. Seit den sechziger Jahren ist es auch auf den Straßen nach Bandung mit Ruhe und reiner Luft endgültig vorbei. Wer hofft, dem Verkehrsmoloch Jakarta zu entkommen, wird enttäuscht. Das ist eine der befahrendsten Straßen ganz Indonesiens. Ein düsteres, stinkendes Kapitel von Umweltzerstörung. Die Omnibus-, Lastwagen- und Autokarawane zieht eine schwarze Auspuffwolke hinter sich her. Die Fernstraße zu Fuß zu überqueren, wird zum Wagnis.

Bis über 1200 Meter windet sich das Asphaltband hinauf zum **Puncak-Paß** an den steilen Hängen des **Gunung Gede**. Da ist die Kühle zu spüren, nach der man unten in Jakarta lechzt. Früher konnten sich nur Gouverneure in diesen Höhen eine standesgemäße und erholsame Residenz leisten. In Cipanas steht noch solch ein Palast aus dem Jahre 1750. Später folgten die Kolonialherren der mittleren Ränge und bauten sich am Puncak ihre Wochenend-Bungalows. Längst haben die reichen und neureichen Indonesier mit beispielloser Bautätigkeit die Landschaft zersiedelt. Über diese Art von Raubbau an der Natur und die selbstsüchtigen Eingriffe in den ökologischen Haushalt bis hin zur Gefährdung der Wasserversorgung für das millionenfach durstige Jakarta wird zunehmend auch öffentlich gestritten. Das Wissen darum relativiert den Besuch im vielgepriesenen Botanischen Garten **Cibodas**, der 1852 als Höhenstation des Botanischen Gartens von Bogor auf achtzig Hektar in 1300 Metern angelegt wurde. An Gunung Gede und Pangrango gelegen, von Cipanas über Cimacan zu erreichen. Für einen ERNST HAECKEL war zur Jahrhundertwende klar: Der Gebirgsgarten »bildet ohne Zweifel die Krone alles dessen, wodurch die tropische Zauberwelt von Java den europäischen Naturforscher entzückt; denn er bietet ihm – in bequemster und angenehmster Form – die in ihrer Art einzige Gelegenheit, die Wunder des tropischen Urwaldes ohne Schwierigkeit gründlich kennen zu lernen«. Für den heutigen Reisenden zeigt sich, wie gefährdet auch hier ein solcher letzter Ausschnitt an »unverbrauchter«

Natur ist. Die Landschaft am Puncak-Paß und die Hänge der Vulkane sind Freizeitparks geworden, riesige Spielplätze einer Stadtbevölkerung, die vor allem an den Wochenenden in massenhaftem Andrang von der Natur Besitz ergreift. Hotels aller Preisklassen, Restaurants mit Fernsicht, Warungs voller Früchte und Souvenirs auch entlang der Nebenstraßen. Der Höhenkurort Salabintana nahe des Städtchens Sukabumi an den südlichen Ausläufern des Gunung Gede ist ein beispielhafter Tummelplatz der neuen Zeit, die auch hier Einzug gehalten hat.

Die Eisenbahn, die von den Bahnhöfen Kota und Gambir in Jakarta abfährt, durcheilt dasselbe westliche Java, das **Sunda** genannt wird; und doch sind Reiseatmosphäre und Ausblicke ganz anders: voll Nostalgie und der Illusion, die Zeit sei vielleicht doch ein bißchen stehengeblieben. Kereta Api haben die Indonesier den einstmals von rauchender, dampfender Lokomotive gezogenen Eisenwurm genannt: Feuerwagen, wörtlich übersetzt. Jeder der Fernzüge hat obendrein einen eigenen Namen, ganz dem javanischen Brauche folgend, auch Gegenstände durch Benennung mit spiritueller Kraft zu versehen. Der Zug zwischen Jakarta und Bandung heißt *Parahiangan*, und so steht es auch auf dem Fahrplan. Der Name erinnert an die vulkanischfruchtbare Landschaft um Bandung herum: ein Sitz der Götter, wie es die Legende mit diesem Wort beschreibt. Die Holländer haben diesen Namen zu Preanger umgemodelt.

Der Parahiangan ist einer der noblen Züge und keiner von denen, die im Volksmund spöttisch Kelas Kambing heißen: Ziegenklasse, womit das einfache Volk zu Märkten unterwegs ist, die Hühner bündelweise mitnimmt und die Eingänge mit Kartons und Säcken zumauert. Für den Parahiangan braucht man Platzkarten. Wenn er in Jakarta losfährt, ist er von einem Geruch der Sauberkeit und Desinfektion erfüllt. Auf den mit Kunststoff bezogenen Sitzen liegen frische grüne Leinen als Nackentücher. Die Zughosteß im roten Kostüm, eine Batikschärpe keß um die Schulter geworfen, nimmt lächelnd Bestellungen für Tee, Nasi Goreng, Lumpia entgegen. Die ersten Eindrücke sind noch ganz vom urbanen Ballungszentrum bestimmt: Hütten säumen dicht die Gleise, an schwarzverkohlten Brückenunterführungen kleben die Behausungen der Ärmsten. Es ist, als verlasse man durch die Hintertür der Ausgestoßenen die Hauptstadt. Nach einer flachen, noch ganz dem Meere nahen Landschaft der weiten Felder ändert sich die Szenerie bald völlig. In den Niederungen führen Straßen und Schienen noch nebeneinander. Je mehr aber die Strecke ansteigt, desto weiter entfernen sich die Reisewege voneinander. Die Eisenbahn kommt über Bekase, Karawang und Purwakarta hinauf nach Bandung, macht also um den Puncak-Paß einen weiten nordöstlichen Bogen.

Über silbern-rostige Stahlkonstruktionen großzügig geschwungener Brücken windet sich die eiserne Schlange als Meisterleistung der Ingenieure im Anstieg weiter Kurven an Abgründen entlang. Die Strecke war als Teil der großen West-Ost-Verbindung von Batavia nach Surabaya kurz vor der Jahrhundertwende eröffnet worden. Zu beiden Seiten breitet sich im geheimnisvollen Violett des jungen Tages das Java der Bilderbücher aus, das Java der Reiskultur. Die Sonne blitzt in den *Sawahs*, die terrassiert bis in die höchsten Hügel ansteigen. Jedes Stück Erde ist genutzt; und wenn auch der Augenschein ein harmonisch-friedlich-freundliches Land ausmacht, das nichts von seinen Nöten verrät – eine Entsprechung javanischer Lebensart –, so ist es doch eine Tatsache, daß der Zug durch eine der dichtest besiedelten Regionen der Erde rollt. Die Brücken und Gleise sind über Felder, Hänge, Schluchten gespannt, wo keine Straße mehr hinführt. Das ermöglicht dem Reisenden geradezu intime Einblicke in ein Land und das Leben seiner Bewohner. Da werden Kleinkinder von ihren Müttern unter den Wasserstrahl eines Bambusrohres gehalten. Dort treibt ein Bauer seinen Wasserbüffel, den Kerbau, zum Feld. Kein Autostau, keine schwarzen Abgasschwaden. Eine unendliche Ruhe liegt über dem Geschehen da draußen, das Gleichmaß einer innigen Verbindung von Mensch und Landschaft. In Tausenden von Jahren sind die steilen Hänge gestaltet und ist der Natur der menschliche Wille des Lebens und Überlebens eingegraben worden. Das ist die Landschaft des Reises, der historisch so viel tiefer wurzelt als der Tee, den wir vom Zug aus kaum zu sehen bekommen, weil die großen Pflanzungen hauptsächlich am Puncak-Paß zu finden sind. Der Kühnheit der industriellen Brücken entspricht die Kühnheit der frühen Bewohner dieser Region Javas, die ihre Reisfelder immer höher angelegt haben, immer erfindungsreicher in der Lenkung des Wassers wurden und über

Jahrtausende mit der Natur in Harmonie lebten, die heute so gefährdet ist. Die Eisenbahnstrecke des Parahiangan gehört zu den schönsten, den nachdenkenswertesten der Welt. Das Schienenband führt uns in die Bandunger Höhe von siebenhundert Metern.

Studenten, Flugzeuge und eine berühmte Konferenz
Bandung

Im Lob **Bandungs** waren und sind sich die Besucher einig. »Bereits zu Tacitus' Zeiten wurde in Rom die Frage erörtert, ob man jenseits der Alpen leben könne. Wer Bandung kennt, verneint sie ...«, stellte 1934 der deutsche Reisejournalist ERWIN BERGHAUS erfreut fest, einer der ersten Touristen, die mit der KLM-Linienmaschine von Amsterdam nach Batavia geflogen waren; damals mit Zwischenlandungen der dreimotorigen Fokker ein Zehn-Tage-Abenteuer. Bandung entlockte ihm schließlich höchste Zustimmung: »Es ist wahr, daß diese Stadt, die ich liebe auf den ersten Blick, in den Tropen liegt. Aber was man da von Moskitowolken, Chinin und Klebekleidern gehört hat, das sind, glaube ich, Renommiergeschichten von Reisenden gewesen, die wegen ihrer Unkosten dann auch gern etwas Fürchterliches erlebt haben wollten. Nichts von alledem! Ein Gebirgswind wie aus nördlichen Zonen weht über einem äquator-nahen Garten.«

Zwanzig Jahre davor notierte MAX DAUTHENDEY: »Bandung ist sehr schön. Lauter kleine Hütten und weiße einstöckige Europäerhäuser unter hohen, himmelhohen Bäumen. Auf denen blühen eben paprikarote Schotenblumen. Viel elektrisches Licht, viel vibrierendes Leben. Es ist so lebhaft wie am Potsdamer Platz in Berlin in all den breiten Gartenstraßen.«

Des gesünderen Klimas wegen hatten sich nach der Jahrhundertwende mehr und mehr Holländer in Bandung angesiedelt. Das Vordringen der Europäer in Java läßt sich historisch wie geografisch festmachen. Die Inseln in der Bucht vor Jayakarta, Batavia, Weltevreden, Bogor, Bandung waren Stationen und Etappen der Machtausdehnung. Auch Bandung bestand bereits als sundanesische Siedlung, ehe sich die Europäer hier niederließen; sie gestalteten den Talkessel, der von Vulkanen umrahmt

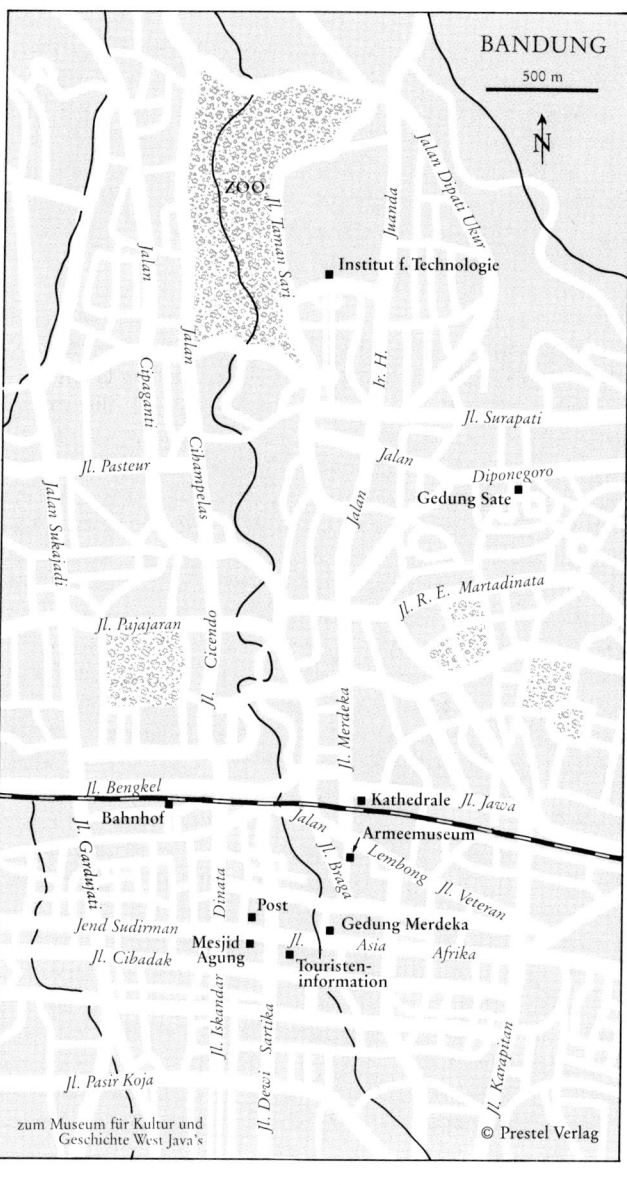

wird, nach ihren Vorstellungen. Als der niederländische Schriftsteller LOUIS COUPERUS zu Beginn der zwanziger Jahre Bandung besuchte, schrieb er: »Eine Schöpfung europäischer Tatkraft, eine Stadt voll niederländisch-indischer Kultur und Interessen, eine Stadt, ganz erfüllt von niederländisch-indischer Kolonialtätigkeit, von niederländisch-indischem Leben und Streben. Es ist, als wäre sie erst gestern erbaut. Große, weiße Gebäude sind da errichtet in einem neuen Stil, der gemäßigt modern bleibt und den Anschein erwecken soll, als besitze unsere Zeit einen eigenen Baustil. Es läßt sich nicht leugnen, daß diese Formen mit ihrer Anlehnung an das Moderne jung und frisch wirken. Der Blick fällt sofort auf das Kriegsministerium, die Javanische Bank, das Klubhaus der ›Concordia‹. In den neuen Villenvierteln sieht man noch baumlose, kahle Baustellen. Bandung ist eine aufblühende Stadt mit großer Zukunft.«

Zu Couperus' Zeiten konnte dies aus europäischem Blickwinkel nur heißen: eine Zukunft unter holländischer Flagge. Die ist längst in den Museen verschwunden, beispielsweise im **Siliwangi-Museum** an der Jalan Lembong, wo die sundanesische Eliteeinheit, benannt nach dem letzten großen Hindu-Herrscher des westjavanischen Reiches Pajajaran, an die Kämpfe erinnert, die zur indonesischen Unabhängigkeit geführt haben. Heute ist Bandung eine Zwei-Millionen-Stadt. Das Gemächliche, Gemütliche, das zur kolonialen Zeit gerühmt wurde, ging auch hier unter in der atemberaubenden Urbanisierung, von der alle Städte Javas erfaßt worden sind. Was da rund um Bandungs Innenstadt während der vergangenen Jahre an Verwaltungsneubauten, an Instituten und Kasernen, an Werkstätten und Fabriken auf das flache Reisfeld gestellt wurde, hat die Stadt und ihre unmittelbare Umgebung grundlegend verändert. In diesen neuen Bezirken ist Bandung für Fußgänger nicht mehr erreichbar. Da ist es riesig aber gesichtslos geworden, ein Sammelplatz für Betonkästen, von einer supermodernen Umgehungs-Autobahn eingefaßt, die mit deutscher Tatkraft erbaut wurde. Deutsches Know-how, deutsche Töne auch im Vorzeige-Industriebetrieb Nusantara. Das Flugzeugwerk ist innerhalb weniger Jahre zu einer der größten Technik-Inseln Indonesiens ausgebaut worden; ein Paradebeispiel des Fortschritts, das ausländische Besucher staunen läßt. Das Werk beschäftigt mehr als 15 000 Mitarbeiter. Der Nachwuchs wird in eigenen Ausbildungsstätten geschult. Kooperationsverträge mit europäischen und amerikanischen Fluggeräte-Herstellern haben zur Produktion von mehr als einem halben Dutzend verschiedener Hubschrauber- und Kleinflugzeugtypen geführt – zivil und militärisch einsetzbar. Das Bandunger Flugzeugwerk ist ein Staatsbetrieb und beliefert auch die Armee. Eine enge Zusammenarbeit besteht mit dem deutschen Unternehmen Messerschmitt/Boelkow/Blohm. Etwa ein Drittel des akademischen Personals hat an deutschen Universitäten und Hochschulen studiert. Allen voran der geistige Motor von Nusantara, der Staatsminister für Forschung und Technologie, Professor Dr. BACHARUDDIN JUSUF HABIBIE, ein gebürtiger Südsulawese. Sein Name ist in Indonesien eng mit der technologischen Entwicklung und den Anstrengungen verbunden, eigene Ressourcen dafür einzusetzen. Habibie wurde in Aachen ausgebildet, hat in der deutschen Flugzeugindustrie eine einflußreiche Rolle gespielt und repräsentiert eine Wissenschaftler-Elite in seinem Heimatland, die ein vertrautes Verhältnis zu Deutschland hat. Wenn man mit besonderer Erlaubnis von einem dieser Herren durch die Nusantara-Hallen geleitet wird, hat man den Eindruck, an einen Außenposten der eigenen, westlich-industrialisierten Welt geraten zu sein. Ist das das neue Asien? Nicht bloß das Aufbautempo einer solchen Fabrik überrascht den europäischen Gast, es ist mehr noch der Geist, der dahinter steckt: diese selbstbewußte Entschlossenheit, auf eigenen Beinen stehen zu wollen – und doch die westlichen Muster zu übernehmen. Während in der abendländisch-alten Welt der Zweifel an den Grenzen des technischen Wachstums die Menschen mehr und mehr bedrückt, herrscht in Indonesien eine Lust am technisch-kommerziellen Experiment, staatlich gefördert, wie sie die industriellen Anfänge in Europa kennzeichnete. Allerdings: das Fortschritts-Eiland Nusantara liegt in einem weiten Umfeld landwirtschaftlicher Prägung mit lebendigen Wurzeln, die in uralte Traditionen reichen. 15 000 industrielle Arbeitsplätze beeindrucken. Aber was bewirken sie bei den Hunderttausenden, die allein in Bandung arbeitslos und unterbeschäftigt sind? Wem nützen Hubschrauber, Flugzeuge, Rüstungsgüter? Die Besichtigung dieses supermodernen Industriebetriebes, üblicherweise nicht im touristischen Programm, sagt mehr über die Entwicklung des Landes als Statistiken und Hochglanzprospekte.

Bandung ist Universitätsstadt mit 17 höheren Lehranstalten, von denen das Institut für Technologie, ITB, das berühmteste ist. Prominentester Absolvent dortiger Ingenieursausbildung: SUKARNO, der hier während der zwanziger Jahre studierte. In der Jalan Jendral Gatot Subroto 17 steht noch heute ein kleines Wohnhaus, als dessen Architekt der junge Sukarno zeichnete und der zumindest beim Häuserbau noch ganz den Linien der holländischen Lehrherren folgte. Eine unauffällige Tafel weist darauf hin. Der hohe Anteil von Studenten und Schülern unter der Gesamtbevölkerung ist in Bandung spürbar und prägt die Atmosphäre der Stadt. Sie wirkt jugendlich, dynamisch.

In seinem Kern ist Bandung noch heute eine zweigeteilte Stadt, ganz so, wie die Holländer einmal die Trennungslinie gezogen hatten: nördlich der die Stadt in Ost-West-Richtung wie einen Gürtel teilenden Eisenbahnlinie die einstigen Villen der Kolonialherren, Gartensiedlungen, hohe breite Bäume hin zu den Hügeln und Vulkanen; südlich davon die Hauptstraße, die Jalan Asia-Afrika, an der der Alun-Alun mit Moschee und Verwaltungszentrum liegt und einst der berühmte Große Postweg verlief. Noch weiter südlich die schier unendliche Ausdehnung der Kampungs, wo die ärmsten Leute wohnen und das Land flach wird.

Die Jalan Braga, auf der Scheitellinie zwischen diesen Bandungs gelegen, strahlt für den, der ein wenig Phantasie aufzubringen bereit ist, noch einen Hauch jener Tage aus, da die hier lebenden Holländer stolz gewesen waren, wenn weitgereiste Gäste von Bandung schwärmten, es sei das Paris von Java. Hier hat sich der Baustil der zwanziger und dreißiger Jahre erhalten, eine rührende Mischung aus hausbacken und elegant. Drei Ecken weiter, an der Jalan Asia-Afrika, repräsentiert das **Gedung Merdeka**, das Haus der Freiheit, am eindrücklichsten diesen Stil: »Sociëteit Concordia« hatten die Holländer das Haus genannt. 1895 war es als Club der Weißen errichtet, später umgebaut und in den zwanziger Jahren zu seiner bis heute erhaltenen Größe erweitert worden. Einst mit italienischem Marmor, Kristalleuchtern und edlen Hölzern ausgestattet, eng an das Vorbild der »Harmonie« in Batavia angelehnt, war es die lichte Arena der feinen weißen Gesellschaft, der mit der Konferenz von Bandung 1955, die hier in diesem Gebäude tagte, weltweit die Führungsrolle im Weltgeschehen streitig gemacht worden war. Die berühmte *Asien-Afrika-Konferenz* markiert den Aufbruch jener farbigen Völker, die hier erstmals ihre Forderung nach Selbständigkeit gemeinsam erhoben. Die Tagungsstätte ist Museum geworden. Dokumente und vergilbte Fotos halten etwas von jener Hochstimmung am Anfang der Bewegung der blockfreien Staaten fest. Männer wie Nehru, Zhou Enlai, U Thant, Nasser waren Sukarnos Ruf nach Bandung gefolgt; sie und die insgesamt 340 Delegierten aus 23 asiatischen und afrikanischen Staaten vertraten 1,4 Milliarden Menschen, damals 55 Prozent der Weltbevölkerung. Wenn man nun im Abstand der Jahrzehnte darüber sinniert, wie wenig von den damals beschworenen Idealen – Freiheit, Frieden, Gerechtigkeit, Beseitigung von Hunger und Armut und Analphabetismus – tatsächlich politische Wirklichkeit geworden ist, kann einen Gedung Merdeka deprimieren. Wenn man bedenkt, wie sich seither allein in Bandung die Bevölkerungszahlen entwickelt haben: 1896 zählte die künftige Stadt erst 600 Seelen. Zur Jahrhundertwende lebten einige zehntausend Menschen in Bandung. Als die prominenten Gäste der großen Konferenz in die Stadt reisten, war die Einwohnerzahl bereits auf 700000 angestiegen. Zwanzig Jahre danach verzeichneten die Behörden die erste Million. Nun ist die zweite überschritten. Zu Zeiten der Bandunger Konferenz lebten achtzig Millionen Menschen im indonesischen Archipel. Heute sind es mehr als 190 Millionen. Das Inselreich, das mit Sukarnos Blockfreien-Politik zu Weltgeltung gelangte, steht in der Rangliste der volkreichsten Nationen an fünfter Stelle.

Stockpuppen, Schatten und die Geister

Mittendrin in einem der dichtbevölkerten Wohnviertel Bandungs mit den eingeschossigen Häusern und hohen Ziegeldächern. Spät abends. Metallene *Gamelan*-Klänge tönen in die Finsternis. Die eigentümlichste der indonesischen Musiken lockt immer neue Menschen an. Zu Hunderten drängen sie sich in der abgesperrten Seitenstraße zusammen. Alle Augen sind auf eine kleine Bühne gerichtet, wo über einem liegenden Bananenstamm das *Wayang Golek* abläuft. Dieses Puppenspiel erfreut sich unter den sogenannten kleinen Leuten Westjavas großer Beliebtheit. Alle kennen es, gleichwohl hat es Überraschungen zu bieten. An diesem Abend besonders! ASEP SUNANDAR SUNARYA führt Regie, ein Star unter den Dalangs, den Spielmeistern, gefeiert und umstritten: einer der Neuerer.

Wayang ist die javanisch-balinesische Kulthandlung, dort zu Hause, wo weitaus die Mehrheit der Indonesier lebt. Wayang ist seit vielen Generationen der Ausdruck ethischer Werte. Im zentralen Java und auf Bali wird das Spiel der Schatten gepflegt, als *Wayang Kulit* weltberühmt – Wayang gleich Schatten, Kulit gleich Haut. Die aus gestanztem Büffelleder gefertigten prächtig bemalten Flachfiguren erfreuen sich auch in Europa unter Sammlern großer Beliebtheit und sind ein authentisches Mitbringsel aus Java. Die im westlichen Java um Bandung, in Sunda, kultivierte Version des Wayang wird mit Stockpuppen in Szene gesetzt. Achtzig bis hundert Figuren gehören zu einer Aufführung. Jede hat ihren Namen und mehr als das: einen Charakter, einen Stammbaum, sie ist einbezogen in hierarchisches Oben und Unten und damit festgelegt im Rahmen der möglichen Handlungen und Entscheidungen. Jede Figur – und dies trifft ebenso für das Schattenspiel zu – ist ein Symbol im Weltbild des sundanesisch-javanisch-balinesischen Teiles von Indonesien. Wayang ist in Ursprung und Gehalt eine kultische Zeremonie. Die Schatten steigen herauf aus dem Dunkel der indonesischen Vorgeschichte. Der Vorfahre des Dalang war Priester, und er selbst ist es in gewisser Weise bis heute geblieben: ausgestattet mit der Gabe, menschliche Nöte mit dem Übersinnlichen zu versöhnen, beauftragt, die Geheimnisse der Natur wenn schon nicht verständlicher, so doch erträglicher zu machen. Bereits um 1000 n. Chr. war die Beschwörung der Schatten mittels Figuren nachweislich weit verbreitet; vermutlich aber schon viel früher. Indiens Einflüsse wurden Teil der alten Schatten und der Puppen. Den Islam nahmen sie auf. Das Christentum fand sich darin wieder. Die Nation erlebte während der Unabhängigkeitskämpfe in eben diesem Wayang ihre Geburt.

Herkunft und Geschichte des Golek-Spieles sind nicht eindeutig geklärt. Wahrscheinlich wurden geschnitzte Figuren erstmals bei der missionarischen Verbreitung des Islam verwendet, sind also historisch viel jünger als die Flachfiguren. Das mag verwunderlich erscheinen, weil der Islam in seiner arabisch geprägten Ausdrucksweise auf bildliche Darstellungen verzichtet. Dies ist auch in den indonesischen Hochburgen des Islam, beispielsweise in Aceh an Sumatras Nordspitze, zu beobachten. Dort sind religiöse Bilder verpönt. Wayang, in welcher Form auch immer, hat dort keinen Platz. Doch die Vermittlung des Islam und seine Vermischung mit dem hinduistischen Erbe auf Java hat vermutlich auch auf das Wayang Golek als Medium der Missionierung eingewirkt. Als regionaler Ursprungsort des Wayang Golek wird die Gegend um Kudus und Jepara vermutet, wo die Holzschnitzkunst eine lange Tradition hat und bis in die Gegenwart hinein gepflegt wird. Ein islamischer Herrscher soll dort zum Ende des 16. Jahrhunderts das Golek-Spiel eingeführt haben. Das Puppen-Theater war demnach gleichermaßen neben dem Schatten-Theater verbreitet. Erst in neuerer Zeit bildete sich die regionale Abgrenzung heraus. In Zentral- und Ostjava findet man kaum mehr Golek-Aufführungen. Dort und auf Bali herrscht das Wayang Kulit vor.

Wenn man es überspitzt formuliert, so könnte man im Wayang Golek die volkstümliche Ausgabe von Wayang Kulit sehen; derber, handfester, rustikaler: das Wayang zum Anfassen. So kunstvoll die dreidimensionalen, hölzernen Golek-Charaktere geschnitzt und bemalt sein können, an das leichte, luftige Filigran der Kulit-Figuren reichen sie nicht heran. Nicht nur, daß die ein flüchtiges Abbild ihrer selbst erzeugen und somit Materie aufzuheben scheinen, sie sind ein Kunstwerk, das der Erdenschwere spottet.

Die Menschen Javas (und Balis) kennen die Geschichten einer langen Nacht. Götter, Dämonen, Könige, Ritter, Zauberer, Liebende und Leidende, Gute und Böse sind ihnen vertraut von Kindheit an. Die Vorlagen der schicksalhaften Beziehungen und die dramatischen Abläufe zur Lösung der Konflikte – Lakons genannt – sind vom Geist Javas durchdrungen, wie er später auch nach Bali wirkte. Die ursprünglichen Handlungen reichen in die altjavanische Mythologie zurück. Mit dem indischen Einfluß kamen die großen Epen *Ramayana* und *Mahabharata*, die nachhaltig von den Schatten Javas und Balis aufgesogen wurden und auch in Motiven der Tänze wiederkehren. Es sind die ewig gültigen Grundthemen menschlicher Existenz. Die Namen der Helden und Verdammten, die mal göttliche, mal menschliche, mal dämonische Züge tragen, gehören zum geistigen Allgemeingut; ihre Eigenschaften sind Vorbild oder Abschreckung, erstrebenswertes Ideal oder Inbegriff der Verachtung. Seinen islamischen Geburtshelfern entsprechend gehören zum Wayang-Golek-Repertoire aber auch Spielfolgen, die klar einen arabischen Bezug haben und die Geschichte der Verbreitung des Islam von seinen geografischen Ursprüngen her aufgreifen. Dies geschieht in der persischen Erzählung um den Prinzen Menak, der im Wayang Golek dargestellt wird und auf die historische Figur des AMIR HAMZAH, einen Onkel des Propheten Mohammed, zurückgeht.

Die Wayang-Golek-Puppen stecken rechts und links im Bananenstamm, starr und reglos. Ein pittoresker Anblick auch an jenem Abend mit dem Dalang Asep in Bandung. Er war mit seiner Truppe zum Fest der Beschneidung einer wohlhabenden Familie eingeladen worden und brachte mit seinem Auftritt die öffentlichen Feierlichkeiten zum Höhepunkt. Nicht der Hauch einer Seele in diesen hölzernen Gebilden, ehe der Dalang erscheint. Doch kaum faßt er eine der Figuren an, kaum hat er seine Hände im Spiel, erwachen die Wesen zum Leben. Der Spielmeister hockt hinter dem frischgrünen Stamm und den Puppen, für das Publikum verborgen. An langen Stäben führt die Hand des Dalangs die beweglichen Arme der Golek-Figuren, die so, ihrer sonstigen Starre zum Trotz, zu tanzen beginnen, die fliegen, kämpfen, schlagen und zärtlich sein können. Die Stimme des Dalang, variationsreich und vielsprachig, wird ihre Stimme. Das Gamelan im Hintergrund begleitet akustisch, atmosphärisch die Geschehnisse, die Auseinandersetzungen um Sinn und Richtung des Daseins, um Ehre, Anstand – diesseits und jenseits der Grenzlinie zwischen Leben und Tod. All dies auch im Spiel des Asep – und doch anders, anderes. Er hat neue Figuren erfunden, die gelenkiger sind als die traditionellen Vettern. Aseps Auftritt ist mehr auf Schaueffekte ausgerichtet als das Spiel seiner älteren Dalang-Kollegen. Da rollen die Augen; da werden Gliedmaßen ausgekugelt, Köpfe gespalten, Keulen geworfen. Eine Figur ist mit einem Farbbeutel voll roter Flüssigkeit ausgerüstet. Während der Aufführung zieht der Dalang an

*Skurrile hölzerne Stabpuppen, Hauptakteure
des Wayang Golek – des Geist-, Schatten- und Ahnenspiels*

einem Faden, und das »Blut« fließt in Strömen. Das ist vordergründiger als in der bisherigen Spielart. Imagination ist weniger gefragt. Die Monologe sind stark verkürzt zugunsten von Aktion: pointierte Dialoge, verbaler Schlagabtausch, rasche Handlungsfolge. Ein Gag jagt den anderen. Lautsprecher, mit einem modernen Mischpult und viel Elektronik gesteuert, tragen die Stimme des Dalang und die Klänge des Gamelan weit in die Nacht. Immer wieder flammen grelle Scheinwerfer auf, um den

Dalang Asep und seine Truppe ins rechte Licht für Videoaufnahmen zu bringen. Kein Zweifel: das ist ein Medien-Ereignis zum Ende des 20. Jahrhunderts.

Aseps populärste Figur heißt Cepot, ein kleiner rotgesichtiger Kerl, der Volkes Stimme wiedergibt, laut herausfordernd, frech und unerschrocken. Das Publikum lacht zustimmend. Von Umweltverschmutzung ist die schrille Rede, von städtischer Fehlplanung, von steigenden Preisen. Cepot läuft in den Händen Aseps zu Hochleistung auf und wirkt tatsächlich wie ein kleiner Mann, der es dem großen Herrn mal so richtig zeigt. Das Publikum tobt vor Vergnügen. Solcherart auf Empfänglichkeit eingestimmt, wird auch die locker eingebaute Werbebotschaft des Cepot lachend aufgenommen: Der kleine rote Geselle fängt zu rauchen an, pafft eine *Kretek*, die typische Nelkenduftzigarette Indonesiens, in den Nachthimmel – aber nicht irgendeinen Glimmstengel, sondern den einer ganz bestimmten Marke, für die lauthals die Werbetrommel gerührt wird. Auch auf dem bunten Tuch, das unterhalb der Bananenstamm-Bühne hängt, wird auf diese Marke hingewiesen. Kommerzielle Reklame im Wayang – das ist neu, provozierend neu, und es ist einträglich für Asep und seine Truppe.

Ist das noch Wayang? Dürfen solche Mätzchen in die altüberlieferte Spielabfolge eingebaut werden? Der Streit wird offen ausgetragen in Seminaren an Bandunger Universitäten, in den Hörsälen der verschiedenen Kunstakademien, in Fernsehrunden und in seitenlangen Artikeln der Zeitungen. Was wie ein akademischer Disput anmutet, berührt den Nerv javanischer Identität. Es zeigt sich, daß auch die Wayang-Bühnen zum Schauplatz der gesellschaftlichen Veränderungen des Landes geworden sind; noch nicht so sehr die Leinwand der Schatten, doch bereits deutlich der Bananenstamm der Golek-Figuren. Das Fernsehen, das in weiten Teilen des Archipels empfangen werden kann, hat auch die Aufnahmebereitschaft der Menschen beeinflußt. Lange Einstellungen der Unbeweglichkeit, Ruhepunkte, endlose Monologe – die traditionellen Formen des Wayangs – sind immer weniger beliebt. Nicht mehr tiefgründiges Philosophieren, Sinnieren und Fabulieren dringen ins Ohr der Masse, sondern poppige Unterhaltung. Diese Zustandsbeschreibung mag verkürzt sein, doch sie kennzeichnet die Veränderungen. Wayang Golek wird zum Spiegel. In Westjava gibt es noch immer an die 4000 Dalangs. Die Konkurrenz zwischen ihnen ist unverkennbar. Die meisten gehören den Traditionalisten an. In ihren Reihen wird Aseps Spiel als »Wayang der toten Technik«, als Muppet-Show à la Indonesia abgetan. Doch die Aufführungen im Stil des langen Atems sind bei weitem nicht so stark besucht wie die des Asep und seiner Neuerer-Kollegen.

Der Humboldt von Java
Tangkubanprahu

Bandung ist von Vulkanen umgeben. Der eindrucksvollste heißt **Tangkubanprahu**, was etwa umgestürztes Boot – Prahu – bedeutet. Mit einiger Phantasie erkennt man in den Umrissen des trapezförmig sich nach oben verjüngenden Berges nördlich der Stadt, 2076 Meter aufragend, das kieloben liegende Schiff. Die einprägsame Silhouette kehrt im Stadtwappen Bandungs wieder, wo sich der stilisierte Tangkubanprahu über Meereswellen erhebt. Ein eigenartiges Motiv mitten im Hochland Westjavas. Doch in grauer Vorzeit soll es hier tatsächlich einen See gegeben haben, der sich infolge eines Vulkanausbruches gebildet hatte, später aber abfloß. Dieses Naturereignis überdauert nicht nur im Wappen und in der wissenschaftlichen Forschung, sondern auch in volkstümlichen Mythen, die gerade von der geheimnisumwitterten, die Menschen immer wieder gefährdenden Welt der Feuerberge als dem Sitz der Götter und Geister ihren Stoff beziehen. Von Bandungs Plätzen schauen wir hinauf zum Tangkubanprahu und können uns seine gewaltvolle Geburt durch den Kopf gehen lassen: eine Geschichte, die so recht von schicksalhafter Dramatik durchdrungen ist, wie sie auch in den Wayang-Golek-Aufführungen beschworen wird. Es ist die sundanesische Version der Ödipus-Tragödie; ein Zeugnis dafür, wie sich klassische Konflikte zwischenmenschlicher Beziehungen in den verschiedenen Kulturen wiederfinden. Die schöne Dewi Rara Sati, Tochter eines Königs und einer Wildsau, heiratet einen Hund, weil dieser ihr eine in die Tiefe gefallene Stricknadel wiederbrachte. Beider Sohn heißt Sangkurirang. Während einer Jagd erschießt er einen Hund, nicht ahnend, daß dieser sein eigener

Vater ist. Als Braten kommt das vermeintliche Wild auf den Tisch und wird von der Mutter Dewi erkannt, was einen Streit mit ihrem Sohn auslöst, ohne daß der den wahren Grund erfährt. Sangkurirang zieht in die Fremde, kehrt nach Jahren zurück und verliebt sich, ohne sie zu erkennen, in die schön und jung gebliebene Mutter. Sein Heiratsantrag wird erhört, obwohl die Mutter weiß, wer ihr Freier ist. Sie versucht, die Hochzeit, die sie mit einem klaren Nein hätte ausschlagen können – welcher Sundanese oder Javaner bringt es schon fertig, eindeutig Nein zu sagen! –, mit der Macht der Götter zu verhindern. So muß denn der liebestolle Jüngling an einem einzigen Tag einen See anlegen und ein Boot bauen, mit dem die Fahrt in die Flitterwochen vonstatten gehen soll. Sangkurirang arbeitet wie ein Besessener und kommt der Vollendung nahe. Da gelingt es Dewi mit der Götter Hilfe, den Himmel zu verdüstern und den Liebhaber-Sohn glauben zu machen, der Tag sei bereits vorbei. Sangkurirang sieht sich um den Lohn seiner Liebe betrogen, wirft das fast fertige Boot in rasender Wut um, wo es für alle Zeiten liegen bleibt. Die Erde speit Feuer und Lava, in deren glühendem Strom schließlich Mutter und Sohn umkommen.

Wenn wir uns mit dem Auto diesem Ort legendärer Leidenschaften nähern, ist von solchen Gefühls- und Vulkanausbrüchen nichts mehr zu erkennen. Die Straße windet sich durch die einstmals von Holländern bewohnten Villenviertel. Nach acht Kilometern kurvenreicher Strecke steht linkerhand in leuchtendem Ocker eines der eigenwilligsten Gebäude Bandungs, das **Gedung Bumi Siliwangi**, in den dreißiger Jahren erbaut und damals Villa Isola genannt, deren italienischer Besitzer offensichtlich für Rundungen schwärmte. Ein noch immer futuristisch anmutender Bau, dem Wind und Wetter alle Ecken abgeschliffen zu haben scheinen wie einem riesigen Kieselstein. Die Fenster wirken wie Schießscharten. Heute ist darin ein Teil der Pädagogischen Hochschule, IKIP, untergebracht.

Die Landschaft weitet sich an den Abhängen des Tangkubanprahu, die fruchtbar und für Obst- und Gemüseanbau genutzt werden, ein Garten in sonnenbeschienener Freundlichkeit. Es wird spürbar kühler. Beim weitgestreuten Ort **Lembang** sind wir bereits über tausend Meter hoch und passieren auf der rechten Straßenseite das renovierte Grand Hotel, das einmal Inbegriff kolonialen Luxus gewesen war, diesen Charme aber längst eingebüßt hat. Einem Satz wie diesem ist gleichwohl noch immer zuzustimmen: »... es ist hier so gesund und kühl wie im Sommer im Riesengebirge.« Der Mann, der diese erfrischende Erkenntnis 1857 in einem Brief notierte, hatte lange genug Zeit für solche Vergleichsmöglichkeiten gehabt. Es war FRANZ WILHELM JUNGHUHN, an den ein paar hundert Meter bergauf ein ockerfarbener Obelisk erinnert.

Franz Wilhelm Junghuhn ist ein zu Unrecht vergessener Mann der Wissenschaft, Prototyp des Forschungsreisenden, von dem in früheren Generationen kleine Jungen in Europa zu träumen pflegten. Die Daten an dem sonst schmucklosen Obelisken umreißen ein Leben, das eine Fülle an Stoff gleichermaßen für die universitären Bibliotheken wie für die Abenteuerliteratur erbrachte: »Dr. Franz Wilhelm Junghuhn, geboren te Mansfeld-Pruisen, 26. Oktober 1809, overleden te Lembang 24. April 1864.« Ringsum stehen Laubbäume, die dem Unkundigen nicht auffallen würden: *Chinarindenbäume*, die eine Schlüsselrolle in Junghuhns Leben spielten. Er stammte aus einer Mediziner-Familie, studierte in Halle und Berlin die ärztliche Kunst und diente als Chirurg im preußischen Heer. Die Teilnahme an einem Duell sollte für ihn verhängnisvoll werden. Zehn Jahre Haft in der Festung Ehrenbreitstein bei Koblenz lautete das Urteil. Junghuhn brach nach zwanzig Monaten aus, floh nach Frankreich und schloß sich der Fremdenlegion in Algerien an; ein Mann, der aus der Bahn bürgerlicher Ehren geworfen war und in der Enge Europas für sich kein sinnvolles Betätigungsfeld mehr zu erkennen meinte. 1835 kam er nach Batavia, wo er in kolonialen Diensten als Officier van Gezondheid arbeitete, aber bald seiner wahren Leidenschaft frönen konnte: der Erkundung und Erforschung der indonesischen Natur. Junghuhn wurde als Arzt beurlaubt, begann mit seinen Erhebungen 1836 auf Java, setzte die Arbeit zwischen 1840 und 1842 im Batakland im Norden Sumatras fort und widmete sich danach bis 1848 intensiv dem Studium Javas. Er war der erste, der die Insel systematisch durchwanderte, unter größten persönlichen Opfern und Strapazen eine Bestandsaufnahme ihrer Natur vornahm und mit außerordentlicher Selbstdisziplin gegen alle Widrigkeiten anging. »... hatte ich meine Wissenschaft dort in Indien zwölf Jahre lang als ein Heiligthum geehrt und gepflegt, – auf einsamen, selbstgewählten Pfaden die Berge und Wälder der herrlichen Sunda-Inseln durchkreuzt, wobei kein anderer Wegweiser sich zu mir schaarte als Liebe zur Sache, Enthusiasmus«, so schrieb er ins Vorwort seines Lebenswerkes »Java, seine Gestalt, Pflanzendecke und innere Bauart«, das er während seines Europa-Urlaubes zwischen 1848 und 1851 in den Niederlanden schrieb; ein gesundheitlich angeschlagener Mann, der am Schreibtisch die Arbeit fortsetzte, die ihn rastlos durch Java getrieben hatte. Wer in seinen Büchern liest, staunt auch als Laie darüber, was ein einzelner Mann erforscht, erwandert, entdeckt hatte zu Zeiten, da ein solcher Pionier ganz auf sich allein gestellt war. Als »Humboldt von Java« ist Junghuhn schon zu seinen Lebzeiten bezeichnet worden. Generationen von Wissenschaftlern profitierten von seiner Grundlagenforschung. Junghuhn fertigte die erste topografische Karte Javas an. Er schrieb übrigens seine Bücher in holländischer Sprache. Der Berufskollege und Landsmann KARL HASSKARL übersetzte die Ausgaben in die deutsche Sprache. Doch dieser Mann sollte noch eine ganz andere Bedeutung im Leben Junghuhns erlangen.

Justus Karl Haßkarl wurde am 6. November 1811 in Kassel geboren; er starb am 5. Januar 1894 in Celle. In den dreißiger und vierziger Jahren arbeitete er im Botanischen Garten von Buitenzorg, kehrte dann nach Deutschland zurück und erhielt von der niederländischen Regierung einen gefährlichen Auftrag, der außerhalb der Legalität lag. Haßkarl sollte Samen und Setzlinge des Chinarindenbaumes aus Peru nach Java bringen. Peru, bis dahin nahezu das Monopol für die Nutzung des Baumes haltend, hatte ein strenges Ausfuhrverbot verhängt. Die Rinde war seit langem als Grundsubstanz für die Behandlung von Malaria bekannt, aus ihr wurde Chinin gewonnen, das in großem Umfange marktfähig wurde. Haßkarl schaffte das riskante Unternehmen. Auf einem holländischen Kriegsschiff brachte er Samen und 121 Kisten mit Clisaya-Chinabäumchen nach Java. 70 Pflanzen überlebten die Reise. In Cibodas wurden die ersten Bäume angesiedelt: ein Vorhaben, für das jede Erfahrung fehlte. Der gesundheitlich geschwächte Haßkarl war dieser Aufgabe nicht mehr gewachsen und kehrte abermals nach Europa zurück. An seiner Stelle wurde der 1851 wieder in Java lebende Junghuhn beauftragt: als Inspektor der Gouvernementskinakultur. Hier, rund um Lembang, ließ er Plantagen anlegen. Im Ort selbst siedelte sich Junghuhn mit Frau und kleinem Sohn an und begann den zweiten Teil seines Lebensabenteuers, doch Fehlschläge, Mißmanagement, gesundheitliche Schwierigkeiten prägten die letzten Lebensjahre. Den eigentlichen Erfolg durfte er nicht mehr für sich beanspruchen. Als der Schweizer Arzt E. HAFFTER 1898 in Lembang weilte, 34 Jahre nach Junghuhns Tod, berichtete er von mehr als zwei Millionen Chinarindenbäumen, die für die Herstellung von Chinin genutzt wurden. Bis in die Wirren des Zweiten Weltkrieges hinein lieferten die Pflanzungen bei Bandung für neunzig Prozent der Chinin-Produktion der ganzen Welt die Rohstoffe. Das Monopol wurde erst durch die seither synthetisch herstellbaren Malaria-Mittel gebrochen. Die Chinarindenbäume beim Obelisken von Lembang haben so gesehen auch schon musealen Wert; sie sind lebende Erinnerungen an einen außergewöhnlichen Mann. Junghuhn hat auch 45 Vulkane dieser Insel bestiegen, vermessen und akribisch beschrieben. Auch der **Tangkubanprahu** war darunter. Er ist das populärste Ausflugsziel von Bandung; und sicher ist der Tangkubanprahu von allen indonesischen Vulkanen am leichtesten zu erreichen. Das hat Rummel zur Folge. In zwei bis drei Stunden läßt sich der Krater ersteigen; ein beliebter Wanderweg, den man vor allem an Wochenenden mit Tausenden zumeist junger Leute begehen kann, die da mit Gitarren, Zelten und reichlicher Marschverpflegung unterwegs sind. Über die Hauptstraße in Richtung Subang läßt sich der Rand des Hauptkraters Ratu aber auch mit dem Auto erreichen, was dem Tangkubanprahu bereits den Ruf eines Drive-in-Vulkans eingebracht hat. Parkplätze für 200 Busse! Eine Abzweigung nach rechts, ebenfalls asphaltiert, führt bis in Gipfelhöhe.

Unterhalb des Kraters haben die Nadelbäume mitteleuropäische Ausmaße. Riesenfarne sind zu bewundern. Schon von weitem schlägt einem der Schwefelgeruch entgegen. Und dann steht man schließlich am Rande des Höllenschlundes, blickt in die Tiefe der grüngelb brodelnden Sohle, hält sich bei vorbeiwehenden Schwefelwinden die Nase zu, hüllt sich frierend in seine Jacke, stolpert über scharfkantiges Lavageröll, blickt über die Weite des Sundalandes und hat trotz aller Souvenirhändler und

Erfrischungsbuden das ergreifende Gefühl, der Schöpfungsgeschichte nahe zu sein. Eine vortreffliche Einstimmung und Einübung für andere, sehr viel beschwerlichere Vulkan-Besteigungen, die andernorts auf Java (noch!) das zu bieten vermögen, was hier bereits Seltenheitswert hat: Ruhe und Schweigen.

Kraton im Abseits
Sumedang – Cirebon

Tahu ist als wohlschmeckende, nahrhafte und billige Speise überall im westlichen Java bekannt. Doch zuhause ist diese Spezialität aus gebratenem Sojabohnen-Quark in **Sumedang**, einem 45 Kilometer nordöstlich von Bandung gelegenen Städtchen. Ein empfehlenswerter Imbiß in einem der Restaurants entlang der Hauptstraße und Stärkung für die weiteren Wege. Die Strecke von Bandung hierher ist kurvenreich und führt durch die typische Landschaft des Preanger: Reisfelder, Wälder, Vulkankegel. Zehn Kilometer vor Sumedang weist links ein Denkmal neueren Datums auf ein koloniales Ereignis von 1811: Auf dem Sockel stehen der Generalgouverneur DAENDELS und der Fürst von Sumedang, PANGERAN KORNEL; künstlerisch nicht gerade originell, doch bemerkenswert dafür, wie sich heutzutage historisch abgeleiteter Patriotismus darstellt. Der sundanesische Fürst gibt dem Repräsentanten der kolonialen Macht nur die linke Hand – für einen Moslem demonstrativer Akt der Herabwürdigung seines Gegenübers –, und die Rechte umklammert drohend den Kris. Der Begegnung war hier ein Aufruhr vorausgegangen. Daendels legte quer durch Java den Großen Postweg an; felsiger Untergrund machte in dieser Gegend die Arbeit schwierig. Die Leute verweigerten die Schinderei und wurden dabei von ihrem Fürsten Pangeran Kornel unterstützt. Daendels, der solchen Widerstand andernorts mit blanker Waffengewalt niedermachte, lenkte bei Pangeran Kornel ein, schickte eine holländische Pioniertruppe, die mit Sprengstoff die Felsen aus dem Weg schaffte und bekam doch vom einheimischen Herren nur die Linke gereicht. So berichtet es jedenfalls die lokale Überlieferung. Dasselbe Motiv finden wir als großes Wandgemälde im Museum von Sumedang wieder; im Museum **Prabu**

Geusan Ulun, neben dem Tahu ein weiterer guter Grund für einen Stop in dem Städtchen.

Es ist das Amtsgebäude, in dem einst Männer vom Schlage eines Pangeran Kornel das Sagen hatten. Das weißgestrichene Haus, 1706 errichtet, steht am Rande des Alun-Alun, an dessen westlicher Seite die drei grünen, sich nach oben verjüngenden Dächer der Moschee über die Bäume ragen, ein weithin sichtbares Zeichen, wie die hinduistischen Elemente der Meru-Dächer in die islamische Architektur Javas übernommen wurden. Seit 1973 ist das Haus der Fürsten ein Museum – ein sehenswertes –, das eine Fülle authentischer Ausstellungsstücke besitzt und die Atmosphäre eines historisch durchtränkten Ortes hat. Die gestrengen Adipatis und Bupatis, die uns bereits in der Vorhalle von ihren Bildern anschauen, verkörpern Autorität. Bis ins Jahr 900 läßt sich die Ahnenreihe der Fürsten von Sumedang zurückverfolgen, das in wechselnder Machtverteilung immer wieder eine eigenständige Rolle als Ministaat gespielt hat. Mag sein, daß die Herren zur kolonialen Zeit nur noch Marionetten der Holländer waren; ihren eigenen Leuten gegenüber aber stellten sie die unumschränkte Obrigkeit dar. Wo wir in der Empfangshalle so unbekümmert in bärtige, griesgrämige Gesichter von vorgestern blicken, durfte sich ehedem das einfache Volk, wenn überhaupt, nur auf Knien und gesenkten Hauptes nähern. Im Tresor und mit besonderer Genehmigung zu besichtigen liegt der Goldschmuck, den Tänzerinnen und die Bräute der Edlen bei Hochzeiten trugen. Dann wurden auch die Gamelans gespielt, die nun still im Museum aufgebaut sind und der großen Feste harren. Mit erkennbarer Ehrfurcht verweist der Konservator ABDULLAH KARTADIBRATA, selbst fürstlicher Herkunft, auf das Gamelan Sari Oneng, das vom Ende des 17. Jahrhunderts stammt und ein Erbstück des damals das zentrale und westliche Java umfassende Mataram-Reiches ist.

Nach Sumedang in nord-östlicher Richtung wird es bald flacher; wir nähern uns der Küste. Kalkbrennereien entlang der Straße fallen auf, wo in mehrere Meter hohen Steintürmen die Kalkbrocken ausgeglüht werden. Eine uralte Technik, die von der modernen Konkurrenz der großen Zementfabriken, wie sie ebenfalls an dieser Strecke zu sehen und wegen ihrer gigantischen Umweltverschmutzung auch zu riechen sind, mehr und mehr in die Pleite getrieben wird. In den kleinen Orten sind noch immer die alten chinesischen Häuser zu erkennen. Nach 85 Kilometern haben wir das Tiefland mit der Hafenstadt **Cirebon** erreicht und kommen in einen geschäftigen Ort, der mit seiner Geschichte und Kultur das Grenzland zwischen West- und Zentraljava markiert. Kota Udang wird Cirebon genannt, die Stadt der Garnelen – und der Fische, so könnte man hinzufügen, denn der Fischfang spielt in der Wirtschaft der Stadt mit ihren 25 000 Einwohnern noch immer eine wichtige Rolle. Doch als Hafen ist Cirebon in den Schatten der großen Schwestern entlang der javanischen Nordküste geraten: Tanjung Priok, Semarang, Surabaya.

Mit seiner Hafenanlage wurde Cirebon schon vor Jahrhunderten eine Drehscheibe des Handels und des kulturellen Austausches, eine kosmopolitische Stadt ähnlich wie Banten, mit dem es unter wechselnder Oberherrschaft der aus dem Landesinnern regierten hindu-javanischen Reiche stand. Der Name Cirebon, so heißt es in den alten Geschichtsbüchern, gehe auf Caruban zurück und bedeute Mischung, Schmelztiegel. Alle Einflüsse, die Indonesiens Entwicklung prägten, kamen auch in Cirebon zusammen: sundanesische, javanische, hinduistische, chinesische, arabische, europäische. Bei der Verbreitung des Islam wurde Cirebon zu Beginn des 16. Jahrhunderts einer der wichtigsten Brückenköpfe entlang der javanischen Nordküste, von deren Hafenstädten aus die Lehre des Propheten nicht nur auf das religiöse Leben einwirkte, sondern Politik und Wirtschaft bestimmte und die Gründung neuer Reiche unter islamischen Vorzeichen zur Folge hatte. Bevor wir uns auf die Stadt einlassen, machen wir einen Abstecher in Richtung Indramayu, wo in nordwestlicher Richtung fünf Kilometer hinter Cirebon auf einem Hügel der Friedhof **Gunung Jati** liegt und im Schatten alter Bäume diesen Anfängen der Islamisierung nachzuspüren ist. Er ist eine der heiligsten Stätten des javanischen Islam und ganzjährig von Pilgern besucht. Manch einer von ihnen legt sich bei den Grabstätten auf den Boden, döst und schläft und erhofft sich träumend eine innere Stärkung von der spirituellen Kraft, die dem Friedhof zugeschrieben wird. Hier liegt SUSUHUNAN GUNUNG JATI begraben. Er war einer der neun *Walis*, jener legendären Verkünder des Islam, die um die Wende des

15./16. Jahrhunderts die Lehre auf eine Javas geistigen Traditionen angemessene Weise verbreiteten: Die Walis und ihre Getreuen forderten nicht die bedingungslose Aufgabe der hindu-javanischen Vorstellungen von Mystizismus und Geisterglaube, sondern trugen einfühlsam und mit bodenständigen Mitteln und Medien wie Gamelan und Wayang-Spiel dazu bei, daß sich die Religionen gegenseitig befruchteten, so daß das Überlieferte mit dem Neuen eine Einheit bilden konnte. Die Walis machten Politik, ernannten Sultane, begründeten Herrscher-Dynastien, wurden selbst Priesterfürsten. Susuhunan Gunung Jati starb 1568 und gilt als Urahn der Sultane von Cirebon. Das eindrucksvollste Zeugnis aus den Anfängen des javanischen Islam ist die Große Moschee, die **Mesjid Agung**, die am weitflächigen Alun-Alun steht. Das Areal ist von einer roten Backsteinmauer umgeben; der Zahl der Walis entsprechend führen neun Tore ins Innere. Es ist eine der ältesten Moscheen Javas, deren Gründung ins Jahr 1500 zurückreicht. Die vollkommen aus Holz gebaute Gebetsstätte wurde immer wieder erneuert und erstaunt ob ihrer gewaltigen Dimensionen unter dem doppelten Dach, das wohltuend für Belüftung sorgt. Ein Minarett sucht man auch hier vergebens; dies kennzeichnet die alten Moscheen Javas, die neben einem Kraton errichtet wurden und in hindu-javanischer Tradition eine enge Verbindung zwischen weltlicher und religiöser Macht darstellten: Kein Muezzin, kein Vorbeter, sollte höher stehen können als der Herrscher, so die überlieferte Begründung; dies würde das Machtgefüge durcheinander und dem Volke Schaden bringen.

Gleich neben der Moschee ist zu besichtigen, wie sich solche Macht einst mit symbolträchtigen Gebäuden umgab. Erbteilung in der Generationenfolge nach jenem Susuhunan Gunung Jati brachte es mit sich, daß Cirebon mehrere ehemalige und teilweise auch noch heute von fürstlichen Nachfahren bewohnte Herrschersitze hat. Zwei stehen dem Publikum offen. Zum einen der bereits ziemlich heruntergekommene **Kraton Kanoman**, der durch die engen Gäßchen des gleichnamigen Marktes zu erreichen ist, zum anderen der **Kraton Kasepuhan**, den wir bereits von der Großen Moschee aus sehen.

Rote Backsteinmauern auch hier und auffallend die gespaltenen Tore und pyramidenförmigen Aufbauten, die an die Candis in Ostjava und an die Tempel auf Bali erinnern. In der Eingangshalle fallen Delfter Kacheln auf, und an den Außenmauern kleben chinesische Teller. Der erste Eindruck von stilistischem Durcheinander wird im Innern des Palastes bestärkt. Hier sind die Kulturströme Javas in Architektur und Dekor vereint, gleichsam eine Demonstration der Synthese. Dies macht den Kraton in seiner Ausstrahlung so eindrucksvoll, nicht die eher bescheidenen Ausmaße und Ausschmückung. Mit keinem der Kratons in Yogyakarta oder Solo kann er sich messen; doch gerade weil der Kasepuhan schon lange ins Abseits der Geschichte geraten und nur von wenigen Touristen besucht wird, läßt sich hier sundanesisch-javanisches Werden in aller Ruhe studieren. Die Prunkkutsche aus dem 16.Jahrhundert, die in einem Seitentrakt steht, ist ein farbenprächtiges Lehrbeispiel. Kereta Singa Barong heißt sie, das Löwengefährt. Doch mit diesem Tier hat das Phantasie-Vehikel nur wenig gemein. Es ist ein geflügelter Drachenelefant mit Büffelhörnern und einem Dreizack als Rüssel. Was da auf hohen Rädern steht, erscheint wie eine Beschwörung all der hindu-islamischen Elemente, die ein Sultan zu Insignien seiner gottgegebenen Allmacht bei den rituellen Rundfahrten zur Schau stellte.

Bei einem meiner Besuche im Kraton Kasepuhan ging ein donnerndes Gewitter nieder. Im Nu standen die Wiesen und Wege unter Wasser. Ich besichtigte gerade das dem Kraton angefügte Museum, als der Strom ausfiel und ich in düsterem Dämmerlicht zurückblieb. Ich war der einzige Besucher und ahnte mit einemmal etwas von der Ausstrahlung, die für die Menschen der Region von einem Kraton noch heute ausgeht. Die Donnerschläge von draußen vibrierten in den Gongs des Gamelan, das im 15.Jahrhundert als Geschenk der Herrscher von Banten hierher gekommen war. In einem der Schränkchen klirrten leise die geschliffenen Gläser von 1681 mit den Buchstaben VOC. Blitze warfen durch die Fenster ein grelles Licht auf Debus aus Banten, jene schweren Holzkeile mit spitzen Eisenhaken, die sich Männer während ihrer Trance in den Leib stoßen, ohne sich zu verletzen. In einer der Vitrinen sah ich Dutzende von Kettenhemden portugiesischer Soldaten aufgereiht, die ihnen bei Kämpfen um 1527 abgenommen worden waren. Das gespenstische Schattenspiel erhielt seine Krönung, als ich mit der Taschenlampe in eines der Schränkchen leuchtete, in dem drei sundanesische Krisse stehen, *Kujang* geheißen. Anders als die javanisch-balinesischen Krisse mit geflammter Klinge haben Kujangs nur eine ziemlich breite sichelförmige Rundung. Was erst der Lichtstrahl der Taschenlampe im Halbdunkel erkennen ließ: Jeder der drei Kujangs ist fein durchbrochen wie die Figur eines Wayang Kulit und genauso geformt. Ich schaute genauer hin. Ich sah Togog, klein und dick mit Kulleraugen, eine Figur aus der Familie des Semar. Ich sah Banowati, die ob ihrer Prunksucht bekannt ist. Ich sah Srikandi, die als mutig gilt und eine der Frauen Arjunas ist. Hinter den eingeölten, starren Klingen zeichneten sich an der Rückwand des Schrankes deren Schatten ab. Ich schwenkte die Taschenlampe, und es war, als begännen die Figuren nach langem Schlaf erneut zu leben. Togog, Banowati, Srikandi – mal größer, mal kleiner, scharf umrissen die Profile, dann wieder verschwommen. Draußen der Kontrabaß der Donnerschläge. Drinnen der Blick in einen Ausschnitt jener javanischen Mystik, die sich dem europäischen Auge andeutet, letztlich freilich unsichtbar bleibt.

Solcherart eingestimmt, besuchte ich später **Tamansari Sunyaragi**, über die südliche Umgehungsstraße Cirebons zu erreichen, vier Kilometer außerhalb der Stadt. Es ist das eigenartigste Bauwerk Cirebons und für jemanden, der gerade eine intime, selbst inszenierte Vorstellung von Wayang Kujang gesehen hat (eine Wortverbindung, die in keinem einschlägigen Verzeichnis auftaucht), die treffliche Fortsetzung des Märchenhaften, das sich der rationalen Deutung entzieht. Sunyaragi ist die verwirrende Ruine eines Traumschlosses, das sich einer der Allgewaltigen aus dem Kraton Kasepuhan um 1703 hat bauen lassen: PANGERAN KARARANGEN alias Arya Carbon. Sunyaragi ist ein künstliches Gebirge aus Korallen, Backsteinen, Geröll und Lavabrocken. Grotten tun sich auf. Wendeltreppen führen ins Nichts. Verfallene Mauern geben einstige Geheimzimmer preis. Das gewaltige Tropfsteingebilde spiegelt sich in kleinen Seen. Die von Wind und Wetter gerundeten Formen eines Elefanten sind zu erkennen. Unterirdische Gänge sollen einmal mit dem Meer verbunden gewesen sein. Was war es: ein Palast? ein Tempel? ein Lustschloß? Die zur Ruine verkommene Phantasie einer vergangenen Epoche.

Fortsetzung Seite 129

Von den historischen Kultureinflüssen

Der gesamte indonesische Archipel hat im Laufe seiner langen Geschichte die großen Kulturströme vom indischen Subkontinent mit Buddhismus und Hinduismus in sich aufgenommen, hat sich dem Islam geöffnet und sich nicht dem Christentum verweigert: all diese Einflüsse vermischten sich mit dem, was war und gingen eine fruchtbare Wechselbeziehung ein.

6 *Ein Hindu-Tempel im Monkey Forest bei Ubud, Bali*
7 *Stupas auf der obersten Terrasse des Borobudur, Java*
8 *Ausschnitt der Deckenbilder in der Kerta Gosa (Gerichtshalle) von Klungkung auf Bali*
9 *Candis am Gunung Kawi, dem Berg der Poesie auf Bali*
10 *Balinesische Opfergaben vor einer Tempelfigur in Besakih*

333 Stufen ins Paradies
Situ Cangkuang – Garut – Naga

Zurückgekehrt nach Bandung, wird die sundanesische Metropole zum Ausgangsort für die weitere Reise nach Südosten in Richtung Garut. Wir kommen in das eigentliche **Preanger-Land**. Hochgelegen und klimatisch angenehm und voll landschaftlicher Schönheit in ausgewogener Harmonie wurde es bereits um die Jahrhundertwende von den Europäern als Region der Erholung auserkoren. Die Vorzüge hat sich das Bandunger Hinterland erhalten können, doch touristisch gesehen ist es ins Abseits geringeren Interesses geraten und vom werbewirksameren Ruf und Rummel anderer Reiseziele übertroffen worden. Wer die stillen Winkel sucht, wird sie gerade hier finden: Das im sanften Winde wogende Grün der Reisfelder vor dem Hintergrund der Vulkane ringsum, deren Kegel im zarten bläulichen Dunst zu schweben scheinen. Fischteiche unter schattigen Bäumen, wo sich Angler einfinden. Auf Nebenwegen zwischen den Kampungs rollen zweirädrige Pferdekutschen, deren Glöckchen weithin zu hören sind; andernorts heißen die Gefährte Delman oder Bendi, hier werden sie Kretek genannt, genauso wie die Nelkenzigarette. Natürlich wird auch hier hart gearbeitet; dem Gast aber erscheint die Landschaft erfüllt von Poesie und Musik. Es ist die Heimat der Suling, der Bambusflöte, deren melancholischer Klagelaut die Zwischentöne der Sehnsucht anklingen läßt; und hierher paßt auch die Rebab, das Saiteninstrument, das einer kleinen Bratsche gleicht und bei leichtem Bogenstrich träumerische Gefühle zu wecken vermag. Beide Instrumente spielen im sundanesischen Gamelan mit, das die leisen Töne bevorzugt, getragen ohne spektakuläres Aufwallen, ganz dieser Landschaft gemäß, durch die wir unter weitem wolkenlos blauen Himmel fahren. Doch auch hier ist die Harmonie immer wieder gefährdet. Das Feuer in den Vulkanen ist nicht erloschen. Den Ausbruch des **Galunggun** im Jahre 1982 haben die Leute nicht vergessen. Mehr als neunzig Menschen kamen um. Zehntausende mußten evakuiert werden. Millionen von Kubikmetern an Asche, Lava und Gestein zerstörten auf Jahre hinaus fruchtbares Ackerland. Auch das Wissen um solche Katastrophen gehört zum Verständnis der Region:

»Dieses Land ist und bleibt ewig unheimlich, dieses Java! Immer lächelnd, immer grün, immer lebensvoll und heiß, und doch ist kein Land Asiens im Untergrund gegen den Europäer so sehr von Todeskälte erfüllt, als das Paradies Java!« So urteilte 1916 der deutsche Dichter MAX DAUTHENDEY, der als Reisender gekommen war, mit allen Sinnen die Welt Javas in sich aufzunehmen. Wegen des Ersten Weltkrieges war es ihm dann jedoch verwehrt, in die Heimat zurückzukehren. Monatelang lebte er in einem der Hotels von Garut. Er starb am 29. August 1918 in Malang, an Krebs erkrankt, von Heimweh verzehrt und wohl an diesem Java verzweifelt. Kurz vor seinem Tode schrieb er über »diese ewige jahreszeitenlose Zeit auf Java«: »... mich als geborenen Europäer macht dieser ewige Stillstand der Natur, der zwar etwas Großartiges, Unendliches und tief und ewig Feierliches hat, doch zuletzt unruhig. Ich fühle mich gequält und unzufrieden und verwundert durch diese ungewohnte ewig grüne, unerschütterliche Sommerruhe Javas.«

Wenn wir beim Dorf Leles die Fahrt unterbrechen, hinter dem Alun-Alun links abbiegen und drei Kilometer bis zum See **Situ Cangkuang** laufen oder mit einem Kretek gemächlich über den schmalen Weg zotteln, gelangen wir an einen Ort, wo sich über solche Empfindungen nachdenken läßt. In dem kleinen flachen Gewässer spiegelt sich der Vulkan Haruman, geschmückt von ungezählten roten und weißen Tupfern der Seerosen, gesäumt von Palmenhainen. Bambusflöße mit Bänken befördern den Besucher zum anderen Ufer. Kein störender Motorlärm. In den frühen Morgenstunden empfängt einen dafür das Gekreisch der Fliegenden Hunde, der Kalongs, die in den Bäumen auf der Halbinsel ihre Schlafplätze haben und nach langer Nacht des Umherschweifens bei steigendem Sonnenlicht zurückkehren. Auf einer Anhöhe steht der einzig erhaltene **Hindu-Tempel** Westjavas; vermutlich hat es auch andere gegeben, doch dieser aus dem 9. Jahrhundert hat die Stürme der Zeiten überdauert. In den siebziger Jahren wurde er restauriert; etwa ein Drittel des heutigen *Candi* stammt vom Original. Im Innern eine Shiva-Statue. Der Tempel wirkt im Vergleich zu den Bauwerken in Zentral- und Ostjava, die aus derselben Zeit herrühren, bescheiden; doch in dieser Umgebung ist er etwas Besonderes, Einzigartiges. In seiner Nachbarschaft unter dem Dach der

Bäume mit den lautstarken Tagbewohnern im Geäst sind islamische Grabmale; ein Nebeneinander religiöser Stätten, wie wir es auf Java an vielen Orten finden. Vor Garut ist zu schmecken, zu riechen, zu erkunden, was da im Innern der Vulkane glüht. Rechts biegt die Straße nach **Cipanas** ab, einem Erholungsort an den Hängen des Gunung Guntur, der Thermalbäder zu bieten hat und seinem Namen alle Ehre macht: Cipanas bedeutet heißes Wasser. Die Hotels und Pensionen haben Tradition.

Garut schließlich, 60 Kilometer von Bandung entfernt; Verwaltungszentrum, Bahnstation, Marktflecken. Den Charme, den die Reisenden vor dem Zweiten Weltkrieg priesen, hat es verloren. Es gibt keine Hotels aus jener Zeit mehr; die neuen Pensionen und Losmen sind so austauschbar und gesichtslos wie an vielen anderen Orten. Der Alun-Alun mit dem gelbgestrichenen Pavillon aus vergangener Zeit wirkt verwaist. Großartig das Panorama der Vulkane ringsum; Guntur, Cikuray, Papandayan, Telagabodas, Galunggun. Garut ist das Etappenziel, um sich diesen Bergen zu nähern und beispielsweise den Papandayan zu besteigen.

Von Garut aus weiter nach Tasikmalaya gelangen wir in das scharf eingeschnittene **Tal des Ciwulan**. Viele Generationen von Bauern haben in die steilen Hänge zu beiden Seiten kunstvoll aufeinander abgestimmte Reisterrassen gebaut. Nach jeder Kurve der windungsreichen Straße möchte man anhalten, aussteigen und in diese kultivierte Weite schauen. Es ist eine der schönsten Reislandschaften Javas. Vom hochgelegenen Straßendorf Neglasari, auf halbem Wege zwischen Garut und Tasikmalaya, ist dieser zauberhaften, von den Menschen gestalteten Natur näherzukommen.

Hinter einem der Warungs auf der linken Seite, nur mit einem winzigen Schild gekennzeichnet, endet die neuerdings betonierte Treppe zum **Kampung Naga**. 333 Stufen führen an bescheidenen Holzhäusern, Palmen und Bambussträuchern vorbei in die Tiefe. Es ist, als betrete man die Himmelsleiter abwärts wie sie in javanischen Märchen beschrieben wird. Das Dorf Naga tief unten im Tal ist nur zu Fuß zu erreichen und hat sich eine Ruhe und innere Gelassenheit bewahrt, die auch auf Java selten geworden ist. Was auf den ersten Blick wie ein Freilichtmuseum wirkt, ist ein lebendiges Gemeinwesen mit ausgeprägt eigenem Charakter. Die meisten der hölzernen Häuser, knapp hundert, sind mit schwarzen Palmfasern gedeckt, Ijuk genannt. Am kanalisierten Fluß und einigen Fischteichen vorbei betreten wir einen der letzten Orte, die noch ohne die aufdringlichen Attribute der neuen Zeit auskommen. Die 350 Bewohner von Naga haben sich ihren eigenen Lebensstil bewahrt. Es sind allesamt Bauern. *Adat*, das altüberlieferte Grundmuster all dessen, was man tun und nicht tun darf, tief verwurzelt in bäuerlicher Tradition, wird hier noch heilig gehalten. Selbstgenügsamkeit zeichnet die Leute des Tales aus. Sie bekennen sich zum Islam, aber es ist ein abgewandelter Islam, der sie beispielsweise nicht zur Pilgerschaft verpflichtet und nach Mekka zieht. Die Gastfreundschaft wird hoch gehalten, doch sie hat auch ihre Grenzen. Gemäß der Überlieferung gelten der Samstag, der Dienstag und der Mittwoch als Tabu-Tage, an denen die Leute von Naga strikt unter sich bleiben wollen. 333 Stufen sind hoffentlich noch lange ein wirksamer Schutz ihrer Welt.

Magische Orte, heilige Stätten
Tasikmalaya – Situ Lengkong – Astana Gede

Der Geschmack der *Sunda-Lande* zergeht einem auf der Zunge. Die Speisen sind mild und mit viel Gemüse zubereitet. Die Sanftheit der Region, die in ihrer Musik die lauten Töne vermeidet, deren Luft besonders weich zu sein scheint, wirkt bis hinein in das Essen, das ohne scharfe Gewürze auskommt. In einem Restaurant von **Tasikmalaya** genießen wir eine der Spezialitäten: *Ikan Pépés*. Es ist eine Goldfisch-Art, die mit Gemüse und feinen Gewürzen in Bananenblättern verpackt über offenem Feuer gedünstet wird, bis die Gräten so weich werden, daß sie mitgegessen werden können. Es gibt Düfte, Aromen, Geschmacksnuancen, die einen stets an eine ganz bestimmte Region, an einen bestimmten Ort erinnern, einmalig in ihrer Zusammensetzung, unnachahmlich. Ikan Pépés ist die bei jeder Reise erneuerbare Erinnerung an Sunda.

Naßreisfelder in Westjava bei Bandung

Von Tasikmalaya aus eröffnet sich ein Abstecher, der einen auch atmosphärisch auf eindringliche Weise dieses Sunda und seine geistigen Wurzeln nahebringt. Es ist die Tour um den Vulkan **Sawal** herum. Der Ort Panjalu, an den nördlichen Ausläufern gelegen, ist das erste Ziel, das über abschüssige enge Straßen nach etwa zwanzig Kilometern erreicht wird. Der gebirgige Marktflecken, von Wäldern umgeben, kühl und regnerisch, hat nur eine Handvoll Häuser, eine Schule, eine Moschee – und er hat einen kleinen See namens **Situ Lengkong**, der sich um eine Insel in seiner Mitte schmiegt. Von dem Ort geht ein eigenartiger Zauber aus. Man darf sich nicht einfach auf die Insel übersetzen lassen. Beim Hüter des Schlüssels, dem Juru Kunci, muß dazu erst einmal die Erlaubnis eingeholt werden. Der betagte Mann wacht seit vier Jahrzehnten darüber, daß kein Unbefugter die Insel betritt, ganz so, wie es bereits sein Vater und dessen Vater getan hatten, und wie es vermutlich sein eigener Sohn tun wird. Mit tiefer Stimme erzählt uns der Bewahrer des Schlüssels von vergangenen Königreichen; und er spricht so ausdrucksstark wie die Schauspieler auf der Bühne sundanesischen Volkstheaters. Bis ins fünfte Jahrhundert reicht die fürstliche Genealogie. Es ist aufschlußreich, daß der Mann mit seinem schwarzen Peci auf dem Kopf und einem Bild der Kaabah in seinem Haus, sichtbar ein Moslem, auf die hindu-javanische Gründerzeit der Reiche verweist. Islamische Nachfolger, die aus diesem Erbe der Mutter Indien neue Macht formten, liegen drüben auf der Insel im See Situ Lengkong begraben. Ein Junge rudert uns im Einbaum übers unbewegte Wasser zu jenem Eiland, das **Nusa Gede** genannt wird: die große Insel, und dies nicht ihrer räumlichen Ausdehnung, sondern ihrer geheiligten Toten wegen. Das bunt bemalte hölzerne Tor an der Anlegestelle, dessentwegen es eines Schlüssels bedarf, ist rasch geöffnet; eher ein symbolischer Schutz denn ein tatsächlich undurchdringliches Hindernis. Eine steile Steintreppe führt unter dem gewaltigen Dom blätterreicher Bäume auf der Insel nach oben. Schrilles Vogelgezwitscher empfängt uns. Es ist dumpf und schwül. Im Geäst flattern die schwarzen Silhouetten der Fliegenden Hunde. Die Insel ist Naturschutzgebiet. Hier kann sich auf einigen hundert Quadratmetern noch tropischer Regenwald in aller Üppigkeit entfalten. Wir sehen islamische Gräber, deren

Steine von einem leuchtendgrünen Moospelz überzogen sind. An islamischen Feiertagen pilgern die Gläubigen hierhier. Es ist, als liege ein feines Echo ihrer Gebete noch in der Luft; es ist, als sei dieser Ort durchtränkt von der Kraft ihrer Meditation. Da rührt einen etwas an, das zu beschreiben schon einem Mann wie dem niederländischen Schriftsteller LOUIS COUPERUS in den zwanziger Jahren an dieser Stelle schwerfiel: »Dies alles birgt etwas von jener Wehmut in sich, die so manche javanischen, im Binnenland verborgen liegenden Orte zu wecken vermögen. Man kann das kaum in Worte fassen; es ist, als hätte unsere Sprache kein Mittel, die Stimmung an solchen seltsamen Orten zu kennzeichnen; da hilft weder ›heilig‹ noch ›geweiht‹; es ist ›keramat‹, und nur dieses unübersetzbare Wort vermag etwas von der seltsamen Empfindung wiederzugeben, die ein Eiland wie Nusa Gede auslöst.« In »keramat« stecken die Worte übernatürlich, wundertätig, heilig.

Zehn Kilometer weiter östlich, etwas außerhalb des Ortes Kawali, umfängt uns eine ähnliche Stimmung, die alle Sinne anspricht und einen selbst betroffen schweigen läßt. **Astana Gede** heißt die Stätte. Astana (auch Istana) ist ein Wort aus dem Sanskrit und bedeutet Palast, Fürstensitz. Im 14. Jahrhundert soll er hier gestanden haben, Mittelpunkt eines hinduistischen Reiches. Nichts blieb davon übrig. Unter hohen Bäumen auch hier islamische Gräber, die von Kontinuität in der Machtfolge künden. Phallusartig ragen die Gedenktafeln aus der Erde, die unter dichtem Blätterschirm im feuchtheißen Dämmer liegt. Über uns tönt das Geflatter der Kalongs; die Fliegenden Hunde wirken wie verwunschene Grabwächter und Sendboten einer anderen Welt. Es ist ein Ort, an dem die zahllosen Geschichten von Dukuns und ihren Wundern an Glaubwürdigkeit gewinnen. Frauen und Männer sind das, die es fast in jedem Dorf gibt. Naturheiler, Schamane, Medizinmann, Zauberpriester, Scharlatan – die europäische Namensgebung hat sich stets schwer getan, dafür den treffenden Ausdruck zu finden, weil Mißtrauen und das Bedürfnis nach rationaler Aufklärung des Unerklärbaren den Zugang zu vielem, was Sundanesisches, Javanisches, Balinesisches ausmacht, verschließen. Von Weissagungen und gehörten Stimmen, von traumhafter Ankündigung schlimmer Ereignisse, von Wunderheilungen und von der inneren Stärkung durch Meditation weiß jeder Mensch auf Java zu erzählen. Wir stehen vor den Gräbern von Astana Gede und ahnen etwas von diesen Kräften.

Hundert Meter weiter, einem kleinen Pfad durch die Reisfelder folgend, blicken wir im Zwielicht eines Haines in den schwarzen Spiegel eines Tümpels. Schmetterlinge gauckeln umher. Vogelgesang. Irgendwo rufen sich Bauern etwas zu. Ein Gefühl von Zeitlosigkeit erfüllt uns. Hier könnte sich eines der populärsten Märchen Javas zugetragen haben, das ein in vielen Märchen der Welt wiederkehrendes Motiv variiert. Die Himmelsnymphen hatten sich zum Bade niedergelassen und am Ufer des Sees ihre Flugkleider ausgebreitet. Ein Jüngling aus dem Kampung schaute den schönen Mädchen zu und raubte einem von ihnen das Gewand. Als die Töchter des Himmels davonflogen, mußte diese eine zurückbleiben. Ja, hier könnte es gewesen sein; und vielleicht lebt eine solche Nymphe noch immer in der Nachbarschaft. Ein einsames Blatt wirbelt wie von Geisterhand beschützt ganz langsam ins Wasser. Ein letzter Kalong flattert seinem Schlafbaume zu.

Nusa Gede, Astana Gede – es gibt da nicht viel zu sehen, kein eindrucksvolles Gebäude, das der ausführlichen Erläuterung bedarf, nichts, was sich dem Auge unmittelbar mitteilt. Solche Orte im Abseits gehören nicht zum Muß einer Java-Reise. Und doch vermitteln sie eine Ahnung von dem, was Java im Eigentlichen ist. Es gibt immer weniger solcher Stätten, wo man der Seele dieser Insel nahezusein glaubt und die Religiosität, die Spiritualität ihrer Bewohner einatmen kann: Orte mit magischer Ausstrahlung. Nusa Gede und Astana Gede gehören dazu.

Am Ende die Fackel des Fortschritts
Pangandaran – Cilacap – Segara Anakan

Über Ciamis und Banjar kommen wir durch fruchtbares Reisland an die Südküste des westlichen Java. **Pangandaran** ist so recht das Etappenziel, um einen erholsamen Zwischenstopp einzulegen, ehe es ins zentrale Java weitergeht. Pangandaran ist das, was man noch vor ein paar Jahren ein verträumtes Fischerdorf nennen konnte. Ein Fischerdorf ist es geblieben, aber die Männer und Frauen, die mit schmucklosen Auslegerbooten von der Ostküste dieser kleinen Landzunge in die tückischen Strömungen des Indischen Ozeans fahren, sind längst nicht mehr ungestört unter sich. Kapitalkräftige Geschäftsleute haben einige Dutzend Hotels, Losmen und Restaurants zwischen und neben die Hütten der Fischer gebaut. Von der billigen Unterkunft bis zur Nobelherberge reicht die Auswahl. Die Neubauten passen sich dem bodenständigen Stil an. Keine Hotelklötze, noch nicht. Und doch verändern die Fremden den Ort. Am östlichen Strand kann man von seiner Hotelveranda den Fischern zuschauen. Ein Kontrastprogramm, das einen nachdenklich stimmt. Während der Kellner kühle Getränke serviert und man sich behaglich im Korbstuhl räkelt, mühen sich vor einem Dutzende von Männern, Frauen und Kindern stundenlang damit ab, mit einem weit ins Meer beförderten Zugnetz, das mit langem Tau ans Ufer gezerrt wird, einen kümmerlichen Fang einzubringen. Ein von Palmen begrenzter Sonnenaufgang, ein traumhaft schillerndes Meer und davor das Bild der Armut. Im Netz bleiben ein paar Handvoll Fische, Krebse, viel Tang und noch mehr Plastik, leere Bierdosen, Abfall der modernen Zeit, den das Meer bereitwillig wieder ausspuckt. Das schöne und das schäbige, das begeisternde und das beschämende Java in einem Blick.

Die erst spitz sich ins Meer schiebende Landzunge verbreitert sich weiter draußen zu einer **Halbinsel** von 500 Hektar mit fast unberührter Natur, die als Reservat eine Überlebenschance hat. Vor Alleingängen sei gewarnt; ein ortsansässiger Führer ist empfehlenswert. Was im Botanischen Garten von Bogor an tropischer Natur für den Spaziergang wächst und wuchert, bietet sich dem Amateur-Entdecker hier in ursprünglichem Zustand. Auf glitschigen Trampelpfaden bergauf, bergab, geht's stundenlang durch ein Gebiet, das den Erwartungen an einen Dschungel durchaus entspricht. Auf einer Lichtung grasen Bantengs, jene wilden Büffel, deren Kopf als Symbol der Stärke im Wappen der Republik Indonesien zu sehen sind. Affenfamilien schwingen sich knisternd durch die Bäume. Die Riesenrafflesie, als größte Blume der Welt gepriesen, kann bewundert werden. Fliegende Hunde auch hier. Nashornvögel. Gelegentlich Fernblicke über Steilklippen und unter uns eine haushohe Brandung. Dann wieder Hineinkriechen in dämmrige Tropfsteinhöhlen. **Gua Parat**, die Höhle Parat, ist die eigenartigste von allen. Wie ein Tunnel öffnet sie sich parallel zum östlichen Strand, wo man aus völliger Dunkelheit kommend auf islamische Gräber geheimnisvoller Vergangenheit stößt. Ein seltsamer Kontrast, wenn man dann wenige Meter weiter weißhäutige Touristen am ebenso weißen Strand sieht, die, alle islamisch-javanische Sittenstrenge ignorierend, ihrem FKK-Vergnügen ungehemmt frönen. Pangandaran ist ein Ort, an dem über solche fremdbestimmten Veränderungen intensiv nachgedacht werden kann – ein Vorgeschmack auf das kommerziell vereinnahmte Bali.

Die Weiterreise verhilft zu Eindrücken von Java, die nicht zu den üblichen Vorstellungen und Bildern dieser Insel passen. Erstmal von Pangandaran 15 Kilometer auf dem Wege nach Banja zurück bis nach Kalipucang, das am Fluß Citanduy liegt. Von dort startet in den frühen Morgenstunden ein Fährschiff nach **Cilacap**. Die vier Stunden dieser Passage lassen einem einen Hauch von Abenteuerwind um die Nase wehen. Solange das Motorboot den Windungen des Citanduy folgt, der die Grenze zwischen West- und Mitteljava bildet – das heißt auch: Grenze sowohl zwischen den Provinzen als auch dem sundanesisch-javanischen Sprachraum –, blicken wir in das Land der Sawahs, sehen die Dörfer unter Palmen und haben mittlerweile vertraute Motive jenes Landlebens vor uns, das noch immer das Leben der Mehrheit der Bevölkerung dieser Kerninsel des indonesischen Archipels bestimmt und ihre Kultur prägt. Dann wandelt sich die Landschaft völlig. Wir fahren ein in einen ausgedehnten Binnensee, dessen Ufer bald im Dunst verschwimmen. Im Nordwesten erhebt sich der Vulkankegel des **Gunung Slamet**, dessen Umriß uns in den nächsten Stunden begleiten wird. **Segara Anakan** heißt dieses Gewässer, der Kindersee, der wahrlich wie der Nachwuchs des Indischen Ozeans wirkt und an seinem südlichen Ufer von der langgestreckten Insel Nusa Kembangan begrenzt wird. Nachdem wir den Kindersee unter dem unendlich weiten Himmel durchquert haben, verändert sich das Landschaftsbild abermals. Wir tuckern hinein in ein Labyrinth von Flußläufen, die von Gestrüpp und Mangroven gesäumt sind. Immer wieder münden schmale dunkle Bäche in die breitere Fahrrinne. Fischer in Einbäumen paddeln gegen die Wellen des Motorschiffes an. Ein paarmal legt die Fähre bei *Pfahldörfern* an.

Es sind die einzigen Siedlungen dieser Art auf Java. Solche Bilder lassen an Kalimantan/Borneo denken, an Sumatra, an die Illustrationen in den Büchern früher Forschungsreisender. Die Dörfer sind voller Leben. Kinderscharen stürmen zum Boot. Kartons werden ausgeladen, Säcke. Menschen steigen zu. Über einigen der ärmlichen Hütten sind die Metallfinger der Fernsehantennen aufgerichtet. Und doch wirken die Siedlungen, als lägen sie am Rande der Welt; nur noch mit sich beschäftigt, wenn die letzte Welle des weiterziehenden Fährschiffes verebbt ist. Verschlungenen Wasserläufen folgt es. Aus einem schmalen Spalt im grünen Dickicht des Ufers rudert ein Fischer daher; und es ist, als käme er aus der Unendlichkeit einer Landschaft zwischen Meer und Land, bei der sich der Schöpfer nicht hatte entscheiden können, welcher Erdformation er denn nun den Vorzug geben solle. Nicht Fluß, nicht See, nicht Ozean, nicht Feld, nicht Dorf – von allem etwas nur und nirgends fester Grund.

Nusa Kembangan zur Rechten weckt dazu historische Reminiszenzen. Schon in den zwanziger Jahren diente sie als Sträflingsinsel und kam während der sechziger und siebziger Jahre als Ort der Verbannung weltweit ins Gerede. Nach dem Putsch von 1965, der Hunderttausende das Leben kostete und Zehntausende zu politischen Gefangenen werden ließ, ehe der internationale Druck auf die Regierung Suharto deren Freilassung Anfang der achtziger Jahre bewirkte, war diese Insel eines der berüchtigten Straflager. Ihrer tatsächlichen oder vermeintlichen Zugehörigkeit zur kommunistischen Partei wegen, infolge einer Denunziation, aufgrund von Verleumdungen oder Anschuldigungen, die allesamt von keinem Gericht je geprüft wurden, schmachteten die Menschen jahrelang auf dieser Insel, deren Haftbedingungen immer wieder die Kritik internationaler Menschenrechtsorganisationen herausgefordert hatte. Die einstigen politischen Gefangenen sind in großer Zahl entlassen worden. Die Militärposten an den Anlegestellen signalisieren jedoch, daß Nusa Kembangan eine Sträflingskolonie geblieben ist.

Reiher steigen auf, die sich von unserem Schiff gestört fühlen, weiße Punkte über dem grünen Gewässer, das still zu stehen scheint. Die Passagiere an Deck dösen vor sich hin, dankbar für den Schatten, den das Vordach wirft. Die steigende Sonne brennt sengend heiß. Hier scheint sich seit Generationen nichts verändert zu haben. Nur diese Beobachtung, die der deutsche Geograph KARL HELBIG zum Ende der zwanziger Jahre hier machte, bleibt uns versagt: »Hier und da sonnte ein grünliches Krokodil seinen feisten Wanst.« Vermutlich ist auch in diesen Gefilden das letzte seiner Gattung schon längst erlegt worden. Dann holt uns das 20. Jahrhundert vollends wieder ein. Vor die Silhouette des Gunung Slamet schieben sich silberne Rohre, Riesentanks, ein Gewirr von Metalltürmen: Der Hafen von Cilacap ist der einzige Tiefwasserhafen an der javanischen Südküste, ausgestattet mit den ausgedehnten Raffinerie-Anlagen des staatlichen Petrokonzerns Pertamina. Davor schleudert ein Fischer aus seinem Einbaum heraus das Wurfnetz ins Wasser. Der Akt wirkt wie ein verzweifeltes Aufbäumen gegen die stählerne Industrie-Kulisse hinter ihm. Darüber lodert aus hohem dünnen Abgasrohr eine Ölfackel, die sich im Wasser spiegelt. Es ist die Fackel des Fortschritts.

ZENTRALJAVA
Geist und Geister großer Kulturen

Nahtstelle der Schöpfung
Dieng-Plateau – Gedong Songo – Demak – Kudus

»Einmal mehr messe ich während des Sonnenuntergangs siebzehn Grad Celsius, zehn Minuten später noch zwölf; am folgenden Morgen vor dem Aufgang gar nur noch vier; eine Viertelstunde nach dem Aufgang allerdings schon wieder sieben Grad und dann rasch steigend höhere Temperaturen. Abends drängen wir uns um das wärmende Holzfeuer, und nachts können wir nicht ohne Wolldecke schlafen.«

So beschreibt der Hamburger Geograph KARL HELBIG seine meteorologischen Erkenntnisse, die er bei einem Aufstieg zum **Dieng-Plateau** am Anfang der dreißiger Jahre machte. Wer sich auf zweitausend Meter Höhe über dem Meeresspiegel begibt und zur Nacht bleiben will, muß sich warm anziehen; das tropisch-schwüle Java haben wir hinter uns gelassen. Ausgehend von der Küste von Cilacap folgen wir der gut ausgebauten Straße über Purwokerto und Banjarnegara bis Wonosobo, dem freundlichen Provinzstädtchen mit den Ausblicken auf klassisch-schöne Vulkankegel, und fahren die windungsreiche Nebenstrecke hinauf zu diesem Plateau. Die beiden erloschenen Vulkane Sumbing und Sundoro, zwei Dreitausender, ragen vor uns zum Himmel empor. Lebens- und Kulturräume haben gewechselt; aus der sanft ansteigenden Landschaft der Sawahs gelangen wir zu den steilen Feldern, die mit Gemüse bepflanzt werden. Terrassiert sind auch die Berge, doch in dieser Höhe wirkt die Anlage nicht mehr beschwingt und ausgeglichen, sondern schroff, den Hängen mühsam abgerungen. Wir schauen in die Gesichter eines anderen Menschenschlages. Die Bergbewohner sind kräftiger gebaut als ihre Vettern in den Niederungen, stämmiger, kantiger, rosiger die Züge. Beim Dorf Dieng, einer Handvoll wellblechgedeckter Holzhäuser am Eingang zur eigentlichen Hochfläche, bleibt das Java der wehmütigen Musik, der grazilen Bewegungen, der feinabgestimmten Harmonie end-

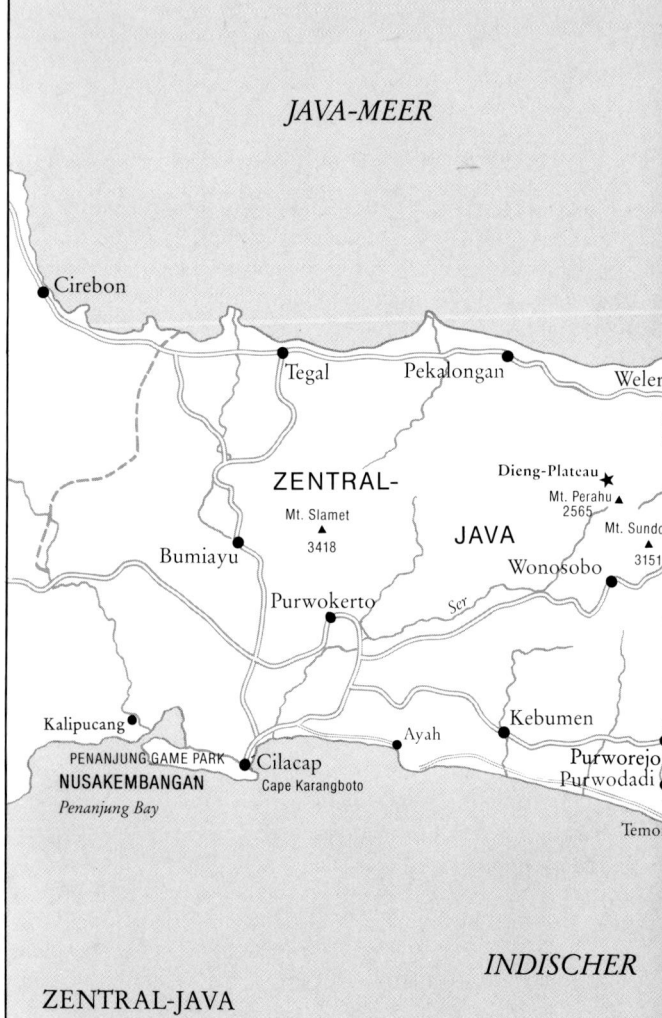

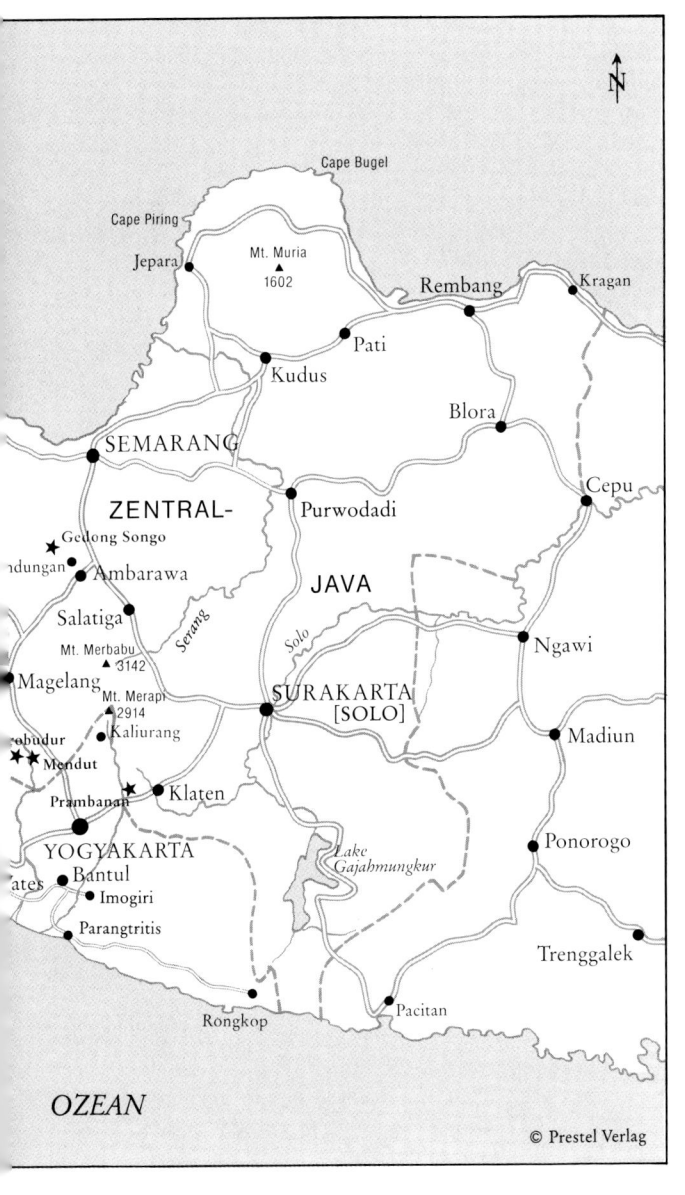

gültig zurück. Wir erreichen den geographischen Mittelpunkt der Insel und treffen abermals auf eine Nahtstelle der Schöpfung. Vor uns, um uns herum, baut sich wie für einen Kampfplatz der Titanen eine bizarre Gebirgskulisse auf. Grau die Nebelschwaden, schwarz das Gestein, schmutzig blaugrün die sumpfigen Wiesen. Bei den Wanderungen stoßen wir auf blubbernde Schwefelquellen, spüren ätzende Ausdünstungen, stolpern über scharfkantiges Lavagestein, hören das Zischen entweichenden Wasserdampfes. Wir sind mitten in der *Caldera* einer Vulkanregion; das Kernstück des Plateaus mißt vom Dorf Dieng aus gesehen etwa eintausendachthundert mal achthundert Meter, das begehbare, erwanderbare Einzugsgebiet ist um ein Mehrfaches ausgedehnter. Hier läßt sich die gewaltvolle Entstehungsgeschichte Javas lokalisieren, geboren aus dem Innersten der kochenden Erde. Unter unseren Füßen die Glut, in uns die Ahnung von der unermeßlichen vulkanischen Urkraft. Das Dieng-Plateau ist durch und durch eine sinnliche Erfahrung und eine mystische dazu. Aus dem altindischen Wort Di-hyang (der Berg der Götter), das in den Sundalanden zu Parahiangan und Preanger mutierte und das dem Iyang-Gebirge im östlichen Java ebenfalls seinen Namen gab, formte hier der Volksmund dieses zweisilbige Dieng.

Vom Dorf aus erblicken wir bereits geheimnisvolle Zeugnisse menschlichen Tuns, die der Natur in ihrem Ewigkeitsanspruch eine historisch-religiöse Dimension geben. Fünf *Candis* stehen da dicht beieinander, kompakt, erdverbunden, Ruinen einer untergegangenen Kultur, deren Anfänge im Dunkel verborgen liegen. Schon in prähistorischer Zeit muß es Menschen zur kultischen Anrufung mächtiger Kräfte in diese unfreundlichen Höhen gezogen haben. Hier ging denn auch der geistige Keim auf, den die Kaufleute, die heiligen Männer, die fürstlichen Abgesandten aus dem indischen Subkontinent an die Küsten Javas getragen hatten. Diese Ruinen aus dem 8. Jahrhundert gelten als die ältesten Candis auf Java. Ihre einstigen Namen sind nicht überliefert. Die Benennung der Gruppe – Candi **Semar**, **Arjuna**, **Srikandi**, **Puntadewa** und **Sembadra** – geht in die jüngere Vergangenheit zurück und ist der javanischen Version des Mahabharata entlehnt, dem *Bharatayuddha*, das um zwölfhundert an den ostjavanischen Fürstenhöfen der Kediri-Dynastie entstan-

*Blauer Dunst mit Nelkenduft –
ein javanischer Bauer raucht Kretek*

den ist. Der Kampf der miteinander verwandten Pandawa-Brüder und ihrer Widersacher, der Korawa-Brüder, der in diesem Epos zum Kampf um die grundlegenden Fragen der Menschheit wird, lebt bis heute im Motivschatz des Wayang fort. Kein Candi ist mehr vollständig erhalten, dennoch sind die Konturen klar erkennbar: streng geometrisch, kaum mit Schmuck aufgelockert. Auf einem würfelähnlichen Sockel erhob sich einst ein pyramidenförmiges Dach. Wir stehen vor den Urbildern jener hindujavanischen Candis, die an anderen Orten des zentralen und östlichen Java größer, prächtiger zu sehen sind, die aber hier ihren Ursprung haben. Dies macht Dieng so einzigartig; der geeignete Ort, sich die großen kulturellen Ströme und Begegnungen zu vergegenwärtigen, die Indonesien und in seinem Kern dieses Java formten. Mit den Einwanderungswellen der proto- und deutero-malaiischen Stämme, die seit Mitte des dritten Jahrtausends vor Christus vom asiatischen Festland in den Archipel vordrangen, kamen die ersten prägenden Fertigkeiten und Techniken, die Bronze- und Eisenbearbeitung, der Naßreisbau und die dazu erforderliche komplizierte Bewässerungskunst. Die indischen Einflüsse seit den ersten Jahrhunderten unserer Zeitrechnung trafen auf eine Bauernkultur mit Ahnenkult und einem dichten Gespinst von Mythen. Was Indien brachte, war – um es salopp mit einem modernen Begriff zu benennen – der gesellschaftspolitische Fortschritt, der von der sich herausbildenden Elite aufgenommen wurde. Daraus entwickelte sich später die Kraton-Kultur: eine auf einen räumlichen Mittelpunkt, mit einem gottähnlichen Herrscher bezogene Macht, die aus den Überfluß-Ernten der Bauernschaft die neue staatliche Ordnung mit überseeischen Handelsbeziehungen ableitete und in Candis und Palästen ihren Führungsanspruch demonstrativ hervorkehrte. Das besondere aber: Java übernahm nicht nur das indische Vorbild, sondern formte es weiter zu schöpferischer Eigenleistung. Die Inspiration Indiens, die ja nicht mit Gewalt, sondern in friedlicher Wechselbeziehung miteinander Handel treibender Völker vermittelt wurde, weckte offenbar schlummernde kreative Kräfte in Javas Schoß. Grob gerechnet liegen fünftausend Kilometer zwischen Indien und Java, davon mehr als zweitausend Kilometer Ozean. Welch eine Distanz für die damaligen Fahrzeuge, die, von den Winden abhängig, Monate, Jahre unterwegs sein mußten; und doch bereiteten die Ausstrahlung Indiens und die Bereitschaft Javas den Nährboden für die Blüte einer Hochkultur. Das Dieng-Plateau läßt auch daran denken, was Java an geistiger Eigenständigkeit, an kulturellem Selbstbewußtsein in späterer Zeit den Europäern entgegenzuhalten hatte. Was immer die europäischen Eroberer an Machtinstrumenten von Kanonen bis Korruption einzubringen vermochten, um sich damit politisch und wirtschaftlich zu behaupten, an kultureller Überlegenheit jedenfalls hatten sie wenig zu bieten.

Die Candis hier wie an anderen Orten Javas sind dem Gott SHIVA geweiht. Am **Candi Srikandi**, dem einzigen von Dieng mit figürlichen Darstellungen, ist Shiva an der östlichen Seite zu sehen. Er ist der Weltenvernichter, der zerstört, um zu erneuern: die göttliche Personifizierung des Stirb-und-Werde. Sein Symbol ist der Phallus, Lingga, sein Reittier ist der heilige Stier Nandi; er ist Gatte der Hexe Durga, der Unzugänglichen,

Schrecklichen. Shiva ist eine der drei Gottheiten im brahmanischen Trimurti. Auch die beiden anderen sind am Srikandi-Candi zu sehen. An der südlichen Seite erkennen wir den Hochgott BRAHMA, den Weltenschöpfer, den abstraktesten der drei Götter, die Verkörperung der Idee von einem höchsten Wesen. An der nördlichen Seite ist VISHNU, vierarmig mit Sonnenrad. Er ist der Weltbehüter, der Erhalter der Schöpfung; sein Reittier ist der Garuda, seine Gattin ist Laksmi, die Göttin der Schönheit und des Glücks. Vishnu ist der »menschlichste« der Dreiheit, der in vielerlei Gestalt auf der Erde auftrat. Als Krishna lenkte er Arjunas Kampfwagen, als dieser strahlende Held aus der Pandawa-Sippe mit den Seinen gegen die Korawa antreten sollte und der verwandtschaftlichen Beziehungen wegen nicht zu kämpfen bereit war.

Leblose Steine liegen vor uns und gewinnen mit dem Wissen um ihren geistigen Inhalt eine einzigartige Faszination. Nicht nur diese Candi waren das Ziel der Pilger; mehr als vierzig könnten es einst gewesen sein, die zu einer ausgedehnten Stadt mit Entwässerungskanälen, mit bautechnisch perfekten Stützmauern, die vor der Gefahr zusammenbrechender Felswände schützten, gehörten. Grundmauern eines Palastes sind gleich neben dem Candi Semar heute noch auszumachen. Lassen wir uns die Phantasie ein wenig anregen von den Empfindungen des Karl Helbig, der von diesem kultischen Ort schrieb: »Ich ging an den Ruinen entlang – es sind an einer Stelle fünf dieser Tempel dicht nebeneinander errichtet –, und mir war, als hallten aus ihren Wänden noch die demütigen Bitten und zitternden Beschwörungen, als dufte es noch nach Opferblumen und Harzen, die einfältige Hände geweiht hatten, als duckten sich dort dunkle Menschen mit starren Augen und beschwörend erhobenen Armen vor dem flammenden Zorn Shivas, des in den Bergen hausenden gewalttätigsten aller Götter.«

Einen Kilometer weiter südlich auf einem Hügel, von Bäumen umgeben, bekommt gerade solche Imagination weitere Nahrung. Dort erhebt sich der **Candi Bhima**, restauriert und von allen religiösen Tempeln auf dem Dieng-Plateau am besten erhalten. Aus dem pyramidenförmigen Dachaufbau mit hufeisenartigen Nischen schauen Porträtbüsten auf den Besucher herab.

Man fühlt sich seltsam beobachtet. Das Fernglas bringt uns die Gesichter, die so entrückt scheinen und doch so unmittelbar gegenwärtig sind, etwas näher. Die Züge sind ganz so geformt, als seien sie lebenden Vorbildern nachgebildet worden. Stolz und klug wirken die Büsten, beherrscht und herrschend zugleich; Überlegenheit geht von ihnen aus. Möglicherweise sind das die Bildnisse jener Fürsten, die Indisches und Javanisches zu vereinen wußten.

Für drei Jahrhunderte war das zentrale Java Mittelpunkt der von diesem Geist durchdrungenen Reiche. Dann verlagerte sich die Macht ins östliche Java, wo nach dem 10. Jahrhundert neue Gesellschaften erblühten, die bis zur Ankunft des Islam bestanden und auf Bali und Lombok ihre letzte Vollendung erfuhren. Auch das Dieng-Plateau geriet als spirituelles und politisches Zentrum um die Jahrtausendwende in Vergessenheit. Was das Verlöschen seiner Kraft auslöste, gehört zu den vielen Rätseln dieser Stätte. Wenn wir am Kratersee **Kawah Sileri**, fünf Kilometer westlich des Dorfes Dieng, gegen die Wasser- und Schwefeldämpfe ankämpfen, erscheint als eine Erklärung für das Ende der Dieng-Götterbeschwörung auch diese möglich: Giftige Gase aus dem Innern der Erde haben die Betenden hinweggerafft und den Ruf des Unheimlichen so weit verbreitet, daß für Jahrhunderte niemand mehr hierherkommen mochte. 1980 jedenfalls kam es hier zur bislang letzten Katastrophe. Mehr als hundert Menschen wurden durch giftige Dämpfe getötet.

Einer anderen Theorie zufolge führte vom Dieng-Plateau ein Pilgerpfad hinüber zu **Gedong Songo**, dem Tempelkomplex am **Gunung Ungaran**, etwa fünfzig Kilometer nordöstlicher Luftlinie. Die Straßenverbindung über Wonosobo, Temanggung, Ambarawa (Tip für Liebhaber alter Lokomotiven: der einstige Bahnhof am Ort ist ein sehenswertes Eisenbahnmuseum) ist etwa doppelt so weit. Gewiß ist es unüblich, die beiden Kultstätten bei einer Tour miteinander zu verbinden; was aber verkehrstechnisch als Umweg erscheinen mag, gehört historisch eng zusammen. Die Candis am Gunung Ungaran, die über mehrere Bergkuppen verteilt sind, lassen sich nur zu Fuß erreichen. Auch deren Ursprünge sind wissenschaftlich nicht eindeutig geklärt. Neun von vermutlich mehreren Dutzend Tempeln stehen noch und sind teilweise restauriert worden. Auch diese frühe Hindu-

Stätte ist dem Gott Shiva geweiht; die Gemeinsamkeiten mit dem Dieng-Plateau sind offensichtlich. Immer höher steigt der Pilger, hält Einkehr an den Candis, deren eigentliche Namen niemand mehr kennt; nicht einmal eine spätere Neubenennung fand statt, so sehr scheinen gerade diese Candis ins Abseits der Volksfrömmigkeit geraten zu sein. Heute haben sie nur noch Nummern und römische Zahlen zur Unterscheidung. An Nummer III ist ein Ganesha zu sehen, einer der beliebtesten Götter des hinduistischen Pantheon, elefantenköpfig, Beschützer der Gelehrsamkeit und Klugheit, Sohn des Shiva und der Durga. An den Candis von Gedong Songo ist dies eine der wenigen erhaltenen figürlichen Darstellungen. Vom Krater des Ungaran wabern nach Schwefel stinkende Wolken talabwärts. Wir kommen an dampfenden Quellen vorbei und steigen über heiße Erde. Wenn ab Mittag die Nebel stärker werden, dann hüllt auch Gedong Songo und seine neun Candis eine ebenso gespenstische Atmosphäre ein wie drüben auf dem Dieng-Plateau. Die Tempel heben sich nur noch als schwarze Silhouetten gegen den Himmel ab. Der Blick schweift zu den benachbarten Vulkankegeln und hinunter ins weite Tal bei Ambarawa, wo sich der stumpfe Spiegel des Waduk Rawapening ausbreitet, der größte Binnensee Mitteljavas. Nach Nordwesten liegen von Wolken verborgen die Handelsstädte Semarang, Demak, Kudus, Jepara, von deren bedeutenden Häfen aus bereits die frühen hindu-javanischen Reiche ihre überseeischen Geschäfte betrieben; dort befinden sich auch religiöse Stätten von historischem Rang. 25 Kilometer nordöstlich von Semarang liegt **Demak**.

Versandete Häfen
Demak – Kudus

Die kleine Stadt **Demak**, heute im provinziellen Abseits, wurde einst das Mekka von Java genannt. Mit ihrem Namen verbindet sich das erste islamische Reich, das von der javanischen Nordküste aus im frühen 16. Jahrhundert dem bis dahin allmächtigen Majapahit-Reich, dem letzten hindu-javanischen Staat, den Todesstoß versetzte. Damals lag Demak noch unmittelbar an der Küste und verfügte über einen bedeutenden Hafen, der sowohl für den Handel als auch für die Kriegsschiffe eine wichtige Rolle spielte. Nichts mehr von alledem ist erhalten. Der Hafen versandete, die Küste verläuft heute zehn Kilometer von Demak entfernt. Was blieb, ist die **Moschee** am Alun-Alun, deren Bau im Jahre 1478 mit SUSUHUNAN GUNUNG JATI in Verbindung gebracht wird, einem der neun Walis, der bei Cirebon begraben ist. Sie ist eine der ältesten Moscheen Javas, von einem pyramidenförmigen Meru-Dach überragt; und die fromme Legende erzählt von übernatürlichen Kräften, mit denen einst die Stützpfeiler im Inneren während einer einzigen Nacht aufgestellt worden seien. Das Minarett neben der Moschee freilich, eine silbern angestrichene Eisenkonstruktion, läßt keinen Gedanken an Wunderkräfte aufkommen. Es erinnert an einen Hochspannungsmasten oder einen Sendeturm.

Wenn es eines Symboles für die Verschmelzung der Religionen gerade auf javanischem Boden bedarf, dann ist es die **Mesjid Agung Menara** im ältesten Viertel von **Kudus**, 25 Kilometer weiter östlich. Schon der Stadtname aus dem Arabischen verweist auf die islamische Bedeutung des Ortes: Kudus heißt heilig. Ein Candi aus dem frühen 16.Jahrhundert, als hier noch die hindu-javanische Religion das politische wie das geistige Leben bestimmte, und die Moschee, die mit doppeltem Meru-Dach und Kuppel einige Jahrzehnte später errichtet wurde, stehen einträchtig nebeneinander, ja, mehr als bloß das: Der einstige Candi, zwanzig Meter hoch, wurde als Minarett in den islamischen Dienst einbezogen. Die liegende Trommel und der hohle, geschlitzte Baumstamm, die üblicherweise neben einer Moschee angebracht sind, um damit die Gläubigen fünfmal am Tag zum Gebet zu rufen, sind in Kudus auf der obersten Plattform des Turmes zu finden. Das einstige Hindu-Bauwerk ist ringsum mit chinesischen Porzellan-Tellern geschmückt; einige haben blaue islamische Motive. Durch gespaltene Tore, wie sie für Bali typisch geworden sind, gelangen wir in den hinteren Bereich der Anlage, wo die Grabstätte des Sunan Kudus, einer der neun Walis, das Ziel frommer Wallfahrer ist. Hier trafen verschiedene Kulturen, Epochen, Geister aufeinander und bildeten etwas Neues, das es in solch synkretistischer Vereinigung nur auf Java gibt. Kudus mag als Lehrbeispiel zum besseren Verständnis dieser Insel und ihres kulturellen Werdens dienen.

Eine völlig andere und sehr weltliche Besonderheit Indonesiens steigt einem in Kudus als feines, süßliches Aroma in die Nase. Die Stadt ist mit mehreren Zigarettenfabriken eines der Zentren für die Herstellung von *Kretek*, einer Zigarette, deren Tabak mit der Essenz von Gewürznelken vermischt wird. Wer einmal in Indonesien Kretek geraucht oder gerochen hat, wird den Duft ein Leben lang nicht mehr vergessen. Wo immer der süßlich-bittere Geruch wieder in die Nase steigt, kehrt die Erinnerung an die südostasiatische Inselwelt zurück, denn mehr als zwei Drittel aller dort gerauchten Zigaretten verbreiten einen unverkennbaren Nelkenduft.

Borobudur

Der Höhepunkt einer Reise durch Java heißt: Borobudur. Mit dem größten und geheimnisvollsten Tempelwerk Südostasiens ist es wie mit den unsterblichen Werken der Weltliteratur. Jede neuerliche Begegnung öffnet weitere Einsichten, vermittelt tiefere Erkenntnisse, nährt das Verlangen nach gründlicherer Beschäftigung mit der vielschichtigen Weltsicht. Im Abstand von Jahren, in wechselnden Lebensstadien und mit ausgedehnteren Erfahrungshorizonten wird der Borobudur wie ein gigantisches Buch zum jeweils anderen Erlebnis; und es kann wohl sein, daß in einem selbst von Mal zu Mal das ahnungsvolle Verständnis wächst, das über die bloße Besichtigung des buddhistischen Weltenberges hinausreicht. Es bedarf der behutsamen und geduldigen Annäherung, um die zu kunstvollem Stein gewordene Lehre BUDDHAS auf sich wirken zu lassen wie sie der Religionsstifter vor nahezu zweieinhalb Jahrtausenden seinen Anhängern in Indien verkündete:

»Wer nun aber, ihr Mönche, im heiligen Wissen belehrt ist, ein edler Hörer, welcher die edlen Wahrheiten schaut, der wohl unterwiesen ist in der Pflicht für einen guten Menschen, wer nicht die Gestalt, das Gefühl, das Unterscheidungsvermögen, die Triebkräfte und das Bewußtsein als das Selbst betrachtet, auch nicht das Selbst als ein solches, das Bewußtsein besitzt; nicht im Selbst das Bewußtsein und auch nicht im Bewußtsein das Selbst schaut, der läuft nicht um die Gestalt herum, kreist nicht um sie, wie um das Fühlen, um das Unterscheidungsvermögen, um die Triebkräfte und um das Bewußtsein. Dieser wird, während er sich [äußerlich] noch um die Gestalt bewegt, um sie seinen Kreislauf des Lebens vollbringt, von der Gestalt erlöst; er wird von dem Fühlen, dem Unterscheidungsvermögen, den Triebkräften, dem Bewußtsein frei. Frei ist er von Geburt, Alter, Tod, Unglück, Klagen, Kummer, Niedergeschlagenheit und Unruhe, vom Leiden wird er erlöst; so verkündige ich euch dies.«

1300 Jahre nach dem historisch überlieferten Wirken Buddhas, »des Erwachten«, inspirierte die Ausstrahlungskraft seiner Lehre im zentralen Java einen Tempelbau, der Gemeinsamkeiten mit vergleichbaren buddhistischen Stätten aufweist, darüberhinaus aber einmalig und einzigartig auf der Welt ist; ein Bauwerk, das »zweifelsohne zu den bedeutendsten Schöpfungen des menschlichen Geistes gezählt werden darf«, wie der niederländische Kunsthistoriker FRITS A. WAGNER stellvertretend für zahlreiche Kenner des Borobudur bemerkt.

Heutige Reisende haben kaum Mühe, zum Borobudur zu gelangen. Der Besuch ist zum festen Bestandteil organisierter Touren geworden; im vierzig Kilometer entfernten Yogyakarta bieten die Tourismusbüros täglich Ausflüge an; auch mit öffentlichem Verkehr ist es tagsüber jederzeit möglich, von Yogyakarta oder Magelang aus bis zum Dorf Muntilan zu fahren, dort den Bus zu wechseln und ins fünf Kilometer weiter nordwestlich gelegene Dorf zu kommen, das nach dem Tempel benannt ist. Nicht mehr die Anreise, über deren Beschwernisse frühere Reisende klagten, ist das Problem, sondern der touristische Rummel, der neuerdings das Bauwerk umbrandet. Was da nach der Restaurierung des Borobudur Ende der achtziger Jahre als sogenannter *Archäologischer Park* angelegt wurde, ist eine weitere Außenstelle der kommerzialisierten Welt geworden, in der Touristen, ob es ihnen paßt oder nicht, Opfer und Täter in einem sind. Wo sich noch vor wenigen Jahren die matten Wasserspiegel der Reisfelder ausbreiteten, sind heute Parkplätze. Die einfachen Holzhäuser der Bauern in unmittelbarer Nachbarschaft des

Borobudur – eine Buddha-Figur
in der Dharmachakramudra-Haltung in einer beschädigten Stupa

Tempels mußten einem Markt für Souvenirs und Restaurants weichen, deren Pavillons nun in Reih und Glied stehen. Das gegen den Widerstand der lokalen Bevölkerung enteignete Land ringsherum wird von einem endlosen grünen Eisenzaun begrenzt. Über das weite Gelände und bis in die Höhen des Tempelberges hallen Lautsprecherdurchsagen und Sammelaufrufe für die Rückkehr zu Omnibuskarawanen. Dabei ist der Borobudur für viele Indonesier – und keineswegs nur für Buddhisten – noch immer ein Heiligtum. Der Mehrheit freilich ist er das, wozu ihn die Regierung SUHARTO in säkularer Machtfülle erklärt hat: ein Nationaldenkmal. Kein Pilgerort, sondern ein Ziel des Wochenendausfluges. Der wirtschaftliche Aufschwung Indonesiens hat eben auch den inländischen Tourismus in Gang gebracht. All dies kann den, der still lauschen, sehen, meditieren will, zu schierer Verzweiflung bringen.

Doch weicht man vom Hauptpfad ab, der geradewegs zum östlichen Aufstieg führt und dort die Massen in die Höhe treibt, und umrundet den Borobudur in weitem Bogen in nordöstlicher Richtung, dann kann man auf den gegenüberliegenden Hügel steigen und von dort, zumeist ungestört und in angemessener Distanz, die Landschaft und den Tempelberg in sich aufnehmen. Es ist wie ein tiefes Atemholen. Unter uns die fruchtbare **Kedu-Ebene**, ringsherum in dunstiger Ferne die schwebenden Umrisse der Vulkane Sumbing, Merbabu und Merapi. Und in Augenhöhe, vom dunklen Grün einiger Palmen etwas verdeckt, fern und doch nah wie eine Offenbarung: der Borobudur, braun, grau oder schwarz, je nach Tageszeit.

Seine Entstehungsgeschichte reicht in das historische Dunkel zurück, das keine schriftlichen Zeugnisse hinterließ und den Gelehrten ausreichenden Raum für Spekulationen bietet. Der Baubeginn ist um achthundert unserer Zeitrechnung gewesen. Auftraggeber war die Shailendra-Dynastie (778-870), die ihren Herrschaftsbereich über das zentrale Java hinaus auszudehnen verstand und verwandtschaftliche Beziehungen zum Srivijaya-Reich hatte, das über Sumatra und die angrenzenden Meere regierte. Die Shailendras, die »Könige der Berge«, vereinten in ihren Reihen sowohl buddhistische als auch hinduistische Fürsten, wobei schon in diesem frühen Stadium der indischen Einflüsse die Grenzen zwischen beiden religiösen Weltbildern keineswegs klar auszumachen waren. Der buddhistische Zweig der Shailendras folgte dem *Mahayana-Buddhismus*, dem sogenannten Großen Fahrzeug, mit dem sich die Lehre Buddhas breiten Volksschichten geöffnet hatte; im Mahayana-Buddhismus ist die persönliche Erlösung in der Erreichung der Buddhawürde für jeden Menschen möglich, es bedarf aber zu ihrer Erlangung der hilfreichen Begleitung der Boddhisattvas; das sind jene menschlichen Vermittler, die bereits die Kenntnis der Erlösung in sich haben, aber den Eintritt in das Nirvana aufschieben, um anderen auf dem Wege der Erleuchtung beizustehen.

Aus diesem Geist heraus ist der Borobudur entstanden, der uns seit seiner Wiederentdeckung im 19.Jahrhundert immer wieder viele Rätsel aufgibt, und dessen Name nicht einmal eindeutig erklärt werden kann. Ein Dutzend Möglichkeiten sind Gegenstand gelehrter Dispute. Weist Borobudur auf ein Kloster hin, abgeleitet vom Sanskritwort *Vihara*, das diese Bedeutung hat und sich zu Bara entwickelte? Oder heißt es präziser: »Buddhistisches Kloster an einem hochgelegenen Ort«? Oder »Berg der Anhäufung der Tugenden in den zehn Phasen des Boddhisattvas«? Oder »Berg mit einer Reihe von Terrassen«? Oder ist der Name eine Variation für »Berg des Königs der Berge«? Für alle Deutungen gibt es verbale Ableitungen aus indo-javanischem Sprachgebrauch.

Unterschiedliche Interpretationen gibt es auch zur Funktion des Borobudur. Ein Kloster wäre eine denkbare Möglichkeit. Dann aber hätte zum Tempelberg, der ja keine Innenräume hat, sondern über einem natürlichen Hügel errichtet wurde, eine Vielzahl von Wohnhäusern gehört, allesamt aus Holz gebaut und längst spurlos verschwunden. Ein Mausoleum ist ebenso vorstellbar. In geheiligten Behältnissen hätte die Asche von Königen aufbewahrt worden sein können; dann wäre der Borobudur im eigentlichen Wortsinne ein *Candi* (ein Begriff, der ursprünglich nur auf Bestattungsschreine bezogen war, heute aber allgemein für buddhistisch-hinduistische Tempel gebraucht wird). Möglich auch, daß das Bauwerk als Machtdemonstration eines Herrscherhauses errichtet worden war, das die sowohl weltliche wie göttliche Kraft eines Königs symbolisierte.

Es gehört zu den Eigentümlichkeiten, daß dieser Tempel nur etwa ein Jahrhundert nach seiner Fertigstellung die ihm übertragene Funktion erfüllen konnte. Nach dem Rückzug der Shailendra-Herrscher von Java nach Sumatra und dem Niedergang des ersten hinduistischen Mataram-Reiches sowie der Verlegung der kulturellen und politischen Macht nach Ostjava im 10.Jahrhundert geriet der Borobudur in Vergessenheit. Die Ursache für das relativ schnelle Abgleiten des zentralen Java in die politische Bedeutungslosigkeit ist ungeklärt. Möglicherweise hat ein Vulkanausbruch die auf dem Reisanbau basierende Wirtschaft zerstört. Möglicherweise hat der Bau des Borobudur, ökonomisch gesehen, eine ähnliche Wirkung gehabt. Über mehrere Jahrzehnte müssen hier Zehntausende von Arbeitern, Steinmetzen, Handlangern geschuftet haben, deren Ernährung bereits eine erdrückende Last der Bauern und außerordentliche Organisation bedeutete. 56640 Kubikmeter Steinmaterial galt es, mit einfachsten Werkzeugen zu bearbeiten. Bedenken wir: Der Bau erfolgte dreihundert Jahre vor der Entstehung des Angkor Vat in Kambodscha (mit dem der Borobudur verglichen wird) und vierhundert Jahre vor der Grundsteinlegung des Kölner Domes. Die fromme Legende besagt, daß buddhistische Priester bei der Verbreitung der islamischen Lehre den Borobudur mit Erdreich bedeckten, um ihn vor der Zerstörung zu schützen. Das hatte aber zur Folge, daß die Natur gründlicher zerstörte, als es irgendwelchen islamischen Fanatikern gelungen wäre.

Während der Regierungszeit des britischen Generalgouverneurs SIR THOMAS STAMFORD RAFFLES (1811-1816) sahen erstmals europäische Augen das Tempelwerk. 1814 stieß ein englischer Beamter zum Borobudur vor; es muß ein beklagenswerter Anblick gewesen sein: überwuchert das Gestein, eingestürzt die Mauern, ruiniert zahlreiche Buddha-Figuren. Noch unter Raffles' Regentschaft wurde der Bau teilweise freigelegt. Erst 1853 war der Borobudur nach einem halben Jahrtausend wieder vollständig gereinigt und weithin sichtbar. Mit der Restaurierung wurde 1907 unter der Leitung des holländischen Ingenieurs THEODOR VAN ERP begonnen, der bis zum Ende der verfügbaren Mittel vier Jahre später eine in der Fachwelt noch heute bewunderte Trockenlegung des Bauwerks einleitete. Der Hügel, um den herum der Borobudur gebaut wurde, hatte sich im Laufe der Zeit mit Feuchtigkeit vollgesogen wie ein Schwamm. Bedenkt man die Belastung durch das tropische Klima, die Erdbeben und

Vulkaneruptionen und den Umstand, daß sich die lokale Bevölkerung für ihre Hausbauten beim Borobudur wie aus einem Steinbruch bedient hatte, grenzt es an ein Wunder, daß er die Zeitenläufte in seiner Gesamtheit überdauert hat.

1948 lagen Studien vor, die auf die Notwendigkeit einer Totalrenovierung hinwiesen. Das Bauwerk drohte durch seinen Innendruck zu bersten. Die Mauern hatten bereits eine Schieflage erreicht, der mit bloßen Stützvorrichtungen nicht mehr beizukommen war. Die Erbauer des Borobudur hatten keinen Mörtel verwendet; die Steine trugen sich, statisch bestens ausgeklügelt, durch ihr Eigengewicht gegenseitig. Doch es mußten weitere 25 Jahre vergehen, ehe 1973 unter der Schirmherrschaft der UNESCO damit begonnen werden konnte. Bei der Rettung, an der auch Wissenschaftler aus Deutschland beteiligt waren, wurde der Tempel fast vollständig auseinandergenommen, mit Computerdaten katalogisiert und nach umfangreicher Behandlung wieder zusammengesetzt. Im Innern des Hügels wurde ein Dränagesystem eingebaut, der Tempel auf armierten Beton gestellt. Ein Hilfsunternehmen, an dem sich 27 Staaten beteiligten. Kosten: 22 Millionen Dollar. Mit einem Staatsakt feierte die indonesische Regierung am 22. Februar 1984 die Wiederauferstehung des Borobudur: nicht nur ein einzigartiges Bauwerk auf Java, sondern ein Erbe der Menschheit.

Die meisten Reisenden zeigen sich bei der ersten Begegnung mit dem Borobudur etwas enttäuscht. Nichts, was da himmelstrebend aufragte; nichts, was dem Auge schon für einen flüchtigen Blick eine einprägsame, klare Kontur böte. Vorherrschend die horizontalen Linien, verwirrend die Vielzahl der Mauervorsprünge, die Nischen mit Buddhas, die kleinen Stupas an den viereckigen Grundmauern und die großen auf den runden oberen Plattformen.

Einige Daten und Zahlen, ehe wir uns dem religiösen, dem künstlerischen, dem spirituellen Eindruck überlassen: 123 Meter mißt jede Seite des quadratischen Fundamentes. Mit fünf quadratischen und drei runden Terrassen erreicht der Borobudur eine Höhe von heute 33,5 Metern; ursprünglich waren es 42 Meter. In buddhistischer Terminologie ist der gesamte Borobudur ein *Stupa*, in allgemeinerer Bezeichnung eine Stufenpyramide. An den Außenwänden der sich nach oben verjüngenden

Rechteck-Terrassen sind 1460 große figürliche *Bildreliefs* aus dem Kreislauf der Wiedergeburten, aus dem Leben und früheren Existenzen Gautama Buddhas, Szenen aus dem Leben des erleuchteten BODDHISATTVA SUDHANA angebracht; außerdem 1212 Steintafeln mit figürlichen Basreliefs. Die Gesamtlänge dieser Bilder beträgt 2,5 Kilometer. Von insgesamt 505 Buddhafiguren stehen 432 in offenen Nischen über den Gängen entlang der unteren Terrassen. Auf den oberen drei sich konzentrisch verjüngenden Rund-Terrassen, deren Sockel kleine Reliefverzierungen aufweisen, stehen 72 Stupas, in denen sich jeweils eine sitzende Buddha-Statue befindet: auf der ersten 32, auf der zweiten 24, auf der dritten 16, die sich alle um den aus dem oberen Zentrum aufragenden Stupa von elf Meter Durchmesser gruppieren. Der Hauptstupa hat einen unzugänglichen Innenraum, der leer ist, aber einmal eine Buddha-Statue oder heilige Asche enthalten haben kann.

Was für das ungeübte Auge wenig zusammenhängend erscheinen mag, offenbart sich im Grundriß in verblüffender Bestimmtheit. Rechte Winkel und Kreise sind da in strenger Formation aufeinander bezogen und bilden ein *Mandala*. Das magisch-symbolische Diagramm buddhistischer Weltsicht ist ein abstrakter Wegweiser durch die verschiedenen Stadien des Seins. Der gesamte Borobudur ist als Mandala zu verstehen, das die Ordnung des Kosmos in sich trägt. Von daher die inhaltliche Gliederung der drei Ebenen, über die sich der Pilger dem obersten Stupa nähert: ganz unten die Sphäre der Weltlichkeit mit Leidenschaften, Tod und Liebe, im Sanskrit *Kamadhatu* genannt; darüber die Sphäre des Überganges mit den Gestalten und Bildern des Ringens um die geistige Erleuchtung, *Rupadhatu* genannt, die schließlich in die oberste Sphäre mündet, die das körperlose Eingehen in die Zeitlosigkeit bedeutet: *Arupadhatu*, wo es keinen Anfang und kein Ende mehr gibt.

Lassen wir uns nun ein auf die Pilgerreise. Die vier Seiten des Borobudur sind exakt nach den Himmelsrichtungen bestimmt. An jeder Seite führen in der Mitte steile Stufen nach oben. Bevor wir die ersten erklimmen, schauen wir uns links vom östlichen Hauptaufgang auf der untersten Ebene, noch ganz erdverbunden, die wenigen sichtbaren, freigelegten Reliefs des Kamadhatu an. Ursprünglich lief das Reliefband unverbaut rings um den

Sockel. Warum es bereits kurz nach Vollendung des Borobudur mit einer Mauer versehen wurde, die die Reliefs bedeckt, ist umstritten. Das kann religiöse Gründe gehabt haben, kann aber auch aus rein statischen Zwecken zur Stabilisierung erfolgt sein. Erst bei der Vorbereitung zu Restaurierungsarbeiten 1885 wurden diese 160 Reliefs entdeckt und im Auftrage der Kolonialverwaltung von dem javanischen Fotografen KASIAN CEPHAS auf Glasplatten dokumentiert, bevor der Sockel erneut ummauert werden mußte. Nur an der Südost-Ecke ist ein Teil der Steine fortgelassen worden, so daß viereinhalb Reliefs zu sehen sind. Der verborgene Fuß des Borobudur hat immer wieder Anlaß zu Spekulationen gegeben. Auch diese Version machte die Runde: die Reliefs seien ob ihrer leiblichen Direktheit zu gewagt und hätten den Augen der Öffentlichkeit vorenthalten werden müssen. Was sich nun unseren Blicken auftut, kann diesbezügliche Erwartungen keineswegs erfüllen. Doch bereits die wenigen Reliefs an der untersten Ecke des Borobudur stimmen ein auf die Bilderfolge, die auf der weiteren Wanderung entlang der oberen Galerie immer wieder aufs Neue fasziniert.

Im Uhrzeigersinn folgen wir den Tafeln, von denen jede eine eigene Geschichte erzählt und als Einzelkunstwerk in sich vollendet, als Einzelteil aber auf das Ganze des Tempels ausgerichtet ist. Die Galerien sind als Gänge angelegt, die auf beiden Seiten über Reliefs verfügen. Sehr schnell wird klar, daß ein einziger Besuch bei den Tausenden von Motiven zu deren wirklicher geistigen Aufnahme nicht ausreichen kann. Die *Basreliefs* sind fast vollplastisch aus dem farblich von grau-grün bis dunkelbraun schimmernden Lava-Trachyt (Andesit) geschlagen; und es ist höchst erstaunlich, was die Meißel in kundigen Händen vor mehr als tausend Jahren dem porösen Gestein an Details und Feinheiten zu entlocken verstanden. Das Leben Buddhas zieht an uns als schier endloses Bilderband vorbei. Die Begegnungen mit der Armut, mit der Krankheit, mit dem Tode, alles Schlüsselerlebnisse für den jungen SIDDHARTHA; in ausdrucks-

Folgende Doppelseite:
Wandrelief am Borobudur mit einer Darstellung aus dem Leben Buddhas

starken Reliefs erkennen wir die Motive wieder. Die Darstellungen lassen an die Glasfenster abendländischer Kirchen denken, die dem Betrachter optisch das verkünden sollten, was er mit Worten allein nicht zu verstehen vermochte. Doch Kirchenfenster sind zumeist erhöht, entrückt, entfernt angebracht. Diese Reliefs aber verlaufen in Augenhöhe, sind greifbar – den Eingeweihten auch begreifbar. Wunderbar die schwebenden Figuren, die der Starre und Schwere des Materials entfliehen.

Wenn Steine reden könnten! Hier können sie es. In der Forschung sind die Motive fein säuberlich geordnet worden. Tiere, Pflanzen, Architektur, Seefahrt, Ackerbau, Bekleidung, Schmuck, Waffen, Musikinstrumente, Familienleben, Meditation, Gesang. Von all dem erzählen die Bilder. Die dargestellten Menschen tragen individuelle Züge; sie lächeln, staunen, schreien. Wir halten immer wieder ein, wollen Details studieren. Jedes Bild ist auf eine bestimmte Figur hin ausgerichtet, aber gerade die Randfiguren wecken Neugier. Auf vielen Reliefs wirken sie so, als würden sie irgendwelche Späße treiben, witzige Bemerkungen machen wie Schüler, die dem Vortrag des Lehrers wenig Interesse entgegenbringen. Nirgends Kampfszenen. Alles ist auf träumerische Weise entspannt und vermittelt eine heitere Gelassenheit. Diese Grundstimmung des Borobudur überträgt sich auf den Betrachter, der beim Aufstieg mehr und mehr das Gefühl erhält, auf die Reise seines Lebens zu gehen.

Wenn der Blick über die Reliefs hinausgleitet in die fruchtbare Landschaft der Umgebung, wird der Eindruck vom Einssein des Tempels mit der Welt, in der er steht, noch stärker. Je höher wir steigen, desto mehr weitet sich das Rund. Was von unten und aus der Distanz flächig erschienen war, einfach zu besteigen und schnell zu besichtigen, gewinnt für den Wanderer durch die Sphären des Borobudur an Raum und Tiefe, an Inhalt. Die Beschreibung der einzelnen Reliefs erfordert ein eigenes Buch; das steinerne Buch dieser Bilder aber läßt immer wieder staunen über die Ausdruckskraft und stimmt traurig dort, wo auch die moderne Restaurationstechnik die Zerstörung nicht mehr hatte aufhalten können.

Dann die erste der drei oberen Rund-Terrassen. Wie bereits erwähnt, gibt es im Borobudur keinen Innenraum. Und doch bestürmt einen nun das Gefühl, aus einem geschlossenen Raum ins Freie zu treten – so sehr haben einen die Galerien und Reliefs beschäftigt. Die bildlichen Darstellungen bleiben zurück. Nun umgeben uns die Glocken der Stupas, hinter deren Steinhüllen die Buddhas sitzen und in das weite Land und darüberhinaus schauen. Bläuliche Regenwolken hängen tief. Über den Dingen stehen – ein solch alltägliches Wort erhält plötzlich einen neuen Sinn: die Ahnung, dem Geist des Bauwerks nähergekommen zu sein. Wir nehmen die Ausstrahlung einer geistigen Kraft wahr, die ein Jahrtausend überdauert hat.

Der *Buddhismus* ist in Indonesien die Religion einer kleinen Minderheit. Ein wirklich buddhistisches Fest wird am Borobudur nur noch einmal im Jahr gefeiert: Ende Mai, wenn in einer Vollmondnacht im Waicak-Fest Buddhas Geburtstag begangen wird. Dann umgibt den Tempelberg ein Zauber, der auch den Ungläubigen oder Andersgläubigen in Bann zieht. Der Borobudur ist ein Symbol des Friedens und der Friedfertigkeit, aber er steht auf dem Boden konfliktreicher Gegenwart. Bomben, die in der Nacht vom 21. zum 22. Januar 1985 auf der obersten Terrasse die Stille zerrissen und neun von sechzehn Stupas beschädigten, machten dies auf erschreckende Weise auch hier deutlich. Der Anschlag war aus den Kreisen fanatischer Moslems erfolgt: ein gewaltvoller Aufschrei in dem von vielen sozialen und religiösen Gegensätzen geprägten Land, wo die Harmonie als höchste Tugend gilt und sich dennoch Spannungen immer wieder derartig spektakulär entladen. Der Schaden ist längst behoben. Die Zahl der Borobudur-Wächter aber wurde erhöht.

Ein Besuch des Borobudur, ohne bei den beiden benachbarten Candis innezuhalten, wäre unvollständig; ja, es macht Sinn, den **Mendut** und den **Pawon** vor dem Aufstieg des kosmischen Berges zu besichtigen. Beide Tempel wurden etwa zur selben Zeit wie der Borobudur errichtet und sind in exakter Ost-West-Ausrichtung auf ihn bezogen. Sie waren vermutlich einst durch einen Pilgerweg, der die beiden Flüsse Progo und Elo überbrückte, miteinander verbunden. Die heutige Strecke folgt der Straße nach Muntilan und läßt die geradlinige Begehung, die einstmals von astronomischer, magischer Berechnung bestimmt worden war, nicht mehr zu.

Eineinhalb Kilometer östlich vom Borobudur treffen wir in dörflicher Umgebung auf den Candi Pawon, der wahrscheinlich als Eingangsheiligtum auf dem Wege zum Borobudur diente. An den Außenmauern ist er mit Reliefs verziert, auf denen wir Kinnaris erkennen, Wesen, die halb Mensch, halb Vogel sind. Der Tempel ist Kuvera, dem Gott des Reichtums und des Glücks geweiht. Pawon, dies läßt die Deutung des Sanskrit-Namens zu, könnte sowohl ein Ort der Verbrennung hochrangiger Verstorbener als auch der Verwahrung ihrer Asche gewesen sein. 1903 war der von tropischer Vegetation überwucherte und bereits arg zerstörte Candi restauriert worden; ob seine jetzige Gestalt mit der von Stupas gekrönten Überdachung dem einstigen Original entspricht, ist umstritten. Ein Heiligtum, das im Schatten und am Rande des Borobudur-Rummels eine gewisse Intimität umgibt, ist er geblieben. Über zwei Brücken gelangen wir nach weiteren eineinhalb Kilometern zum Candi Mendut, dem nach dem Borobudur zweitgrößten buddhistischen Bauwerk in der Kedu-Religion. Mit »Tempel im Bambushain« wird sein Name übersetzt; von solchem Gewächs ist zwar in seiner Umgebung nichts mehr zu sehen, aber an der südöstlichen Seite breitet ein gewaltiger Waringin-Baum sein Blätterdach aus. Darunter sollte nach altem Brauch derjenige in aller Ruhe verweilen, der sich auf den Mendut einstimmen möchte. Auf quadratischem Sockel von 28 mal 24 Metern erhebt sich ein sehr kompakt wirkender Kern mit einer zugänglichen Kammer, darüber die Reste einer Stufenpyramide, die vermutlich von einem Stupa überragt worden war, der nicht mehr existiert. Mendut erreicht eine Höhe von 26,5 Metern. Der Candi war 1863, unter einer Decke von tropischen Wucherungen wiederentdeckt, restauriert und schließlich unter der Leitung von THEODOR VAN ERP 1908 in den Zustand gebracht worden, in dem sich der Mendut unseren Augen präsentiert. Die Reliefs an den drei Außenwänden sind die größten, die an javanischen Candis zu finden sind; der Stil ist dem der Borobudur-Reliefs vergleichbar. Im Mittelpunkt sind jeweils BODDHISATTVA-FIGUREN zu sehen, umgeben von reichem Rankenwerk; die Motive stammen aus den *Jataka*-Erzählungen über das frühere Leben Buddhas. Mit Reliefs ist auch die elegant geschwungene Treppe geschmückt, die hinauf zum Innenraum führt und die kolossale Strenge des Mendut etwas auflöst. Vor dem Eingang erregen zwei bestens erhaltene Reliefs unsere Aufmerksamkeit. Darauf wimmelt es von Kindern, die in

Bäumen klettern und fröhlich ausgelassen erscheinen; Bilder der Fruchtbarkeit und Illustration des reichen Kindersegens, der den heutigen Politikern und Planern Indonesiens nicht nur Freude macht, sondern gerade auf Java das Problem der Überbevölkerung zur Folge hat. Im Mittelpunkt der beiden Reliefs thronen die vollbrüstige Hariti und der prächtig heldenhaft aussehende Atavaka, beide als wilde Menschenfresser gefürchtet, ehe sie sich zum Buddhismus bekehrten und ihre Liebe zu Kindern entdeckten. Der Wandel in ihrer Lebens- und Ernährungsweise ist auf erheiternde Art dargestellt.

Dann treten wir ein in den weihevollen Innenraum; und noch ehe sich die Augen an das Dämmerlicht gewöhnt haben, spüren wir eine eigenartige Atmosphäre der Geistigkeit, die einen zwingt, sich auf die Steine zu setzen und zu schauen, zu schweigen. Drei Figuren, die Jahrhunderte unbeschadet überstanden haben, aus dunklem, glattpoliertem Trachyt, beherrschen den Raum: In der Mitte der drei Meter hohe BUDDHA SAKYAMUNI, ihm zur Linken der BODDHISATTVA LOKESVARA, 2,40 Meter groß, und zur Rechten der BODDHISATTVA VAIRAPANAI mit 2,60 Metern. Die sitzende Dreiergruppe strahlt eine unermeßliche Ruhe aus. Zu Füßen des Buddha knistern Räucherstäbchen, und ihr feiner Rauch kräuselt sich hinauf in das pyramidenförmige Dach, dessen Bau womöglich noch älter ist als der Mendut, der erst später um diesen Innenraum errichtet worden sein könnte, so die Theorie in der Forschung. Buddha hat die Finger seiner Hände zur Geste des Predigens geformt; sein Antlitz ist vollkommen nach innen gewandt. Den beiden Boddhisattvas gleich lauschen wir der Lehre, wie sie vor nahezu zweieinhalbtausend Jahren verkündet worden ist: »Und ich dachte bei mir: Lieblich fürwahr ist jenes entzückende Fleckchen Erde mit dem anmutigen Hain, wo der Fluß silbern dahinströmt, von schönen Ufern umsäumt, in dessen Umgebung menschliche Wohnungen Nahrung verbürgen. Genügsam ist dies zur Versenkung für einen Sohn aus edlem Geschlechte, der den Wunsch nach ernstem Streben hegt. Daher ließ ich mich mit dem Gedanken dort nieder: Dies bietet Genüge für das Streben nach der Versenkung. Und mir, der ich selbst der Geburt, dem Alter, der Krankheit, dem Tod, dem Leiden und der Befleckung unterworfen war, ward da die wahre Erkenntnis zuteil. Und ich erblickte nun in dem, was der Geburt, dem Alter, der Krankheit, dem Tode, dem Leiden, der Verunreinigung unterliegt, das Elend. Nach jenem Ungeborenen, nicht Alternden, von Krankheit, Tod, Schmerzen und Befleckung Freien, Unvergleichlichen, dem Freiwerden von dem Tun, nach dem Nibbâna forschend, erlangte ich das Ungeborene, nicht Alternde, von Krankheit Freie, Todlose, von Schmerzen Befreite, Fleckenlose, Unvergleichliche, das Nibbâna, die Ruhe vom Tun. Mir ward wahrlich die Erkenntnis und Schau zuteil: Sicher ist mir die Erlösung, dies ist meine letzte Geburt; nicht gibt es hier ein Wiedersein für mich.

Da überlegte ich mir, ihr Mönche: Wahrlich, ich habe die Lehre gefunden, die unergründliche, die schwer zu schauen und zu begreifen ist, die reine, erhabene, die nicht durch das logische Denken erlangt werden kann, die feine, die von den Weisen verstanden wird.«

Vom Geist der Steine
Von Ratu Boko bis zum Candi Morangan

Es ist eigenartig: man kann auf Java süchtig nach *Candis* werden. Ich bekenne mich zu dieser Passion. Wer einmal dem Zauber dieser Kulturstätten erlegen ist, verlangt nach mehr, nach vertiefender Erkundung. Der Geist der Steine spricht uns an. Die aufgetürmte Leichtigkeit der Erdenschwere fasziniert. Stets aufs Neue bestürmen einen die Fragen, wer war es, der solche Kunstwerke als Zeichen weltlicher Macht und religiöser Stärke aufstellen ließ? Von welchen Kraftzentren gingen die Anordnungen aus, die das Heer der Arbeiter, die planenden Architekten, die formenden Bildhauer zu solcher Schöpfung vereinte, die uns, ein Jahrtausend danach, sogar in den Ruinen noch anrührt? In keiner anderen Region Javas ist auf so begrenztem Raum so vieles an Candis zu bewundern wie im südlichen Zentraljava mit **Yogyakarta** im Mittelpunkt. Bevor wir uns auf diese quicklebendige, ausgesprochene jugendliche Stadt einlassen, dem Standquartier all dieser Ausflüge, ist es der **Kraton Ratu Boko**, der den beziehungsvoll-historischen Ort bietet, über die vielen Rätsel und die wenigen Antworten nachzudenken.

Der Name birgt Mißverständnisse. Kein farbenprächtiges Gebäude mit weit ausladenden, schattenspendenden Dächern erwartet uns auf den Höhen der Straße von Yogyakarta nach Solo, wo beim Dorf **Prambanan** die gleichnamige Candi-Gruppe das eigentliche Ziel aller Exkursionen ist. Auch wir kommen dorthin, folgen aber zuerst zwei Kilometer südwärts Prambanans der kleinen Nebenstraße und beim Dorf Gata dem weißen Schild, das den steilen Aufstieg zum Kraton Ratu Boko weist. Aus der fruchtbaren Ebene, die hier der Fluß Opak durchfließt, und an den Hängen des Vulkans Merapi, wo Reisterrassen das Landschaftsbild prägen, gelangen wir in karges Hochland. Am Ende des nur noch zu Fuß begehbaren Weges stehen, aus mächtigen Steinblöcken geformt, hintereinander drei Tore, durch eine Kaskade von Stufen miteinander verbunden. Wo einst mit Krissen bewaffnete Wächter standen, grasen Ziegen. Fast vergessen scheint der Eingang zu sein, der zur Mitte des 9. Jahrhunderts allen Unbefugten verwehrt gewesen war – den Bauern der Ebene, den Viehhirten, dem dörflichen Volk. Hier oben residierten jene Herrscher, in deren Namen und zu deren Erhöhung die Candis, die Klosteranlagen, die Meditationsstätten der mitteljavanischen Region gebaut wurden. Welche Ausdehnung der Gebäude hinter den drei Toren! Wir gelangen zu einem kleinen Dorf, das in seiner Einsamkeit wie tausend andere auf Java wirkt und doch in einzigartiger Nachbarschaft steht.

Bereits während der dreißiger Jahre war hier mit Ausgrabungsarbeiten begonnen worden; seit 1979 wird systematisch restauriert. Die Weitläufigkeit der einstigen Palastanlagen und deren festungsartige Ummauerung erstaunen. Auf der Hochfläche erkennen wir den steinernen Sockel eines einstmals riesigen *Pendopo*, einer Empfangshalle, deren hölzernes Dach natürlich längst verrottet ist. Drei Aufgänge führen zur erhaltenen Plattform; und die Besteigung läßt ahnen, daß sich hier Untertanen, Verbündete, Rivalen einer gottgleichen Autorität näherten. Gerade wäscht ein Bauer in den verbliebenen Tümpeln der einstigen Badeplätze sein weißes Rind, und dessen Glöckchen reiben sich scheppernd am Gestein. Treppen, Tore, Terrassen. In eine Felswand, vor der sich Bambusbäume leicht im Winde biegen, sind Höhlen getrieben, die der Meditation dienten. Kraton Ratu Boko ist einer jener javanischen Orte, über deren historische

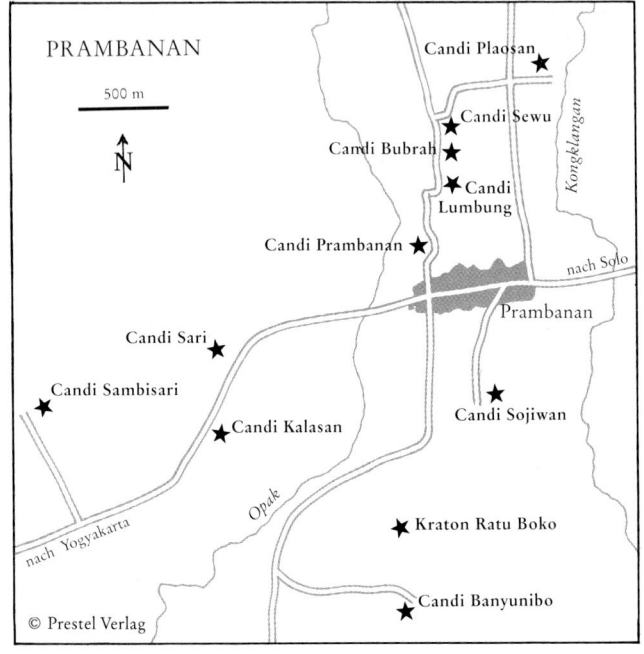

Bedeutung die Gelehrten streiten; ein monumentaler Ort zweifellos, dessen Machtanspruch uns noch heute anregt. Wir schreiten die Grundmauern eines Kratons ab, wie er zum Inbegriff der hindu-javanischen Herrschaft geworden ist; gewissermaßen ein Urbild jener weltlichen und religiösen Machtzentren, die auch die späteren islamischen Einflüsse zu integrieren vermochten und mit verblichenem Abglanz noch heute in Yogyakarta und Solo zu besichtigen sind und entfernt auch in Cirebon fortbestehen. Wir stehen an den Wurzeln des javanischen Gesellschaftsgefüges.

Der *Kraton* als Ort des Herrschens hat sich aus der Kultur des Naßreisanbaues entwickelt. Die Organisation des im Jahresrhythmus festgelegten Ablaufes von Aussaat, Bewässerung und Ernte, die Anlage von Dämmen, Brücken, Wegen, die Terrassierung und Vorratswirtschaft bedingten einen Koordinator, eine Führerfigur im Dorf. Eine solcherart institutionalisierte, männliche Autorität, *Raka* genannt, ein Gleicher unter Gleichen, gab es längst vor dem indischen Einfluß. Als Repräsentanten ihrer Dorfgemeinschaft kamen diese Männer am ehesten mit den Überbringern der neuen Lehren und Religionen in Berührung, nahmen Buddhismus und Hinduismus auf und wurden diejenigen, die eine neue Herrscherklasse begründeten. Die Überschüsse des Reisanbaues einerseits und die Beteiligung am Handel andererseits ermöglichten die Herausbildung von Fürsten und Höfen, die selbst nichts mehr produzierten, sondern einen Ordnungsfaktor darstellten. Auf einen solchen Herrscher und sein politisches, religiöses, kulturelles und wirtschaftliches Herrschaftszentrum, den Kraton, waren das Umland und dessen Bewohner ausgerichtet.

Die Stärke eines Herrschers war keineswegs in den materiellen Möglichkeiten wie Reichtum, Waffen oder Gebäuden begründet, sondern in der ihm eigenen magischen Kraft und mystischen Weihe, wie sie durch die Gleichsetzung von göttlicher und weltlicher Kraft zustande kam. Bei FRANZ MAGNIS-SUSENO erfahren wir: »Die Auffassung vom Kraton als dem magischen Zentrum des Reiches bestimmte die javanische Staatsidee. (...) Nach javanischer Staatsauffassung ist der Staat am dichtesten im Zentrum verwirklicht, in der nächsten Umgebung des Königs, im Kraton. Ihn umschließt wie ein Ring die Hauptstadt, in der die Familien einer Gruppe von Untertanen wohnen, die direkt oder indirekt von Dienstleistungen oder Arbeiten am Kraton lebt. Von der Hauptstadt aus ergießt sich die Kraft des Königs strahlenförmig über die Dörfer. Mit wachsender Entfernung von ihr wird die königliche Kraftstrahlung immer schwächer, bis sie schließlich ganz verebbt. So führen die entferntesten Dörfer im Niemandsland zwischen der Kraft des Herrschers und der seiner Nachbarn ein praktisch von politischer Macht nicht beeinflußtes Dasein. Ersteigt ein Fürst mit einem machtvollen ›kasektèn‹ den Thron, so verstärkt sich die Strahlung, und die Grenzen des Reiches weiten sich aus, so daß mehr Dörfer in den königlichen Strahlungsbereich gelangen. Die Idee eines Territorialstaates mit festen Grenzen, innerhalb deren an jeder Stelle, zumindest in der Theorie, genau dieselbe Dichte staatlicher Präsenz gegeben ist und an denen die Autorität des Staates plötzlich endet, liegt der javanischen Konzeption von politischer Macht fern. In der javanischen Konzeption haben Grenzen keine Funktion, die Staatlichkeit des Reiches ist in der Hauptstadt verkörpert, was auch dadurch zum Ausdruck kommt, daß im Javanischen Hauptstadt und Staat mit demselben Wort ›negara‹ bezeichnet werden.«

Die Entstehung buddhistischer Fürstentümer reicht ins 5. Jahrhundert zurück. Im 7. Jahrhundert hatte sich das Reich Srivijaya herausgebildet, dessen Zentrum in Jambi bei Palembang im südöstlichen Sumatra lag. Der genaue geografische Standort ist umstritten. Wo einst der historischen Überlieferung gemäß mehr als tausend buddhistische Mönche den *Hinayana-Buddhismus*, die elitäre Lehre des Kleinen Fahrzeuges pflegten, standen nur Gebäude aus Holz, die keine Spuren hinterließen. Srivijaya war ein Stadtstaat mit ausgedehnten überseeischen Beziehungen und tributpflichtigen Fürstentümern in Südostasien. Es gab verwandtschaftliche Beziehungen zur Sailendra-Dynastie, die sich seit dem 8. Jahrhundert im mittleren Java etablierte und dort die andere Reichsform erblühen ließ: den auf das Binnenland konzentrierten Staat. Mehrere rivalisierende Familien vermutlich gleicher Abstammung rangen um die Vormacht. Die Auseinandersetzungen zwischen den Fürstenhäusern erinnern an das große indische Heldenepos Mahabharata, das noch heute im Wayang Kulit auf Java gespielt wird. So lassen sich dynastische Abspaltungen erklären, die sich mehr dem Buddhismus oder mehr dem Hinduismus zuwandten und letztlich doch Elemente beider Richtungen beibehielten.

Von den Höhen des Kraton Ratu Boko blicken wir in die Prambanan-Ebene, wo wir weit unter uns die gedrungenen Türme des gleichnamigen Candikomplexes erkennen können. Wahrscheinlich geht sein Bau auf den hinduistischen (oder besser: shivaitischen) Zweig der Sailendra-Dynastie zurück, die den Prambanan als repräsentatives Gegenstück zum Borobudur errichten ließ. In diesem Zusammenhang wird der Herrscher SRI MAHARAJA RAKAI PIKATAN genannt, der der Sanjaya-Dynastie

Der Tempelkomplex Prambanan

entstammte und mit einer Tochter des Sailendra-Königs verheiratet war, der den Borobudur erbauen ließ. Die Sanjayas gelten als Begründer des hinduistischen Mataram-Reiches, das von der Mitte des 8. bis zur Mitte des 10.Jahrhunderts in Zentraljava bestand. Der Kraton Ratu Boko könnte zumindest zeitweise der Herrschersitz von Mataram gewesen sein.

Als eindrucksvollste Zeugnisse der Kraton-Kultur haben die Candis das seither verflossene Jahrtausend überdauert. Deren Zahl rund um den Prambanan geht in die Dutzende, wenn sie als zusammenfassende Tempelanlagen, in die Hunderte, wenn sie einzeln aufgelistet werden. Wenn man bedenkt, daß diese Bauten im verhältnismäßig kurzen Zeitraum von nur gut eineinhalb Jahrhunderten entstanden sind, wird einem die ungeheure schöpferische Kraft dieser hindu-javanischen Fürstenhäuser bewußt. »Kein Land der Erde aus der Nachbarschaft des Äquators hat eine so geschlossene Kulturform wie Java erreicht ...«, schrieb 1919 KARL WIRTH. All den verstreuten Candis und deren teilweise nur noch kümmerlichen Resten folgen zu wollen, setzt im zentralen Java ein geländegängiges Fahrzeug, Spezialkarten und viel Zeit voraus. Ein gründlicheres Studium kann zur Lebensaufgabe werden.

Bevor wir vom Kraton Ratu Boko den Prambanan ansteuern, machen wir weiter südlich einen Abstecher zum **Candi Ijo**, einer Ruine in den Bergen oberhalb des Ortes **Sambirejo**. Es ist einer der zusammengefallenen Tempel, deren begonnene Restaurierungsarbeiten deutlich vor Augen führen, aus welchen Trümmern die wieder erstandenen Candis einmal zusammengesetzt werden mußten. Über den Torso mit sechs noch sehr gut erhaltenen Reliefs in seinem Innern, pfeift der Wind; und weit reicht der Blick zur Linken bis Yogyakarta. Wieder in der Ebene angelangt, sehen wir von Reisfeldern umgeben den kleinen **Candi Banyunibo**, ein Musterbeispiel für eine gelungene, einfühlsame Wiedergeburt. Was an originalen Steinen nicht mehr auffindbar war, wurde durch neue, kaum behauene Steine ersetzt. Somit wird nicht der künstliche Eindruck von Vollständigkeit erweckt, sondern alle Aufmerksamkeit auf die authentischen Stücke gelenkt. Oberhalb des Candi Banyunibo auf einem Hügel, wieder nur zu Fuß zu erreichen, breiten sich die Trümmer des **Candi Barong** aus.

Sich solcherart auf Umwegen dem **Prambanan** zu nähern, macht einem zweierlei klar: Zum einen läßt sich erkennen, wie die Grundform des Prambanan in vielen anderen Candis wiederkehrt; damit ist ein weiterer Unterschied zum Borobudur sichtbar, der einzigartig blieb und nirgends ein Pendant erhielt, weder auf Java noch sonstwo in Asien. Zum anderen läßt der beklagenswerte Verfall vieler kleiner Candis den Wiederaufbau des Prambanan als wunderbares Werk der Erneuerung und der wenigstens äußerlichen Anknüpfung an die Kreativität einer versunkenen Hochkultur erscheinen. Man sollte die alten Fotos des zusammengesunkenen Prambanan sehen, um dies angemessen würdigen zu können. 1584 hat ein Erdbeben den Prambanan einstürzen lassen. Der erste niederländische Bericht über das Tempelwerk stammt aus dem Jahre 1733. Mit der Rekonstruktion wurde 1885 begonnen; nicht nur ein technisches und ein finanzielles Problem, sondern eine langwierige Sucharbeit, weil viele der Steine längst beim Haus- und Wegebau in der Nachbarschaft verwendet worden waren. Erst am 20. Dezember 1953 war es soweit, daß Präsident SUKARNO die Wiedereinweihung des Candis zum Staatsakt machen konnte. Die Erneuerung der Tempelanlage dauert bis in die Gegenwart fort.

Auch die Namensgebung des Prambanan ist umstritten. Kann sein, daß es die Abwandlung der Dorfbezeichnung Paravan ist; kann sein, daß darin Brahmana steckt, der vieldeutige Begriff aus dem Sanskrit über Sinn und Technik des Opferns. Der Prambanan war einer der wichtigsten Tempel seiner Epoche, Reichstempel und Begräbnisstätte für die Asche der Könige. Schon von weitem ragen die drei höchsten der acht größten Tempeleinheiten über das flache Land. Um sich ihnen im inneren Teil der Anlage zu nähern, muß man eine äußere Ansammlung von einstmals 224 kleinen Heiligtümern durchqueren, von denen die meisten zerstört und nicht wieder instand gesetzt worden sind. Ein halbes Jahrhundert nach dem Borobudur ist hier mit den Bauarbeiten begonnen worden. Es gibt vergleichbare Formen, die Stupas beispielsweise, die auch den Prambanan zieren und auf buddhistischen Einfluß verweisen. Doch das Gesamtbild ist anders. Hier verjüngen sich alle Linien himmelwärts. Mit diesem Tempelkomplex hatte sich Java durchgesetzt und nach dem in jeder Beziehung singulären Borobudur die eigenständige Ge-

stalt seiner Candis gefunden; unverkennbar der indische Einfluß, doch eigenschöpferisch, was Java daraus geformt hat. Der Prambanan ist SHIVA geweiht; wegen dessen überragender Rolle, die ihn als oberste Erfüllung göttlicher Rangordnung sieht, ist die Bezeichnung Shiva-Mahadevi. Dies hat den javanischen Hinduismus so tief geprägt, daß auch von Shivaismus gesprochen wird, wenn die bodenständigen Besonderheiten genannt werden sollen.

Die drei Haupttempel verherrlichen die hinduistische Dreifaltigkeit, im Sanskrit *Trimurti* genannt. In der Mitte ragt 46 Meter hoch der Candi Shivas empor, auch Loro Jonggrang genannt; nördlich davon der Candi Vishnu, südlich der Candi Brahma, beide jeweils 37 Meter hoch. Diesen Tempeln stehen drei kleinere Candis gegenüber, in denen die Reittiere der Götter ihren Platz hatten; nur im mittleren davon ist noch das heilige Rind Nandi erhalten. Als einziger Tempel hat Candi Shiva vier Treppen und vier Eingänge, die zu Innenräumen leiten, die nach den Himmelsrichtungen ausgerichtet sind. Gen Osten ist die Hauptkammer gebaut, zu der man durch eine Vorhalle gelangt. Im spärlichen Licht steht darin SHIVA MAHADEVI, drei Meter hoch. Die südwärts gelegene Kammer beherbergt AGASTYA, von dem es heißt, er sei Shiva in seiner Gestalt als Lehrer. Der östliche Innenraum zeigt Shivas Sohn GANESHA, den elefantengesichtigen Gott der Bildung. In der nördlichen Kammer ist Shivas Frau DURGA zu sehen, achtarmig, und daneben die volkstümliche Darstellung der LORO JONGGRANG.

Mit wundergläubiger Volksfrömmigkeit erzählt die Legende die Entstehung des Prambanan. Die Prinzessin Loro Jonggrang, edles Fräulein im Kraton Ratu Boko, verschmähte den Prinzen, den ihr königlicher Vater für sie zum Gemahl bestimmt hatte. Wenn er sie denn doch heiraten wollte, sollte er als Beweis seiner Liebe an einem einzigen Tag einen Palast mit tausend Statuen errichten – so der eigensinnigen Tochter strenge Bedin-

Prambanan – Aufgang zum Candi Brahma
mit der Wandrelief-Fortsetzung des hinduistischen Ramayana-Epos

gung. Das wählerische Mädchen meinte, sich mit dieser Aufgabe den Prinzen ein für allemal vom Halse geschafft zu haben, wußte aber nicht, daß er über magische Kräfte verfügte. Dem Prinzen gelang das aberwitzige Werk. Der Palast war fast vollendet, da schlug Loro Jonggrang, die Unwillige, mit einem Holzblock, in dem Reis gestampft wird, so wutentbrannt auf den Boden, daß alle Hähne aufstoben und die Sonne verdunkelten. Der Prinz ließ sich täuschen und meinte, der Tag sei bereits zu Ende, ehe er den letzten Stein in seinen Kraton gefügt hatte. Als er den Betrug bemerkte, verwandelte er das unbeherrschte Fräulein zu Stein und krönte damit sein Bauwerk.

Was zur eingehenden Betrachtung am Prambanan zwingt, sind indes ganz andere Steine. Der Tempelkomplex ist reich mit Reliefs geschmückt, die wir wie ein aufgeschlagenes Bilderbuch abschreiten können. Am Candi Shiva und in der Fortsetzung am Candi Brahma wird das *Ramayana-Epos* erzählt, beginnend an der östlichen Eingangshalle. Die Umwanderung soll im Uhrzeigersinn erfolgen, so daß der Tempel stets rechterhand bleibt. Von Relief zu Relief vertiefen wir uns mehr in die Geschichte von Liebe, Entführung, Kampf und Befreiung der geraubten Sita mit Hilfe des Affenheeres und seines Königs Hanuman. Die Reliefs wirken lebendiger, bewegter, dramatischer als die am Borobudur. Die Kampfszenen sind voller Schwung. Die gestalterischen Unterschiede zum Borobudur sind offensichtlich, aber auch hier wirken Menschen, Gesichter, Szenen sehr stilisiert und auf sehr javanische Weise ausgeglichen und in ihren Leidenschaften gebremst. Wer die Darstellungen mit den sinnlich-leiblich-erotischen Bildnissen an Tempeln in Indien vergleicht, kommt auch in diesem Zusammenhang zur Einsicht, wie authentisch sich Javas Eigenständigkeit durchgesetzt hat. Während der Vollmondnächte zwischen Mai und Oktober wird die Geschichte von Rama und Sita auf der Freilichtbühne, die westlich vom Prambanan auf der anderen Seite des Opak-Flusses steht, als Ballett aufgeführt. Der angestrahlte Prambanan wird auf märchenhafte Weise zur Kulisse für ein ewig junges Stück.

Zur Jahrhundertwende konnte der deutsche Militärarzt H. BREITENSTEIN, nachdem er die Candis vom Prambanan gesehen und bewundert hatte, noch erstaunt notieren: »Eines verstehe ich nicht, die ganze zivilisierte Welt schwärmt von den

*Prambanan – Reliefausschnitt
von der Geschichte der entführten Sita und
ihrer Befreiung am Candi Brahma*

Pyramiden Ägyptens, und niemand spricht von dieser reichen Schatzkammer von Skulptur und Architektur, welche Java in seiner Mitte birgt.« Dr. Breitenstein hätte heutzutage allen Grund, sich noch mehr zu wundern: Wo noch vor wenigen Jahren das dörfliche Leben auch diese Candis mit einbezog und ein das Sawah pflügender Bauer zum malerischen Hintergrund der Tempelkulisse gehörte, wurde für den Freizeitpark und Rummelplatz »Daerah Parawisata« alles kahlgerodet. Die Häuser der Landleute mußten Parkplätzen weichen; Souvenirverkauf gleich daneben; und ein mehrere Kilometer langer Eisenzaun hält ungebetene und vor allem zahlungsunwillige Gäste fern. Die ländliche Ruhe, die Jahrhunderte über den Candis lag, ist nun im Zeitalter des Massentourismus endgültig dahin.

Stiller und beschaulicher wird es erst, wenn man sich aus dem Einzugsbereich des Prambanan entfernt und auf die weitere Suche nach Candis begibt. Der Prambanan ist Teil einer ausgedehnten Tempelstadt. Ein paar hundert Meter nördlich erreichen wir die Ruinen der **Candis Lumbung** und **Bubrah** und dann den **Sewu-Komplex**. Sewu läßt sich mit tausend übersetzen und gibt damit eine Vorstellung von den Ausmaßen dieser Anlage, die buddhistischen Ursprungs ist und in der zweiten Hälfte des 8. Jahrhunderts gebaut wurde. Der restaurierte Haupttempel mit krönendem Stupa ist 28,5 Meter hoch und umgeben von einem schier unübersehbaren Feld mit den locker aufgeschichteten und grob sortierten Steinen von ehedem 240 kleineren Candis. Ein eher deprimierender Anblick, der sich verstärkt, wenn man an all die Statuen denkt, die hier unwiederbringlich zerstört, in Museen überall auf der Welt verstreut oder in Privatsammlungen untergegangen sind.

Knapp zwei Kilometer östlich der Sewu-Gruppe, außerhalb des Prambanan-Parkes, erreichen wir einen Tempelkomplex, der auf besondere Weise javanische Toleranz versinnbildlicht. Der **Plaosan**, umgeben von Zuckerrohr- und Reisfeldern, ist noch ganz einbezogen in die dörfliche Welt und steht im Abseits touristischer Vermarktung. Einem Märchenschlosse gleich ragt der zweistöckige Tempel mit seinem pyramidenförmig aufsteigenden, von Stupas bekrönten Dach aus der Ebene. Dieser Hauptcandi, mehrfach restauriert, hatte einst ein Pendant von gleicher Größe; und zum gesamten Komplex gehörten zwei weitere solcher Tempel. Sie waren zur Mitte des 9. Jahrhunderts als Gemeinschaftswerk zweier Dynastien errichtet worden. Sowohl die buddhistischen Sailendras als auch die hinduistisch-shivaistischen Sanjayas mit dem König RAKAI PIKATAN waren daran

*Schwergewichtige, traurig glotzende Wächterfigur
vor dem Candi Plaosan in der Ebene von Prambanan*

beteiligt; wiederum ein Beweis, daß verwandtschaftliche Beziehungen in Java über die andernorts strengen religiösen Grenzen hinwegreichten und Unterschiedliches zu vereinen wußten.

Erdbeben haben die einstige Pracht vernichtet. An schwergewichtigen, glotzenden Wächterfiguren, die von Flechten und Moos überzogen eher traurig als abschreckend dreinblicken, und an zahlreichen kopflosen Boddhisattva-Figuren führt der Weg entlang. 22 Meter ist der Haupttempel hoch. Die kompakten Außenmauern über dem quadratischen Sockel sind mit ihren zwei Etagen reich geschmückt; als Reliefs erkennen wir Boddhisattvas. Im Inneren betreten wir die feierliche Stille dreier Kammern. Jede beherbergte ehedem einen BUDDHA; doch deren Lotossitze sind leer. Das Schicksal der verschwundenen Figuren ist unbekannt. Geblieben sind jeweils die zu beiden Seiten des Buddhas meditierenden Boddhisattvas. Im nördlichen Innenraum ist MAITREYA dargestellt, der liebevolle, letzte irdische Nachfolger Gautamas, der als der Boddhisattva des gegenwärtigen Zeitalters gilt. Er wirkt großartig gelassen und entspannt, den rechten Fuß über das Lotoskissen herabhängend, das linke Bein vor den Leib gezogen; die rechte Hand ruht nach oben geöffnet auf dem rechten Knie: die Geste des Schenkens und der Gunstgewährung; die Augen geschlossen, verkörpert er ganz in sich ruhende Innerlichkeit.

Eine ähnliche Entstehungsgeschichte weisen auch die beiden Candis auf, die wir von der Hauptstraße in Richtung Yogyakarta besichtigen können. Etwa drei Kilometer westlich von Prambanan ist rechterhand **Candi Sari** zu finden, ein Sailendra-Bauwerk, das ins späte 8.Jahrhundert zurückreicht und vermutlich ebenso wie Plaosan als Kloster diente. Sari ist beträchtlich kleiner als Plaosan, hat aber auch zwei Stockwerke, von denen das obere, so die Deutung der Fachleute, als Bibliothek ausgestattet war. Es gibt dafür keine historischen Überlieferungen, aber man kann sich vorstellen, daß darin einst buddhistische Mönche mit der Herstellung von Lontar-Büchern beschäftigt waren, mit der Beschriftung der zu schmalen Streifen geschnittenen Blättern der gleichnamigen Palme; ein vergängliches Material.

Einen weiteren Kilometer in Richtung Yogyakarta sehen wir bereits von der Straße aus linkerhand **Candi Kalasan**, der als ältester buddhistischer Tempel des mittleren Java gilt. Eine

Sanskrit-Inschrift mit der Jahreszahl 778 weist darauf hin und läßt den Schluß zu, daß bereits zuvor an dieser Stelle ein Heiligtum gestanden hat. Als Erbauer werden auch hier sowohl buddhistische Sailendra-Könige als auch die aus der hinduistischen Mataram-Dynastie genannt. Die Dreiteilung von Sockel, quadratischem Aufbau und pyramidenförmigem Dach ist klar erkennbar, der Verfall trotz Restaurierung aber bereits weit fortgeschritten und der einstmals die Spitze beherrschende Stupa für immer verloren, so daß Kalasan seiner einstigen Eleganz beraubt ist. Feucht und verfallen der Innenraum, in dem vermutlich einmal eine sechs Meter hohe Figur Buddhas thronte. Nur ein leerer Raum ist geblieben. Möglicherweise stellte diese Statue allerdings nicht Buddha dar, sondern Tara, ihr ist der Candi gewidmet. TARA ist eine der ersten selbständigen buddhistischen Gottheiten, ein weiblicher Boddhisatva, ganz Ausdruck des *Mahayana-Buddhismus*, der mit diesem Kult 150 nach unserer Zeitrechung populistischen Bedürfnissen entgegenkam. Tara, die Retterin, hilft den Menschen, wie es heißt, »zum anderen Ufer zu gelangen«, die Furcht zu überwinden und alle Wünsche zu erfüllen. Lassen wir uns einen Moment auf den bemoosten Steinen im grottenartigen Innenraum nieder und hören dem Gebet zu, das an Tara gerichtet ist: »Deine Macht, die ohneglichen ist, ist die Sonnenscheibe, welche die Finsternis der Sünden erleuchtet, die in der ganzen Welt begangen werden. Ich bin ein Unglücklicher; auch mich – oh weh! – brennt die Sünde, die ich begangen habe... Ich, der ich ohne Schutz bin, habe dich, Heilige, zu meiner Beschützerin erwählt, dich, die du allein alle Welten erhältst. Selbst eine Mutter wird müde, wenn ihr Kind oft weint, um die Brust zu erhalten; auch ein Vater wird zornig, wenn er Tag für Tag (vom Sohne) in Anspruch genommen wird wegen Dingen, die er nicht besitzt. Aber du, die du dich um die Äste des großen Wunschbaumes schlingst, dessen reiche Früchte (erfüllt sind) von den Wünschen aus den drei Welten, lässest reichlich Gaben zuströmen allen, welche dich um Vorteile anrufen; und nicht findet sich bei dir Veränderlichkeit.«

Welche Überraschungen die fruchtbare Erde des mittleren Java noch immer zu bieten hat, konnte im Juli 1966 ein Bauer beim Dorf **Sambisari** erfahren. Der Ort ist vom Candi Kalasan nach vier Kilometern bis zum Kilometerstein zehn und von dort rechterhand in nördlicher Richtung noch zweieinhalb Kilometer auf Nebenwegen (und nach einigem Fragen) zu erreichen – ein sehr lohnender Seitensprung dieser Candi-Tour. Denn, was der Bauer mit seiner Hacke zufällig aufstöberte im Erdreich, waren Steine eines verborgenen Candis; ein Juwel, wie sich zeigen sollte. In mehr als sechs Metern Tiefe, bedeckt von vulkanischen Ablagerungen, wurde schließlich einer der schönsten, wohlproportioniertesten hinduistischen Candis der Region ausgegraben. Das Bauwerk stammt aus dem Ende des 9. Jahrhunderts und versank vermutlich unter der Asche des Merapi-Ausbruches während des 10. Jahrhunderts; der Vulkan ist etwa achtzehn Kilometer vom **Candi Sambisari** entfernt. Diese natürliche Art der Konservierung erhielt den Tempel in seiner ursprünglichen Vollständigkeit und erlaubte den Restauratoren eine originalgetreue Wiederherstellung. In der kleinen Innenkammer ragt ein Phallus, ein Lingam als Altar empor, Hinweis auf den shivaistischen Charakter des Candi. Sein Bau geht auf die Mataram-Herrscher zurück; und es wird vermutet, daß Candi Sambisari der letzte Tempel dieser Epoche gewesen war.

Wir umschreiten den gedrungenen, ziemlich schmucklosen Bau und bewundern an der geschwungenen Treppe die beiden MAKARAS, die mythischen Tier-Gott-Skulpturen, die wir schon am Borobudur und an den meisten anderen Candis in vielen Variationen gesehen haben, mal als Wasserspeier fungierend, mal als Treppenabschluß, und stets als besonderer Ausdruck hindu-javanischer Tempelausstattung: keinem wirklichen Tier gleich, voller Symbolik und ornamentaler Chiffren, deren tiefste Geheimnisse uns verborgen bleiben. Zu den Rätseln gehört auch, warum mit dem hinduistischen Mataram-Reich die Hochkultur in Zentraljava abrupt zu Ende ging. Waren es Erdbeben, Vulkanausbrüche, Naturkatastrophen, Hungersnöte? Hatten sich die Herrscher mit den aufwendigen Tempel- und Kratonbauten wirtschaftlich ruiniert?

Fest steht nur, daß sich um die Jahrtausendwende die Machtzentren in den Osten Javas verlagerten und das zentrale Java für einige Jahrhunderte in machtpolitische Bedeutungslosigkeit versank. – Der kleine Candi Sambisari, der in einer quadratisch ausgehobenen Grube steht, ist ein stummer Zeuge dieses Unterganges.

Wenn wir weiter hinauf zum **Gunung Merapi** fahren, etwa zehn Kilometer bis in die Nähe des Dorfes Cangkringan, kommen wir solcher Vergänglichkeit und zufälligen Neuentdeckung noch eindrucksvoller auf die Spur. Nach abschüssiger, unbefestigter Dorfstraße, von bescheidenen Holzhäusern gesäumt, von alten Bäumen beschattet, treffen wir auf die Reste des **Candi Morangan**. Metertief sind die Trümmer in der Erde verborgen, von Lava überdeckt, von Schlamm überzogen. Einer der fast vergessenen Candis, einer, den niemand in der Literatur erwähnt. Wir wissen nichts von der Tragödie seiner Vernichtung. Am noch vorhandenen Tor ist eine Elefantendarstellung als Relief zu erkennen. Die Dorfjugend beobachtet erstaunt unsere Neugier in diesem abgelegenen Winkel. Wir nehmen die Frage mit auf die weitere Reise, was wohl noch an Candis und anderen unbekannten Kunstwerken in Javas Erde verborgen ist.

Die gefährliche Liebe der Loro Kidul
Imogiri – Parangtritis

Der Aufstieg zu den Fürstengräbern von **Imogiri** erinnert an javanische Märchen, die von Himmelsleitern erzählen. Vor langer, langer Zeit stiegen Nymphen und Feen auf die Erde herab, um den Menschen Gutes zu tun; und einigen auserwählten Erdenbewohnern war es erlaubt, die hohe Leiter zu erklimmen und einen Blick ins lichtumflutete Jenseits zu werfen. Wer die 345 Stufen von Imogiri betritt, meint, sich dieser Welt da unten mit den Reisfeldern und Dörfern nicht nur räumlich mehr und mehr zu entfernen. Die Javaner, die die Mühen solcher Klettertouren auf sich nehmen, kommen nicht eines Sonntagsausfluges oder einer touristischen Exkursion wegen hierher, sondern um zu wallfahrten und in Himmelsnähe Einkehr zu halten. Die Männer und Frauen tragen, der Heiligkeit des Ortes gemäß, knöchellange *Sarungs*, die Frauen eine *Kebaya*, die Männer eine traditionelle Jacke und das *Blangkon*, die enganliegende javanische Kopfbedeckung aus Batik.

Von den Candis der Prambanan-Umgebung trennen uns, als Luftlinie gemessen, keine dreißig Kilometer; aber historisch gesehen haben wir hier im südlichen Einzugsgebiet von Yogyakarta einen Sprung von einem halben Jahrtausend gemacht. Nach dem abrupten Niedergang der zentral-javanischen Hindu-Dynastien im 10.Jahrhundert und der Verlagerung der Machtzentren ins Ostjavanische und dem dortigen Aufblühen neuer Reiche, von denen Majapahit das bedeutendste wurde, verschwand das Mataram der Candi- und Kraton-Kultur in ländlicher Vergessenheit. Erst mit der Ankunft des Islam im 12.Jahrhundert und der weltgeschichtlich neuen Herausforderung verlagerten sich wieder die politischen Gewichte. Von der Lehre des Propheten durchdrungene Hafenstädte wie Demak an Javas Nordküste versetzten dem binnenorientierten hinduistischen Majapahit-Reich den Todesstoß. Überlebende der Majapahit-Dynastie machten sich im 15.Jahrhundert Bali untertan und zogen sich vor dem Islam nach Osten zurück. Derweil bildete sich nach fünfhundert Jahren der politischen Passivität in Zentraljava unter islamischen Vorzeichen ein neues Mataram-Reich, dessen Führer in bester Tradition der Anpassungsfähigkeit und religiösen Symbiose die geistigen Wurzeln hindu-javanischer Prägung in ihr Weltbild einbezogen. Die Reichsgründung wird zum Ende des 16.Jahrhunderts datiert und mit dem legendären SENAPATI in Verbindung gebracht, dem die volkstümliche Überlieferung magische Kräfte zuschreibt. Er starb 1601. Sein Grab wird noch heute in Kota Gede verehrt, der einstigen Hauptstadt Matarams, heute ein Stadtteil Yogyakartas, der von Ausländern eher seiner Silberschmiede wegen denn aus historischen Gründen besucht wird.

Senapatis Enkel wurde der eigentliche starke Mann des zweiten Mataram-Reiches; und mit diesem SULTAN AGUNG, der von 1613 bis 1646 regierte, wurde Mitteljava erneut kulturelles, religiöses, wirtschaftliches Zentrum Javas. Für ein Jahrhundert setzte sich noch einmal – und es sollte bis zur nationalen Unabhängigkeit 1945 das letztemal sein – ein einigender, erobernder javanischer Herrscher durch, der die Traditionen mit den Erfordernissen seiner Zeit verband und den eindringenden Europäern, sehr bald den Holländern mit ihrer erstarkenden VOC, die Stirn zu bieten vermochte. 1641 nahm der König den Sultanstitel an; sein Machtverständnis, die Hofhaltung im Kraton, die Rolle, die er im Bewußtsein seiner Untertanen spielte, knüpften an die hindu-javanischen Vorbilder an, wie sie bei Majapahit und

*Alter Mann in der traditionellen Kleidung –
knöchellanger Sarung und Kopfbedeckung Blangkon – vor den 345 Stufen
zu dem heiligen Ort der Fürstengräber von Imogiri*

kleineren Nachfolgereichen fortbestanden hatten und nun wieder im zentralen Java mit einer Kraft erblühten, die bis in die Gegenwart reicht. Erbfolgestreitigkeiten und das massive Einwirken der VOC-Gewaltigen auf die Konflikte der rivalisierenden Fürsten und Nachkommen des Sultans Agung bewirkten schließlich den Niedergang Matarams.

Mit intrigierender Beteiligung der Holländer kam es 1755 zur Reichsteilung. Der Vertrag von Giyanti besiegelte offiziell das Ende von Mataram. Das uralte Machtprinzip von »divide et impera« ließ sich zum Vorteil der europäischen Herren einmal mehr durchsetzen. Aus der Mataram-Dynastie bestieg PAKUBUWONO II. in Surakarta (Solo) den Thron, HAMENGKUBUWONO I. den in Yogyakarta. Ein Jahr danach machte sich in Solo bereits ein weiterer Fürst selbständig; MANGKUNEGARA bezog seinen eigenen Kraton. 1813 fand in Yogyakarta eine ähnliche Aufteilung statt; PAKU ALAM I. gründete einen selbständigen Hofstaat. In beiden Städten gibt es seither vier Kratons. Aus dem mittleren Java waren unter Oberaufsicht der Niederlande die Fürstenländer geworden, auf holländisch: Vorstenlanden. Die weitgreifenden Titel der Fürsten hatten für ihr eigenes Auftreten und im Ansehen ihrer Untertanen tiefe Bedeutung; politisch waren die Herren ins Abseits verdrängt worden, obwohl die Namen beschwörend den ganzen Kosmos umfassen und deren Träger jeweils als Mittelpunkt huldigen: Die beiden Fürsten von Yogyakarta heißen in der Übersetzung »der den Erdkreis im Schoße trägt« (Hamengkubuwono) und »der Nagel der Welt« (Paku Alam), die beiden Fürsten in Surakarta heißen »der den Staat im Schoße trägt« (Mangkunegara) und »Nagel des Erdkreises« (Pakubuwono). Die holländischen Kolonialherren taten alles, um den äußeren Glanz der Höfe zu bewahren, ließen aber in der Politik keinen Zweifel daran, wie sehr sie deren Amtsinhaber als Marionetten betrachteten. Der tiefgläubigen Verehrung im Volk tat indes der koloniale Überbau und das oftmals arrogante, von wenig historischer Kenntnis beeinflußte Auftreten der Holländer keinen Abbruch. Im Gegenteil. Die Javaner hielten ihren Fürsten die Treue und bewahrten sich somit die Grundlage ihrer Identität.

Am oberen Ende der Treppe von Imogiri erwartet uns ein massiges quadratisches Steintor mit einem stilisierten dreistöckigen Meru-Dach. In weiterer Höhe durchschreiten wir ein gespaltenes Tor, ganz im Stile von Majapahit gestaltet, wie es in Ostjava heute noch vielerorts zu sehen ist und zum charakteristischen Bild Balis wurde. Im Mittelpunkt der Grabstätten von Imogiri steht von dicken Mauern umgeben der Schrein SULTAN AGUNGS, der hier als Ahnvater Matarams verehrt wird. Farbenprächtig die Holzschnitzereien, edle Handarbeit die schmückenden Batikstoffe. Zu Lebzeiten mochten sich seine Erben bekriegt und leichtfertig das Reich an die Holländer verspielt haben, hier auf dem Totenhügel liegen sie in geordneter Eintracht nebeneinander. Zur Rechten des Sultans Agung die Herrscher von Solo, zur Linken die von Yogyakarta. Um 1645 war diese Stätte eingeweiht worden.

Am 8. Oktober 1988 erlebten eine Million Menschen ein Begräbnis, wie es vermutlich hier oben in solcher Pracht und mit solcher inneren Anteilnahme der Bevölkerung nie wieder stattfinden wird. Es war das Ende einer Epoche, vielleicht der rituelle Schlußpunkt von Mataram. Java nahm Abschied von HAMENGKUBUWONO IX. Er war am 2. Oktober 1988 in einem Krankenhaus in Washington D.C. 76jährig gestorben. Die Maschine des amerikanischen Präsidenten hatte die sterblichen Überreste nach Jakarta gebracht. Vom Kraton in Yogyakarta geleitete eine unübersehbare Menschenmenge die Prunkkutsche mit seinem Sarg bis nach Imogiri, fünfzehn Kilometer entfernt. Unter den Trauergästen befand sich auch Präsident SUHARTO. Mit Hamengkubuwono IX. war der letzte Erbe Matarams gestorben, der noch wirkungsvoll in die Politik Indonesiens eingegriffen hatte und von seinem Volke in heiliger Hochachtung verehrt wurde. Hamengkubuwono, am 12. April 1912 geboren, war in den Niederlanden ausgebildet worden und 1940 auf den Thron in Yogyakarta gekommen. Ein Mann mit westlich geprägtem Verstand, der gleichwohl in seinem Verständnis von Kultur und meditativer Religiosität tief in Java verwurzelt blieb. Ein javanischer Weltbürger. Als einziger der Fürsten machte er die nationale Unabhängigkeit zu seiner Sache, verweigerte den Holländern die Gefolgschaft und bot der neuen Regierung mit SUKARNO und HATTA an der Spitze während der militärischen Auseinandersetzung mit den nach dem Zweiten Weltkrieg zurückkehrenden Holländern seinen Schutz an. In der Zeit vom Januar

1946 bis zum Dezember 1949 war Yogyakarta die Hauptstadt der neuen Republik Indonesien. Neben den zahlreichen Ämtern, die der Sultan bekleidete, war er von 1973 bis 1978 neben Suharto Vizepräsident der Republik. Als Dank für die Unterstützung beim opferreichen Werden der Republik wurden Yogyakarta und seine Umgebung zur besonderen Region erklärt (Daerah istimewa), vergleichbar einer Provinz; und Sultan Hamengkubuwono IX. stand im Rang eines Gouverneurs. Keinem anderen der Fürsten von früher billigten die Nationalisten des neuen Indonesien eine solche Rolle zu. Hamengkubuwono, der in der streng reglementierten Welt seines Kraton eine ebenso überzeugende Figur machte wie auf internationalen Konferenzen, wurde zur Symbolfigur für den Übergang von der hindujavanischen Vergangenheit in die republikanische Gegenwart.

Wenn wir uns zwischen den Grabstätten von Imogiri umschauen, wenn wir die Pilger betrachten, wenn wir die Atmosphäre gerade dieses Ortes in uns aufnehmen, dann wird fühlbar, daß für die Menschen Javas, des zentralen Java besonders, etwas an spiritueller Innerlichkeit fortbesteht, was die politische Neuordnung überdauert, was stärker ist als die modernen Verführungskünste kommerzieller Werbung und das Streben nach materiellem Besitz. All dies ist auch Gegenwart und sicher von zunehmender Anziehungskraft gerade für junge Leute; doch Orte wie Imogiri relativieren die westliche Sogkraft aus Konsum und Markenbewußtsein. Imogiri ist einer dieser Plätze, wo authentische Kräfte zu spüren sind, dem westlichen Gast nicht greifbar, vielleicht noch nicht einmal begreifbar, doch den javanischen Menschen ein Teil ihrer Realität. Auch dies macht die Bedeutung eines Ortes wie Imogiri aus, den aufzusuchen so wichtig ist, ehe man sich – gerade als Besucher aus dem abendländischen Kulturkreis – dem urbanen Indonesien zuwendet. Von hier oben scheint es so unendlich weit weg zu sein.

Der Blick schweift über eine karge, wenig bewachsene hügelige Landschaft, die sich aus der fruchtbaren Ebene der Reisfelder heraushebt. In südlicher Richtung ist verschwommen im Dunst der Indische Ozean an den südlichen Gestaden Javas zu sehen. Es ist das Reich der sagenumwobenen LORO KIDUL, der Göttin der südlichen Meere. Aus der Höhe Imogiris trennen uns nur acht, zehn Kilometer von der Küste und dem Ort **Parangtritis**.

Von hier, so berichtet die populäre Überlieferung, pflegten die Mataram-Fürsten den meditativen Kontakt mit Loro Kidul, der sie am Rande ihres maritimen Reiches die alljährlichen Opfer brachten. Man muß hinunterfahren nach Parangtritis, kleinen Seitenstraßen folgend, den Fluß Opak überquerend, der zur Regenzeit an manchen Stellen nur mit Bambusflößen passierbar ist, um die Ausstrahlung des Ortes und des Loro-Kidul-Mythos zu erahnen. Hinter grauen Sanddünen, die der gerade geschauten grünen Fruchtbarkeit Javas zu spotten scheinen, stehen zwischen Hügeln, Felsen und Strand ein paar Häuser, Marktstände, bescheidene Herbergen. An Werktagen ein ziemlich einsamer Winkel; an Wochenenden das Ziel gläubiger Menschen, die der wiederzuerlangenden und stets aufs neue gefährdeten Harmonie wegen ihre Opfergaben, Blumen, Früchte, Reis in die Wellen tragen und so der Göttin Loro Kidul die Ehre erweisen. Ob Moslem, ob Christ, alle kommen; und was da geschieht, reicht in seinen Ursprüngen in die Zeit zurück, da noch keine der außerjavanischen Religionen hier Einfluß genommen hatte.

Die Legende der Loro Kidul wird mit Senapati in Verbindung gebracht, geht vermutlich aber in ihrem spirituellen Gehalt viel weiter zurück. Es ist die alte, in der indonesischen Märchenwelt so oft variierte Geschichte von der Prinzessin, die den ihr zugedachten Mann nicht zu heiraten gewillt war. Loro Kidul mußte zur Strafe ins Reich der Geister ziehen und wurde zur Königin der Unterwasserwelt. Wer sich ihren Wellen näherte, geriet in Gefahr – eine übrigens zutreffende Bedrohung, da Javas Südküste steil abfällt und tückische Strömungen auch den geübten Schwimmer abtreiben. Jedes Jahr müssen Touristen ihre Badelust bei Parangtritis mit dem Leben bezahlen. Den Mataram-Fürsten aber bot Loro Kidul ihren Schutz an. Sie gilt als die imaginäre Geliebte der Sultane. Seit Senapatis Zeiten finden deshalb Labuhan-Opfer statt. Die Sultane aus Yogyakarta und Solo bringen an diesen Tagen der Meeresgöttin ihre Gaben dar; abgeschnittene Fingernägel, Haare, Blumengestecke. Hamengkubuwono IX. tat dies jeweils einen Tag nach seinem Geburtstag. Sein Nachfolger, Prinz MANGKUBUMI, der als ältester von 17 Söhnen im März 1989 zum Sultan Hamengkubuwono X. gekürt worden ist, hat den Tag des Amtsantrittes zu seinem Labuhan-Opfergang an den Strand von Parangtritis gewählt.

Auch aus dem hundert Kilometer entfernten Solo kommen die Abgesandten der Kratons. Nach einem Brand im **Kraton Kasanunan** am 31. Januar 1985 wurde die Asche in 18 Lastwagen und von mehreren Tausend Menschen begleitet im April des gleichen Jahres nach Parangtritis gebracht und der Obhut der Loro Kidul übergeben. Beobachter der Zeremonie geben an, die Göttin sei gnädig gewesen und habe das reinigende Opfer aufgenommen.

Entlang des Strandes sind an den Felswänden die Höhlen der Einsiedler zu sehen. Hierher sind immer wieder die frommen Männer gekommen, die vom Blick über das Meer und von der Nähe zu Loro Kidul die innere Ruhe zu finden hofften, die den Einklang mit sich, der Welt und dem Kosmos möglich macht. Zum touristischen Angebot für fremde Durchreisende gehören *Mushrooms*, Pilzgerichte mit halluzinatorischer Wirkung, ein mehr oder weniger geheimer Tip unter den Travellern. Javaner bedürfen der Stimulanz dieser Art nicht. Für sie, die sich in der Tradition aus dem ersten Mataram-Reich fortwirkend geborgen wissen, geht Spiritualität nicht durch den Magen, sondern erfaßt alle Sinne. Man muß eine Nacht am Strand erleben, um eine Ahnung vom Geheimnis dieser Stätte zu bekommen. Als ich einer Sternschnuppe nachschaute, die einen grellweißen Strich durch die Nacht zog, sprach mich ein Mann an. Ich konnte ihn nicht erkennen. Sanft und weich klang die Stimme.

Ein *Dukun* sei er, wie er sagte, ein Wunderheiler, einer, der sich zur Meditation nach Parangtritis begeben hatte, geflohen vor den Bedrängnissen einer auch auf Java so laut gewordenen Welt. Er sei in Indien und auf Ceylon gewesen, um seine Kenntnisse von magischen Kräften zu mehren; und die seien nötiger denn je, da so viele Menschen vom Fortschritt krank würden. Ich konnte sein Gesicht nicht sehen; nur die kleine, schmächtige Gestalt, die aus dem Niemandsland zwischen Schein und Wirklichkeit neben mich getreten war. Er brauche die Ruhe dieses Ortes und erhoffe sich einen Zustrom seiner spirituellen Potenz, sagte er leise. Monoton verklangen seine Worte im Getöse der Brandung.

Am nächsten Morgen im strahlenden Sonnenschein suchte ich ihn vergebens am Strand von Parangtritis, den kleinen alten Mann, der zur Nyai Loro Kidul gekommen war.

Malioboro zwischen Kraton und Kommerz
Yogyakarta

Tugu heißt im Javanischen Säule oder Stele. Jedermann in **Yogyakarta** kennt Tugu. Damit ist sowohl der Orientierungspunkt in der dichtbevölkerten Stadtlandschaft gemeint, der Verabredungen ebenso erleichtert wie in Europa eine Normaluhr, als auch das herausragende Zeichen, das Sultanen einst den Horizont ihrer Meditationsübungen begrenzte. Ein nützlicher, vom Straßenverkehr umbrandeter Obelisk, der zugleich spirituelle Bedeutung hat oder hatte – das mag wie ein Merkmal für das Doppelsinnige gerade dieser Stadt sein. Tugu, schlank und grau und oben in einer Art goldener Spirale auslaufend, steht auf der Kreuzung der Hauptstraßen Diponegoro, Sudirman von West nach Ost und A.M. Sangaji, Mangkubumi von Nord nach Süd. In dieser Richtung etwa zwei Kilometer weiter breiten sich die weitläufigen Anlagen des Kraton aus, von Tugus leichter Höhenlage in der dunstigen Ferne als weißes Traumgebilde erkennbar. Dazwischen zieht sich schnurgerade und von pulsierender Lebendigkeit erfüllt Yogyakartas geschäftliche Hauptschlagader hin: die **Malioboro**.

Von Tugu aus die Stadterkundung zu beginnen, gewährt die erforderliche Distanz und markiert historische Dimensionen. Die heutige Stele ist 1889 erneuert worden; Tugu wurde ursprünglich 1755 errichtet, im Jahr der Gründung Yogyakartas und des Baubeginns des Kraton. Mit dem in jenem Jahr ausgehandelten Vertrag von Giyanti war das bis dahin bestehende Mataram-Reich geteilt worden. MANGKUBUMI, der erste Sultan von Yogyakarta, PAKUBUWONO III. von Solo und NICOLAAS HARTINGH, Gouverneur der Nord-Ost-Provinz der VOC, hatten sich nach innerjavanischen Machtkämpfen und massiver Einwirkung der Holländer auf diese Neuordnung Javas geeinigt. Mangkubumi lebte bereits seit 1749 in der Region des späteren Yogyakarta und erklärte den Ort zur Hauptstadt seines Fürstentums. Magischer Mittelpunkt sollte der Kraton werden; von dort aus peilte der Sultan meditierend Tugu an und sah in der verlängerten Blickrichtung die Umrisse des Vulkanes Merapi mit seinem dreitausend Meter hohen von Wolken und Rauch bedeckten Krater. Tugu heute, von Bussen, Autos, Becaks umkreist,

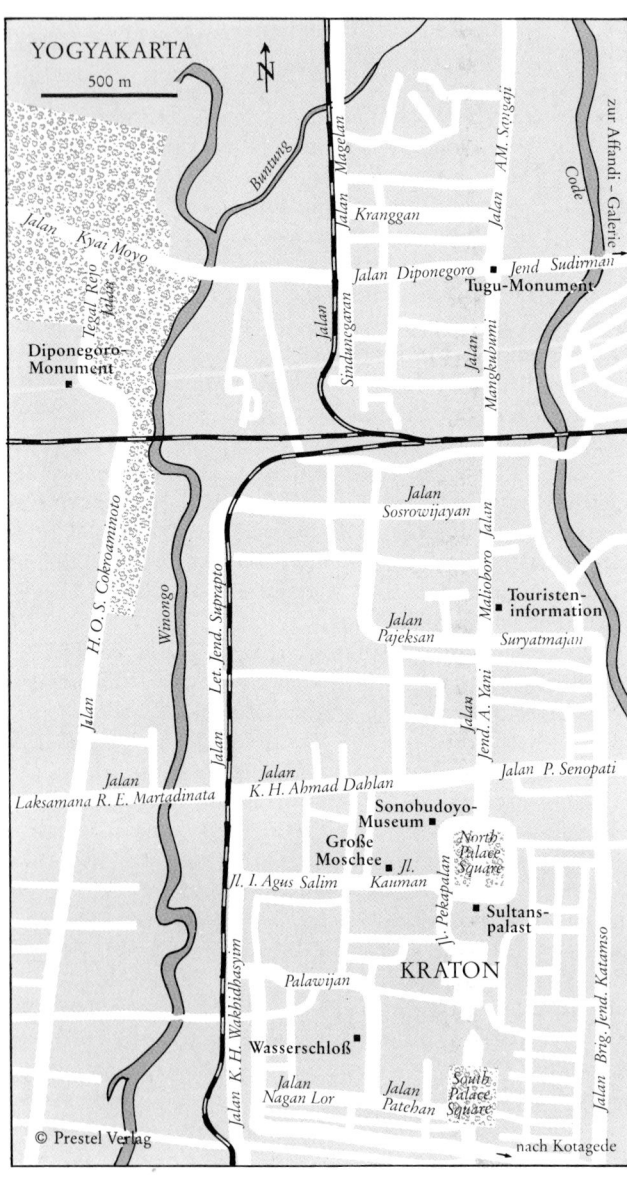

von Abgasen eingehüllt, läßt beim Passanten kein Gefühl selbstversunkener Innerlichkeit aufkommen. Der südwärts gerichtete Bummel entlang der **Malioboro** ist von der konsumorientierten Gegenwart bestimmt. Gleich links neben der Bahnschranke, die zeitweise den gesamten Verkehr blockiert, steht das Hotel Garuda, dessen Grundsteinlegung in jene Zeit zurückreicht, als die meisten Touristen noch mit dem Zug eintrafen und nicht per Flugzeug, das heutzutage acht Kilometer außerhalb der Stadt, Richtung Klaten, landet. Auf den gehobenen Anspruch ist das geschmackvoll modernisierte und erweiterte Garuda ausgerichtet, ein stilvolles Beispiel, wie koloniale Robustheit mit postmoderner Eleganz verbunden werden kann. Dies Kompliment läßt sich anderen Hotels, die in protziger Austauschbarkeit neuerdings auch an der Malioboro stehen, nicht machen.

Man muß schon genau hinschauen, um hinter den zeitgenössischen Plastikwänden und den raumgreifenden Werbebotschaften unserer Tage die Giebel von gestern noch wahrzunehmen. Gegenüber vom Garuda beispielsweise eine Apotheke mit einer Fassade, die sofort an Amsterdam denken läßt. Daneben schönster Jugendstil mit Buntglasfenstern am Kaufhaus Matahari. Linkerhand, nach hinten versetzt, die Gebäude des regionalen **Parlaments**, Dewan Perwakilan Rakyat, wo die indonesische Version von Demokratie mit Hierarchien, Nepotismus und *Bapaktismus*, eine auf Bapak, den Vater/Boß bezogene Amtsführung geübt wird. Gegenüber ziehen sich die Arkaden der Geschäfte hin, unter deren schattenspendendem und regenabweisendem Schutz das Heer der fliegenden Händler seine Schätze ausbreitet. Kalenderblätter mit den Schönheiten des Landes locken da ebenso wie Landschaftsbilder und Präsidentenporträts. Postkartenmaler, Scherenschnittschneider bieten ihre Dienste an. Aus den Läden dröhnt harter Rock. Ein Junge, der mit Bambusflöten handelt, bläst ergeben sanfte Melodien. Stempelmacher, Obstverkäufer, Textilverhökerer, zum Einsteigen animierende Becakfahrer. Schludrig gemachte Wayang-Figuren und billige Schnitzereien werden Touristen feilgeboten. Traditionelle Medizin findet eher einheimische Käufer. Marktschreier haben ihren Auftritt. Man schiebt und drängelt und lacht und feilscht. Malioboro ist die betriebsamste Straße der Stadt; und eigentlich gibt es gleich zwei davon, die des Tages und die der

Nacht. Wenn es dunkel wird, werden mit Leinentüchern und Stangen auf den Gehsteigen ambulante Warungs und Imbißbuden aufgestellt. An wehendem Tuch läßt sich die jeweilige Spezialität ablesen: *Nasi Campur*, *Soto*, *Gado-Gado*, *Saté* vom Holzkohlengrill, *Ayam Goreng*, die besondere Art, wie in Yogyakarta ein Hähnchen zubereitet wird. Entweder sitzt man auf Bänken und sieht dem Kochen und Braten und Dünsten zu oder man hockt auf Matten direkt über dem Bürgersteig und hat niedrige Tischchen vor sich. Verwirrend die Namen, verführerisch die Düfte. Da gibt es nur eines: ausprobieren. Nachts, im Schein der auf alt getrimmten Straßenlaternen, entwickelt die Malioboro ihren eigenen Charme. Provinzstraße, wo auch die Einheimischen einkaufen, und Weltstadtboulevard in einem. So eine Straße, überschaubar und doch abgrundtief, weil es hier praktisch nichts gibt, was es nicht gibt, Offerten für käufliche Mädchen eingeschlossen, hat Indonesien nur einmal zu bieten. Weiter unten, wiederum auf der linken Seite, das touristische Informationszentrum, wo alles zu erfahren ist, was Yogyakarta offiziell zu zeigen bereit ist. Es folgen die traditionsreichen Geschäfte mit reichhaltigem Angebot an Batikstoffen, zumeist teuer und von bester Qualität. Dann wird's wieder dörflich. Auf derselben Straßenseite öffnet sich weit nach hinten der Pasar Beringhardjo, wo die Ibus das Sagen haben. Alles, was das Umland an Früchten, an Handwerksarbeiten, an Gebrauchsgegenständen und bäuerlichen Werkzeugen produziert, wird hier gehandelt. Kampung-Atmosphäre neben flackernden Neonröhren und der Reklame für Fast-Food amerikanischer Herkunft.

In vielen Büchern und Prospekten wird der Straßenname mit dem englischen Adeligen JOHN CHURCHILL, First Duke of Marlbourough (1650-1722) in Verbindung gebracht. Nach ihm ist immerhin das einstmals britische Fort in Bengkulu an der Südwestküste Sumatras benannt. Einen gewissen Sinn könnte die Verballhornung seines Namens in Yogyakarta machen. Die Briten hatten während jenes Interregnums von 1811 bis 1816 Java besetzt, 1812 gewaltsam auch Yogyakarta eingenommen und den Kraton ausgeraubt. Daß dafür, gewissermaßen zum Dank und als ewige Erinnerung, die Prachtstraße zwischen Kraton und Tugu einem Engländer gewidmet sein soll, läßt indes ernsthafte Zweifel aufkommen. Malioboro geht wahrscheinlich auf das Sanskrit-Wort Malyabhara zurück, das soviel heißt wie Girlanden tragend, mit Girlanden geschmückt. Dies kommt dem etymologischen Ursprung wohl näher und bezeichnet diese Prachtstraße für die Ausfahrten der Sultane überzeugender als die angelsächsische Variante. Hinter dem abblätternden Putz der Gebäude späterer Eroberer dringt wieder das Erbe Indiens hervor; es scheint dauerhafter zu sein.

Nach dem Beringhardjo-Markt kommen wir zum **Fort Vredeburgh**, dessen Name nun erwiesenermaßen einen europäischen Vater hat: den Gouverneur der Nord-Ost-Provinzen, J. R. VAN DER BURGH (1772-1780). Unter seiner Regentschaft wurde dem Kraton diese Befestigungsanlage entgegengestellt. Bis vor wenigen Jahren beherbergten die verwahrlosten Gemäuer noch die Soldaten der indonesischen Armee. Seit der gründlichen Renovierung steht Vredeburgh der touristischen Öffentlichkeit offen. Die von den heutigen Herren des Landes so geschätzten Dioramen füllen neunzehnfach die beiden Hauptsäle des wiedererstandenen Forts. Wir sehen im Halbdunkel dieser historisierenden Terrarien den Aufstand des Nationalhelden DIPONEGORO, der am 28. März 1830 in Magelang gefangengenommen wurde, den Streik von Zuckerfabrikarbeitern in Zentraljava 1917/20, das von Japanern besetzte Yogyakarta 1942 und die lokalen Episoden des Unabhängigkeitskampfes. In den klimatisierten Räumen will ebensowenig eine geschichtsträchtige Stimmung aufkommen wie draußen im gepflegten Garten, wenn man an den frischgestrichenen Wehranlagen entlangläuft. Das alles wirkt steril und so museal tot wie der Superpark Taman Mini Indonesia Indah in Jakarta. Gegenüber, durch die Fortsetzung der Malioboro getrennt, die hier nach dem während des Putsches vom 30. September 1965 ermordeten General AHMAD YANI benannt ist, ragt ein anderes koloniales Gebäude in die Gegenwart. Es ist die ehemalige Residenz des holländischen Residenten, der dem Sultan auf die Finger zu schauen hatte, ein großzügiges, breites Haus im Pendopo-Stil aus dem vorigen Jahrhundert. Das Gebäude ist nicht nur ein Symbol der Macht von vorgestern, sondern auch eines deren Überwindung. Als die Holländer im Januar 1946 das bereits zur Hauptstadt der unabhängigen Republik erklärte Jakarta zurückeroberten und meinten, die Zeiten Batavias wiederbeleben zu können, flüchteten SUKAR-

NO und HATTA und die anderen neuen Herren nach Yogyakarta, wo ihnen HAMENGKUBUWONO IX. seinen Schutz anbot, woraufhin Yogyakarta für einige Jahre die Funktion der Hauptstadt übernahm. In der Residenz des vertriebenen holländischen Statthalters richtete Sukarno sein Hauptquartier ein. Heute ist das Gebäude mit dem Park ein staatliches Gästehaus und wichtigsten Gästen vorbehalten. Wir überqueren die Seitenstraßen Ahmad Dahlan und Senopati. An der linken Ecke das Postamt aus kolonialen Tagen, an der rechten die Bank Negara Indonesia 1946, auch ein Erbstück aus vergangener Epoche. Wir gehen durch die Jalan Trikora, und wenige Meter weiter breitet sich der Alun-Alun vor uns aus.

Mit einemmal ändern sich Atmosphäre und Platzverhältnisse. Was eben noch Handel und Geschäft war, eher westlich orientierter Kommerz und chinesisch geprägte Verkaufstüchtigkeit, bleibt zurück. Hier nun liegt Größe vor uns, die Gewinnsucht und auf irdische Güter bezogenes Machtstreben zurückzuweisen scheint. Im Museum **Sono Budoyo** gleich rechterhand, an der nordwestlichen Seite des Alun-Alun in traditionell-javanischem Stil errichtet, können wir uns darauf einstimmen. Am 6. November 1935 ist es vom damaligen Sultan HAMENGKUBUWONO VIII. eröffnet worden. Mit der sehenswerten Sammlung von Gamelan-Instrumenten, Wayang-Figuren, Candi-Skulpturen besichtigen wir so etwas wie eine Schleuse, die die beiden Yogyakartas verbindet; eine Zwischenstation ehe wir den Alun-Alun überqueren und uns ganz auf das Yogyakarta des Kraton einlassen.

Im Labyrinth der Macht

Die Harmonie ist sichtlich gestört. In der Mitte des Alun-Alun stehen zwei *Waringin-Bäume*, jeweils von niedrigen weißen Mauern umgeben. Der östliche ist groß und stark und läßt schattenspendend die charakteristischen Luftwurzeln hängen, einem gewaltigen grünen Schirm ähnlich. Der Bruder dagegen ist klein und schwach. Fürwahr kein Anblick ehrwürdiger Ausgewogenheit, wie es sich an diesem Platze vor dem **Kraton** gehört. Im November 1988 war der Blitz in den westlichen Waringin gefahren und hatte ihn tödlich getroffen. Der junge Nachfolger braucht nun Jahre, um das einstige Gleichmaß wiederherzustellen. Das jähe Baumsterben wurde in Yogyakarta als böses Omen gedeutet; als spektakuläres Himmelszeichen für das Ende einer Epoche. Der Blitz hatte einen Monat nach dem Tode des Sultan HAMENGKUBUWONO IX. eingeschlagen. Der Überlieferung nach soll der Baum vor mehr als zweihundert Jahren vom ersten Sultan der Dynastie gepflanzt worden sein; ein schattiger Platz der Einkehr und Meditation. Waringin-Bäume, auch Banyan oder Würgerfeige (ficus bengakensis) genannt, sind nicht irgendwelche Gewächse. Sie symbolisieren Fruchtbarkeit, Wohlstand und Geborgenheit, all das, was die Menschen vom Herrscher im Kraton erwarten. Im Wappen der Republik Indonesien steht der Waringin für Einheit. Ein Waringin, der an so prominenter Stelle wie dem Alun-Alun fällt, wirft in der Tat viele Fragen auf für die Menschen Javas, die vom tieferen Sinn hinter der Fassade der Dinge wissen und nichts mehr scheuen als die Gefährdung oder gar Zerstörung jenes versöhnenden Ausgleichs zwischen den Extremen, der in alles und jeden umfassende Harmonie münden soll. Der Kraton ist ein weitläufiger Ort, an dem sich solche Weltsicht lokalisieren läßt.

Das nördliche, zum Alun-Alun gerichtete Haupttor – *Pagelaran* –, ein auf eisernen Doppelsäulen ruhendes hohes rotes Wellblechdach im Pendopo-Stil, wird nur zu großen Festlichkeiten geöffnet. Im Giebel ist das vielfach verschlungene Hoheitszeichen des Sultans zu sehen. Durch einen Seiteneingang ist genau dahinter *Sitihinggil* zu erreichen, die erhöht gebaute Empfangshalle, einst den öffentlichen Zeremonien des Sultans und dem gemeinsamen Auftreten mit den Repräsentanten der niederländischen Kolonialmacht vorbehalten. Schaufensterpuppen hinter Glas, angetan mit historischen Hofkostümen und farbenprächtigen Uniformen, die ein wenig an Operettenbühnen erinnern, lassen den Pomp von gestern erahnen. Es ist die Außenseite des Kraton, repräsentativ, über den Köpfen des gemeinen Volkes die Macht und Autorität darstellend. Ein weiterer Seiteneingang erlaubt das Vordringen der allgemeinen Neugier, sei sie touristisch motiviert oder von geheiligter einheimischer Scheu getragen, in das verschlungene Innere. Mehr als siebzig männliche und weibliche Führer aller Altersgruppen stehen bereit, einzelnen Gästen oder vielköpfigen Gruppen den Weg zu weisen.

1756 war der Kraton von MANGKUBUMI, dem ersten Sultan der Hamengkubuwono-Dynastie, gegründet worden. Hinter hohen weißgetünchten Steinmauern breitet sich die Anlage über mehr als einen Quadratkilometer aus. Bis zu fünfzehntausend Menschen lebten einst im Kraton, der eine Stadt in der Stadt bildet. Davon ist noch heute, da die Glanzzeit unwiederbringlich vorbei ist, etwas zu spüren. An zwei silbernen Wächterfiguren vorbei, die getreue Kopien der Tempelhüter von Candi Sewu und Plaosan sind, gelangen wir immer tiefer in die inneren Bezirke. Pavillons, Pendopos, niedrige Häuser, Tore, überdachte Gamelans mögen den Unkundigen verwirren. Das alles wirkt großzügig, elegant, farbenprächtig – und doch muß es die an der Pracht europäischer Herrscherpaläste und königlicher Schlösser orientierte Erwartung enttäuschen. Hier bleiben die Baulichkeiten erdverbunden; und nicht die Anhäufung materiellen Reichtums macht die Bedeutung des Kraton aus – dies gilt ebenso für die Kratons in Solo –, sondern die geistige Ausstrahlung und nur dem Eingeweihten verständliche Fülle an Symbolen und heiligen Gegenständen mit übernatürlichen Kräften. Nicht auf Kanonen gründete die Macht eines Sultans, sondern auf seiner auf Meditation und tiefverwurzelter Religiosität beruhenden inneren Stärke.

Das Dekor der reich geschmückten Holzträger des **Kencono-Pavillons** kündet von solcher die Religionen und Kulturen verbindenden Eigenart des zentralen Java. Die roten Motive ganz oben stammen aus dem hinduistischen Erbe, das goldene Design, das Lotosblätter stilisiert, verweist auf die buddhistischen Einflüsse; und darunter ziehen sich auf dunkelbraunem Grund in goldenen Schriftzeichen die Worte des Koran entlang, die ALLAH als den einzigen Gott preisen. Anspielungen, Doppel- und Hintersinn an allen Ecken und Enden. Grüne, schlangenförmige Drachen, deren Schwänze kunstvoll ineinander verknotet sind, verkörpern die Jahreszahl 1682, nach dem javanischen Kalender die Gründung des Kraton. Die Luft ist erfüllt von geheimnisvollen Geschichten, verschwundenen und wiederaufgetauchten Wayang-Figuren, wundertätigen Krissen. Man muß sich nur einmal auf die Stufen eines der Pavillons setzen, des **Kesatriyan** im westlichen Teil des Kraton beispielsweise, um diese Atmosphäre in sich aufzunehmen. Es ist übrigens der Pavillon, wo an Sonntagvormittagen zu Gamelanklängen die alten *javanischen Tänze* geübt werden und getragen von unendlicher innerer Ruhe, die streng stilisierten Bewegungen, die Fingerhaltung, die Körperbeherrschung von einer Generation an die andere weitergegeben werden. Ein Heer von zweitausend Beamten hält noch immer ein in seinen Ursprüngen weit vor die Gründung dieses Kratons zurückreichendes Hofzeremoniell in Ehren. Überall sind die würdigen, zumeist alten Herren zu sehen mit dem *Blangkon* auf dem Kopf, den Oberkörper in einen blauen Kittel gehüllt, mit knöchellangem *Batiksarung*, barfuß, und auf dem Rücken der *Kris* als wichtiges Zeichen der Zugehörigkeit zu dieser Welt des Kraton.

Hier wird noch das Javanische in seinen feinen Unterschieden streng hierarchischer Ausdrucksweise gesprochen. Auf drei Sprachebenen lassen sich soziale Rangordnungen ausdrücken. *Ngoko* ist die volkstümliche Weise, in der Freunde untereinander reden und Kinder angesprochen werden. *Kromo madyo* kennzeichnet bereits höfliche Distanz und Reserviertheit zwischen Menschen, die sich fremd sind. *Kromo inggil* ist die respektvolle Sprache, in der hochgestellte Persönlichkeiten mit floskelreichen Wendungen umschmeichelt werden. Vor den Toren des Kraton haben sich die Sprachformen im Alltag einer sich wandelnden und öffnenden Gesellschaft längst verwischt. Die konservierende Atmosphäre des Sultanspalastes indes bewahrt diese verbalen Gradmesser sozialer Schichtung. Um das komplizierte Bezugssystem zwischen den Generationen, den Geschlechtern, zwischen Verwandten, zwischen Oben und Unten zu benennen, hat die javanische Sprache eine üppige Vielfalt entwickelt. Allein innerfamiliäre Beziehungen lassen sich in ihren Verästelungen mit mehr als 60 Begriffen ausdrücken und damit genau bestimmen, wer von wem in auf- oder absteigender Linie abhängig oder wer für wen verantwortlich ist. Es ist die Welt der leisen Töne, der indirekten Rede, der Anspielungen. Das Ideal heißt *halus*, sich in jeder Beziehung moderat mitzuteilen, jeglichen offenen Konflikt zu vermeiden, ein schroffes Nein unausgesprochen zu lassen und eine Ablehnung mit doppeldeutigem Ja auszudrücken, mit Noch nicht, Vielleicht, Kann sein, was eben nur ein Javaner in seinem tatsächlich beabsichtigten Sinne versteht. Im Kraton wird geflüstert; je höher das Ansehen, desto genauer müssen die Untergebenen hinhören. Wer schreit, wer unverblümt seine Meinung kundtut und auf Harmonie pfeift, gilt als *kasar*, der Inbegriff schlechten Benehmens.

Einmal in der Woche werden aus großen hölzernen Truhen die heiligen Wayang-Figuren zur Reinigung in den **Kesatriyan-Pavillon** gebracht, dort ausgebreitet und im Flackerschein eines Opferfeuers begutachtet. Derweil tragen alte Frauen die Speisen für den Sultan auf, bereiten umständlich Tee, und alle haben tiefernste Gesichter. Dem Außenstehenden bleibt verborgen, wie inhaltsschwer solche Rituale sind, oder ob sich da Zeremonien und Zeremoniell längst zur Routine verselbständigt haben. Der märchenhaften Stimmung kann sich aber kaum ein Besucher entziehen.

Der Kraton, eine geschlossene Welt voller Seltsamkeiten: »Was sind das für alte Waffen, was für veraltete Kanonen! Welch seltsame Überbleibsel einer allmählich ganz vergehenden Macht! Und was ist das wohl auch für ein Wespennest voller Intrigen, die von diesen vornehmen und niederen Frauen gesponnen werden! Der regierende Sultan war lange Zeit in Holland, um sich diesem Ränkespiel zu entziehen. Zwischen Ratus und Nebenfrauen, Söhnen der ersteren und Söhnen der letzteren – welch ein Haß! Was für Verbrechen; was für geheime Gifte, die in tiefer Verborgenheit geheimnisvoll gemischt werden; was für Geheimnisse, die niemals entschleiert werden ...«, so hielt der holländische Dichter LOUIS COUPERNUS Anfang der zwanziger Jahre seine Eindrücke von diesem Orte fest.

Die Ahnengalerie im **Pringgodani-Gebäude**, gegenüber von Kesatriyan, gibt der Sultansherrschaft die dazugehörigen Gesichter: unnahbare Herren, denen die Holländer die realpolitische Macht aus den Händen genommen hatten; Sultane indes, die eine Kraton-Kultur repräsentierten, die nicht nur die fremden Vormunde überdauerte, sondern gerade beim Tanz und in der Musik ihren unvergleichlichen, eigenständigen Beitrag zur Welt-Kultur leistete. Dies läßt auch im heutigen Gast innere Saiten anklingen und weckt das Verständnis für die Begeisterung eines WALTER SPIES, den deutschen Musiker und Maler, der von 1924 bis 1925 im Kraton lebte, im Auftrag des Sultans ein Orchester für europäische Musik leitete und mit künstlerischer Sensibilität das Gamelan in sich aufnahm. Wir werden ihm und seinem geistigen Erbe noch auf Bali begegnen. In einem Brief aus Yogyakarta schreibt er enthusiastisch: »Ich sage Ihnen, daß dies ein ganz großer Genuß ist, im Gamelan mitzuspielen, und man kommt ganz anders und beinah von selbst, unbewußt, hinter all die Geheimnisse und Gesetze! Die javanische Kompositions-, Kontrapunkt- und Harmonielehre wird mir mit jedem Tag klarer. Bald werde ich etwas Zusammenhängendes, Vernünftiges darüber loslassen können! Es ist wirklich ein ganz wundervolles Gefühl, so plötzlich ›hinter die Kulissen‹ hineinschauen zu können. Man trifft überall Dinge, die einen ganz verblüffen. Ich bin beinah Tag und Nacht mit all den Dingen in Anspruch genommen, und ich bin der glücklichste Mensch auf Erden.«

Im März 1989 ist noch einmal der alte Glanz des Kraton publikumswirksam aufpoliert worden. Prinz MANGKUBUMI, der älteste der siebzehn Söhne HAMENGKUBUWONOS IX., wurde 43jährig zum neuen Sultan HAMENGKUBUWONO X inthronisiert. Es war die erste Königskür seit der Unabhängigkeitserklärung der Republik. Zwei Millionen Zuschauer waren gekommen; nur einer blieb demonstrativ fern: Präsident SUHARTO, der als Repräsentant des neuen Indonesien die eigene Amtswürde nicht mit der volkstümlichen Bewunderung für ein Herrscherhaus von vorgestern teilen mochte: Zu sehr entlehnte Suharto in Auftreten und sakrosankter Machtausübung seinen monarchischen Führungsstil von den Mataram-Vorbildern des zentralen Java, als daß der Präsident es am originären Schauplatz auf einen Popularitätsvergleich ankommen lassen wollte. Im alltäglichen Leben ist der neue Sultan ein erfolgreicher Geschäftsmann und ein führendes Mitglied der Staatspartei GOLKAR; ein wohlhabender Angehöriger des indonesischen Jet-Set. Doch als er mit würdevollem, ernstem Gesicht in der verschlossenen Kutsche durch das Spalier der jubelnden Massen fuhr, schwarzgekleidet, eine Art Mitra auf dem Kopf, Goldblätter über den Ohren, schien das moderne Java den Atem anzuhalten. Zuvor hatte auch dieser Mann in Parangtritis der Meeresgöttin Loro Kidul geopfert und die symbolische Vermählung mit ihr vollzogen. Die Andacht konnten donnernde Hubschrauber mit Kameraleuten nicht wirklich stören. Java zelebrierte seine Geschichte – vermutlich zum letztenmal mit solchem Pomp.

*Flötenspieler während
des Umzugs bei einem Garebeg-Fest im Kraton*

Die Staatskarosse, die mehreren Sultanen bei ihrer Inthronisierung symbolträchtiges Gefährt gewesen war, ist im Kutschenmuseum gegenüber vom Touristeneingang des Kraton zu bewundern (südwestlicher Teil des Alun-Alun). *Kyai Garuda Yeksa* heißt der prunkvolle, mit kostbarem Schnitzwerk und Garudas verzierte Wagen, der 1861 in den Niederlanden gebaut worden war. Ganz oben auf rotsamtenen Kissen prunkt eine goldene Krone. Neben zahlreichen anderen Kutschen steht auch *Kereta Jenazah*, der weiße Leichenwagen, mit dem die sterblichen Überreste HAMENGKUBUWONOS IX. nach Imogiri gebracht worden waren.

Zu welch höchst lebendiger Selbstdarstellung der Kraton noch immer fähig ist, wird dreimal im Jahr dem staunenden Publikum vorgeführt. Bei den Garebeg-Festen drängen sich Zehntausende auf dem Alun-Alun und verfolgen ein Schauspiel, das sich an islamischen Festen orientiert, mit seinem spirituellen Gehalt aber tief im javanischen Hinduismus verwurzelt ist. *Ga-*

rebeg Puasa findet an Idul Fitri statt, dem Ende des Fastenmonats Ramadan; *Garebeg Besar* wird zum Beginn der Pilgerfahrt nach Mekka veranstaltet; *Garebeg Maulud* ist dem Geburtstag des Propheten Mohammed gewidmet. Da die Festlichkeiten vom javanischen Kalender bestimmt werden, haben sie keine konstante Entsprechung im gregorianischen Kalender, der ansonsten auch in Indonesien amtlich-offiziell den Jahresablauf prägt. Wegen der Garebeg-Ereignisse muß man sich also vor Ort erkundigen. An den drei übers Jahr verteilten Tagen wird das große Haupttor des Kraton geöffnet; und wie zu Zeiten machtvoller Sultans-Herrlichkeit marschieren Hunderte von Soldaten in farbenprächtigen Uniformen auf den Alun-Alun, die alle so aussehen, als seien sie gerade im Theaterfundus für einen historischen Film ausgestattet worden. Die Truppen mit Vorderladern begleiten die hochrangigen Kraton-Beamten und die Sultansfamilie. Auf Tragegestellen werden Berge von Reis (= *Gunungan*) zur Moschee an der Westseite des Alun-Alun gebracht, die mit ihrem hoch ansteigenden roten Wellblechdach aus dem Jahre 1773 stammt. Die Reispyramiden sind phantasievoll geschmückt und bieten wunderbare Beispiele für das kunstsinnige Stil-Empfinden der Javaner. Die Gunungan haben sowohl weibliches wie männliches Geschlecht. Das Symbol der Fruchtbarkeit ist unverkennbar. Vor der Moschee sind dann die Massen nicht mehr zu halten. Wer kann, stürzt sich auf die Reisberge, versucht, ein Stück davon herauszureißen; und unter großem Geschrei sind die Gunungan im Nu zerfetzt und verteilt. Die stilisierte Nahrungsspende, die da so lautstark in einem Volksfest untergeht, soll die Verbundenheit des Sultans mit seinem Volk bekräftigen. Ein traditionsreicher Akt, der das hierarchische Oben und Unten demonstriert und mit der Rückkehr der vielköpfigen Prozession, die den Touristen meterweise Farbfilm abverlangt, in den Kraton endet. Die Grenzen zwischen vordergründigem Spektakel und religiöser Festlichkeit fließen. Höhepunkte im ritualisierten, von unendlicher Ruhe getragenen Jahresablauf des Kraton sind die Garebeg-Veranstaltungen noch immer.

Eine lebendige Mischung von Kampung und Kleinstadt füllt die Gassen und Sträßchen der unmittelbaren Nachbarschaft zum Kraton. Die vierrädrigen Pferdedroschken, deren Kutscher seit Menschengedenken die blauen Matrosenjacken einstiger europäischer Kindereleganz tragen, warten auf Kunden. Becaks klingeln sich durchs Gewühl. Fliegende Händler, Warungs, Ibus, die Früchte feilbieten. Von der Jalan Ngasem aus tönt uns bereits das Pfeifkonzert des Vogelmarktes entgegen, wo in Hunderten von Käfigen ganzjährig die gefiederten Sänger aus allen Teilen des Archipels angeboten werden. Hinter dem Zwitschern, Tschilpen, Kreischen und anderen Lauten freier Natur kommen wir aus den verwinkelten Marktwegen in ein noch viel phantasieanregenderes Labyrinth: in den einstigen Lustgarten des Kraton, *Taman Sari* – besser gesagt: in die Ruinen der Parkanlage, die sich über einen Hektar hinzieht.

1757 ließ Yokyakartas erster Sultan hier ein Refugium bauen, das alle Vorstellungen von orientalischem Luxus erfüllt haben mußte. Als Architekt gilt ein Javaner aus dem Kraton; und entsprechend symbolgeladen waren auch hier die Mauern und Gemächer, deren Anordnung und Ornamentik wiederum den hindu-buddhistisch-islamischen Verflechtungen ihren Ausdruck verliehen. Aus drei Bereichen war Taman Sari zusammengefügt: aus einem großen See mit künstlichen Inseln, einem Früchtegarten und einem Park. Die Gebäude in massiver Bauform aus Backstein, weiß getüncht. Schwimmbecken, Pavillons, Haremshäuser, Türme, Tore formten eine Palastanlage, die mit Wasserspielen, schattigen Bäumen und duftenden Blüten fürstliches Wohlleben erlaubte. Die Legende berichtet von einem unterirdischen Gang, der Taman Sari mit dem Kraton verband; ein anderer Tunnel soll bis zur zehn Kilometer entfernten Küste geführt haben. Auch dieser Garten der Lüste diente der Begegnung des Sultans mit der sagenhaften Loro Kidul, durch hohe Mauern vor den neugierigen Blicken des einfachen Volkes verborgen. Nach dem Tod HAMENGKUBUWONOS I. im Jahre 1792 verfiel das Areal und wurde 1867 durch ein Erdbeben in seinen Grundfesten erschüttert.

Schaurig-schön ist es, durch grünbemooste, dämmrige Tunnel zu pirschen und den schrillen Gesängen einer Bettlerin zuzuhören, die sich ausgerechnet in dieser Unterwelt hinhockt. Die Schritte hallen an den eingestürzten Wänden. Dann im gleißenden Sonnenlicht vorbei an bescheidenen Holzhäusern, vorbei an den Resten einstiger Pracht. Architektonische Absonderlichkeiten mit Schlangen aus Stein, Dämonenfratzen, leeren

Räumen, in denen Lust- und Liebeslaute schon vor langer, langer Zeit verstummt sind. Eine seltsame Kulisse für Mystik und Wahn. Ruinen einer Märchenwelt, in der ein Herrscher mit aller Macht glücklich zu sein trachtete. Der Überlebenswille der kleinen Leute hat mit Hütten, Gärten und flatternder Wäsche an langen Leinen die Traumlandschaft längst eingeholt und in die tägliche Not einbezogen. Batikwerkstätten überall. Zwischen überwucherten Ruinen weiden Ziegen, ebenso schmutzig wie das Restgemäuer von Taman Sari.

Der streitbare Prinz als Guerilla-Führer

Yogyakarta hat eine eigene, unverwechselbare Atmosphäre: weltaufgeschlossen, ausländerfreundlich, geistvoll. Auch hier wird hart fürs tägliche Überleben gearbeitet, doch das Drumherum ist lockerer, leichter, beschwingter, musischer als anderswo in javanischen Großstädten. Mag sein, daß solche Lebenslust von den auffallend zahlreichen jungen Leuten ausgeht. Indonesiens Bevölkerung ist ja insgesamt ausgesprochen jugendlich. Die unter Zwanzigjährigen machen mehr als die Hälfte der 190 Millionen Indonesier aus. Doch Yogya – wie es volkstümlich abgekürzt heißt – zieht mit seinen vielfältigen Bildungsstätten die Jugend nachdrücklich an. Mehr als 75 000 Studenten bei einer halben Million Einwohnern fallen auf. Allein an der *Gajah-Mada-Universität*, der berühmtesten von allen, haben sich 16 000 Jungakademiker eingeschrieben. Radfahrer, in anderen Großstädten schon fast verpönt und von den Autos an den Rand gedrängt, prägen das Straßenbild. Der fragwürdige Fortschrittswind weht noch gemächlich. Gerade hier ist der Atem der Geschichte spürbar geblieben. **Tegalrejo**, vier Kilometer westlich von Tugu an der Jalan Mangkubumi, längst von der sich ausbreitenden Stadt eingeholt, ist ein weiterer Ort, wo sensible Sinnesorgane davon etwas wahrnehmen können. Verborgen von hohen Bäumen steht dort *Monumen Diponegoro*, eine 1969 gebaute Versammlungshalle in jenem Pendopo-Stil, der Kratons auszeichnet. Das schattenspendende, nach allen Seiten offene Gebäude mit hochaufragendem Pyramidendach ist einer der streitbarsten Persönlichkeiten der javanischen Aristokratie gewidmet. Der kleine, alte Mann, der uns durch die Halle führt, erzählt in respektvoller Hochachtung von dem Prinzen, der an diesem Ort aufgewachsen war. DIPONEGORO, 1785 geboren, war der älteste Sohn HAMENGKUBUWONOS III. Nicht im Kraton von Yogyakarta, der ihm ob der ritualisierten Steifheit und intriganten Geheimnistuerei ein Leben lang verhaßt blieb, sondern im Palast seiner Großmutter RATU AGENG in Tegalrejo verbrachte er seine Jugend. Ein hellwacher Außenseiter, der schon früh die Bedrohung javanischer Werte durch die Europäer erkannte. Während der britischen Zwangsherrschaft 1811 bis 1816 und nach der Rückkehr der Niederländer an die Hebel der Macht wurde der unbequeme Mann in der Erbfolge übergangen, wobei die Engländer wie die Niederländer ihren Einfluß geltend gemacht hatten. Die Zeiten waren spannungsvoll. Cholera, Hungersnöte, infolge der kolonialen Eingriffe in das javanische Wirtschaftsleben ein allgemeiner Verarmungsprozeß. Als 1822 HAMENGKUBUWONO IV. unter rätselhaften Umständen starb, wahrscheinlich vergiftet, und der Gunung Merapi ausbrach, wurde dies von den Javanern als göttliche Bestätigung der Misere verstanden. Generalgouverneur VAN DER CAPELLEN verbot die private Landnutzung und hob die Pachtrechte der javanischen Aristokratie auf, was deren Einnahmequelle versiegen ließ und die Kolonialmacht stärkte. Als beim Straßenbau bei Tegalrejo ohne Einwilligung Diponegoros auch sein Land konfisziert wurde, war das Maß seiner Duldsamkeit voll. Am 20. Juli 1825 wollten holländische Truppen den Prinzen verhaften. Diponegoro widersetzte sich, unterstützt von einigen seiner Getreuen, mit Waffengewalt. Das Anwesen in Tegalrejo ging in Flammen auf und wurde total zerstört. Diponegoro gelang die Flucht.

Unser Führer zeigt ehrfürchtig auf ein wie von einem Rammbock in die Ziegelmauer des heutigen Grundstücks gesprengtes Loch. Da sei Diponegoro entwichen; mit magischer Kraft habe er die Steine einstürzen lassen. Das ist nun eine Geschichte ganz nach javanischem Geschmack. Im kleinen Museum nebenan, wo Krisse, Landkarten, Bilder das Wirken des Helden illustrieren, hängt auch ein Ölgemälde, das eben diese Szene des Mauerfalls wiedergibt. Diponegoro war ein charismatischer Mann. An den heiligen Stätten des ersten, hinduistischen Mataram-Reiches hatte er meditiert; Mystizismus und Koran waren ihm gleichermaßen vertraut. Als er nach seiner Vertreibung von Tegalrejo zum Führer eines fünfjährigen Aufstandes wurde, machte dreierlei seinen Ruf aus, ein einzigartiger Mann zu sein: als Prinz war er dem Kraton zugehörig; von der ländlichen Lebensweise her kannte er die Nöte der einfachen Bauern; vielfältige Beziehungen verbanden ihn mit den Autoritäten des Mystizismus. In ihrer Bedrängnis waren die Landleute allzugern bereit, in Diponegoro den seit Jahrhunderten ersehnten *Ratu Adil*, den gerechten König, zu sehen. Einige Fürsten schlossen sich dem Aufstand an, der religiöse Führer KYAI MAJA wurde Diponegoros Berater. Jahrelang forderten Diponegoros Truppen in Guerilla-Taktik, wie sie später noch an so vielen anderen Orten der Weltgeschichte angewandt werden sollte, die holländische Macht heraus. Das zentrale und östliche Java wurde von der Revolte erschüttert. Pure Waffenüberlegenheit genügte den Holländern hier ebensowenig wie im 20. Jahrhundert den Amerikanern in Vietnam. Das war zumindest in den ersten Jahren ein »heiliger Krieg«. Diponegoro verkörperte die geistige Erneuerung Javas, die Rückbesinnung auf die Werte aus vorkolonialer Epoche. Erst als die Holländer mit einer Vielzahl durch befestigte Straßen untereinander verbundener Forts den Volkszorn aufzuhalten vermochten, die Aristokratie vollends gespalten war – die Fürstenhäuser von Solo standen stets auf holländischer Seite – und bei schwindendem Kriegsglück auch die populäre Gefolgschaft von Diponegoro abfiel, zeigte er sich 1830 zu Verhandlungen mit den Europäern bereit. Die freilich waren an fairen Absprachen nicht interessiert und setzten den Prinzen listenreich in Magelang gefangen. Von dort wurde er erst nach Manado im Norden und dann nach Makassar im Süden Sulawesis verbannt. Gebrochen und vergessen, ein Mann des Scheiterns, starb Diponegoro 1855.

Zwanzigtausend Javaner in Diponegoros Gefolge waren während des fünfjährigen Aufstandes, der als Java-Krieg in die Geschichte einging, umgekommen: erschossen, erschlagen, verhungert, an Epidemien gestorben. Achttausend Europäer und siebentausend Indonesier in Soldatendiensten der Niederländer hatten ihr Leben lassen müssen. Die tiefen Wunden, die der Krieg Land und Leuten geschlagen hatte, wirkten viele Jahrzehnte nach und veranlaßten die Kolonialregierung zu noch dra-

Fortsetzung Seite 217

Von den balinesischen Besonderheiten

In enger Verbindung mit der großen moslemischen Nachbarinsel Java erwuchsen kulturelle Besonderheiten im hinduistischen Bali, die die Insel so einzigartig machen: Ihre Tempel der Götter, die nicht als Personen verehrt werden, sondern als allgegenwärtige Mächte, mit denen der Mensch in Harmonie leben soll, die Riten und Tänze der Balinesen zeugen davon.

11 *Meerestempel Tanah Lot*
12 *Fischer am Lovina Beach*
13 *Tempelanlage am Bratansee*
14 *Reisterrassen, Palmen – Tegal Lallang*
15 *Prozession in Campuan bei Ubud*

stischerer Ausbeutung Javas als zuvor. Diponegoros Kapitulation war eine Niederlage der gesamten javanischen Aristokratie, die, nun endgültig ihrer politischen Mitsprache verlustig, zu Marionetten in den Händen der Holländer wurde. Beim nationalen Prozeß des Unabhängigkeitskampfes spielten die Fürsten keine wesentliche Rolle mehr. Herausragende Ausnahme: HAMENGKUBUWONO IX. Andererseits war es die Beschränkung auf Kraton und introvertierte Hof-Kultur, die die hochstilisierten zeremoniellen Künste förderte, die zum allseits geschätzten Erbe Javas gehören. Tegalrejo in seiner ländlichen Ruhe unmittelbar neben dem pulsierenden Stadtgeschehen von Yogyakarta, kaum von Touristen besucht, ist ein beschaulicher Ort, um über solche Zeitenläufte nachzusinnen. Der freundliche kleine Greis, der uns von Diponegoro und dessen magischen Kräften erzählt und auf Fotos die Meditationsstätten zeigt, an denen der gläubige Prinz auch mit LORO KIDUL zusammengekommen sein soll, um die höheren Weihen seiner Berufung zu erlangen, strahlt das in sich ruhende Selbstbewußtsein aus, das die gelebte Kontinuität dieser Geschichte ausmacht und militärisch-politische Niederlagen geringer bewertet als die innere Stärke, die sich den Europäern niemals unterlegen fühlte. Im gepflegten Garten des Monumen Diponegoro liegen Kanonen mit javanischen Inschriften, gegossen in den Werkstätten des Kraton. Damit waren die Kolonialherren nicht zu vertreiben gewesen. Mehr als ein Jahrhundert nach Diponegoros tiefem Fall in die Kerker seiner Feinde sollte es bis zur Unabhängigkeit Indonesiens noch dauern.

Heldentum und Personenkult

Geschichte und Kontinuität – und die daraus abgeleitete, im historischen Kontext legitimierte Macht – werden zwei Kilometer nördlich von Tugu beschworen. Beim Dorf **Sariharjo** erhebt sich über die Ebene eines der eigenwilligsten Monumente des modernen Indonesien. Weithin ist der weiße Stumpfkegel mit seiner Höhe von 31,80 Metern zu sehen. *Monumen Yogya Kembali* heißt das Denkmal, das an die Rückeroberung des von holländischen Truppen besetzten Yogyakartas zum Ende der vierziger Jahre erinnert. Bei genauerem Hinsehen wird deutlich, daß es auch und gerade dem höheren Ruhme des Präsidenten SUHARTO dienen soll. Im Juli 1989 hat er die futuristisch anmutende Gedenkstätte selbst eingeweiht. Nicht nur der enormen Kosten wegen war deren Errichtung umstritten, sondern auch wegen der Heldenverehrung des jungen Letnan Kolonel Suharto, dem die museale Präsentation der Kämpfe von 1949 eine rettende, befreiende Führerrolle zuschreibt, von der nicht alle Historiker überzeugt sind. Aber das Monumen ist noch in einem anderen Zusammenhang bemerkenswert.

Vordergründig geht es um die Darstellung jener kritischen Phase des Unabhängigkeitskampfes, da die Proklamation der Republik längst erfolgt war, die einstigen Kolonialherren aber mit mehreren militärischen Aktionen das Rad der Geschichte gewaltsam zurückzudrehen versuchten und die nach Yogyakarta geflüchtete Regierung des Präsidenten Sukarno ausbooten wollten. Mit den üblichen Reliefs werden an den Außenseiten des Denkmals die Szenen jener Jahre festgehalten. Im Untergeschoß des Kegelinneren, das vollklimatisiert ist, wird eine Fotodokumentation, werden Waffen und Uniformen gezeigt. Zehn Dioramen im mittleren Rundgang des dreistöckigen Baues lassen die Akteure als lebensgroße Schaufensterpuppen auftreten. Der Betrachter passiert vor jedem Bild eine Lichtschranke, worauf mit spektakulären Showeffekten versteckter Scheinwerfer und Lautsprecher Pathos erzeugt wird. Die männlichen Stimmen mit schicksalsschwerem Echo, gefühlvoll die weiblichen Parts. Alles ist darauf ausgerichtet, eine weihevolle, religiöse Stimmung zu schaffen. Diese Mischung, indirekt beleuchtet, unterkühlt, Tempel und Kathedrale gleichermaßen, wird im oberen Rundsaal zur Perfektion gebracht. Geballte Fäuste, waffentragende Hände an der Wand symbolisieren den Kampf mit Gewalt; gestikulierende Finger, schreibende Hände den Kampf des Geistes. In goldenen Lettern wird Suharto zitiert: »Das Volk und die Armee sind unzertrennlich verbunden ...« Ein Ort politischer Machtbekundung, an dem ein heiliger Schauer aufkommt, mag dem ausländischen Besucher dies alles auch zu gekünstelt, verkrampft, aufgesetzt erscheinen.

Das gigantisch wirkende Monument wurde demonstrativ in die imaginäre Linie zwischen Gunung Merapi, Tugu, Kraton und der Südküste Javas gestellt. Die Form und der vieleckige Sockel sind offensichtlich den Vorbildern von Borobudur und Prambanan entlehnt. Das Logo des Monuments folgt altjavanischen Vorbildern und gibt symbolträchtig verschlüsselt die Jahreszahl 1949 wieder. Die tiefere Absicht ist klar: die Republik der *Neuen Ordnung* nahtlos in die historisch-mystische Erbfolge javanischer Reiche zu stellen; getragen vom Bedürfnis heutiger, selbst nicht mehr aus dem Kraton stammender Repräsentanten von Macht, die ihre eigene Rolle in der Kontinuität großer geschichtlicher Abläufe sehen wollen.

Die farbige Urkraft des Malers Affandi

Yogyakarta als Stadt der Künste lädt zum Bummeln ein. Die bunte Vielzahl der Batikboutiquen und Studios junger Maler im dörflichen Viertel von Taman Sari und in den Seitenstraßen zur Jalan Malioboro muß man für sich selbst entdecken; schauen, handeln, vielleicht kaufen. Man wird feststellen, daß ein Unterscheidungsmerkmal zwischen den noch nicht renommierten und den bereits arrivierten Künstlern die Preisschilder sind: erstere geben ihren Wert in Rupien, letztere in amerikanischen Dollar an. Dem prüfenden Auge bleibt es vorbehalten, eigene Qualitätsmaßstäbe anzulegen.

Einen unbestrittenen Ehrenplatz im indonesischen Pantheon der schönen Künste nimmt schon seit langem der Maler AFFANDI ein. Das von ihm eingerichtete Museum an der Straße nach Solo, ein paar Kilometer von Tugu ostwärts am Gajah-Wong-Fluß gelegen, vermittelt einen Überblick über sein Lebenswerk und das malerische Schaffen seiner Tochter Kartika. So unverkennbar Affandis Malweise, so eigenwillig ist auch sein Museum: eine halbrunde, grüngestrichene Halle, luftig, avantgardistisch, höhlenartig; ein Musentempel der Stille direkt neben der verkehrsreichen Straße zwischen Yogyakarta und Solo.

1907 ist Affandi in Cirebon geboren worden (Tag und Monat hat er selbst nicht benennen können); nach langer Krankheit starb er am 23. Mai 1990 und liegt neben seinem Museum begraben. Die kunstgeschichtliche Etikettierung, er sei ein Expressionist, wies er – solcher Schubladenzuordnung abhold – lächelnd mit dem Hinweis zurück: er sei ein Menschenfreund, Humanitarian, sonst nichts. Unter den zahlreichen zeitgenössischen Malern Indonesiens, die wie er viele Anregungen aus dem westlichen Europa aufnahmen – Affandi nennt für sich Toulouse-Lautrec und Renoir als Vorbilder –, ist er einer der wenigen, die in ihren Werken die Kulturen zweier Kontinente schöpferisch zu Neuem vereinten. Ganz Javaner, der nie die Verläßlichkeit der Traditionen verloren hat, bezeichnete er die Wayang-Figur Sukasrana als jenes Leitbild, mit dem er sich identifizierte: ein häßlicher Dämon von edlem Charakter. Affandi war schon zu Lebzeiten eine Legende. Motive seiner Bilder wurden in den vierziger Jahren der Unabhängigkeitsbewegung zu Symbolen der Freiheit stilisiert. Von den frühen Ölporträts, die ähnlich wie bei Bildern von Kokoschka unter die Haut der dargestellten Menschen blicken lassen, bis zu den späten Werken mit der Farbgewalt eines van Gogh reicht die Spanne seines außerordentlich produktiven Künstlerlebens.

Affandi hat niemals eine formale Ausbildung abgeschlossen, war in Indien, Westeuropa und den USA auf Studienreisen gewesen; ein Vollendeter aus sich selbst heraus, von singulärer Größe auch in der indonesischen Kunstszene, nachgeahmt, doch unerreichbar. Noch als Achtzigjähriger bekannte er, längst im Zenit weltweiter Anerkennung, er sei nie mit seinen Bildern zufrieden und müsse weiter hart daran arbeiten, um endlich herauszufinden, wie man anständig male. Gerade von den späteren Bildern geht eine Dynamik aus, die den Betrachter immer wieder fasziniert. Affandi drückte seine Farben direkt aus der Tube auf die Leinwand, spachtelte, verrieb mit dem Handballen, Handrücken; er benutzte nur selten einen Pinsel. Die sinnlich-leibliche Art des Schaffens ist sichtbar. Was immer Affandi malte, oder besser: mit eruptiver Kraft auf die Leinwand warf und drückte, ist von einer aus innen strömenden Urgewalt des Lebens bestimmt. Jedes Bild hat eine abstrakte Tiefe, die weit hinter dem gegenständlich erkennbaren Motiv liegt. »Ich bin der glücklichste Mann der Welt«, hatte Affandi von sich gesagt, »wenn ich male, bin ich vollkommen glücklich. Dann gibt es für mich nur noch drei Dinge: Gott, mein Motiv und mich selbst.«

Wenn Affandi wie viele seiner Kollegen die uralten *Wayang*-Vorbilder aufgriff, dann wurde bei ihm daraus eben nicht die neuerliche Reproduktion längst Geschautem, sondern der dämonische, von Not und gleichermaßen unerschütterlichem Mut angetriebene Lebenskampf Indonesiens und seiner Millionen Menschen. Bei seinen Hahnenkämpfen fliegen die Federn über den Bilderrahmen hinaus; und das Duell gewinnt existentielle Dimensionen.

Affandis Landsleute verstehen die Botschaft. Bei einem meiner Besuche im Museum bat ich den Becak-Fahrer, der mich hergebracht hatte, er möge warten. Doch der junge Mann, der mir unterwegs gesagt hatte, er kenne keine Bilder von Affandi, folgte mir in die Halle und stand mit einemmale gebannt vor den Gesichtern, Tänzern, Blumen, Dämonen, Hähnen. Der Mann war einer von den kleinen Leuten von Yogyakarta, ungeübt bei solchem Anblick, ungeschult bei der Bewertung von Kunst. »Das ist ja großartig«, flüsterte er spontan, sichtlich beeindruckt.

Zucker und Reis
Klaten

Sechzig Kilometer sind es von Yogyakarta nach **Surakarta**, das nach seinem ursprünglichen Dorfnamen auch Solo genannt wird. Die Straße zwischen den beiden Fürstensitzen, deretwegen die zentraljavanische Region zur holländischen Zeit die Fürstenlande, Vorstenlanden, hieß, führt durch eine der reizvollsten Reislandschaften Javas. Die Freude am Fahren wird einem nur durch den dichten, stinkenden, hupenden Verkehr und die mörderisch rasenden Omnibusse vergällt.

Wir starten kurz nach Sonnenaufgang. Die Stunden zwischen sechs und acht in der Frühe sind die angenehmsten des Tages. Noch ist alles frisch, die schrägstehende Sonne gibt der Landschaft klare Konturen, kräftige Farben, kein Staub hindert die Sicht. Landfrauen tragen Früchte zum Markt. Dort ein radelnder Beamter auf dem Wege zum Kontor. Da zieht ein Bauer mit dem Kerbau tiefe Furchen in die fruchtbar-schwarze Erde. In den Reisfeldern grünen die Stecklinge, die wie eingewebte Fäden eines Teppichs aussehen. Im unbewegten Wasser spiegelt sich die Silhouette des **Gunung Merapi**, der sich zur Linken

2914 Meter in vollendeter Kegelform über das Land erhebt. Zu dieser Stunde trägt er nur eine weiße, luftige Rauchmütze und zeigt sich in seiner harmonischen Gefährlichkeit. Yogyakartas Hausvulkan hat die Felder ringsum so ertragreich gemacht. Seine Lavamassen, die immer wieder auch Dörfer zerstörten, Schrecken verbreiteten, Mensch und Tier umbrachten, schufen die potente Grundlage, aus der heraus sich die großartigen Kulturleistungen seiner Bewohner entwickeln konnten. Von 1006 ist der erste historisch registrierte Ausbruch überliefert. Die Theorie hat etwas Bestechendes, daß Vulkaneruptionen und deren katastrophale Folgen erst das Aufblühen ermöglichten und später den Niedergang der zentraljavanischen Reiche und die Verlagerung der Macht um die Jahrtausendwende nach Ostjava zumindest beschleunigt haben. An einem solchen frühen Tag der friedlichen Bilder fällt es schwer, sich diese Naturgewalten vorzustellen. Der Merapi, der Feuerberg, läßt sich übrigens besteigen. Vom Ausflugsort Kaliurang aus, 900 Meter hoch gelegen, führt ein angenehmer Weg bis zur seismologischen Kontrollstation in knapp 1300 Metern Höhe; von dort aus bis zum Kraterrand bedarf es allerdings der entsprechenden Ausrüstung und ortskundigen Führung.

Wir fahren weiter nach Solo, kommen noch einmal am Prambanan vorbei und erkennen ab der Stadt Klaten einen weiteren Vulkan, der sich aus unserem erdverbundenen Blickwinkel hinter und neben den Merapi schiebt. Es ist der **Gungung Merabu** mit 3142 Metern. Dieser Doppelkegel prägt die Landschaft: beherrschend, entrückt und doch nah. Auf den Kraterhöhen, die des nachts gelegentlich einen rotglühenden Schein als Abglanz und Drohung jener elementaren Gewalten in ihrem Innern an den Himmel malen, orten die Menschen den Sitz der Götter. Sie mit Gebeten, Opfern und Wohlverhalten günstig zu stimmen und ihren Groll zu besänftigen, war stets ein wesentlicher Antrieb geistig-religiöser Kreativität. Wie oft sagt man in unserer Alltagssprache, es sei etwas unheimlich schön; bei dieser Fernsicht auf die Feuerberge des zentralen Java gewinnt das Wortpaar seinen wahrhaften Sinn: unheimlich und schön zugleich.

Der *Reisanbau* hat das Land zur Kulturlandschaft werden lassen; hat das Gemeinschaftsempfinden bestimmt, die sozialen Beziehungen geformt, den Boden gegenseitiger Abhängigkeiten zwischen den Kratons und den Dörfern bereitet. Der Reis ist zum Sinnbild des Lebens geworden, Nahrung für Körper und Geist. Als die Holländer im vorigen Jahrhundert grundlegend und ganz auf ihre geschäftlichen Wünsche bezogen in die Wirtschaft Javas eingriffen, ließen sie in großem Umfang eine Pflanze anbauen, die kaum die Phantasie zu beflügeln vermag, dafür aber den Europäern enorme Profite einbrachte: das *Zuckerrohr*. Weite Flächen, die bis dahin dem Reis vorbehalten waren, wurden im mittleren und östlichen Java für die Erzeugung des süßen Stoffes umgewandelt. Für viele javanische Bauern, die dabei ihren ererbten Boden verloren und zu Pächtern und Tagelöhnern auf den Zuckerrohrfeldern der Holländer oder zu deren einheimischen Mittelsmännern wurden, hatte dies einen in seinen Auswirkungen bis in die Gegenwart erkennbaren Prozeß der Verarmung zur Folge. Der Dichter PRAMOEDYA ANANTA TOER hat das Dilemma zu einem Thema seines Romanes »Kind aller Völker« gemacht. Über fünfzig Zuckerfabriken gab es bis zum Zweiten Weltkrieg im zentralen Java, heute sind davon noch fünfzehn in Betrieb.

Eine heißt **Gondang Baru** und liegt bei Klaten, etwa 25 Kilometer östlich von Yogyakarta. Das Unternehmen wurde 1874 gegründet, 1920 modernisiert. 1982 richtete die Firmenleitung ein Zuckermuseum ein, das einzige seiner Art in Indonesien. Beim Werkspförtner erhalten wir die Erlaubnis zur Besichtigung. In einem der Bungalows, die ehedem den holländischen Bossen vorbehalten waren, ist die hundertjährige Geschichte des Zuckers auf Java dokumentiert, sehr sachlich, was Produktionsweise und statistische Dokumentation betrifft. In einem Büro aus kolonialen Tagen läßt sich erahnen, wie pragmatisch Anbau, Ernte und Verarbeitung des Zuckerrohres waren und sind; rationalisierte, technisierte Arbeitsgänge, bei denen kleine Dampfloks die süße Fracht von den Feldern zogen, von denen noch eine im Museum steht, 1901 in Berlin gebaut. Für den Reis, der so tief in Javas Kultur verwurzelt ist, mußte und muß noch heute das Wohlwollen der Göttin Sri erbeten werden. Eine erfolgreiche Zuckerrohrernte fällt dagegen allein in die Zuständigkeit von modernen Agraringenieuren und Fabrikmanagern. Auch davon berichten die Exponate des sehenswerten kleinen Museums der Zuckerfabrik Gondang Baru.

Postkutsche in Solo
Surakarta

»Die Menschen in Surakarta sind freundlich, huldvoll (gracious) und höflich als Folge ihres täglichen Kontaktes mit den Nachkommen der königlichen Familien, der Quelle der javanischen Kultur«, so vollmundig und selbstbewußt steht es im örtlichen Prospekt des Tourismusbüros. Eben dort, an der Jalan Brigjen Slamet Riyadi 275, läßt sich bei den jungen, Auskunft gebenden Damen die Probe aufs Exempel machen; und sie fällt ganz im Sinne des Werbetextes aus.

Surakarta hat sehr vieles gemeinsam mit Yogyakarta, von der Entstehungsgeschichte bis hin zu den rivalisierenden Kratons; doch Surakarta blieb stets im Schatten von Yogyakarta, als geruhsame Residenzstadt noch ausgeprägter, kein akademisches Bildungszentrum, das betriebsame Jugend anlockte; herausgehalten aus den politischen Streitigkeiten von seinen den Holländern so angepaßten Fürsten – und in der Gegenwart auch vom lärmenden Massentourismus noch verschont. Das ist bereits im Fremdenverkehrsamt spürbar. Dem Reisenden wird hilfreiche Aufmerksamkeit zuteil. Gleich neben dem Büro lohnt die Visite im Museum **Radyapustaka**, um sich auf die Stadt und ihre Besonderheiten einzustimmen. Am 28.Oktober 1890 ist die Sammlung begründet worden; nach dem Nationalmuseum in Jakarta das zweitälteste Indonesiens. Die Kraton-Kultur, der es an Ort und Stelle nachzuspüren gilt, ist hier mit Krissen, Gamelan, Uniformen, Fürstenporträts und einer reichhaltigen Bibliothek vertreten. Alles ein bißchen verstaubt und bar jeder erklärenden Systematik, aber voller Atmosphäre. Ein hölzernes Modell (Maßstab 1:1000) stellt die Begräbnisstätte Imogiri mit der Himmelsleiter dar und erlaubt einen Blick von oben auf den Berg, der zu besteigen so anstrengend ist.

Zeit zu haben oder sich Zeit zu nehmen – das Bedürfnis danach überkommt einen bald beim Bummel durch Surakarta. Der Puls dieser Stadt schlägt unaufgeregt gemächlich. Nicht die Becaks weichen den Autos aus, diese passen sich vielmehr an die sanfte Rollgeschwindigkeit der Fahrrad-Rikschas an. Auch dies macht die Stimmung der Stadt aus – easy going. Die eigentlichen Sehenswürdigkeiten sind ohnehin zu Fuß zu erreichen.

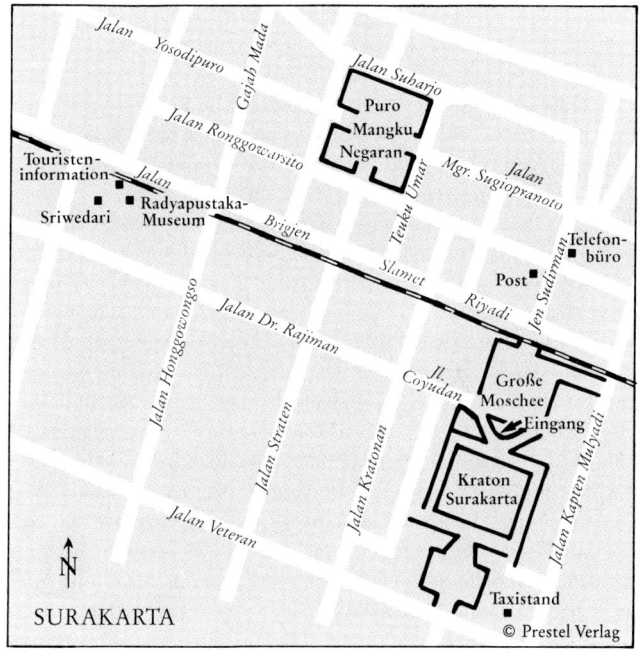

Vom **Monumen Pers Nasional**, dem Pressemuseum an der Jalan Gajah Mada 59, bietet die Dachterrasse einen Rundblick über das sich in der Ebene ausbreitende Surakarta. Zwischen den roten Dächern der Stadt leuchtet noch viel Grün. Zweihundert Meter weiter östlich erreichen wir den kleineren der Kratons von Surakarta, den **Puro Mangkunegaran**. Im weiten, ummauerten Geviert fällt die große Empfangshalle mit einem runden Brunnen davor auf. Die Dimensionen beeindrucken. 62,50 mal 51,60 Meter ist die Grundfläche, bedeckt mit weißem Marmor aus Italien. 10,50 Meter ragen die vier Pfeiler auf, die das wie ein abgeflachter Vulkankegel wirkende Dach tragen, 16,70 Meter an der höchsten Stelle. Die Halle ist vollständig aus Teakholz gebaut, *Jati* in indonesischer Sprache, prächtig bemalt und an der Decke mit den acht mystischen Farben ausgeschmückt, denen Javaner magische Kräfte zuschreiben, groß und doch mit ausgewogenen Proportionen voll Eleganz und Leichtigkeit. Eine der gelungensten Hallen dieser Art, die ich gesehen habe. Um dieses Musterbeispiel javanischer Pendopo-Architektur angemessen zu würdigen, braucht man nur einen Vergleich mit der Halle des Kulturzentrums **Taman Budaya Jawa Tengah** an der Jalan Ir Sutamin am östlichen Rande der Stadt zu ziehen. Dieser *Pendopo* wurde erst vor wenigen Jahren errichtet, größer, wuchtiger als der von Puro Mangkunegaran; er wird von Betonsäulen gestützt, wirkt plump und schwerfällig, ganz der Ausdruck jener Neureichen-Mentalität, die während der *Neuen Ordnung*, da Masse mit Geist verwechselt wurde, allerorten nach baulicher Selbstbestätigung verlangte. Aber dieses Mißverständnis hat ja weltweit seine Parallelen. Bleiben wir im kleinen Kraton. Von der Halle, nach allen Seiten offen für einen umschmeichelnden Windzug, gelangen wir in die benachbarte, geschlossene Halle ähnlicher Ausdehnung. Darin finden die Familienfeste, die Wayang-Aufführungen, die Trauerfeierlichkeiten statt. Die Ursprünge des Hofes reichen in jene Zeit zurück, da sich die Pakubuwono-Dynastie in der Erbfolge das Mataram-Reich teilte und MANGKUNEGARA II. seinen eigenen Kraton gründete. Die Palastanlagen stammen von 1804, wurden 1866 wesentlich erweitert und in diesem Jahrhundert renoviert. Besonders sehenswert ist die umfangreiche Sammlung von Tanzmasken. Obwohl man als Besucher im intimen Orchideengarten bei Papageiengekrächz und Vogelgezwitscher die Illusion nähren kann, die Zeit sei stehengeblieben, trifft dies nicht einmal an diesem Orte zu. Früher mochte es eine große Ehre gewesen sein, vom Fürsten eingeladen zu werden; heute läßt sich dies für Dollars arrangieren. Der gegenwärtige Hausherr Prinz DJIWOKUSUMO gilt als geschäftstüchtig; und wem ein Essen im noblen Familienkreis zu teuer ist, kann im Neubau des zum Palast gehörenden Mangkunegara-Hotels absteigen. Die Aristokratie wird vermarktet – aber in der Anpassung an fremdländische Wünsche hatten Surakartas fürstliche Herren sowieso immer geringere Probleme als ihre Vettern in Yogyakarta.

Die eigentliche Prachtentfaltung, die Generationen von Reiseschriftstellern animierte und Lesern in Europa und in den USA den Stoff für exotische Träume bot, wurde im Hauptkraton, dem **Kasunahan**, im südöstlichen Teil Surakartas inszeniert, ein paar Straßenzüge vom rivalisierenden Bruder im Puro Mangkunegaran entfernt. Dort breitet sich am Alun-Alun hinter hohen weißen Mauern, ähnlich wie in Yogyakarta, eine Stadt in der Stadt aus, einst dem gemeinen Volke verschlossen und auch den damaligen weißen Herren nur zu besonderen Gelegenheiten teilweise zugänglich. Machtzentren der alten javanischen Reiche waren nie von langer Dauer, sondern wurden je nach strategischen Zwecken und magisch-kosmischem Bezug verlagert. So kam es, daß nach dem Verfall von Mataram beim Dorf Solo am gleichnamigen Fluß von PAKUBUWONO II. eine völlig neue Residenz gegründet wurde, die er Surakarta nannte. Das war 1745. Anders als in Yogyakarta, wo sich die Hamengkubuwono-Dynastie den Sultanstitel zulegte und damit die enge Verbindung zum Islam bewies, hielten die Fürsten in Surakarta am alten javanischen, hinduistisch geprägten Titel *Susuhunan* fest, was Rückschlüsse auf die bewußte Kontinuität zur prä-islamischen Epoche zuläßt. Mangel an Machtwillen war den Trägern dieses Titels fremd. Pakubuwono heißt sinngemäß »Nagel des Erdkreises«. Ein Blick auf das Wappen, das im Kraton und an den Toren davor unübersehbar ist, bestätigt diese grenzenlose Universalität: von Baumwolle und Reis umkränzt, von einer Krone überragt, sind Sonne, Mond und Erde auf blauem Grund vereint; und im Nordpol des Globus steckt ein Nagel: der Susuhunan als das Zentrum der Welt. Solche Symbolik geriet unter der Bevormundung der Holländer in ein immer krasseres Mißverhältnis zur tatsächlichen politischen Rolle, die einem Susuhunan noch erlaubt war. Der amerikanische Reisende E. R. SCIDIMORE, der 1897 den jugendlichen PAKUBUWONO X. besuchte, traf eben diesen Nagel auf den Kopf: »Trotz seines Prunkes und seines Herrschertitels ist er doch genauso eine Puppe und ein Gefangener wie die geringeren Prinzen, Sultane und Regenten, denen die Holländer, nachdem sie von ihnen abgesetzt und entmachtet wurden, die Maskerade einer hohlen Autorität erlauben.« Dieser zehnte Pakubuwono hat am nachhaltigsten das Bild der Hofhaltung geprägt; er war von 1893 bis 1939 im Amt, ein kleiner, korpulenter Herr, den die Porträts mit schwarzer Mitra, Doppelkinn und von Orden funkelnder Brust zeigen. Zwischen Spott und Faszination schwankten wohl alle, die das Kraton-

Leben jener Jahre schauen durften und den phantasievollen Reichtum der Zeremonien, Tänze und Gamelans mit der Dürftigkeit der eigenen heimischen Feste verglichen. Der Italiener ARNALDO FRACCAROLI schwärmte nach einer Hochzeit im Kraton: »Ein Traum aus Tausendundeiner Nacht, ein Traum mit offenen Augen geträumt, inmitten einer Wirklichkeit, die den Zauber des Märchens erhalten hat, ein Traum in dieser Zauberwelt des Äquators auf Java.«

Wenn man heute als schlichter Besucher den als Museum zugänglichen Teil des Kraton Kasunanan betritt, um den Hals den obligaten Schal mit den fürstlichen Hausfarben rot-gelb, und sich an solche literarischen Glücksbekundungen von vorgestern erinnert, wird man das wehmütige Gefühl nicht los, zu spät, viel zu spät gekommen zu sein. Da die Empfangshalle, dort der fünfstöckige Turm als Wahrzeichen, wo sich die Susuhunans der Legende nach mit der Königin der südlichen Meere, jener vielzitierten LORO KIDUL, trafen; die im Hofe stehende Sammlung von Sänften für die Prinzessinnen, die Kollektion antiker Skulpturen aus der Majapahit-Zeit, ein rotgesichtiges Holzmonster, das einst zur Dekoration der fürstlichen Jacht gehörte – das alles ist nur noch Kulisse vergangener Spielzeiten. Ein Teil des Kraton wird von den Nachfahren der Susuhunans bewohnt; doch von Hofhaltung, wie sie im Kraton zu Yogyakarta noch erkennbar ist, läßt sich in Surakarta nichts mehr entdecken. 1985 hat ein Großbrand einige der alten Gebäude innerhalb des Komplexes vernichtet, und in langer Prozession ist Loro Kidul am Strand von Parangtritis ein Teil der Asche übergeben worden, um die gestörte Harmonie zu erneuern. Nun stehen die wieder aufgebauten Häuser mit frischen Farben aber ohne spürbare Ausstrahlung im weitläufigen Kraton.

Keine Überraschungen mehr? Doch, in einer der Garagen neben dem Haupteingang Kemandungan erlebte ich eine. Da werden die Staatskutschen vergangener herrschaftlicher Auftritte bewahrt und gewartet, als seien deren Besitzer gerade erst ausgestiegen. Wie fortschrittlich und auf der jeweiligen Höhe ihrer Zeit sie waren, läßt sich an dem weißen FIAT, einem vornehmen Cabriolet von 1907 erkennen. »Achten Sie auf die mit Gas beleuchteten Scheinwerfer«, sagte mir der kleine, zartgliedrige Mann, der mich von Vehikel zu Vehikel führte und dies mit sichtlicher Ehrerbietung tat. Vor der dunkelfarbigen Karosse mit Wappen und Krone auf dem Dach, *Kyai Garuda Koncono* – schon Dauthendey beschrieb die achtspännige Kutsche –, verbeugte sich der Greis, faltete die Hände zum Sembah, der Demutsbekundung, dann öffnete er den Schlag, zog die Klapptreppe nach unten, grüßte ehrfurchtsvoll in das mit gelber Seide ausgeschlagene Innere und ließ mich hineinblicken. Ein kräftiger Duft von Mottenkugeln schlug mir entgegen. Ich sah Zettel und Briefe auf dem Boden der Kutsche liegen. Ich machte eine Geste des Unverständnisses. Der kleine Mann erlaubte mir, die Botschaften zu lesen. Bittschriften waren es. Wünsche nach Kindersegen, nach einem Arbeitsplatz, nach Erfolg bei einer Prüfung. Die Kutsche als Briefkasten für Adressaten in anderen Sphären. Garuda Koncono läßt sich mit Goldvogel, mit goldenem Garuda übersetzen. Das ist nicht bloß eine Staatskarosse, das ist ein Teil der Susuhunan-Welt, die mit magischen Kräften aufgeladen ist. Vor die Kutsche hatte der schmächtige Alte, der *Sarung* und *Peci* trug, eine Schale mit Blumen und einen Tontopf mit einem Opferfeuer gestellt. Als er das Treppchen wieder zusammenfaltete und die Wagentür schloß, hielt er abermals die Hände zur Stirn und senkte den Kopf. Ein kleiner alter Mann, der übriggeblieben war aus der alten Zeit, tempo dulu, wie es auf Indonesisch heißt. Doch ist die wirklich vergangen und vorbei? Die neuen Briefe in der Staatskarosse, mit der einst ein Pakubuwono X. fuhr, lassen Zweifel aufkommen. Eine seltsame Postkutsche da in Solo.

Morsche Knochen, Nebel und Erotik
Sangiran – Candi Ceto – Candi Sukuh

Geheimnisvoll hat auf dem Dieng-Plateau die Reise durch das mittlere Java begonnen; nicht minder rätselhaft wird die Erkundung des javanischen Kernlandes enden. Bevor wir uns auf die nebelverhangenen Höhen des **Gunung Lawu** wagen, machen wir einen Seitensprung in die Vorgeschichte. Sechzehn Kilometer nordwärts von Surakarta läßt sich ein Lokaltermin mit dem *Pithecanthropus erectus*, dem aufrecht gehenden Menschenaffen, einrichten. Von der Straße, die nach Purwodadi führt, zweigt bei dem Dorf Kalioweh rechts ein Weg nach **Sangiran** ab; Hinweisschilder geben die Richtung zu diesem dreieinhalb Kilometer entfernten Ort an. Die hügelige Landschaft mag ein wenig langweilig sein; und auch die paar Häuser oberhalb des Cemoro-Flüßchens könnten ihrer Austauschbarkeit wegen die Frage aufkommen lassen, warum man denn nun ausgerechnet in diesen abgelegenen Winkel Javas vorgedrungen sei. Doch Schulkinder, die einem irgendwelche Knochen als garantiert prähistorisch andrehen wollen, signalisieren als erste die Besonderheit des Ortes. Wir widerstehen den wichtigtuerisch angebotenen Versteinerungen, Zähnen, Knochen angeblich mehr als fünfhundert Millionen Jahre alter Vorfahren. Halten wir uns im kleinen, sorgfältig eingerichteten Museum lieber an die wissenschaftlich gesicherte Ausbeute.

Wenn wir uns auch nicht an der »Wiege der Menschheit« befinden, wie das um die Jahrhundertwende kühn behauptet wurde, so sind wir doch an einem Erdenplatz angelangt, an dem das Abenteuer der Menschwerdung zu orten ist. EUGÉNE DUBOIS hatte als erster Forscher einen sensationellen Fund gemacht. 1891 entdeckte der holländische Kolonialarzt beim Dorf Trinil im Trockenbett des Solo-Flusses nördlich von Madiun ein Schädeldach, das in der damaligen Fachwelt als Missing Link gefeiert wurde, als jenes Zwischenstück, das die Entwicklung vom Menschenaffen zum Menschen belegen sollte: eben den Pithecanthropus erectus, der das Haupt erhoben hatte und der Tierwelt zweibeinig davongelaufen war. In den dreißiger Jahren setzte der deutsche Paläontologe VON KOENIGSWALD die Forschungen bei Sangiran fort und fand einige Kilometer vom heutigen Museum entfernt einen weiblichen Schädel, der dem von Trinil morphologisch sehr ähnlich ist. Später erwies sich der Boden als sehr ergiebig: voller fossiler Schädelreste, Kieferteile, Knochen von menschenähnlichen Wesen. Sie haben zu Beginn jenes erdgeschichtlichen Abschnitts gelebt, den die Fachleute Pleistozän nennen, eine halbe Million Jahre ist es her, mindestens. Hier also, wo wir über staubige Wege schreiten und im Museum am Berg hinter Glas morsche Knochen bestaunen, breiteten sich in grauer Vorzeit die Siedlungen von entfernten Verwandten aus, bei denen die Gelehrten noch immer darüber streiten, ob es Menschenaffen oder Affenmenschen waren.

Mehr Fragen als befriedigende Antworten auch an den westlichen Abhängen des Gunung Lawu, der sich vierzig Kilometer östlich von Surakarta 3265 Meter hoch erhebt und die Grenze zwischen Mittel- und Ostjava markiert. Beim Dorf Karangpandan steigt die aus der Ebene kommende Straße zwischen Surakarta und Madiun steil an; linkerhand führt eine schmale Abzweigung zu zwei Candis, die uns abermals in jenes spannungsvolle Erstaunen versetzen, das die Ahnung von den Tiefen der Seele Javas auszulösen vermag: **Candi Ceto** und **Candi Sukuh**. Beide, obschon in der Gestalt sehr verschieden, gehören zu den letzten bedeutsamen Tempelanlagen, die hinduistische Religiosität hervorgebracht hat. Die Errichtung des Ceto wird um 1470, die des Sukuh um 1430 datiert, da der Islam sich bereits auf Java durchzusetzen begann. Eine der Vermutungen geht dahin, daß diese in bergiger Abgeschiedenheit stehenden Candi sichere Fluchtorte für die waren, die sich der neuen Religion entziehen wollten; und wahrscheinlich trafen in diesen zugigen Höhen die Menschen schon zu rituellen Opfern zusammen, ehe der Geist Indiens über Java wehte. Spekulationen – doch daß wir uns Orten mit außergewöhnlicher Ausstrahlung nähern, spürt wohl auch der Besucher ohne einschlägiges Fachwissen.

Die freundliche Landschaft des Reises bleibt tief unter uns zurück. Über viele Windungen schraubt sich der Geländewagen bis in 1500 Meter Höhe. Da wird es selbst dem Gemüse, dem Tee und den Nelkenbäumen zu ungemütlich, die etwas unterhalb großflächig angebaut werden. Wir gelangen in die Welt der Nadelbäume, um die sich Nebelschwaden bauschen. Weit weg ist das quirlige Java der Überbevölkerung. Kein Kindergeschrei mehr. Schweigen. Gelegentliches Gekrächz eines Raubvogels. Dann die steile Treppe, die Meditationshäuschen, die gespaltenen Tore des **Candi Ceto**. Wie eine Kaskade aus Stein und Holz schwingt sich die Anlage den Berg herab. Unten empfangen uns mit leerem Blick vier steinerne Figuren, bärtig, von Flechten überzogen, eigenartige Eierköpfe mit ernsten, weltabgewandten Gesichtern, von Wind und Wetter glattgeschliffen. Auf der ersten Terrasse, unübersehbar ausgebreitet: eine stilisierte, empfängnisbereite Vagina, daneben ein Penis.

Höher hinauf. Weitere Wächterfiguren. Weitere gespaltene Tore, sechs insgesamt. In einem der Schreine ein aufgerichteter

Phallus, ein Lingam. Ganz oben ein Steinblock. Mit keinem der bisher geschauten Candis und Tempelkomplexe Javas ist der Ceto vergleichbar. Der Fruchtbarkeitskult, wie er um den Helden Bhima betrieben wurde, ist unverkennbar, jenem kraftvollen Helden aus dem Mahabharata-Epos, einem der Pandawa-Brüder. Ihm wurde und wird hier noch immer geopfert. Auf dem oberen Steinblock liegen Räucherstäbchen, frische Blumen, Blütenblätter. Ceto ist erst in jüngster Zeit gründlich erneuert worden; die ursprüngliche Gestalt ist nicht überliefert. Daß der Candi die Javaner, gleich welcher Religionszugehörigkeit, noch immer anzuziehen vermag, macht nicht nur der Augenschein deutlich; die Atmosphäre, düster, magisch, tiefgründig, raunt es einem wortlos zu.

Ganz so beim **Candi Sukuh**, der sieben Kilometer südlich in neunhundert Metern Höhe zu weiteren Mutmaßungen verleitet. Obwohl er als »erotischer Tempel« bekannt ist, verdankt er seiner Abgelegenheit, daß er noch nicht vom Massentourismus heimgesucht wird. Der Hauptbau, eine abgestumpfte Pyramide aus rötlich-braunen Flachsteinen, läßt sofort an Maya-Tempel in Mittelamerika denken. Kein Besucher, der seit der Wiederentdeckung des Tempelkomplexes durch einen britischen Offizier im Jahre 1814 hier heraufsteigt, der nicht zu solchem Vergleich herausgefordert wäre. Gemeinsamkeiten zwischen versunkenen Hochkulturen? Verbindungen über Ozeane hinweg? Die Wissenschaft hat keine Belege dafür zutage gefördert. Candi Sukuh ist einzigartig auf Java.

Die Anlage, im Schatten alter Bäume, erstreckt sich über drei am Hang gelegene, sanft abfallende Terrassen. Eine Treppenflucht führt von der Spitze der Pyramide über die grasbewachsenen Terrassen bis zu einem kleinen Fruchtbarkeitstempel an der Straße, durch den man früher den gesamten Komplex betrat. In der Mitte des viereckigen Steinbodens das Flachrelief eines auf eine Vagina zeigenden Penis – Lingam und Yoni – als Symbol der Entstehung allen Lebens. An den Wänden des Gebäudes zwei männliche Reliefs mit deutlich ausgeprägten Geschlechtsteilen. Oben, vor dem Hauptgebäude, liegen drei flache Schildkröten aus schwarzem Stein auf der Lauer. Erstmal neugierig geworden, entdeckt man orgiastische Vielfalt. Dämonenköpfe mit Glubschaugen starren aus einem unwiederbringlichen Zeitalter in die Gegenwart, Fruchtbarkeitssymbole auch hier an allen Ecken und Enden. Ein Relief gibt Einblick in eine Schmiede, wo zwei Männer in Wayang-Kleidung mit Ganeshas Hilfe Krisse formen. Alles zu Bhimas höherem Ruhm. Im Nationalmuseum in Jakarta wird eine Phallus-Stele vom Sukuh aufbewahrt, deren am Penis herablaufender Samen zu einem Schriftband stilisiert ist: »Die Kennzeichen des männlichen Geschlechts sind die Essenz der Welt«, liest man da. Ein Kris am erigierten Glied verstärkt diese Art maskuliner Welteroberung.

Daß just vor dem Candi Sukuh ein Werbeplakat der gegenwärtigen Kampagne für Familienplanung aufgestellt wurde – die mit zwei Fingern erhobene Hand als Aufforderung, zwei Kinder seien genug –, mag auf den ersten Blick wie unfreiwillige Komik erscheinen in der Nachbarschaft so potenter Kräfte, doch beim zweiten, ernsteren Blick fügt sich auch dieses zeitgenössische Symbol in den uralten Kreislauf der auf Java so grandios beherrschten Fähigkeit, Widersprüche, scheinbare Gegensätze, unterschiedliche Religionen zu verbinden und in gewandelter Form fortleben zu lassen.

An jenem Tag unseres Besuches war es Abend geworden. Steigende Nebel. Dämmerung. Mal hüllten wallende Schwaden den Candi ein, mal gaben sie ihn für Augenblicke wieder frei. Zwielicht, in dem das Geheimnis des Sukuh spürbar wird. Im Nebel die milden Blitze ferner Wetterleuchtens. Wen wundert es noch, daß hier die Menschen schon zu Zeiten der Megalith-Kultur ihre Opferzeremonien abhielten, um mit sich und dieser Natur ins Reine zu kommen? Schwarze Magie? Weiße Magie? Wo verlaufen die Grenzen? Die Steine, aufgetürmt nach Gesetzen, die wir nicht mehr verstehen, zu Gesichtern, Phalli und Reliefs geformt, die wir kaum deuten können; die Steine bleiben stumm. Ein Ort für Dichter, die in scherenschnittartigen Ästen vor dunkler werdendem Nachthimmel die Zeichen kosmischer Botschaften erkennen. Ein Ort für nüchterne Zeitgenossen, die in der Anlage eine Sternwarte sehen. Offen bleibt, mit welchen Wünschen und Erwartungen die einheimischen Menschen zum Candi Sukuh pilgern und ihre Blumenopfer in die Nischen legen, deren verblassende Farben wir gerade noch im Zwielicht des vergehenden Tages ausmachen. Ein dünnes Rauchfädchen über glimmendem Holzstab vermischt sich mit dem Nebel.

OSTJAVA
Versunkene Reiche, geschäftige Gegenwart

Neue Horizonte der Macht
Von Sarangan nach Sanggrahan

Der Gipfel des **Gunung Lawu** mit seinen 3265 Metern markiert die Grenze zwischen West- und Ostjava. Bis vor wenigen Jahren blieb die Hochgebirgspassage von Provinz zu Provinz nur geübten Wanderern vorbehalten; und noch heute machen die Hauptstraßen weite Bogen um den Vulkan. Aber das windungsreiche Sträßchen vom Dorf **Tawangmangu**, an den westlichen Ausläufern in 900 Metern Höhe, und **Sarangan**, an den östlichen Steilhängen in 1280 Metern gelegen, ist nun auch für den Autoverkehr geöffnet, der über den Paß in 1800 Metern geleitet wird.

Wir waren am frühen Abend über den Berg gekommen. Die Scheinwerfer des Wagens bohrten sich in immer dichter werdenden Nebel. Sarangan war eingepackt in graue Wolkenfetzen; die Lichter der über Terrassen, abschüssige Pfade und Treppen verteilten Hotels und Restaurants des bereits zu kolonialer Zeit renommierten Ferienortes nur matte Punkte; der kleine fast kreisrunde Kratersee ein Schemen. Es folgte eine ungemütliche Nacht; wir hüllten uns in klamme Decken. Triste Tropen. Doch welch verwandelte Welt am nächsten Morgen! Strahlender, klarer Sonnenschein. Die roten Dächer des Ortes und die weite Landschaft in der Ebene wie frisch gewaschen. Fernsicht über fruchtbar grüne Sawahs. Ein solch befreiender Ausblick löst möglicherweise aufkommende Reisemüdigkeit in Nichts auf. Vor uns lag der Osten Javas wie eine Verheißung.

Die geografische Schnittlinie hat historische Dimensionen. Der Blick gen Osten war den Erben des ersten Mataram-Reiches, dem hinduistischen im zentralen Java, eine Herausforderung gewesen. Noch immer bleibt es der Spekulation überlassen, weshalb um die Jahrtausendwende die Herrscher des mittleren Java ihre Macht verloren und das bisherige Kernland der Kultur, Wirtschaft und Politik für die nächsten fünfhundert Jahre in Bedeutungslosigkeit versank. Fest steht, daß im fruchtbaren, wasserreichen Tal des Brantas-Flusses, der auch die Etappen unserer weiteren Reisewege bestimmt, die ostjavanischen Reiche erblühten, mit denen ein neues, bedeutsames Kapitel der indonesischen Geschichte begann.

Der ostjavanische Aufstieg ist mit dem Fürsten SINDOK verbunden, der noch ganz in der Mataram-Tradition stand. Die tiefgreifenden kulturellen Veränderungen setzte König AIRLANGGA in Gang, der von 1019 bis 1042 regierte. Er war auf Bali geboren, Sohn des balinesischen Fürsten UDAYANA II. und einer javanischen Prinzessin aus dem Sindok-Geschlecht, über die im Zusammenhang mit Bali noch einiges zu sagen sein wird. Das von Airlangga gegründete Reich umfaßte den Osten Javas und bezog Bali mit ein. Eine Einheit, die bis heute ihre Spuren hinterlassen hat. Airlangga war ein Mann des Geistes, der seine prägenden Jugendjahre in einem hinduistischen Kloster verbrachte und nach seiner Amtszeit in die klösterliche Abgeschiedenheit zurückkehrte. In den zwei Jahrzehnten seiner Regierung begann die Verschmelzung des indischen Erbes mit der javanischen Bauernkultur. Airlangga ließ die indischen Epen in die javanische Sprache übertragen und mit dem Medium des Schattenspieles, des *Wayang*, auch unter dem einfachen Volke verbreiten. Die javanische Fähigkeit, Fremdes aufzunehmen und mit dem Vertrauten zu verbinden, trug neue Früchte. Ahnenkult und Geisterglaube aus vor-indischer Zeit lebten weiter neben und mit Indiens Idealen: nämlich Askese, Meditation, Magie. Was Jahrhunderte zuvor als Keim indischer Kultur nach Java gebracht worden war, trieb fortan in den ostjavanischen Künsten, in der Architektur, bei der Staatsführung eigenständige, hindu-javanische Blüten. Die Zentren der Macht wechselten in der Nachfolge Airlanggas, die eigenständige Entwicklung aber, auf der das territoriale wie geistige Werden der indonesischen Nation beruht, setzte sich fort. Für diesen Prozeß stehen die Namen dreier Reiche: Kediri 1050 bis 1221; Singasari 1222 bis 1294; Majapahit 1294 bis 1520. Deren Herrscher und Höfe verkörperten die »goldene«, bis zum Eintreffen des Islam währende Zeit der von Ostjava ausgehenden Machtergreifung, die in Legenden ebenso weiterlebt wie in Tänzen, Schattenspielen und im Volkstheater, ja sogar in den Stories gegenwärtiger Unterhaltungsfilme. Es ist die Welt der Könige mit übernatürlichen

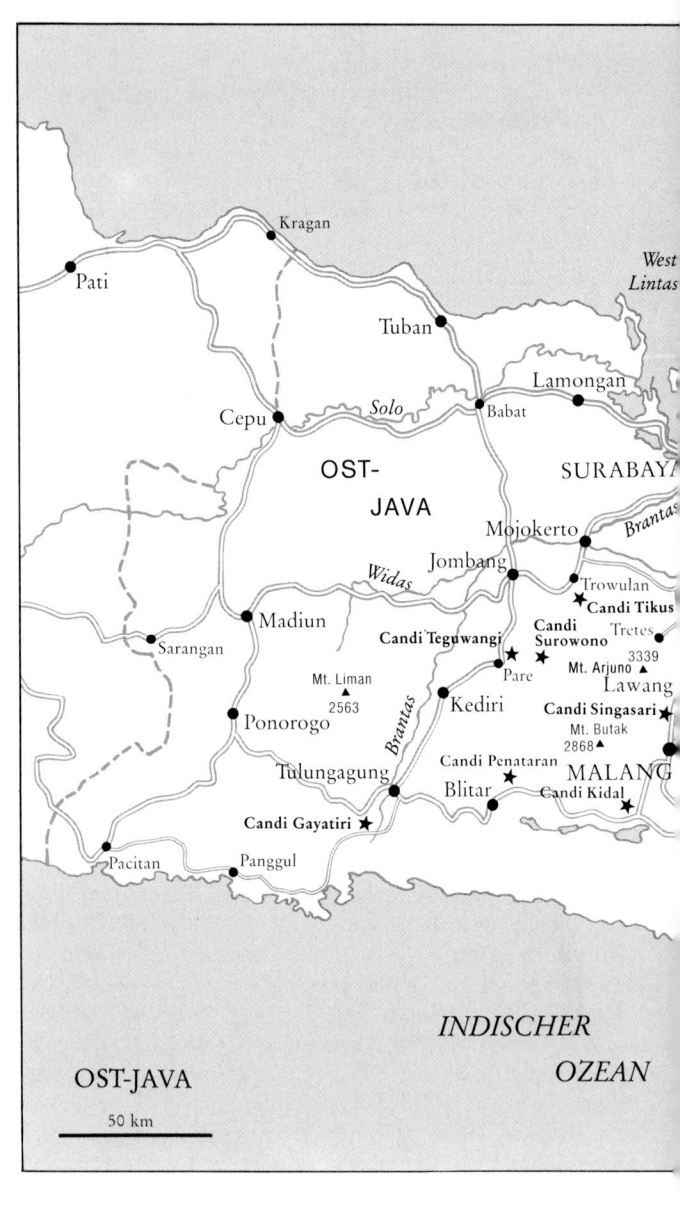

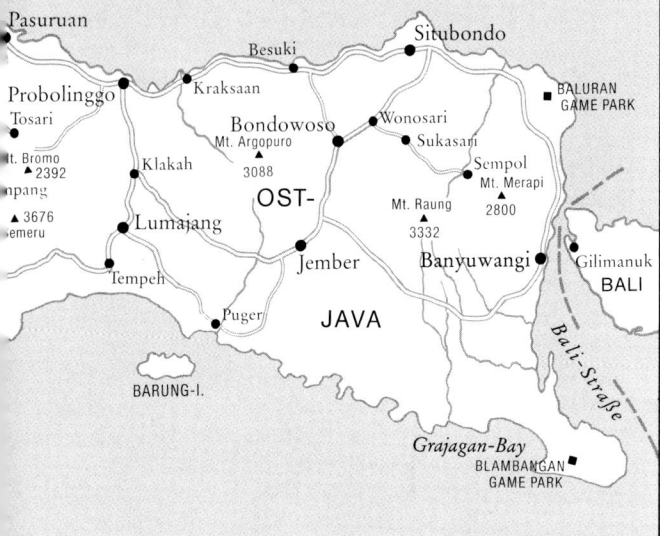

Kräften, endlosen Kriege, edlen Helden, entführten Frauen, meditierenden Einsiedlern. Es ist die aus ostjavanischer Erde neu geschaffene Welt des Mahabharata, des uralten und ewig neuen Gleichnisses vom Stirb-und-Werde.

Von den Höhen des Lawu-Berges ist der Gegenwart und Geschichte des östlichen Java nachzuspüren. Allerdings lassen sich dabei Geografie und historische Kontinuität nicht unbedingt in Einklang bringen, weil die Zeugnisse der versunkenen Reiche entweder ganz verschwunden, nicht mehr eindeutig lokalisierbar oder mancherorts aus verschiedenen Epochen nebeneinander stehen geblieben sind. **Madiun**, die erste größere Stadt auf unserer Strecke, weckt bei Indonesiern die traumatische Erinnerung an die jüngere Vergangenheit. In Madiun versuchten Kommunisten am 17. September 1948 in den Wirren des Krieges gegen die holländischen Truppen die Position ihrer Partei durch einen Putsch zu stärken. Er wurde von der indonesischen Armee blutig niedergeschlagen; einige hundert Tote waren zu beklagen.

Ein paar Kilometer östlich vom Städtchen Pare ist das Dorf **Canggu** gelegen mit dem **Candi Surowono**. Dieser ist ebenso wie der benachbarte **Candi Teguwangi** nur mehr bruchstückhaft erhalten. In diesem abgeschiedenen Winkel, wo von Tourismus noch keine Rede sein kann, fehlen die Mittel der Restaurierung. Beide Tempelanlagen stammen vom Ende des 14. Jahrhunderts, aus der Glanzzeit des Majapahit-Reiches. Es gibt andernorts gewaltigere Bauten jener Epoche, doch an den Sockeln dieser beiden hindu-shivaistischen Candis lassen sich bereits die wichtigsten Erkennungsmerkmale ihrer künstlerischen Gestaltung bewundern: gut erhaltene Reliefs, die sich als Friese um den quadratischen Stumpf ziehen. Die Motive aus der Arjuna-Geschichte sind im typischen Wayang-Stil herausgearbeitet, die Gesichter im Profil, die Körper plastisch wie beim *Wayang Klitik*, den flachen, aus Holz geschnitzten Figuren, die eine Übergangsform zwischen den dünnen Lederfiguren des *Wayang Kulit* und den vollplastischen Figuren des *Wayang Golek* darstellen. So erscheint einem der steinerne Fuß der Candis wie die Leinwand des Wayang-Spieles. An beiden sind Liebesszenen zu entdecken, Jagdbilder, Menschen in Meditation. Neben dem Candi Teguwangi ist eine weitere Candi-Ruine stehengeblieben. Ich entdeckte darauf zwei Lastenträger mit der wippenden Stange über der Schulter, ein Bild, das noch heute in jedem Dorf zu sehen ist. Äußerlich hat sich zwischen lebendem Modell und steinerner Wayang-Gestaltung in Hunderten von Jahren nichts geändert.

Weiter nach **Kediri**, wo nichts mehr an das gleichnamige Reich erinnert; von dort aus zum Städtchen Sukarame, das sich entlang des Brantas ausbreitet, dessen Leben spendendes Wasser die landwirtschaftliche Kultivierung als Voraussetzung der hindu-javanischen Reiche überhaupt erst möglich machte. Von hier aus führt ein Weg zur Meditationshöhle **Selamangleng**. Es ist eine jener Stätten, wo die Mächtigen der hindu-javanischen Kratons fastend in tiefer Versenkung ihre inneren Kräfte erneuerten. Steil steigt der Pfad an, der zu den in den dunklen Felsen geschlagenen Kammern leitet; zwei mit Öffnungen nach außen; zwei in totaler Finsternis. Die Entstehung der Höhlen reicht ins 11. Jahrhundert zurück, in die Zeit des Königs AIRLANGGA. Die Reliefs im Innern stellen Szenen aus dem Mahabharata dar. Goa Selamangleng (Goa heißt Höhle) ist leider bereits zum sonntäglichen Ausflugsziel gemacht worden. Warungs in der Nachbar-

*Lastenträger-Relief
an einer Candi-Ruine bei Canggu*

schaft, Parkplätze. Da will keine rechte Meditationsstimmung mehr aufkommen.

Anders die Atmosphäre der ebenfalls **Goa Selamangleng** genannten Einsiedelei zehn Kilometer südlich der Stadt **Tulungagung**, wo vom Dorf Sanggrahan die Felsengrotte nur noch zu Fuß zu erreichen ist und vom touristischen Betrieb verschont blieb – bisher jedenfalls. Da biegen sich die Bambushaine wie in alten Zeiten an den Hängen der **Wajak-Berge**, eine Dämonenfratze mit aufgerissenem Schlund, gemeißelt in dunkles Vulkangestein, begrüßt den Wanderer, der nach anstrengendem Aufstieg ans Ziel gekommen ist. Was als schwarzes, viereckiges Maul erscheint, ist die Höhle. Auch diese Stätte religiöser Klausur wurde im 11.Jahrhundert geschaffen. An den drei Innenseiten ziehen sich Reliefs entlang, die von ARJUNA künden, dem Inbegriff männlicher Ideale, von Frauen verehrt, von seinen Feinden gefürchtet. Die in den Stein geschlagenen Bilder erzählen von Arjunas Versuchung. Der Held hatte sich von seinen Brüdern getrennt und sich in die eisigen Höhen des Himalaya zur Meditation zurückgezogen, um Kraft zu sammeln für den Kampf gegen die feindlich gesonnenen Verwandten der Korawa-Sippe. Während seiner Askese wird Arjuna von Shiva auf die Probe gestellt; Himmelsnymphen sollen ihn verführen. Arjuna bleibt standhaft und wird mit der Gabe der Unschlagbarkeit belohnt. Arjuna darf in den Götterhimmel eintreten und für sieben Tage schließlich doch der Nymphen Wohlgestalt genießen. Die Darstellung in der Höhle, die an menschlich-allzumenschlichen Regungen nichts zurückhält, birgt als Botschaft die Essenz hindu-javanischer Spiritualität: Nur aus tiefster Versenkung und geistiger Askese, aus der immer wieder neu zu erringenden Harmonie mit den jenseitigen Kräften heraus läßt sich das Böse überwinden und das kosmische Gleichgewicht erhalten.

Es ist schon eigenartig, wenn man sich vorzustellen versucht, wie viele Menschen im Laufe der Jahrhunderte an diesen Ort gepilgert sind, im Höhlenschlund unter der Dämonenfratze beteten, meditierten, um Entscheidungen rangen, um Einsichten kämpften. Es ist, als habe sich solches geistige Mühen eingegraben im Felsgestein, als sei es eingedrungen in die Natur ringsum. Der Wind spielt mit den roten Kelchen der Hibiskusblüten. Aus dem Dorf **Sanggrahan**, das unter Palmen verborgen liegt, tönt Gamelan in unendlicher Ruhe herauf. In den Bäumen wispert der Wind. Mag sein, daß ein allzu empfängliches Gemüt in all dies zu viel Bedeutung hineinlegt und historisch-geistige Ausflüge idealisiert. Und doch geht von solcher Stätte eine Inspiration aus, die sich den erklärenden Worten entzieht. Noch immer kommen die Javaner hierher, um zu fasten, um spirituelle Kraft aufzunehmen. Heute wie vor fast einem Jahrtausend.

Mythos Sukarno
Blitar – Panataran

Nicht das Alter bestimmt Javanern die Anziehungskraft eines Ortes, eines Grabes, einer Höhle, sondern deren nur den Eingeweihten spürbare spirituelle Ausstrahlung. Was Europäer üblicherweise mit historischem Interesse betrachten, unter musealen Aspekten bewerten, nehmen Javaner kaum in den geschichtlich meßbaren Tiefen wahr; vielmehr lassen sie sich von der mystischen Dimension gefangen nehmen. Jahreszahlen spielen dabei eine nebensächliche Rolle. So kann denn auch ein Grab der jüngeren Vergangenheit zur Wallfahrtsstätte werden. Von Tulungagung ostwärts, in Blitar als Etappenziel, können wir dies an beziehungsreicher Stelle beobachten.

Die Hinweisschilder in den Straßen der kleinen, belebten Stadt **Blitar** sind unauffällig. *Makaman Proklamator* steht darauf: Grabstätte des Proklamators. Kein Name. Drei Kilometer nördlich vom Zentrum grenzt eine hohe weiße Marmormauer die vielbesuchte Kultstätte zur Straße hin ab. Wir durchschreiten ein graues, gespaltenes Tor, das an Bali denken läßt. Vor uns eine javanische Versammlungshalle, einer der klassischen Pendopos, dessen pyramidenförmiges, im Innern kunstvoll geschnitztes Holzdach auf vier Säulen ruht. In der Mitte, hinter einer Glasscheibe, liegt tonnenschwer ein schwarzer Steinkoloß. Darauf die Lebensdaten des Mannes, dessen Werk hier gewürdigt wird: 6. Juni 1901 bis 21. Juni 1970. Verkünder der Unabhängigkeit und erster Präsident der Republik Indonesia. SUKARNO. Mehr nicht. Wer als Einheimischer hierher kommt, braucht keine weiteren Erklärungen. Als *Bung Karno*, als Bruder, ist er im volkstümlichen Bewußtsein lebendig geblieben. Hunderte, Tau-

*Traditioneller Reisanbau –
ein Bauer durchpflügt mit seinen Ochsen und einem Holzpflug sein Feld*

sende von Besuchern kommen jeden Tag, legen Blumen und Geldscheine nieder und verharren in stiller Andacht. Der sakrale Ort ist überkonfessionell. Der Mythos dieses Mannes überstrahlt die Religionszugehörigkeit. Die Atmosphäre ist der an den heiligen Gräbern islamischer Propheten ähnlich, wenngleich rund um das Ehrenmal Sukarnos auch der touristische Betrieb in Schwung gekommen ist. Bung Karno – ein Nationalheiliger. Eben dies zu verhindern, war lange Zeit die Politik seines Nachfolgers SUHARTO gewesen. Er hatte Sukarno entmachtet und zur Unperson erklärt; aber gegen dessen Popularität blieb er schließlich machtlos.

Bis 1978 war dem Mann der ersten Stunde indonesischer Unabhängigkeit nur ein bescheidenes islamisches Grab neben anderen Helden jener Kampfjahre auf dem Friedhof von Blitar gegönnt; weit weg von Jakarta, weit weg vom Zentrum der

Macht, von anderen Großstädten ebenso. Die Herren der *Neuen Ordnung* fürchteten, Sukarnos Grab könnte zur Sammelstätte einer oppositionellen Bewegung werden. Doch Sukarno war nicht zu tabuisieren. Im Gegenteil. Je mehr sich die Technokraten in Jakarta durchsetzten und Fortschritt hauptsächlich ökonomisch definiert wurde, desto stärker wuchs das Verlangen nach mitreißenden Ideen, großen Worten und dem Glauben an die eigene Identität. Solches Bedürfnis ist gerade bei jungen Menschen auszumachen. Für sie, die die Ära Sukarno selbst gar nicht mehr erlebt haben, wurde er das Idol. Suharto reagierte geschickt. Der Mythos Sukarno ließ sich nicht verbieten, also wurde er auf subtile javanische Weise einbezogen in das neue Herrschaftssystem. Das repräsentative Grabmal in Blitar gehört dazu. Am Eingang weist eine Tafel auf Suharto hin, der am 21.Juni 1979 selbst die Einweihung vollzogen hat und mit dieser Geste machtpolitische Kontinuität demonstrierte, auf die javanische Könige stets großen Wert gelegt haben. So erscheint es folgerichtig und wie eine Beschwörung vergangener Größe, daß die Gedenkstätte des Proklamators ganz dem Stil der alten Kratons und Candis nachempfunden wurde. Zur Ehre des Toten, zum Ruhme des Nachfolgers.

Zehn Kilometer weiter in nördlicher Richtung können wir den Vergleich mit den siebenhundertjährigen Originalen anstellen. Am südwestlichen Abhang des **Gunung Kelud**, 450 Meter hoch gelegen, breitet sich eine der schönsten Tempelanlagen des östlichen Java aus: der **Panataran**, nach dem Borobudur der zweitgrößte Candi-Komplex Indonesiens. Panataran ist eingebettet in Reisfelder, von Dörfern und Palmen umgeben, noch immer einbezogen in das ländliche Leben. Dies steigert die Wirkung der Ruinen, die noch nicht zum Freizeitpark vermarktet wurden, wie wir das im zentralen Java erleben. Wenn wir durch das von zwei *Raksakas* bewachte Tor kommen, betreten wir eine heilige Stätte, die vermutlich bereits vor der Jahrtausendwende die Menschen zu Gebet und Ritual vereinte. Nachweislich wurde mit dem Bau des in seinen Umrissen erhalten gebliebenen Candi-Bezirkes während des Singasari-Reiches begonnen, also Ende des 12.Jahrhunderts. Die größten und noch immer eindrucksvollsten Monumente stammen aus der Majapahit-Glanzzeit Ende des 14.Jahrhunderts. Die gesamte Bauzeit zog sich demnach über zweieinhalb Jahrhunderte. Panataran war eine der wichtigsten Kultstätten der Majapahit-Könige, eine Art Reichstempel, wo sich die Herrscher ihrer geistigen, inneren Stärke versicherten, die ihre Macht begründete. Die Anlage zieht sich über drei hintereinander liegende Höfe und ist im Gegensatz zu den vergleichbaren Komplexen des zentralen Java asymmetrisch und beim Durchschreiten ganz auf den erhöht errichteten Haupttempel im dritten Hof ausgerichtet, dem Götterberg, der SHIVA geweiht ist. Die Ähnlichkeit mit Tempelanlagen auf Bali ist offensichtlich.

Am Übergang vom ersten zum zweiten Hof ragt unübersehbar der sogenannte Jahreszahltempel über das Feld der Ruinen. Den Namen verdankt er der im Stein festgehaltenen Weihe-Inschrift aus dem Jahre 1291 der *Shaka-Zeitrechnung*, die dem Jahre 1369 unseres Kalenders entspricht. Über dem zweistufigen Sockel steht die quadratische Cella mit vier schmalen, hohen Portalen, von denen drei zugemauert und nur das nach Westen gerichtete offen ist. Darüber glotzen mit kugelrunden Augen die Kala-Köpfe in die Ferne, um ungebetene Besucher und sonstiges Unheil abzuwenden. Eine steile Stufenpyramide bildet das Dach. Lassen wir uns Zeit bei der Betrachtung dieses Musterbeispieles des ostjavanischen Candibaues. Die klare Geschlossenheit, die ausgewogenen Proportionen, die in sich stimmige Harmonie der Linien machen den Candi zum Werk der Vollkommenheit. In stilistischer Vereinfachung finden wir die Umrisse des Jahreszahltempels sogar bei heutigen Grundstücksmauern wieder; und das staatliche Tourismusdirektorat hat die Silhouette zu seinem Markenzeichen gemacht. Es ist einer dieser genialen Entwürfe menschlicher Kreativität, die, einmal geschaffen, perfekt sind und nicht mehr übertroffen werden können. Von den terrassierten Tempeln sind nur die Sockel stehengeblieben. Ein Eindruck der ursprünglichen Größe bleibt uns also versagt. Aber sowohl an den verschiedenen Grundmauern wie auch an dem teilweise wieder aufgerichteten Haupttempel im dritten Hof finden wir die Besonderheit der ostjavanischen Candi-Gestaltung: die *Reliefs im Wayang-Stil*. Meterlange Friese mit der Geschichte des Ramayanas sind da zu bewundern. Die Erzählung ist in ihrem Grundgehalt dieselbe wie wir sie bereits in den Reliefs am Prambanan, am Candi Loro Jonggrang, gesehen haben. Doch hier kommt uns die eigentliche javanische Version vor Augen. Der Abstand zum indischen Vorbild ist erkennbar; die bildnerische Eigenständigkeit aus der geographischen und zeitlichen Distanz fällt auf. Wie die Wayang-Figuren des Schattenspieles sind auch die in Stein geschlagenen Figuren auf das Umrißhafte bezogen, eher statisch, weniger in der reichen Fülle gezeichnet als die Reliefs am Borobudur und Prambanan. Es fehlt das Sinnliche, Körperliche, dafür üppig wuchernde Ornamente aus dem tropischen Überfluß der Natur, Fabeltiere, Dämonen, Garudas. Ein steinernes Bilderbuch auch hier.

Große Tempel in kleinen Dörfern
Von Malang bis zum Candi Sumbarawan

Malang wurde einst das Bandung Ostjavas genannt. Obwohl nur in 450 Metern Höhe gelegen, gilt das Klima der Stadt als kühl und angenehm, was die Holländer veranlaßte, hier an den Ufern des Brantas-Flusses eine große Garnison einzurichten. Die Villensiedlungen an den nordwestlichen Hängen zeigen den großzügigen Kolonialstil. Am Alun-Alun ragen die Türme zweier Kirchen in den Himmel; etwas außerhalb steht die Kathedrale. Im **Toko Oen**, dem letzten ziemlich unverfälschten gastronomischen Überbleibsel vergangener Tage, läßt sich Nostalgie goutieren. Die pastell gestrichenen Korbsessel sind dieselben wie auf den an den Wänden hängenden Fotos von 1939, wo die Feste der feinen weißen Gesellschaft abgelichtet sind. Bei meinem jüngsten Besuch stellte ich fest, daß sogar die Schreibfehler der Speisekarte erhalten blieben wie kostbare Stücke einer alten Sammlung: »Huzaren Salade, Londonner Biefstuk, Cacap ala Meuniere«. Ein paar Schritte südlich steht auch das Hotel noch, das sich im Reiseführer von 1922 als »leading, most modern and up-to-date« pries und damals Palace Hotel hieß. Über die Gastronomie jener Jahre ist bei MAX DAUTHENDEY nachzulesen, der als Gast in diesem Hotel 1916 bemerkte: »... siebzehn javanische Diener umtanzen lautlos meinen Stuhl. Einer bringt Brot, einer eine Gabel, einer ein Messer, einer Salz, einer mein Glas Milch, einer hebt meine heruntergefallene Serviette auf, drei begleiten den, der endlich die Suppe bringt, und so geht es während der ganzen Mahlzeit. Ich esse eigentlich immer in Gesellschaft von siebzehn javanischen Herren. Sie haben weiße Anzüge an mit roten Streifen an den Hosen. Aber sie laufen alle barfuß auf braunen Füßen.«

Heute heißt das Hotel Pelangi, nämlich Regenbogen; ist modernisiert und erweitert – aber im Coffee-Shop zieren noch immer holländische Kacheln die Wände. Doch damit keine falschen Erwartungen genährt werden: Mit seinen mehr als 600000 Einwohnern hat auch Malang längst seine Geruhsamkeit verloren und ist in den motorisierten Strudel hektischen Fortschritts geraten. Kentucky Fried Chicken, Inbegriff amerikanischen Fast Foods und Ausdruck jugendlich-dynamischer Lebensweise, hat Toko Oen aufs Altenteil verwiesen. Siebzehn barfüßige Kellner sind aus der Mode gekommen.

Malangs Geschichte reicht indes weiter zurück als das koloniale Intermezzo. Hier, wo der Brantas die Felder bewässert, ehe er in gewaltigem Bogen um die Vulkane west- und nordwärts herum dreihundert Kilometer lang der Straße von Madura zuströmt, lag das Zentrum des Singasari-Reiches, das zweite bedeutende Reich der ostjavanischen Herrschaft. Einige Candis zeugen noch heute davon.

Der im Nordwesten der Stadt nächstgelegene **Candi Badut**, beim Dorf Karang Besuki, ist allerdings in beklagenswertem Zustand und offensichtlich nicht nur dem natürlichen Niedergang ausgesetzt, sondern auch dem Vandalismus preisgegeben. Schmierereien künden davon. Bei meinem Besuch veranstaltete gerade eine Jungengruppe mit Luftgewehren fragwürdige Schießübungen auf die Candi-Reste. Seine Entstehung wird um 1250 datiert. Die über Jahrhunderte offenbar wirksamen Kala-Monster haben gegen jugendliche Rowdies unserer Tage ihre Abwehrkraft verloren.

Anders der Eindruck im Marktflecken **Tumpang**, der etwa 20 Kilometer östlich von Malang liegt und vom Omnibusbahnhof Ajosari mühelos mit Minibussen erreicht werden kann. Mitten im Dorf, von Wohnhäusern umgeben, erheben sich die Ruinen des **Candi Jago**. Er wurde um das Jahr 1268 als Grabtempel für den König VISHNUWARDHANA errichtet, einen der bedeutendsten Herrscher der Singasari-Dynastie. Über drei Terrassen steigt das Bauwerk pyramidenförmig in die Höhe und wird heute von einem Tor gekrönt. Berühmt ist der Candi Jago wegen seiner *Reliefs*, die im Wayang-Stil buddhistische, shivaistische und eigenständig ostjavanische Themen in meterlangen Friesen wiedergeben. Alle Figuren im Profil, sich jeweils die Gesichter zuwendend, sehr stilisiert und klarer als beim etwa hundert Jahre später errichteten Panataran ganz auf flache Umrisse reduziert. Halsbrecherisch klettert man herum und versucht, die in Stein geschlagenen Geschichten zu verstehen, deren voller Gehalt auch den Wissenschaftlern noch viele Fragen aufgibt. Szenen aus dem Mahabharata sind erkennbar; und an der Nordseite treffen wir Arjuna, den Helden aus dem indischen Epos, und Semar, den dickwanstigen Kerl, Mensch und Gott zugleich, den Java dem Wayang beigegeben hat. Im Schattenspiel, beim Wayang Golek und bei den Tänzen sowie im Wayang Wong finden wir Semar und seine Söhne wieder, die Panakawans, für die es in den indischen Originalen der Epen keine Vorbilder gibt. Vordergründig treten sie als Spaßvögel auf; ungelenk, plump, vulgär, was ihnen stets die Sympathie der kleinen Leute einbringt; doch als Berater der Großen ist Semar unentbehrlich, als Mittler zwischen verfeindeten Parteien, der mit Witz und gesundem Menschenverstand göttliche Weisheit ausdrückt, hoch verehrt von allen. Semar und die Seinen sind ganz und gar Kinder Javas. In den Reliefs des Candi Jago ist Semar mit rundem Bauch, vorstehendem Kinn und breiten Füßen leicht auszumachen. Diese historisch sehr frühe Darstellung ist ein weiteres eindrucksvolles Beispiel für die synkretisierende Fähigkeit der javanischen, der ostjavanischen Kultur im Besonderen, die über die Meere eingebrachten geistigen Anregungen mit den bodenständigen Elementen zu verbinden und Neues daraus zu erschaffen.

Der **Candi Kidul**, sieben Kilometer südwestlich von Tumpang, ist unser nächstes Ziel; mit dem Auto in wenigen Minuten, mit der Pferdekutsche, einem *Dokar*, in einer halben Stunde zu erreichen. Ich zog letzteres Gefährt vor und genoß die beglückende Überzeugung, daß dessen Reisegeschwindigkeit der Landschaft und den kultischen Zeugnissen vergangener Reiche am angemessensten ist. Der zweirädrige Wagen rumpelte, glöckchenbimmelnd, durch eine märchenhaft ausgewogene Reislandschaft, zur Rechten im Hintergrund der Vulkankegel des **Arjuno**, der diesen Teil Ostjavas prägt und uns auch bei den weiteren Wegen im Blick bleiben wird. Mit *Kerbaus* pflügende Bauern; eine schwangere Frau, die über die Dämme der *Sawahs* schreitet, ohne Hast und in edler Haltung; vermeintliche Idylle zu morgendlich frischer Stunde, immer wieder diese schönen Bilder scheinbarer Sorglosigkeit, die der Ergänzung bedürfen – Überbevölkerung, steigende Preise, Bodenspekulation, Korruption –, um die Alltagsnöte hinter der freundlichen Fassade auch wahrzunehmen. Candi Kidul ist, obgleich eingezäunt, ebenfalls einbezogen in das dörfliche Leben. Im Äußeren ist er dem Jahreszahltempel von Panataran vergleichbar, aber mit 12,50 Metern größer, wuchtiger, nicht ganz so elegant. Wir stehen vor einem der frühesten, gut erhaltenen und vorzüglich restaurierten Zeugnisse ostjavanischer Kunst. Es ist der Shiva geweihte Grabtempel, gewidmet dem König Anusapati (auch Anushanatha), der 1248 gestorben ist. Besonders ausdrucksstark und furchterregend die Dämonenmasken über den Portalen, glubschäugig und zähnefletschend. Hier regen keine Relief-Geschichten die Phantasie an; ornamental ist der Schmuck. Wir sehen einen spitzschnäbligen Garuda, der ein Gefäß trägt, in dem der Nektar der Unsterblichkeit aufbewahrt wird. Man ahnt an solchem Orte, warum sich indonesische Politiker bis in die Gegenwart hinein ganz bewußt in die Reihe der reichsgründenden und reichserhaltenden Ahnen stellen. Es ist das Bedürfnis, an deren Größe und festgefügter Herrschaft teilzuhaben.

Daß die Reiche zerbrachen und neuen Königen weichen mußten, läßt sich am unvollendeten **Candi Singasari** im gleichnamigen Dorf etwa zwölf Kilometer nördlich von Malang erkennen. Candi Singasari gilt als Grabtempel des letzten Herrschers der Singasari-Dynastie, dem bei einem Aufstand 1292 getöteten König KERTANEGARA; aber auch hier gibt es nur Spekulationen, keine historische Überlieferung. Es ist, als machten die Handwerker, die Steinmetzen, die Bauarbeiter gerade mal Pause, so halbfertig wirkt der Bau. Die *Kala-Fratzen* oben sind vollendet worden und blicken mit Kulleraugen dräuend den bösen Geistern entgegen; die Kalas der unteren Etage blieben nur Entwurf und schauen eher gutmütig als furchteinflößend: pausbäckig und grinsend. Schon in den dreißiger Jahren ist der Candi restauriert worden, wie eine Inschrift verrät. In seiner Unvollständigkeit läßt Candi Singasari mehr noch als alle anderen Tempel an die Vergänglichkeit der Reiche denken, an Machtkämpfe und Intrigen. Die hölzernen Pendopos, wo sich Macht und Pracht entfaltete, sind untergegangen. Die einfachen Häuser der Bauern, die wir auf manchen Reliefs der anderen Candis erkennen können, verschwanden wie ihre Bewohner, die mit ihrem Fleiß die aufwendige Hofhaltung ihrer Herren überhaupt erst möglich gemacht hatten. Geblieben sind die stummen Steinmonumente, die den Toten und den Göttern gewidmet waren, den Königen und SHIVA – so auch Candi Singasari. Zweihundert Meter weiter erblicken wir zwei Wächter zum Totenreich. Drei Meter hohe, steinerne Figuren, *Raksakas*, Riesen, stehen da auf freiem Platz; rund und bullig und über und über mit Totenköpfen geschmückt, sogar die Ohrringe tragen solch grausige Zier. Daneben hat eine Ibu ihren Essensstand eingerichtet; und eine Portion *Nasi Campur*, Reis mit Gemüse, ist willkommener Imbiß.

Nahe bei dem Dorf **Candirawan**, an den südlichen Ausläufern des Arjuno, befindet sich der **Candi Sumbarawan**. In einer Waldlichtung stehen auf quadratischem Sockel die Reste eines Stupa, schmucklos, keine Reliefs; kunsthistorisch weniger bedeutsam. Und doch welch eine ganz individuell zu machende Entdeckung. Das ist kein touristisches Muß, auf keiner Straße bequem und en passant zu erreichen. Das ist Ziel einer Fußwanderung. Wie ein Traumgebilde ragt der abgebrochene Stupa aus dem dschungelähnlichen Wildwuchs, Überbleibsel einer Einsiedelei, einer Gebetstätte, die abgeschieden vom alltäglichen Tun lag. Mit diesem Erbe leben die Menschen hier; bewußt, unbewußt.

»… zum Himmel strebt der Gipfel, so goldig, blütenbunt«
Tretes – Jalatunda – Belahan – Mojokerto – Trowulan

Tretes, der erfrischende Bergort in 800 Metern Höhe, wird Zwischenstation für die weiteren Vorstöße zu den tausendjährigen Stätten der frühen ostjavanischen Reiche. Das noch vor wenigen Jahren kleine Nest in der faszinierenden Landschaft der Vulkane **Arjuno** (3339 Meter), **Welirang** (3156 Meter) und **Anjasmoro** (2277 Meter) bietet nun eine Vielzahl von Hotels und

Pensionen; es ist eines der beliebtesten Ausflugsziele der Leute in den schwülheißen Niederungen von Surabaya, das 55 Kilometer nördlich an der Küste liegt.

Der **Gunung Penanggungan** mit seinen 1653 Metern ist nur der kleine Bruder der südlich von ihm sich erhebenden Vulkankette; seine klassische Kegelform und acht diesen Berg umgebende Hügel und Nebengipfel haben ihm jedoch eine besondere Bedeutung zukommen lassen. In diesem Berg sahen die Menschen der hindu-javanischen Reiche den Götterberg, den *Meru*, wie ihn das Sanskritwort benennt. Es ist der Mittelpunkt ihres Weltbildes. Mit dem Meru verbindet sich eine kosmographische Vorstellung, die Java und Bali aus dem Geist Indiens übernahmen. Dort gilt ein Berg im Himalaya als Meru, durch den die Weltachse verläuft. In den *Purânas*, den altindischen heiligen Schriften, wird Meru als Sitz SHIVAS gepriesen: »... zum Himmel strebt der Gipfel, so goldig, blütenbunt ... der höchste Gott, er thronet dort in der Einsamkeit ... und in des Ozeans Mitte steht dieses Berges Macht ...« In der Mythe von der »Butterung des Milchmeeres« wird der Meru bildhaft im Auftrag Vishnus von den Göttern als gewaltiger Quirl um die eigene Achse gedreht, um die aufgebrachten Elemente zu versöhnen und die Weltbeglückerin Laksmi, eine der Gattinnen Vishnus, zur Rückkehr zu bewegen. Vishnu selbst verwandelt sich zur Schildkröte, auf deren Panzer der Meru seinen sicheren Halt findet. Es ist eine der zahlreichen Geschichten von der ewig gefährdeten und ewig neu zu erringenden Harmonie.

In stilisierter Form wird die Idee vom Meru in den Candis immer wieder variiert. Auf Bali, wo das indische Erbe am lebendigsten fortbesteht, finden wir die Meru-Vorstellung in den hoch aufgeschichteten, sich nach oben hin verjüngenden Dächern, ebenfalls Meru geheißen.

Mit solcher Bedeutung im hindu-javanisch-balinesischen Kosmos war es selbstverständlich, daß der Gunung Penanggungan über und über mit Candis, Meditationshöhlen, sakralen Badeplätzen und sonstigen Stätten der Einkehr versehen und das Ziel endloser Pilgerströme wurde. Alle Reste und Ruinen aufsuchen zu wollen, kommt einer wissenschaftlichen Forschung gleich. Von den mehr als achtzig Heiligtümern wollen wir uns zwei anschauen, die relativ gut erhalten sind. An den westlichen Ausläufern liegt versteckt unter hohen Bäumen der Badeplatz **Jalatunda**. Ein schmaler Weg führt zu dem Ort, der im grünen Schatten geheimnisvoll und dunkel wirkt. Das von Steinmauern eingefaßte Becken ist an den Berg gebaut, sechzehn mal dreizehn Meter. Eine Jahreszahl nach *Shaka-Zeitrechnung* verweist auf 899, was unserer Jahreszahl 977 entspricht und damit eine der frühesten heiligen Stätten der ostjavanischen Periode markiert. Es ist kühl und frisch. Alles fließt. Sogar über den feuchten Boden kriechende Wurzeln der Bäume haben die Gestalt von Wellen. Im Becken mit braunschwarzem Wasser flitzen Goldfische wie rote Pfeile umher. Tropische Üppigkeit ringsum. Die schwarzglänzenden Steine sind mit *Garuda-* und *Naga-Motiven* geschmückt (Naga heißt Schlange). Reliefs, die wahrscheinlich erst im 14.Jahrhundert angebracht wurden, geben Szenen der Arjuna-Geschichten wieder. Über dem Badeplatz ist ein Opferstein. Frische Blumen liegen darauf, Jasminblüten. Daneben kräuseln sich die graublauen Fäden von Räucherstäbchen; ein märchenhafter Ort, wo die Zeiten verschwimmen. Jalatunda wird mit UDAYANA II., dem balinesischen Vater des Königs AIRLANGGA, in Verbindung gebracht. Männer solch fürstlichen Geblütes, Gründer und Herrscher von Reichen, haben hier um die innere Stärke für ihre gottgleichen Ämter gerungen. Daß Airlangga ein Mann klösterlicher Zurückgezogenheit war, der nach seiner Regierungszeit 1042 sich wieder ganz der geistlichen Einkehr widmete, ist historisch überliefert.

Die zweite heilige Stätte könnte der Ort seines Klosters gewesen sein, möglicherweise auch der Ort seiner Beisetzung: **Belahan** an den östlichen Ausläufern des Berges, vom Dorf Kandangan aus in einer halben Stunde zu Fuß zu erreichen. Der gewundene Pfad führt an Sawahs vorbei, läßt des Besuchers Blicke über einen Bach schweifen und die warmen Gerüche Javas aufnehmen. Auch Belahan ist ein Brunnen und Badeplatz. Über dem Wasserbecken stehen aufrecht und lebensgroß in ovalen Nischen zwei steinerne Frauengestalten: die beiden Frauen des VISHNU, links LAKSMI, rechts DEWI SRI, beide auf Lotossockeln. Aus ihren runden, vollen Brüsten spritzt das kühle Naß in dünnem, scharfem Strahl, Sinnbild des Lebens und der Fruchtbarkeit. Eine Atmosphäre voller Legenden, Verlockungen und Poesie umgibt den schattigen Ort. Entrückt vom Alltag und doch

*Am Badeplatz Belahan –
einer der ältesten heiligen Orte Ostjavas (11. Jahrhundert)*

einbezogen in das ländliche Leben. Kinder baden in den Becken von Belahan. Ein paar Meter weiter waschen sich die Frauen, und der Beobachter kann sich der indiskreten Bewunderung nicht versagen, die Mädchen aus den Dörfern mit den beiden Göttinnen aus dem 11.Jahrhundert zu vergleichen. Der Ort läßt einen auf anregende Weise darüber nachdenken, daß die heiligen Stätten der alten Reiche stets alle Sinne einbezogen, die geistigen, geistlichen, die leiblichen. Askese, Enthaltsamkeit, Fasten, erotische Freuden – alles zu seiner Zeit.

Der Platz zwischen den wasserspendenden Statuen ist leer. Hier stand das steinerne Bildwerk des auf dem Garuda reitenden Vishnu. Seiner kunstgeschichtlichen Bedeutung wegen wurde es in das Museum von **Mojokerto** gebracht. Folgen wir ihm in die mittelgroße Stadt, wo wir wieder an die Ufer des Brantas-Flusses gelangen. Das 1913 eröffnete **Museum** in der Jalan Ahmat Yani besitzt wunderbare Stücke aus dem frühen Ostjava, aber die Art der Präsentation, deren völlig unsystematische und kaum durch informative Hinweise gekennzeichnete Auslage, schmälern die Entdeckerfreude. Allein des Vishnu von Belahan wegen lohnt der Besuch. Über zwei Schlangen richtet sich der Garuda auf, kraftvoll, muskulös, voller Bewegung; eine Figur des Aufbruchs und der Tat. Auf seinem Haupte, das rechte Bein nach unten, das linge angewinkelt auf dem Lotoskissen, vierhändig und in vollkommener Ruhe meditiert VISHNU, in seiner Haltung das Gegenbild zu GARUDA; eine Figur feinsinniger Überwindung gewalttätiger Erdenkämpfe. Zwei Formen menschlicher Existenz, die spannungsvoll zusammengehören und einem auf kunstreiche Weise das javanische Sowohl-als-Auch vor Augen führen. Die Fachleute vermeinen, in den Gesichtszügen des Vishnu ein Abbild des historischen AIRLANGGA erkennen zu können.

Die nächste Station ist **Trowulan**, die einstige Hauptstadt des Reiches Majapahit. Es war der letzte mächtige hindu-javanische Staatsverband, der bis zur Ankunft des Islam weit über Javas Grenzen hinaus Einfluß besaß. Von Mojokerto auf der stark befahrenen Hauptstraße zwischen Surabaya und Jombang (übrigens ein empfehlenswertes Etappenziel dieser Region) kommend, sieht der Unkundige im Straßendorf Trowulan keinen Anlaß, die Fahrt zu unterbrechen. Wo sich heute Reis- und

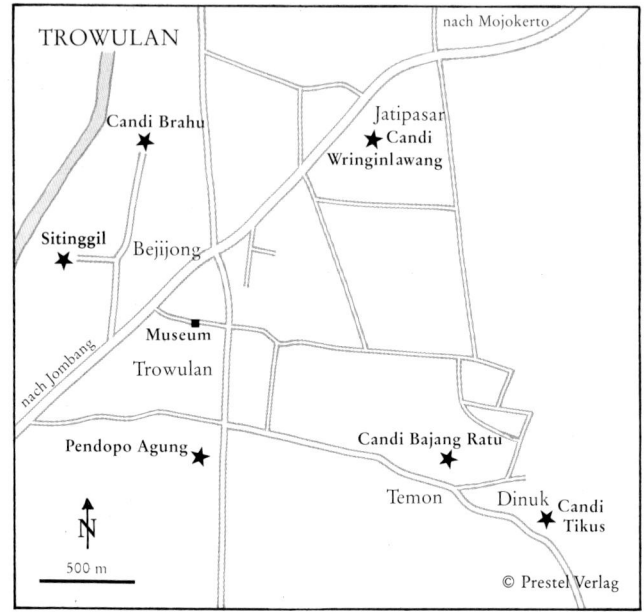

Mais- und Zuckerrohrfelder ausdehnen und dazwischen ein paar Dörfer unter schattigen Bäumen stehen, lag einst eine prachtvolle Stadt mit Toren, Mauern, Badeplätzen, Tempeln, Versammlungshallen, in der vermutlich Zehntausende von Menschen lebten. Die baulichen Überreste sind über mehrere Quadratkilometer verstreut. Mit einem *Becak* haben wir die angemessene Geschwindigkeit, um während eines halben oder eines ganzen Tages auf die Suche nach der verlorenen Größe von Majapahit zu gehen. Schon von weitem ist in den Feldern wuchtig und rötlich **Candi Brahu** zu sehen, eines der größten erhaltenen Bauwerke von Majapahits Regierungssitz. Der schmucklose Turm ist aus roten Backsteinen errichtet wie die meisten Candis; ein vergängliches Material, was den hohen Grad des Verfalls erklärt. Noch heute werden gleich in der Nachbarschaft solche roten Bausteine wie vor siebenhundert Jahren aus einem Lehm-Sand-Gemisch handgefertigt und in der Sonne getrocknet. Majapahits Repräsentationsbauten stammen alle aus der Zeit um 1350. Bei **Candi Siti Inggil** sind später Grabstätten für Moslem-Persönlichkeiten angelegt worden; die zeitliche Grenze zwischen Majapahit und den nachfolgenden islamischen Reichen wird bereits überschritten. In der Nähe des wiederhergestellten Badeteiches aus den großen Zeiten Majapahits befindet sich das 1987 eingeweihte Museum im *Pendopo-Stil*. Die bescheidene Sammlung umfaßt Krisse, Gongs, Schmuck und Porzellan – und eine Vielzahl von *Terrakotta-Figuren*. Diese Kleinplastiken aus gebranntem Ton waren eine Spezialität der Epoche. Die Gestalten sind zwischen zehn und vierzig Zentimeter hoch. Zum Teil sind nur noch Köpfe und Torsi erhalten; Tiere, kultische Fabelwesen. Die menschlichen Gesichter sind bäuerlich, lebensecht, kräftig in den Zügen, profan; Volkskunst, die – fast wie heutige Souvenirs für Touristen – schon damals in Serien produziert wurde.

Majapahit ist auf den Trümmern des Singasari-Reiches errichtet worden. In dynastischen Erbfolgekriegen konnte sich schließlich RADEN WIJAYA behaupten, ein Heerführer aus der Nachkommenschaft des KEN ANGROK, der es ein Jahrhundert zuvor in Singasari zu Macht und Ansehen gebracht hatte. Mit dem neuen Zentrum in der Brantas-Ebene, dem heutigen Trowulan, stieg das Reich auf, das wie keines sonst die Dimensionen und staatliche Idee des modernen Indonesien geprägt hat. Gegen Angriffe der mongolischen Yüan-Dynastie setzten sich seine Herrscher an der javanischen Nordküste ebenso erfolgreich zur Wehr wie gegen Rivalen aus den eigenen Reihen. Majapahits Einflußbereich mit Tributforderungen an die lokalen Fürsten reichte bis in die ostindonesische Inselwelt der Molukken, umfaßte das gesamte Java, griff nach Sulawesi, Kalimantan, Sumatra über. Ein Name aus der Majapahit-Ära ist auch heute noch jedem indonesischen Schulkind bekannt: GAJAH MADA. Ein Mann des Volkes, der sich nach oben diente und als wichtigster Minister zwischen 1331 und 1364 die eigentliche politische Macht verkörperte. Es war die Blütezeit Majapahits, das sich als führende südostasiatische Großmacht hervortat. Damals wurden die Grundlagen einer indonesischen Identität geformt. Die heutigen Spitzen in Politik und Militär sehen sich in der kontinuierlichen Nachfolge von Majapahit. Ein paar hundert Meter vom neuen Museum entfernt läßt sich diese Selbstdarstellung im **Pendopo Agung** unmißverständlich erkennen. Die Versammlungshalle ist nach den alten Vorbildern in den siebziger Jahren errichtet worden. Die dort ausgestellte Namensliste der Rajahs zwischen 1294 und 1587 wird in direkter Linie mit den Namen der militärischen Oberbefehlshaber Ostjavas seit 1945 fortgesetzt. Auf zwei weißen Marmorreliefs im Hintergrund sehen wir die Illustration der nationalen Legenden, wie sie in allen Schulbüchern zu finden sind. Gajah Mada hält vor versammelter Majapahit-Prominenz seinen Schwur *Sumpah Palapa*: nämlich nicht eher zu ruhen, bis der gesamte Archipel unter einer Flagge vereint sei. Erst 1945 war dieses Ziel politisch erreicht; und die heutigen Herren übersehen dabei gern, daß die territoriale Grenzziehung weniger durch Majapahit, sondern vielmehr durch die holländische Kolonialmacht vorgegeben war und der Zweite Weltkrieg den Unabhängigkeitsprozeß enorm beschleunigte. Majapahits Glanz war zu jener Zeit weltpolitischer Neuorientierung Mitte des 20. Jahrhunderts längst verblaßt.

Hinter dem Pendopo Agung sind unter Bäumen wiederum islamische Gräber. Davor ragt eine fünfeckige Steinsäule etwa einen Meter aus dem Boden; und niemand weiß, wie tief die wundertätige Stele in die Erde reicht. Grabstätten auch beim **Candi Kedaton**. Auf einer Anhöhe das Häuschen eines geheimnisvollen Brunnens, der als *Sumber Racun*, als Giftbrunnen, bezeichnet wird. Ein Ort zum Beten, einer dieser Treffpunkte gläubiger Javaner, die zumeist als Moslems bezeichnet werden, aber gerade an den authentischen Stätten von Majapahit die mystischen Beziehungen zum hindu-javanischen Geisteserbe pflegen. *Kebatinan* und *Kejawen* werden diese Ausdrucksformen der Religiosität genannt. Innerhalb Indonesiens sind sie umstritten, weil deren Anhänger in Millionenzahl nicht so recht in das Religionsmuster passen, das offiziell gemäß *Pancasila* vorgeschrieben wird: Islam, die beiden christlichen Konfessionen, Hinduismus, Buddhismus. Wir schauen einer Gruppe von Dorfleuten zu, die ihre Opfer- und Meditationshandlungen vollziehen. Da lebt offensichtlich mehr aus der Zeit Majapahits an Spiritualität weiter, als die Ruinen es vermuten lassen. Solche Orte gelten als heilig. Hier geschehen für die Anhänger von Kebatinan und Kejawen Vorfälle, die sich dem Verständnis der

Dämonenrelief am Candi Kedaton

Europäer entziehen. Da werden Botschaften aus dem Jenseits empfangen. Da haben Krisse übernatürliche Kräfte. Da erhoffen sich die Menschen göttliche Inspiration, und dem Betrachter wird deutlich; es gibt nicht nur eine Wirklichkeit, sondern die verschiedenen Wirklichkeiten für Menschen unterschiedlicher Kulturkreise und Denkweisen. Das ist die Lehre von Trowulan.

Beim hohen gespaltenen Tor, dem *Wiring Lawang*, nimmt der Besucher Abschied von Trowulan. In roter Monumentalität hebt es sich gegen den blauen Himmel ab, die eine Hälfte bereits bis zur Mitte zerfallen. Es ist eines der Portale, die zu Majapahits Metropole führten. Eines der Tore aber auch, durch das die einstmals mächtigen Herren des Reiches flüchteten, als es Ende des 15.Jahrhunderts in seinem Innern schon zerfallen war und der neuen Kraft, dem Islam, nur noch Religiosität, nicht mehr jedoch Politik entgegenhalten konnte.

Zu den Wallfahrtsstätten des Konsums
Surabaya

Das neue Indonesien mit seinem pragmatischen, technologischen und kommerzialisierten Geist läßt sich in Ostjava nirgends so kompakt und selbstbewußt bestaunen wie in **Surabaya**. »Warum wollen Sie den unbedingt Ludruk sehen?« empfing mich bei meinem jüngsten Besuch in der Vier-Millionen-Stadt ein alter Freund, »schauen Sie sich lieber die neuen Kaufhäuser an. Die sind für das heutige Surabaya typischer als Ludruk.« Recht hat er! Wir fuhren von einem öffentlichen Platz zum nächsten, wo noch gelegentlich die Schausteller ihr Zelt aufbauen und eine derb-deftige Vorführung von Volkstheater geben, das *Ludruk* heißt. Das ist ein künstlerisch nicht sehr anspruchsvolles Spiel mit Geschichten aus der Nachbarschaft; viel Improvisation, Umgangssprache, zuweilen auch ein verbales Ventil für die Nöte ganz unten. In den siebziger Jahren tingelten noch Dutzende von Ludruk-Trupps über die Märkte und hatten ein begeistertes Publikum. Heute gibt es kaum noch welche. Das Fernsehen hat sich der traditionsreichen Volkskunst angenommen, erhält sie am elektronischen Leben und kann ganz nebenbei zensierend auf Stoff und Inhalt einwirken. So ist das im modernen Indonesien. Nur die weitgereisten Fremden suchen stets das Gestrige, das nostalgisch verklärte Angebot aus dem kulturellen Erbe, nicht aber die alltäglichen Lebensverhältnisse. Surabaya freilich ist genau die Stadt, wo man das moderne Indonesien studieren kann, an Altertümern hat es nämlich kaum etwas zu bieten: keinen Kraton, keinen Candi, keine malerischen Ruinen; dafür die Dynamik einer atemberaubenden Entwicklung, an der die meisten Indonesier kaum, wenige aber enorm profitieren.

Surabaya ist die Stadt des Handels, Geldes, der Industrie, Werften, der technischen Hochschulen. Während der Kolonialzeit wetteiferte Surabaya stets mit Batavia und überflügelte die Hauptstadt letztendlich an Einwohnerzahl und wirtschaftlicher Bedeutung. Batavia war Zentrum der Administration, Surabaya der ökonomische Mittelpunkt. Von verruchter Liebe zu Surabaya-Jonny wird nur bei BRECHT gesungen. »Hier drängt sich alles, hier staut sich alles, hier jagt der ganze wilde Drang, um jeden Preis rasch Geld zu verdienen und wieder fortzukommen«, so empfand der Holländer LOUIS COUPERUS die Hektik der Stadt Anfang der zwanziger Jahre. Damals lebten hier nur etwa 150000 Menschen. Durch die Straßen rumpelte noch eine Tram mit Dampfbetrieb. Heute ist die zweitgrößte Stadt Indonesiens der Inbegriff des Fortschritts.

Die Gründung Surabayas reicht ins 13.Jahrhundert zurück, als der Ort für das Singasari-Reich in der Funktion wichtig wurde, der seinen Rang über alle Jahrhunderte prägte und auch heute noch ausmacht: Hafenstadt und Drehscheibe für den Handel im gesamten Archipel zu sein. Wenn wir uns zur Stadterkundung aufmachen, dann am besten unten am Hafen, wo der Blick hinüber reicht zur Insel **Madura**, die langgestreckt und flach stets der natürliche Schutzschild Surabayas war. *Kali Mas* heißt das gemächliche Gewässer, das sich aus der verwinkelten Innenstadt herauswindet und schließlich in kanalisierter Geradlinigkeit der Bucht vor Surabaya zuströmt. Mit Goldfluß läßt sich sein Name übersetzen, doch der poesievollen Benennung zum Trotz trägt er nichts als Unrat der Millionenstadt mit sich. Zu früher Stunde haben dickbauchige Segelschiffe festgemacht, fünfzig, sechzig *Praus*, die ihre schwankenden Masten in den klaren Morgenhimmel recken. Ganz so wie in Sunda Kelapa in Jakarta. Bei rasch steigender Sonne schleppen die Träger schwere Lasten. Auf hölzernen Bohlen balancieren sie Säcke und Stämme. Es riecht nach Meer, nach Abfall und faulenden Früchten. Es stinkt der Kot der Ochsen, die zweirädrige Karren ziehen. Am Kali Mas ist etwas von der Ursprünglichkeit eines orientalischen Hafens lebendig geblieben. Ein paar Steinwürfe entfernt greifen stählerne Kräne in die Ladekammern dieselgetriebener Hochseefrachter. Dort, im neuen Hafen *Tanjung Perak*, hat das Zeitalter der Computer begonnen. Vor dem nüchternen Abfertigungsgebäude aus Beton und Glas legen seit ein paar Jahren auch luxuriöse Passagierschiffe an, die auf einer deutschen Werft gebaut wurden.

Landeinwärts kommen wir zur Roten Brücke, der *Jembatan Merah*. Ihren Namen verdankt sie einem Streit zwischen Haien und Krokodilen um die Vorherrschaft – so jedenfalls berichtet ein Märchen. Ein Kampf sollte darüber entscheiden. Wo heute die Brücke steht, färbte sich das Wasser blutrot. Im Wappen Surabayas wird die Rivalität übrigens fortgesetzt. Hai und Krokodil sind darin beide vertreten; und auch der Name soll aus beiden Tiernamen zusammengesetzt sein. Eine andere, historische Leseart interpretiert Surabaya allerdings im übertragenen Sinne als Stadt der Helden. Nach der Kapitulation Japans im Zweiten Weltkrieg entsandten die Alliierten im Oktober 1945 mit Beteiligung holländischer Truppen militärische Einheiten zur angeblichen Entwaffnung der Japaner nach Surabaya. Die Verbände stießen auf den Widerstand der indonesischen Streitkräfte, die ihre ein paar Monate zuvor im August ausgerufene Republik verteidigten. Die Kräfte waren ungleich verteilt. Am 10. November kam es zu entscheidenden Straßenschlachten. Unter britischer Flagge fielen vierhundert Soldaten. Unter der rot-weißen Fahne Indonesiens mußten 15000 bis 16000 Menschen ihr Leben lassen.

In der Nachbarschaft breiten sich die Viertel von gestern aus; arabisch und chinesisch geprägt, ärmlich, verschlissen und verwohnt. Auch die europäisch anmutenden Straßen nicht weit weg davon sind Bilder der Vergänglichkeit. Da stehen noch einige Handelshäuser, die von holländischen Profiten künden, grau die Fensterscheiben, abbruchreif. Wie das neue Indonesien aussieht, zeigt ein paar Schritte weiter der Bahnhof: ein weißer Kasten im Fortschrittslook der glatten Fassaden, eine Kombination aus Verkehrszentrum und Supermarkt mit Dutzenden einzelner Geschäfte, die vom Video bis zum Hamburger alles anbieten, wonach heute Nachfrage besteht.

Je weiter wir in die Innenstadt kommen, desto größer und moderner werden die Kaufhäuser. *Delta Plaza* ist eines der neuesten. Marmor, Glas und Edelstahl – nur die feinsten Materialien waren gut genug, um diesen Tempel der Kauflust zu errichten. Kein Produkt der industriellen Fertigung westlicher und östlicher Industrieanbieter, das hier fehlte. Über Rolltreppen wird der Besucher in ein glitzerndes Labyrinth von Läden, Restaurants, Cafés und Boutiquen gebracht. Alles vollklimatisiert und von einschmeichelnder Musik durchdrungen. Es ist illustres Beispiel einer Reihe solcher Warenpaläste, die in den indonesischen Städten zum Kauf einladen; mit ihrem Prunk und Luxus vergleichbare Supermärkte in Deutschland in den Schatten stellend. Es sind die Wallfahrtsstätten der Gegenwart, und ihr Bezug zur Tradition ist verblüffend: Vor Delta Plaza steht eine dickbäuchige Figur, die in allen Einzelheiten die Wächterskulpturen vor den alten Tempeln aus hindu-javanischer Epoche kopiert. Die Symbole eines brüchig gewordenen kulturellen Erbes werden vermarktet.

Im kleinen geruhsamen *Apsari-Park* können wir über die auch in Indonesien herrschende Werteveränderung vom Sein zum Haben nachdenken. Mitten in der Stadt, nicht weit weg vom Postamt, dem Gouverneurspalast aus holländischer Zeit, und der Jalan Pemuda ist diese Grünanlage wie eine Oase im urbanen Trubel ausgespart. Dort begegnen wir Joko Dolog, einer glatzköpfigen buddhistischen Steinfigur in Meditationshaltung. Sie stellt König KERTANEGARA dar, der zwischen 1268 und 1292 regierte und die Gründung Surabayas veranlaßte. Wir hören gedämpft den Verkehrslärm, gewinnen wieder etwas Abstand von der Hektik der Stadt und nehmen ein wenig von der Gelassenheit auf, die dieser steinerne Mann ausstrahlt – sogar in Surabaya.

Am Rande des Infernos
Propolingo – Tengger-Gebirge

Surabaya und das Ballungsgebiet entlang der Küste mit mehr als vierzig Millionen Menschen bleiben hinter uns. Wir fahren ostwärts. Bei Propolingo biegt der Wagen rechts ab. Bald steigt die Straße steil an, windet sich in Serpentinen, verläßt das satte Grün der Sawahs. Man kann wieder erfrischt durchatmen und sich der Illusion hingeben, nicht nur dem schwül-heißen Tiefland, sondern auch den indonesischen Entwicklungsproblemen mit Überbevölkerung und Verstädterung, beides eben noch hautnah erlebt, zu entfliehen. Vor uns aufragend das ostjavanische Hochgebirge der Vulkane. Der Aufstieg zum **Tengger-Massiv** hat Tradition. Bereits während der Kolonialzeit steuerten die tropenmüden Europäer sehnsuchtsvoll die Höhen an: »Schon die Aussicht eines Aufenthaltes auf dem Hochgebirge in Javas Osten flößt dem vom ermattenden Klima abgeschwächten Europäer neue Kräfte ein, malt ihm die herrlichsten Gebirgslandschaften mit fast heimatlicher Vegetation vor den Geist, läßt ihn heilende, erstärkende Wirkung des kühlen Bergwindes vorausfühlen«, so schrieb T.J. BEZEMER 1904 in den Vorbemerkungen zu seiner Sammlung indonesischer Märchen, in denen auch der Berg **Bromo** eine legendäre Rolle spielt.

Nach 42 Kilometern ist von Propolingo aus das Dorf **Ngadisari** erreicht. Es liegt in 1868 Meter Höhe und bietet eine Anzahl einfacher Herbergen. Von hier geht es nur zu Fuß oder auf dem Rücken kleiner Pferde weiter, die vermietet werden. Die Leute im Dorf haben sich seit langem auf Touristen eingestellt. Der Bromo gehört zum festen Besichtigungsprogramm der Besucher Ostjavas. Bis zum Zweiten Weltkrieg nahmen die meisten Wanderer die Route über Tosari, knapp zwanzig Kilometer nordöstlich gelegen und von der Küste aus ab Pasuruan zu erreichen. Damals standen im Höhenkurort Tosari noch Sanatorien, luxuriöse Hotels, teure Restaurants. Der deutsche Dichter MAX DAUTHENDEY verbrachte dort bis 1918 die letzten Jahre seines Lebens. Das alles ist nur noch Erinnerung; die einstige Gastronomie in Tosari ist verschwunden, die Gebäude wurden während der Kriegs- und Nachkriegswirren zerstört. Wir richten uns also in Ngadisari ein, um das Schauspiel zu erleben, das heutzutage die meisten Fremden anlockt: den Sonnenaufgang über dem Bromo.

Auf einer Fläche von 800 Quadratkilometern erhebt sich das Tengger-Gebirgsmassiv, eine der eigenartigsten Landschaftsformationen Indonesiens. In zweitausend Metern breitet sich eine Riesencaldera als Ergebnis vorzeitlicher Vulkanausbrüche aus. Der Bromo und sechs teilweise noch aktive Feuerberge ragen über die Hochebene, die treffend Sandmeer genannt wird. Im Hintergrund, etwa vierzig Kilometer südlich, ist der Kegel des Semeru zu sehen, mit 3676 Metern Javas höchster Berg. Eine strenge Oberwelt, deren Werden und gewaltvolles Entstehen längst nicht beendet sind; eine Herausforderung für den Wissenschaftler zu Kontrolle und Forschung; eine Kraftprobe für den Bergsteiger; eine Anregung für den Phantasiebegabten. Alle stoßen sie in eine märchenhafte Natur vor, und es ist, als ließe man die alltägliche Welt weit hinter sich.

In der Bergwelt des Tengger flüchteten nach dem Fall des Majapahit-Reiches einige seiner Angehörigen; zumeist die der unteren Schichten, während Familien der Elite auf die Insel Bali abwanderten. So bewahrte sich in unwirtlicher Höhe und auf der fruchtbaren Nachbarinsel das hinduistische Erbe vor dem sich ausbreitenden Islam, ohne daß die so verschiedenartig lebenden Nachfahren Majapahits voneinander wußten oder gar Kontakt gehabt hätten. Erst in den fünfziger Jahren dieses Jahrhunderts kamen Balinesen und *Tenggeresen* bei Besuchen zusammen und stellten in ihren Gebeten und sakralen Handlungen viele Gemeinsamkeiten fest. In zwei Dutzend Dörfern leben heute etwa vierzigtausend Tenggeresen; sie sind Javaner und keineswegs eine ethnische Minderheit – wie beispielsweise die *Badui*, eine kleine Volksgruppe, die im westlichen Java südlich der Stadt Rangkas Bitung in völliger Abgeschiedenheit lebt. Die Tenggeresen sind zähe Bergbewohner, die Gemüse, Kartoffeln, Mais anbauen; sie bekennen sich zu *Agama Buda* oder *Agama Hindu*, also zur hindu-javanischen Religion der Vorväter. Die Isolation und die niedere soziale Herkunft brachten es vermutlich mit sich, daß in diesen Höhen keine Kratons entstanden und auch eine literarische Überlieferung nicht auszumachen ist. Längst wurde die Abgeschiedenheit durchbrochen. Der Islam hat seinen Einfluß auch bis ins Tengger-Gebirge ausgedehnt. Mit den Touristen kamen und kommen die Verlockungen der modernen Konsumwelt. Wie rein und unberührt der Glaube der Ahnen heute noch bei den Nachfahren ist, bleibt ein Gegenstand ethnologischer Untersuchung.

Ein Volksmythos erklärt sowohl die Herkunft als auch das wichtigste Fest im Jahresablauf der Tenggeresen. Es ist die Geschichte von Rara Anteng und Joko Seger (in deren beider Endsilben der Name Tengger steckt). Sie gelten als die Urheltern der Tenggeresen. In grauer Vorzeit trafen sie sich hier oben, heirateten und bekamen trotz inniger Meditation und der Beachtung aller diesbezüglichen Riten keinen Nachwuchs. Da versprach ihnen der Geist des Bromo Fruchtbarkeit und 25 Kinder – unter der Bedingung, daß ihm das jüngste dereinst geopfert werden sollte. Als Ibu Rara Anteng tatsächlich ein 25. Kind, Kusuma, gebar, war die Absprache vergessen. Der Bromo-Geist forderte sein Opfer; der Knabe Kusuma wurde vom Feuerberg verschlungen. Aus dessen Innern ließ er die Eltern wissen, sie mögen der Harmonie und des Fortlebens wegen alljährlich am Tag seiner Opferung dem Bromo ihre Ergebenheit mit Gaben kundtun. Am 15. Tag im zehnten Monat des Tengger-Kalenders, dem Monat Kasada, findet dieses Opferfest statt.

Auch daran ist zu denken, wenn man zum Bromo aufsteigt, um die ersten Strahlen der Sonne zu schauen. Über dem Sandmeer liegt dicht, grauer Watte gleich, der Nebel. Vom Dorf Ngadisari braucht man etwa eine Stunde zu Fuß, um an den Rand dieses wellenlosen Meeres zu gelangen und einzutauchen in das Gespinst aus Dunst und Tau. Ein roter Schimmer am Horizont der verblassende Mond, die schwindenden Sterne. Zähneklappernd stapft man gegen Kälte und Steinbrocken an. Zwischen 4.30 und 7 Uhr verändern sich die Stimmung, das Licht, die Schatten alle paar Minuten. Eine hölzerne Leiter führt zum Kraterrand hinauf. Schwefelschwaden bläst uns der Wind ins Gesicht. Wir sind 2392 Meter hoch. Der Blick in den Schlund des Vulkans. Zerklüftet die Tiefe mit gelben Schwefelablagerungen. Aus einem Loch quillt eine weiße, die Atemwege ätzende Wolke. – Die frühen Bewohner des Tengger-Gebirges nahmen aus dieser Natur den Stoff ihrer Mythen. Die Hindu-Götter haben sich nach der Ankunft des Islam auf solche Berge zurückgezogen. Im Namen Bromo steckt der Gottesname BRAHMA.

Während des Kasada-Festes versammeln sich die Tenggeresen hier zu Tausenden. Zwischen Mitternacht und Sonnenaufgang werden die Gebete gesprochen. Es ist auch der Höhepunkt im Jahresablauf der noch etwa zwei Dutzend Hindu-Priester, die hier oben ihren Dienst tun. Die Gläubigen haben Kusumas Forderung nicht vergessen. In den unersättlichen Bromo-Rachen werden Blumen, Früchte, Geld und Kleingetier geworfen. Es sind die Opfer, die den Zorn des Gottes besänftigen sollen; und es ist zugleich das demonstrative Zeugnis, mit den Ahnen in Verbindung zu bleiben: Der Feuerberg nimmt das Leben, der Feuerberg gibt das Leben. Es ist die Parabel fortwährender Existenz am Rande des Infernos. Während wir vorsichtigen Schrittes auf dem schmalen Trampelpfad um den oberen Rand des Kraters herumlaufen, erschwert dessen Ausdünstung immer wieder das Atmen und hüllt uns in weiße Wolken ein. Eine solche Wanderung ist nicht ungefährlich. Schnell steigt die Sonne und meißelt mit scharfen Schlagschatten phantastische Konturen ins Gestein. Es wird warm, bald heiß. Vergessen das Frösteln. Das ist Wiedergeburt, Rückkehr des Lebens. Die Phantasmen der Träume lösen sich auf.

BALI
Die einzigartige Insel

Paradies mit Widersprüchen
Banyuwangi – Gilimanuk

Da ist wieder dieses wunderbare Reisegefühl, das in einem Beschwingtheit auslöst: auf dem Oberdeck der Fähre nach Bali stehen, sich den weichen warmen Wind um die Nase wehen lassen, unterwegs sein im ausgedehntesten Archipel des Erdenrundes. Nur eine gute halbe Stunde braucht das Schiff von Ketapang, nördlich von Banyuwangi an Javas Ostküste gelegen, hinüber nach **Gilimanuk**, dem westlichsten Zipfel Balis. Es ist eine Autofähre; und alles geht im Pendelverkehr mehrmals am Tage sehr routiniert zu. Und doch: hier ist etwas vom »verzaubernden Atem der östlichen Gewässer« zu spüren, den uns ein JOSEPH CONRAD in seinen unnachahmlichen Romanen bereits literarisch vermittelte. Bei solcher Überfahrt wird einem auf ebenso sinnliche wie einprägsame Weise klar, was Indonesier meinen, wenn sie *Tanah Air* sagen: Erde und Wasser heißt das in ihrer Sprache, und in dieser unauflöslichen Gemeinsamkeit ist es der Begriff für Heimat, Vaterland, Existenzgrundlage. Eine optische Vorstellung der insularen Zersplitterung, die als Ergebnis zerstörend-schöpferischer Urgewalten in den Meeren Südostasiens zurückblieb, vermittelt der Blick aus dem Flugzeugfenster. Es ist für die meisten Reisenden unserer Tage der erste Ausschnitt, durch den sie die Welt Indonesiens wahrnehmen, auch und gerade die Insel Bali, die mit ihren 5561 Quadratkilometern zu den kleinen unter den mehr als 13 000 indonesischen Inseln gehört, acht Grad südlich des Äquators gelegen und wie ein Anhängsel Javas wirkend, mit dem es in grauer Vorzeit vermutlich tatsächlich durch Landbrücken verbunden war. Schon in den dreißiger Jahren landeten auf Balis südlicher Halbinsel **Bukit Badung** (damals Tafelhoek genannt) die ersten Flugzeuge mit Touristen. 1969 wurde dort der internationale Airport **Ngurah Rai** eingerichtet (benannt nach einem balinesischen Helden des Zweiten Weltkrieges). Ein paar Steinwürfe vom Airport entfernt stehen die luxuriösen Hotels des Komplexes Nusa Dua. Ein paar Kilometer nordwestlich davon breiten sich die komfortablen Hotels von Sanur aus; ein paar Kilometer nordöstlich die Bungalows, Losmen und sonstigen Herbergen von Kuta und Legian. Man landet, entsteigt dem Jumbo und ist bereits mittendrin im Bali der Reiseprospekte. Bali ist auf die mehr als zwei Millionen Gäste, die ab 1992 jedes Jahr erwartet werden, vorbereitet – jedenfalls der Teil der profitierenden Balinesen unter der Gesamtbevölkerung von drei Millionen. Anders die maritime Annäherung, die so erfrischend altmodisch ist und einem die sanfte Schonfrist zur Einstimmung gönnt. Die dunkelgrün hochansteigenden Umrisse Javas bleiben hinter uns; das Ijen-Plateau verschwimmt in grauen Wolken. Vor uns im Osten hüllt sich die berühmteste aller indonesischen Inseln in Dunst und Geheimnis und gibt aus dieser Entfernung noch nichts preis von ihrem Zauber. Wenn man bereits eine lange Reise durch Java gemacht hat, die zum Verständnis dieser zentralen Insel verhalf, von der stets die bedeutendsten, folgenreichsten Impulse in den gesamten Archipel ausgingen, dann wird die Passage nach Bali zur selbstverständlichen, historisch wie geographisch schlüssigen Fortsetzung. Wie sollte man Bali kennenlernen und wenigstens ansatzweise das komplizierte Geflecht seiner Kultur verstehen, ohne vom Bezug zu Java zu wissen, aus dem heraus Bali so wurde wie es ist. Über die Wasser und via Java waren jene Menschen und Mächte gekommen, die Balis Besonderheiten begründeten. Für kulturelle Einflüsse und Entwicklungen ist das Wasser in der Geschichte nie ein Hindernis gewesen; für die Bewahrung eigenständiger Werte wurde es indes der schützende Wall. Auch dies lehrt uns das Doppelwort *Tanah Air*.

Allmählich wird das hohe gespaltene Tor im Hafen von **Gilimanuk** erkennbar, das neueren Datums ist und ein erstes verheißungsvolles Zeichen dieser einzigartigen Insel gibt. Deren frühe Besiedlung reicht in prähistorische Zeiten zurück. Die Menschen, die auf der Suche nach neuem Lebensraum, mit mehreren Auswandererwellen aus dem südwestlichen China ab 3000 vor der christlichen Zeitrechnung in den südostasiatischen Archipel vordrangen, erreichten mit ihren Auslegerbooten zwischen 2000 und 1500 v.Chr. auch Java und Bali. Mit diesen Siedlern verbreitete sich die *neolithische Kultur*, die in ihren handwerklichen und agrarischen Techniken bereits hoch entwickelt gewesen war und über erstaunliche nautische Kenntnisse verfügt haben muß. Den Menschen war Herstellung und Handhabung des Vierkantbeiles vertraut; sie richteten ihren Ahnen schwergewichtige Steine auf (Megalithkultur); und sie bauten Naßreis an, zu dessen Kultivierung ein kompliziertes Bewässerungssystem und eine straff organisierte Dorfgemeinschaft erforderlich waren. Für solche Kulturleistungen bot offenbar Bali mit seinen von Vulkanausbrüchen fruchtbaren Böden, wie er besonders im Süden anzutreffen ist, die besten Voraussetzungen. Wesentliche Elemente balinesischen Lebens, wie es noch heute nach eigenem Kalender und allseits eingehaltener Festfolge zu beobachten ist, wurzeln in dieser Besiedlung vor unserer Zeitrechnung. Bali sollte zum Schmelztiegel der Kulturen werden. Dieser über mehr als zwei Jahrtausende während Prozeß läßt das gern gebrauchte Etikett, Bali sei eine hinduistische Insel im islamischen Ozean, als zu oberflächlich und in solcher Verkürzung auch als falsch erscheinen. Das läßt sich noch heute dort am besten erfahren, wo sich in relativer Abgeschiedenheit soziale Bindungen und Bestattungsriten erhalten haben, die mit den späteren hinduistischen Einflüssen kaum oder gar nichts zu tun haben; in den sogenannten *Bali-Aga-Dörfern* Trunyan und Tenganan beispielsweise.

Um 100 n. Chr. sind die ersten indischen Einflüsse auf Borneo, Sumatra und Java überliefert. Buddhistische Missionare, die an balinesischen Fürstenhöfen auftraten, werden ab 600 n. Chr. vermutet. Die ältesten Kleinplastiken und Schriftstücke, die auf Bali gefunden wurden und vom mahayana-buddhistischen Glauben künden, stammen aus dem 8. und 9. Jahrhundert – zu Zeiten, da auf Java bereits der Borobudur errichtet wurde. Kann sein, daß bis dahin sich Java und Bali mehr oder weniger unabhängig voneinander entwickelten und ihre Herrscherhäuser vom Geist Indiens durchdrungen wurden, ohne daß es beiderseitige Kontakte gegeben hat. Um die Jahrtausendwende aber kamen beide Inseln in eine wechselseitige Beziehung, die bis in die Gegenwart hineinreicht.

Die Heirat zwischen dem balinesischen Prinzen UDAYANA und Prinzessin MAHENDRADATTA, der Tochter des ostjavanischen Königs MPU SINDOK, die uns bereits auf Java beschäftigt

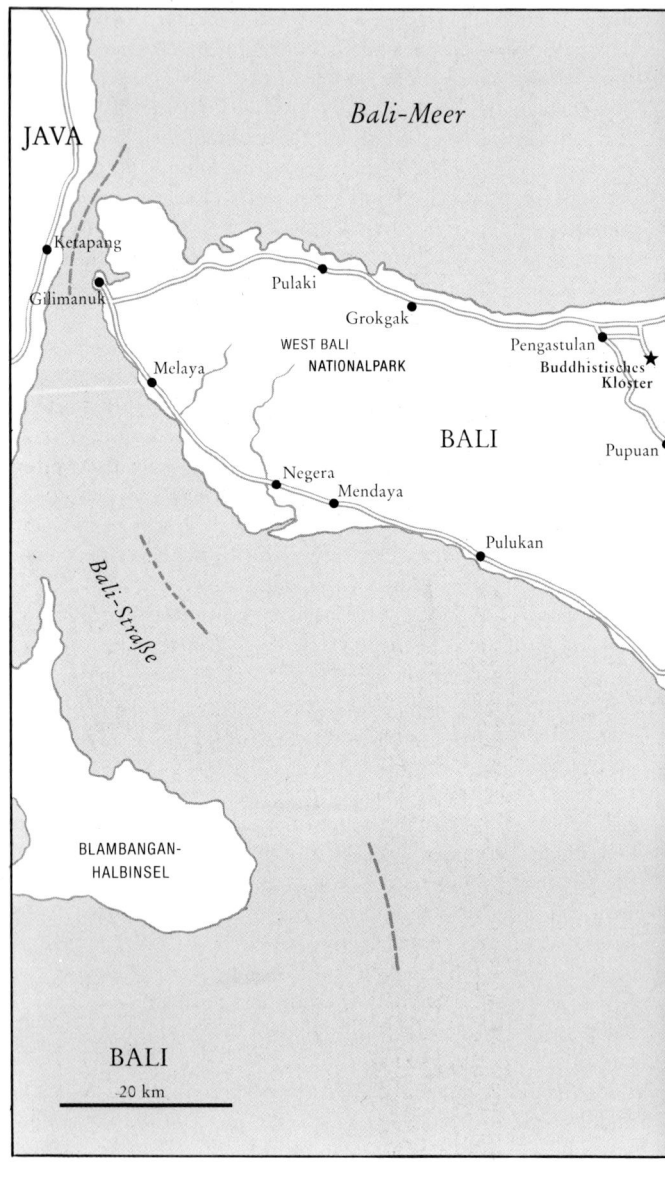

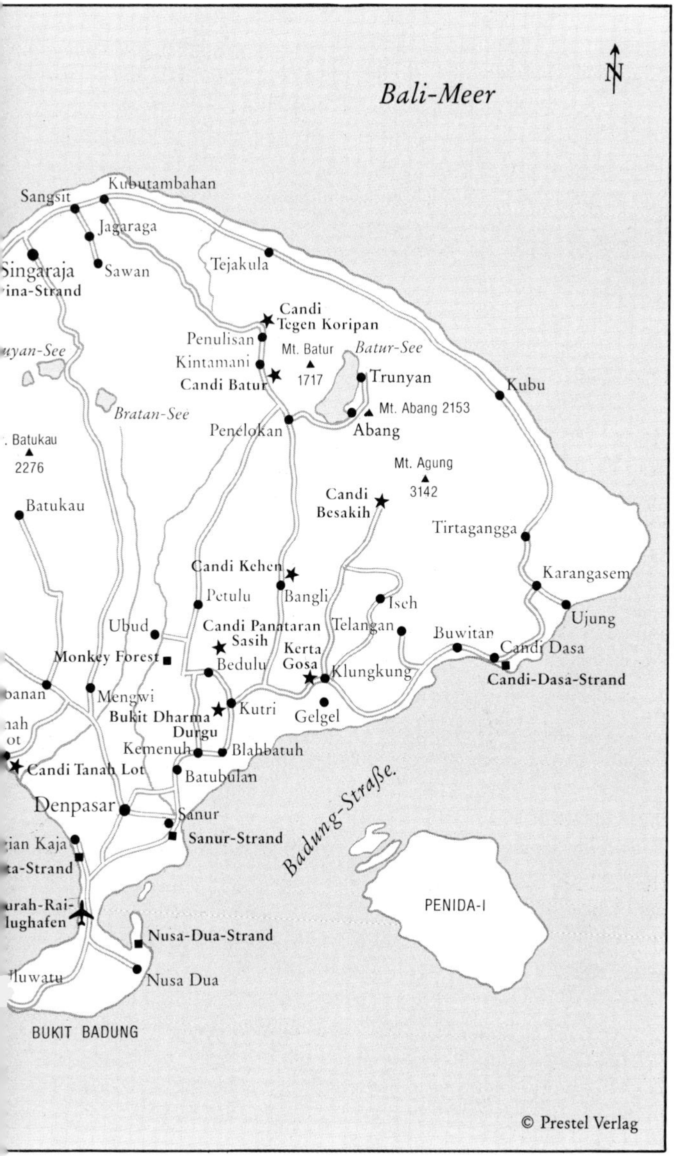
Bali-Meer
N
Sangsit
Kubutambahan
Jagaraga
Sawan
Tejakula
Candi
Tegen Koripan
Penulisan
Mt. Batur
1717
Batur-See
Kintamani
Candi Batur
Trunyan
Kubu
Bratan-See
Mt. Abang 2153
Penelokan
Abang
Batukau
2276
Mt. Agung
3142
Batukau
Candi
Besakih
Tirtagangga
Candi Kehen
Karangasem
Petulu
Bangli
Isch
Ujung
Ubud
Candi Panataran
Sasih
Telangan
Buwitan
Monkey Forest
Kerta
Gosa
Candi Dasa
Bedulu
Klungkung
Candi-Dasa-Strand
Mengwi
Kutri
Bukit Dharma
Durgu
Gelgel
Kemenuh
Blahbatuh
Candi Tanah Lot
Batubulan
Badung-Straße
Denpasar
Sanur
Sanur-Strand
PENIDA-I
Nusa-Dua-Strand
Nusa Dua
BUKIT BADUNG
© Prestel Verlag

hat, gewinnt nun aus balinesischer Sicht eine tiefere Bedeutung. 989 fand die folgenreiche Hochzeit statt. Zwölf Jahre lang dominierte die Javanerin als Königin GUNAPRIYA über Bali und sorgte für die Javanisierung des balinesischen Hofes. Dessen altbalinesische Sprache wurde durch das Altjavanische (*Kawi*) verdrängt. Tantrische Riten, Zauberpraktiken, schwarze Magie wurden zu Herrschaftspraktiken, die die volkstümliche Überlieferung noch heute eng mit der Königin aus Java in Verbindung bringt. Ob die Frau wirklich die Verkörperung des Bösen gewesen war, sei dahingestellt; in der Figur der Rangda, der Tod bringenden Hexe, die im Tanzdrama des Barong immer wieder beschworen wird, sieht der Volksglaube eben diese Gunapriya Dharmapathi, die zur polarisierenden Figur balinesischer Weltsicht wurde.

Der dieser Ehe entstammende, 991 geborene Sohn AIRLANGGA brachte während seiner Regierungszeit von 1019 bis 1042 Ostjava und Bali unter eine Krone. Ostjavas Dominanz bei balinesischen Angelegenheiten wurde selbstverständlich. In der Folgezeit konnte sich Bali allerdings wieder einen politischen Freiraum bewahren. Drei Jahrhunderte später wendete sich das Blatt abermals. Majapahit, das erste Großreich mit gesamtindonesischem Gebiets- und Machtanspruch, unterwarf sich Bali als Vasallen. Premierminister GAJAH MADA, die überragende Persönlichkeit der Epoche, führte 1343 den Feldzug an und besiegte den balinesischen König von Pejeng, DALEM BADAULU. In Samprangan, nahe dem heutigen Gianyar, wurde seine Majapahit-Niederlassung eingerichtet. Später etablierten sich balinesische Fürsten in Gelgel, nahe Klungkung. Solange Majapahit von Trowulan aus machtvolle Politik betreiben konnte, blieb Balis kulturelle Selbständigkeit trotz Vasallenstatus ziemlich unberührt, und die Balinesen konnten ihre internen Angelegenheiten selbst bestimmen. Das änderte sich mit dem Niedergang Majapahits. Dessen höfische Elite und seine geistlichen Führer flüchteten sich vor dem Islam auf das benachbarte Eiland und übernahmen dort als Feudalherren die Schlüsselpositionen in Politik und Geistesleben. 1478 setzte sich der Sohn des letzten Majapahit-Königs mit seinem Hofstaat, seinen Priestern und Künstlern nach Bali ab. Die Javaner verteilten dort Pfründe an ihnen genehme lokale Fürsten, deren Nachkommen später halb-autonome Fürstentümer einrichteten. Mit den Javanern aus den Trümmern Majapahits war das Kastenwesen nach Bali gekommen, das es in der strengen Abstufung bis dahin nicht gegeben hatte.

In der Hierarchie ganz oben die *Brahmana*, die Kaste der Priester. Ihre männlichen Mitglieder tragen den Titel Ida Bagus, die weiblichen den Titel Ida Ayu. Es folgt die Kaste des Hochadels, die *Ksaytrya* oder *Satria*, aus der die regierenden Fürsten stammen; deren Titel lauten Anak Agung, Raut, Cokorde. In der dritten Kaste, die *Wesya*, ist der niedere Adel zu finden, einst Krieger und Verwaltungsbeamte, deren höchster Titel Gusti ist. Diese drei oberen Kasten machen in der gegenwärtigen Gesamtbevölkerung Balis nur etwa sieben Prozent aus. Die Mehrheit der 93 Prozent in der Bevölkerung sind die Bauern, die Handwerker, gewissermaßen das Volk, das in der Kaste der *Jaba* zusammengefaßt ist: die »außerhalb des Palastes Lebenden«; sie werden mit der vierten Hindukaste, den *Sudra*, gleichgesetzt. Dennoch hat das bis heute fortbestehende Kastenwesen auf Bali keine Diskriminierung und Hintansetzung zur Folge gehabt wie das in der trennenden Ausschließlichkeit in Indien der Fall ist und dort immer wieder auch politischen Sprengstoff bietet. Keine der balinesischen Kasten ist freier als die andere, wenngleich natürlich bis in die Gegenwart hinein das Ansehen und die persönliche Stellung in der Gesellschaft auch etwas mit der Kastenzugehörigkeit zu tun haben. Dank ihrer Beziehungen und ihrer besseren Bildungsmöglichkeiten sind Angehörige der Brahmanenkaste überproportional in Verwaltung und Geschäftsleben und auch im Management der Hotellerie vertreten. Ein Brahmane an der Rezeption ist keine Seltenheit. Doch blicken wir noch einmal historisch zurück. In der Verschmelzung der indo-balinesischen und der hindu-javanischen Elemente, begünstigt durch das Wirken der Kunst und Musik und Literatur fördernden Kratons, erlebte Bali im 16. Jahrhundert eine Blütezeit seiner Kultur. Davon zehrt es bis heute. Weil die kleine Insel keine Gewürze aufzuweisen hatte, für die Anlage von Plantagen ungeeignet schien, über keine günstigen Naturhäfen verfügt und keine nennenswerten Bodenschätze besitzt, durfte sie im Windschatten der europäischen Interessen bleiben. Auch die Islamisierung, die ja bis weit in die Molukken hinein neue Anhänger fand und zur Gründung insularer Sultanate führte, machte um Bali einen Bogen. Christliche

Missionsversuche, die immer wieder unternommen wurden, blieben bis heute auf eine kleine Gemeinde beschränkt.

Es sollte lange dauern, ehe sich Europäer hier durchsetzen konnten. Umgekehrt sahen balinesische Fürsten keine moralischen Bedenken darin, ihre Landeskinder als Sklaven ins ferne Batavia verfrachten zu lassen. 1778 lebten in und um die Hauptstadt des VOC-Imperiums 13000 balinesische Sklaven; viele von ihnen wurden weiter nach Mauritius verkauft. Zu Zeiten, da zahlreiche Mijnheeren ohne europäische Frauen nach Indonesien ausreisten, nahmen sie sich Balinesinnen zu Konkubinen.

1822 fügten die Niederländer das nördliche Bali in ihren Verwaltungsbereich ein und besetzten nach einer Strafexpedition 1856 die Region mit eigenen Beamten. Buleleng/Singaraja wurde holländische Niederlassung. Der Süden widersetzte sich weiterhin. Der Streit um Strandgut, für die Balinesen traditionsgemäß ihr Eigentum, löste eine Militäraktion der Holländer aus, mit der die Klage eines chinesischen Schiffseigners beim RAJA MADE AGUNG von Badung (heutiges Denpasar) durchgesetzt werden sollte. Das Boot war 1904 mit wertvoller Ladung vor der Südküste Balis gestrandet. Der Fürst verweigerte Schadenersatz. Die Verhandlungen zogen sich über Jahre hin. Am 15. September 1906 landete eine Strafexpedition bei Sanur. Die unbedeutende Streitmacht des balinesischen Fürsten versuchte Gegenwehr, hatte aber keine Chance. Doch die Europäer, die gemäß ihrer rationalen Denkweise erwartet hatten, nun werde sich der Fürst ergeben, hatten sich total verschätzt. Die Balinesen gingen in ihren letzten Kampf – in den *Puputan*.

Mit Lanzen, Krissen, Stöcken bewaffnet, angetan mit weißen Gewändern, traten sie aus dem Palast den Angreifern entgegen, warfen sich in die Bajonette der Bedränger, streckten die Brust deren Kugeln entgegen. Wer nicht sofort starb, gab sich selbst den Todesstoß oder wurde von den Landsleuten ins Jenseits genommen. Zweitausend Balinesen wurden getötet. Männer, Kinder, Frauen, der Fürst an der Spitze. Puputan ist der heilige Akt der Selbstaufgabe, von Menschen vollzogen, die sich ihrer Feinde überlegen wissen und dieses eine irdische Leben nur als Übergang zu anderen Formen der Existenz verstehen. Daß die Holländer bei all ihrer Diplomatie und Waffentechnik unfähig blieben, solches Verhalten zu begreifen und zu verhindern, zeigte sich in Klungkung zwei Jahre später. Hier vollzog sich erneut in ebenso beschämender Weise für die Weißen das kollektive Sterben der Balinesen. Militärisch siegten die Holländer, moralisch haben sie kläglich verloren bei diesen Puputan-Akten.

Damit geriet auch Bali in den Machtbereich der Holländer. Die Fürsten verloren ihre Entscheidungsbefugnis, was freilich ihrem Ansehen und ihrer gesellschaftlichen Stellung unter den Balinesen keinen Abbruch tat. Die Kultur der Insel überdauerte auch diesen tragischen und dramatischen Verlust an politischer Selbstbestimmung. Heute ist Bali eine der 27 Provinzen Indonesiens und voll einbezogen in die Entwicklungsprogramme, wie sie von Jakarta aus zentralistisch entschieden werden.

Seit den dreißiger Jahren gibt es Touristen auf Bali. Damals wurden im Jahr so um die dreitausend gezählt. Spätestens seit den vierziger Jahren pflegen die weitgereisten Gäste auf dem Wege zur »Insel der Götter und Dämonen« Besorgnisse wie diese zu äußern: »Ich zittere etwas, mit Vorurteil beladen: komme ich heute vielleicht schon zu spät nach Bali? Man hört und liest von ›sterbender Insel‹, ›Opfer der Zivilisation‹, ›von Touristen überlaufen‹, – und wir, wir romantischen Nachzügler der Weltgeschichte hätten uns doch zu gern hier ein menschliches Reservat erhalten, sozusagen ein Retiro, in das man jederzeit flüchten könnte aus den Klauen unseres ›Fortschritts‹, – denn, wenn wir uns schon selbst darin gefangen haben, so sollt ihr doch wenigstens das bleiben, was ihr wart, damit wir uns an euch erlaben können.« So JULIA MENZ 1940; mittlerweile ein millionenfacher Touristenwunsch.

Und wir, die wir auf dem Deck der Fähre dieser Insel harren, entdecken beim Näherkommen so gar nichts, was die Bilder der Prospekte und prächtigen Bücher bestätigen könnte. Das gespaltene Tor, das wir nun in voller Größe zur Linken sehen, ist schon alles. Geschäftiger Hafenbetrieb. Der Blick fällt auf karge Hügel in der Ferne, düster und eher abweisend als einladend. Enttäuschung mag die erste Reaktion sein. Bei nüchternem Hinsehen verhilft sie zu der Bali gemäßen Erkenntnis, daß auch dieses vermeintliche Paradies voller Widersprüche und Gegensätzlichkeiten steckt. Wenn wir mit solch polarer Einschätzung endlich den Boden Balis betreten, haben wir schon den ersten wichtigen Schritt zu dessen Verständnis getan.

Erste Einsichten im Norden
Pura Pulaki – Brahma Vihara

Von **Gilimanuk** aus läßt sich in wenigen Stunden, der Küstenstraße südostwärts folgend, das Bali erreichen, das mit seinen Reisterrassen, Tempeln und Tänzen den weltweiten Ruf vom letzten Paradies auf Erden begründete. Doch wir zögern diese Begegnung noch etwas hinaus und fahren auf der nördlichen Küstenstraße westwärts, folgen so einer ganz anderen Art von Reisedramaturgie und bewegen uns obendrein auf den Spuren der frühen Balibesucher, die üblicherweise im Norden an Land gingen und sich den Süden gewissermaßen erst durch einige Strapazen verdienen mußten. Daß es zwei Balis gibt, macht bereits der Augenschein deutlich. Eine Gebirgskette von West nach Ost, die für das Weltbild der Balinesen beherrschend ist, trennt die Insel und hat als Wasser- und Wetterscheide zu unterschiedlichen Entwicklungen geführt. Der gesamte Norden und Nordwesten ist gebirgig; gleich von der Küste auf tausend und mehr Meter ansteigend, wenig fruchtbar, regenärmer als der Süden und daher nur dünn besiedelt.

Auf der gut ausgebauten Straße in Richtung **Singaraja**, dem nördlichen Zentrum Balis, haben wir wenig Gegenverkehr; ein untrügliches Zeichen für die kargen Lebensverhältnisse. Dreißig Kilometer von Gilimanuk zieht sich unmittelbar neben der Straße über mehrere Terrassen der größte und eindrucksvollste Tempel der Nordwest-Region hin, der **Pura Pulaki**; die erste Gelegenheit, an bedeutendem heiligen Ort sein Opfer – Blumengebinde, Früchte auf Bananenblättern, Räucherstäbchen – niederzulegen. Sofort kommen dann einige der Affen, die die Tempelanlage bevölkern, und begutachten die Gabe. Die Schreine, Mauern und Tore sind aus schwarzen Steinen errichtet, schmucklos und seltsam unfertig. Nicht die Architektur fasziniert hier, sondern die Lage. Auf steiler Treppe geht es nach oben; und über die Dächer, auf denen sich die Affen lausen und lieben, schweift der Blick zum Blau der Bali-See. In einer der Mythen Balis heißt es, die Insel sei einst ganz flach und unfruchtbar gewesen. Aber dann suchten die Hindu-Götter, aus Java vom Islam vertrieben, eine neue Heimstatt und erkoren dazu Bali; und weil Götter ihrem Range gemäß über den Behausungen der Menschen residieren, schufen sie sich Berge. Mit schöpferischer Kraft stellte SHIVA den Götterberg **Mahameru** auf das platte Eiland und spaltete ihn in zwei Teile. Der eine Gipfel wird **Gunung Agung** genannt und erreicht die Höhe von 3142 Metern; der andere ist der **Gunung Batur** und mißt 1717 Meter.

Die Topographie mit den hochansteigenden Feuerbergen, aus welchen Urgewalten sie auch entstanden sein mögen, hat das Bild von Welt und Kosmos der Balinesen geprägt. Sie sehen sich im Spannungsfeld zwischen den extremen Polen des Gunung Agung und des Meeres, die im übertragenen Sinne alle Bereiche der Existenz einschließen. In diesem dualistischen Prinzip haben sich Balis Bewohner eingerichtet und sind mit all ihrem Tun und Streben bemüht, einen versöhnenden Ausgleich zwischen den gegensätzlichen Mächten zu finden. Die Bali-Experten sprechen dabei von der *uranischen*, der himmlischen, und der *chthonischen*, der erdgebundenen, der niederweltlichen Sphäre. Die Himmelsrichtung für den geistigen und geistlichen Kompaß wird nicht von Nord nach Süd bestimmt, sondern vom Gunung Agung, der höchsten Erhebung und dem Mittelpunkt des Bezugssystems. Er ist Sitz des balinesischen Hochgottes, in dessen Name SIWADITYA der Gott SHIVA und SURYA, die Vergöttlichung der Sonne, zusammengefaßt sind. Die zum Berge weisende Richtung, die das Positive kennzeichnet, heißt *kaja*; die vom Berge abgekehrte Richtung, die das Negative umfaßt, heißt *kelod*. Kaja bedeutet fruchtbringend, lebensspendend; kelod meint die von den Meerestiefen nach oben wirkenden dämonischen Mächte der Finsternis: Krankheit, Tod und Verderben. Von Osten nach Westen verläuft außerdem die horizontale Achse des balinesischen Weltbildes, an der sich ebenso polare Gegensätzlichkeit ablesen läßt. Aus dem Osten, *kauh* genannt, kommen mit aufsteigender Sonne die uranischen Werte wie Licht, Wärme, Leben; im Westen, *kangin* genannt, verschwinden die positiven Eigenschaften mit untergehender Sonne im Meer und werden in der chthonischen Sphäre eins mit kelod.

Dies ist zugegebenermaßen eine sehr schematische Darstellung, um andeutungsweise das zu verstehen, was den Tages-, Jahres- und Lebensrhythmus der Balinesen bestimmt. Da ist kein Gut *ohne* Böse, kein Oben *ohne* Unten, kein Tag *ohne* Nacht. In dieser Erkenntnis der komplementären Kräfte liegt das Wesen balinesischer Lebensart. Alles Trachten ist darauf eingerichtet, zwischen den Extremen zu vermitteln und die von Fall zu Fall gestörte Ordnung wieder herzustellen. Nach diesem Prinzip sind die Dörfer gebaut, die Feste bestimmt, die zwischenmenschlichen Beziehungen geregelt, die kultischen Riten geformt. In dem Weltbild findet sich das Bali der Bauern wieder, die von alters her eine innige Beziehung zur Natur, zu deren Segnungen, zu deren Schrecken haben. In Jahrtausenden gewachsene Erfahrung aus und mit unberechenbaren Naturgewalten hat ihr Miteinander gestaltet, das zwischen Göttern und Dämonen angesiedelt ist. Wenn ein Balinese von seinen Göttern spricht – männlich: *Dewa*, weiblich: *Dewi* –, dann meint er damit kaum die hinduistischen Gottheiten aus dem klassischen Indien, sondern hat vielmehr die unendliche Zahl der schützenden Geister im Sinn, die alle eine spirituelle Verbindung zu den Vorfahren erlauben.

Die Verehrung der Ahnen reicht weit in die vor-hinduistisch geprägte Zeit zurück. Jedes Dorf verfügt über Tempel, in denen der mythischen Gründer der Siedlung gedacht wird. Jedes bäuerliche Anwesen hat kleine Tempel, die dem Kult für die familiären Vorfahren dienen. Mit der Ankunft der Hindu-Götter wurden vornehmlich jene in das religiöse Weltbild aufgenommen, deren Beistand für das Werden und Wachsen, für Wasser und Fruchtbarkeit erforderlich ist. Kennzeichnend für Bali im Besonderen und für Java im Allgemeinen ist es, daß die Lehren des *Buddhismus* und *Hinduismus* übernommen wurden, ohne die alten Glaubensvorstellungen zu verdrängen. Daß Bali Bestandteil des Staates Indonesien ist und das balinesische Pantheon einbezogen wurde in die Staatsdoktrin *Pancasila*, macht SANGHYANG WIDHI deutlich. In offizieller Leseart gilt er als höchste Gottheit Balis und entspricht damit der Pancasila-Forderung, nur die Religionen Indonesiens offiziell zuzulassen, deren Angehörige sich zu einem einzigen ewigen Gott bekennen: *Maha Esa*, wie das mit dem Sanskrit-Wort amtlich heißt. Dies ist eine politische Hilfskonstruktion, die darüber hinwegtäuscht, daß auf Bali doch alles anders und komplizierter ist. Sanghyang Widhi wird von den Brahmanen als Zusammenfassung aller göttlichen Kräfte verstanden, die symbolische Verkörperung des balinesischen Kosmos. Der Schweizer Bali-Forscher URS RAMSEYER bringt dies auf den Nenner: »Der balinesische Allmächtige und Unfaßbare, Sanghyang Widhi, gehört in das für Menschen unvorstellbare Reich des Nicht-Manifesten und greift, als uranfängliche und ewige Weltseele, nie aktiv in den Schöpfungsprozeß ein. Im Verlauf der jüngeren Geschichte ist Sanghyang Widhi jedoch immer mehr mit monotheistischen Zügen ausgestattet worden. Alle anderen Götter sind Manifestationen oder funktionale Aspekte seiner Allmacht.«

Die alles und jeden einbeziehende Religiosität hat bewirkt, daß es auf Bali übers Jahr beträchtlich mehr Feste als Tage gibt und mehr als zwanzigtausend sakrale Bauten registriert sind. Wenn man die kleinen Opferschreine in den Feldern, die Hausaltäre, die geheiligten Plätze unter bestimmten Bäumen dazurechnet, dann wird einem das zumindest optisch erfaßbare Ausmaß balinesischer Religiosität verständlich.

In solch weitreichendem Zusammenhang sind **Pura Pulaki** mit seinen Affen und die dort alltäglich vollzogenen Opferrituale zu sehen. Die praktizierte Religiosität ist Teil balinesischen Lebens und eine der vielfältigen Handlungen, die allesamt von *Adat* bestimmt werden. Es ist der Sammelbegriff des feinmaschigen Netzes eines von Generation zu Generation überlieferten Tuns und Lassens: Die Grenzen zwischen dem, was persönlich als lästig, wichtig oder überflüssig empfunden wird, fließen; doch kein Balinese, der – wie die überwiegende Mehrheit – in einem festen Familien- und Dorfverband lebt, stellt diese Wertordnung grundsätzlich in Frage. Tut er es, verläßt er zwangsläufig alle bisherigen Bindungen und gibt Geborgenheit und Sicherheit auf.

Wenn wir auf der nördlichen Küstenstraße weiterfahren, ist nach vierzig Kilometern ein weiteres Beispiel religiöser Vielfalt zu bewundern. Kurz hinter dem Ort **Pengastulan** biegt beim Dorf Banjar ein schmaler Weg in die Berge ab. In großer Höhe, nach vielen steilen Windungen mit Weinkulturen – nur in dieser Region beheimatet –, kommen wir zum buddhistischen Kloster **Brahma Vihara**. Über mehrere Terrassen sind die rotgoldenen Häuser verteilt. Ein gespaltenes Tor auch hier, Figurenschmuck, wie er sonst an Hindu-Tempeln zu finden ist, naive Darstellungen aus dem Leben Buddhas. Auf einem der Bilder ist der Borobudur zu sehen. Die Einsiedelei zeigt, daß auch dieses

Erbe aus der Begegnung mit Indien lebendig geblieben und zumindest an einigen Orten Balis in Klöstern auszumachen ist. Einer jener Ruhepunkte im Weltgetriebe, wo man sich vom Lärm und Hasten zurückziehen, meditierend Einkehr halten kann und friedvoll hinab zum Meere schaut. Freundlich sind die Menschen in den kleinen Dörfern am Wegrand.

Comic Strip auf Palmblättern
Lovina Beach – Singaraja – Sangsit – Kubutambahan

Zwischen der klösterlichen Abgeschiedenheit von Brahma Vihara und der betriebsamen Welt des Tourismus liegen nur 15 Kilometer. Eine weitere polare Wechselbeziehung, mit der Balinesen gelernt haben zu leben. **Lovina Beach** heißt der Tummelplatz an Balis Nordküste. Sanft sind da die Wellen, flach der Strand, dunkel der Sand. Über mehrere Kilometer, aufgereiht wie eine bunte Glasperlenschnur, ein Hotel neben dem anderen; Bungalows und Cottages der mittleren und unteren Preisklassen. Die Anlage, die üblicherweise nicht überlaufen ist, gilt als Alternative zu den weitaus stärker besuchten Feriendörfern im Süden. Lovina Beach bietet einen erholsamen Zwischenstopp bei der Erkundung des Nordens.

Sechs Kilometer weiter, mit Bemos tagsüber ständig zu erreichen, liegt **Singaraja**. Mit seinem Hafen **Buleleng** war es einst das wirtschaftliche und administrative Zentrum Balis. Das ist Jahrzehnte her; und längst hat diese Rolle **Denpasar** übernommen, die heutige Hauptstadt der Provinz Bali. Von der Handel treibenden asiatischen Vielvölkerschar, deren Märkte in den alten Reiseberichten als die Erfüllung westlicher Exotik-Erwartung beschrieben wurden, ist wenig übriggeblieben, was es nicht ebenso andernorts im Archipel auch gäbe. Zwanzigtausend Einwohner hat Singaraja heute. Der Seehafen wurde vom Flughafen bei Denpasar zur Randerscheinung degradiert. Einen matten Glanz untergegangener Fürstenherrlichkeit kann man noch an der Straßenkreuzung Jalan Gajah Mada/Jalan Veteran im südlichen Singaraja erahnen, wo die **Puri Buleleng** steht, der einstige Palast der Rajas. In dem weitläufigen, aber ziemlich vernachlässigten Anwesen unter alten Bäumen wohnen die Nachfahren der

Noblen. Mit der unübersehbaren Versammlungshalle auf der anderen Straßenseite, hoch aufragend und voller Schnitzwerk, stellt sich die gegenwärtige indonesische Staatsmacht dar; pompös und autoritär.

Ein paar Schritte weiter an der Jalan Veteran lohnt längeres Verweilen im *Lontar*-Museum **Gedong Kirtya** – im Haus des Lernens, Meditierens, des Sich-Versenkens, wie der Sanskrit-Name suggeriert. In dem bescheidenen, einstöckigen Gebäude kommen bildungsbeflissene Balinesen und Forscher aus aller Welt zusammen, die sich mit den literarischen Überlieferungen Balis und Javas beschäftigen. 1928 ist diese Sammlung unschätzbarer Schriften begründet worden, eine der bedeutendsten und umfassendsten ihrer Art in Indonesien. Es ist eine Bibliothek eigener Prägung. Bücher im herkömmlichen Format gibt es hier zwar auch, aber die ergänzen und begleiten nur die eigentliche Kollektion. In Hunderten von länglichen Zinkbehältern sind die Kostbarkeiten aufbewahrt, weitere liegen in Glasvitrinen und Schubladen: insgesamt mehr als 4500 Lontars. Der Name rührt von der Lontar-Palme her (Borassus flabellifer), deren Blätter zu Streifen von drei Zentimetern Breite und 25 bis 40 Zentimetern Länge geschnitten, präpariert und wie Papier für die Aufzeichnung von Schrift und Bildern benutzt werden. Mit einem spitzen Stahlstift ritzt der Lontar-Schreiber seine Botschaft ein und macht sie mit verriebener Holzkohle sicht- und haltbar. Ein Dutzend und mehr übereinander gelegter Streifen werden dann von arabesk verzierten Bambusbrettchen zusammengehalten; ein Loch in der Mitte, durch das eine Schnur gezogen wird, erlaubt das Auseinanderziehen und die Lektüre. Die beiden Enden der Schnur sind zumeist durch die Vierkantlöcher der *Kepengs* gesteckt, der chinesischen Kupfermünzen kleinster Werte aus kolonialer Zeit. Lontar-Bücher sind im indischen Subkontinent seit dem 2. Jahrhundert bekannt. Seit Jahrhunderten wird asiatische Weisheit auf solch natürlichem Material festgehalten und weitergegeben. So fragil das Material, so dauerhaft die Methode. Im Gedong Kirtya werden noch heute alte Lontars kopiert, übersetzt, ausgewertet. In allen alten Sprachen Javas und Balis sind sie verfaßt. *Ramayana* und *Mahabharata* sind die vorherrschenden immer wieder variierten Themen der alten Geschichten. Da ist der Geist gewachsener Kulturen konserviert.

Fortsetzung Seite 289

Von der Bedeutung der Religion im balinesischen Alltag

In Tanz und Spiel, in Musik und Ritus werden Shiva, Brahma, Vishnu, Dewi Sri oder andere Gottheiten verehrt; es wird ihnen jeden Tag eine Opfergabe dargebracht. Das Leben mit der Religion ist den Menschen hier noch selbstverständlich, Teil ihres Alltags, im Lebensrhythmus zwischen Geburt und Verbrennung und Wiedergeburt ...

16 *Barong beim Tanzspiel in Batubulan*
17 *Gamelan-Musiker bei Ubud*
18 *Tanzdrama in Batubulan*
19 *Totenverbrennung bei Ubud*
20 *Frau mit Opfergaben auf dem Weg zum Tempel*

Heute freilich verstehen sich nur noch wenige Balinesen auf die Kunst der Lontar-Gestaltung. Im südbalinesischen Dorf **Tenganan** gibt es professionelle Kopisten, deren hauptsächliche Kundschaft die Touristen geworden sind. Für sie wäre das Anschauen der Schriften in Gedong Kirtya wenig interessant, wenn es da nicht auch die zauberhaften Illustrationen gäbe. Es sind die ins mattgrüne, getrocknete Blatt geritzten Szenen all der Motive, die auf Java und Bali so phantasievoll in Tempelreliefs, Wayang-Aufführungen, in Tänzen und Theater und neuerdings auch in den modernen Massenmedien aufgenommen wurden und werden. Auf wenigen Quadratzentimetern sind mit feinsten Strichen die Götter und Dämonen, die Liebenden und Leidenden vereint. Lontars sind das klassische Comic Strip von Bali.

Singaraja ist der Ausgangsort für eine Tagestour, die auf ebenso eindrucksvolle wie amüsante Weise die Tempelarchitektur des nördlichen Bali vor Augen führt. Der Ort **Sangsi**, knapp zehn Kilometer östlich entlang der Küstenstraße, ist das erste Ziel. Dort steht **Pura Beji** als Musterbeispiel des nördlichen Tempels. Tore, Mauern, Postamente und Schreine aus rötlichen Steinen ragen in den Himmel, zu denen Treppen hinaufführen, alle Wände sind über und über mit üppigem Rankenwerk, mit Dämonenfratzen, mit Schlangen, Hexen und mythischem Getier, mit Blüten und Blumen bedeckt; alles in erstarrter Bewegung. Das ist balinesischer Barock. Man glaubt sich in einen wuchernden Wundergarten versetzt und staunt über die blühende Phantasie der Steinmetzen. Der Pura ist DEWI SRI geweiht, der Göttin der Fruchtbarkeit, der Reis ist dafür der Inbegriff. Fertilität als Dauerbeschwörung in Stein geschlagen.

Auch der zweite Tempel in Sangsit, **Pura Dalem**, mitten in den Reisfeldern zum Meere hin gewandt, überrascht mit Darstellungen, wie sie nur auf nordbalinesischen Sakralbauten so eindeutig zu entdecken sind. Entlang der Außenmauern ziehen sich Reliefs mit überaus erotischen Figurenkonstellationen im rötlichen Gestein hin. Wenn man bedenkt, daß im offiziell so prüden Indonesien freizügige erotische Abbildungen in den Massenmedien verboten sind und deren Einfuhr in Form einschlägiger Literatur ausdrücklich geahndet wird, dann darf man sich hier getrost die Augen reiben. Der Zensor hat die seinen jedenfalls fest geschlossen.

*Der berühmteste Radfahrer Balis –
Relief-Darstellung an der Außenmauer des Pura
Maduwe Karang in Kubutambahan*

Kurz hinter Sangsit folgen wir dem landeinwärts und bergan führenden Sträßchen in Richtung Jagaraga und Sawan. Schon nach wenigen Kilometern steht auf der linken Seite der Pura Dalem, dessen Außenmauern die balinesische Eigenschaft, Fremdes in die eigene Weltsicht einzubeziehen, auf die Spitze treibt. Autos und Flugzeuge der zwanziger Jahre sind da zu sehen, ein holländischer Dampfer, Radfahrer, trinkende weiße Herren, dazwischen Hexen, Dämonen, zähnefletschende Ungeheuer als Wächter balinesischer Werte. Alles in spannungsvoller Dramatik, die zumindest dem heutigen europäischen Betrachter komisch erscheinen mag, von den Künstlern ehedem aber möglicherweise als ihre Art der Kritik an holländischen Eindringlingen verstanden wurde. Solche Motive werden entlang der Straße an weiteren kleinen Puras fortgesetzt. Da sitzt beispielsweise ein sehr unsympathischer Kahlkopf mit langer Nase, das Gewehr geschultert, und hebt die Flasche zum Munde während daneben ein Balinese mit der Hacke im Feld arbeitet. Detailtreue war den Steinmetz-Karikaturisten heilig. Vielleicht haben wir da einen

Schlüssel balinesischen Selbstverständnisses, das sich offenbar vielerlei modernen Herausforderungen gewachsen zeigt. Wenn es dafür einer versöhnlichen Illustration bedarf, so finden wir diese am **Pura Maduwe Karang** im Dorf Kubutambahan, zurückgekehrt an die nördliche Küstenstraße, ein paar Meter von der Abzweigung nach Kintamani entfernt. Dieser Pura aus grauem Stein ist dem männlichen Gegenpart zu Dewi Sri geweiht, dem Fruchtbarkeitsgott. Am Sockel der Terrasse im dritten Innenhof sehen wir den berühmtesten Radfahrer Balis. Umgeben von Blumenschmuck tritt da ein würdiger Balinese in die Pedale. Die Räder sind Blumenkelche und mit üppigen Ranken verziert; der feinsinnige Bote radelt durch ein Märchen. Wenn Besucher auftauchen, weist der Hüter des Tempels ungefragt zu diesem Motiv und sagt: »Bicycle.« Nach den deftigen Darstellungen leiblicher Zweisamkeit, die der Tempel auch zu bieten hat, muß man dann alleine suchen. Am Sockel des Hauptaufganges wird man fündig. Solche überschwenglichen Reliefs, die aus dem prallen Menschenleben gegriffen sind, bekommen wir im südlichen Bali kaum mehr zu sehen.

Tödliche Schrecken
Pura Tegeh Koripan – Gunung Batur – Penelokan – Trunyan

Mühelos nimmt der Geländewagen die steile Steigung, Serpentinen, engen Kurven. Die Straße von Kubutambahan nach Kintamani in fast 1500 Metern Höhe ist gut ausgebaut; für die 30 Kilometer brauchen wir mit Rast und seewärts gerichteten Rückblicken knapp zwei Stunden. Solche Reisemöglichkeiten können rasch darüber hinwegtäuschen, daß wir uns zwischen kulturell höchst unterschiedlichen Welten bewegen, deren Eigenarten sich gerade wegen der räumlichen Trennung und der abgeschiedenen Siedlungsplätze ihrer Bewohner herausbilden und bis in die Gegenwart hinein erhalten konnten. Diese Tour auf Balis oberen Etagen verhilft zu vertiefenden Einsichten.

Es wird spürbar kühler, dunstiger, unfreundlicher. Beim **Gunung Penulisan** (1745 Meter) und dem gleichnamigen Dorf treibt der Wind Wolkenfetzen vor sich her. In den frisch und würzig duftenden Nadelbäumen hängt das Silbergespinst feinster Nebelschleier. Die Äste tragen wallende Bärte aus Moos, Farnen und Schlingpflanzen. Hunderte steiler Steinstufen führen von der Straße bergan zum **Pura Tegeh Koripan**, der sich über mehrere Hügel zieht und eines der bedeutendsten Wallfahrtsziele der Balinesen ist. Wenn kein Pilger heraufkommt und kein Fest abgehalten wird, hüllt überirdische Ruhe den Berg ein. Zu Zeiten der Pejeng-Dynastie, vor einem Jahrtausend, war dies bereits eine Kultstätte, wo sich die Menschen den Göttern besonders verbunden gefühlt haben mochten. In offenen Schreinen, von moosüberwucherten dunklen Atapdächern beschützt, stehen Dutzende von Steinfiguren, die vermutlich in jener Periode altbalinesischer Selbständigkeit gefertigt worden sind, da bis hierher bereits der Geist Indiens gedrungen war, Javas Machtanspruch aber noch nicht die Nachbarinsel erfaßt hatte. Bis zu einem Meter ragen die Skulpturen auf, allesamt mit weißen Tüchern gegürtet, was die Trennung zwischen Oben und Unten auch an solchem Gegenstand heiliger Verehrung symbolisiert, SHIVA und SHAKTI, *Lingam* und *Yoni*, die das männliche und das weibliche Prinzip darstellen. Einige Skulpturen sind als Doppelplastik aus einem Stein geschlagen. Die Forschung meint, darin das Herrscherpaar von Pejeng zu erkennen. Die individuellen Gesichtszüge von meditativer Strenge faszinieren den Betrachter. Auch Ganesha ist vertreten. Ein vom Weltgeschehen entrückter Berg, so scheint es, doch ein paar hundert Meter östlich müssen wir die auf nichts und niemanden mehr Rücksicht nehmenden Zeichen unserer Zeit zur Kenntnis nehmen: modernste Sendeanlagen für Fernsehen und Mikrowellen-Übertragung. Die Antennen überragen sogar Pura Tegeh Koripan, den höchstgelegenen Tempel Balis.

Wenn die Wolkendecke gelegentlich aufreißt, tun sich von hier oben phantastische Fernsichten auf. Wir haben den Schauplatz eines urzeitlichen Infernos erreicht, dessen keineswegs erschöpfte Energien bis in unser Jahrhundert tödliche Schrecken verbreiteten. Vom aufgeworfenen Rand der fast kreisrunden *Caldera*, die sich über zehn mal vierzehn Kilometer erstreckt, sehen wir den **Gunung Batur**, der sich als Ergebnis einer erdgeschichtlich jüngeren Eruption aus dem Zentrum des Kessels 1717 Meter erhebt. Über zehn Kilometer zieht sich zwischen

Penulisan und Penelokan die Hauptstraße hoch oben auf dem schmalen Grad des westlichen Kraterrandes entlang. Da sich bei fast jedem Schritt die Perspektive verschiebt und das Hochgebirgs-Panorama in immer neuen Schattierungen vor uns liegt, empfiehlt sich auf dieser Strecke die Fußwanderung. **Kintamani** und **Batur** sind zwischendrin zu einem langgezogenen Straßendorf zusammengewachsen. Die mit rostigem Wellblech gedeckten Häuser, schäbig, ärmlich, haben so gar nichts mit den Werbebildern Balis gemeinsam. Wenn alle drei Tage Markt ist, strömen die Bauern des Hochlandes zusammen und bieten vor allem Gemüse an. Es ist ein rauher Menschenschlag, dem die Natur Widerstandskraft abverlangt. Das Lächeln, so scheint es, bleibt in den Niederungen zurück, dort, wo die Reiskultur grünt. Hier fegt ein zuweilen eisiger Wind über die Höhen. Dankbar hüllt man sich in Wolldecken.

Einen düsteren Eindruck macht auch der **Pura Ulun Danu**, der Göttin der Gewässer geweiht. Schlanke Meru-Türme zeichnen sich als Schattenrisse gegen den Himmel ab. Aus dunklem Lavagestein sind die Sockel, die Schreine, die Tore; mit schwarzer Asche sind die Wege und Plätze bestreut: eine weitläufige Anlage, an der noch immer gebaut wird. Vor einigen Generationen lag das Dorf Batur unten am Fuße des Vulkans. Bei einem Ausbruch 1917 wurden die Bewohner erstmals vertrieben, kehrten aber zurück und wagten den Wiederaufbau. Daß nämlich der Lavastrom vor ihrem Dorfheiligtum stoppte, wurde als Zustimmung der Götter gedeutet. Es war ein Irrtum. Bei der Eruption von 1926 verschlang die Feuerwalze auch den Tempel. Seither siedeln die Leute von Batur oben am Rand der Caldera und sind noch immer dabei, ihren Pura zu erweitern und zu verschönern. Was es heißt, am Abgrund zu leben, wird einem hier schwindelerregend deutlich.

Bei **Penelokan** sind einige Hotels auf den Kraterrand gebaut worden. Es lohnt, die Nacht oben zuzubringen, um die Wucht dieser Landschaft in ihrer schaurig-schönen Bedrückung auf sich wirken zu lassen. Bevor sich die Finsternis herniedersenkt, wandern am späten Nachmittag die Wolken; und immer wieder ist es, als ziehe ein mächtiger Regisseur einen Vorhang auf, um uns die Schlünde der Dämonen und Giganten zu präsentieren. Daß die volkstümlichen Märchen die Schöpfung der vulkanischen Bergmassen dem Riesen KBO IWO zuschreiben, der auch andernorts auf Bali das Erdreich bewegte, wird im Zwielicht eines scheidenden Tages gut verständlich. Zartblau erstreckt sich weit unter uns der halbmondförmige **Batur-See** und verschwindet irgendwo im Dunst. Es ist der größte Binnensee Balis, an der tiefsten Stelle neunzig Meter, ein Ergebnis urgeschichtlicher Landschaftsgestaltung. Kahle Sträucher wachsen als gespenstische Figuren in den Nebel. Nichts ist mehr wirklich, nichts mehr faßbar in dieser Stunde. Die Umrisse von Batur, See und Bäumen zerfließen auf diesem gigantischen Aquarell, bei dem der Künstler nur mehr Grau und Schwarz und ein mattes Grün miteinander mischt. Wir erleben eine weitere Variante des indonesischen Schattenspieles.

Und am nächsten Morgen nach klammer Nacht? Strahlende Sonne, klares Licht, grelle Farben. Jetzt erst erkennen wir die drei Krater des Gunung Batur; wie Bombentrichter sind sie aufgerissen, von der schrägstehenden Sonne scharfkantig modelliert. Unten am See angekommen, spiegelt sich der Kegel im tiefen Blau des unbewegten Wassers. Fischerkähne fahren aus. Wir vertrauen uns einem schlanken Motorboot an, das uns nach **Trunyan** bringen wird. Es ist eines der rätselhaftesten Ziele, das man auf Bali ansteuern kann.

Auch Trunyan ist längst in das Netz touristischer Erreichbarkeit einbezogen worden, vermarktet wie so viele ehedem verschlossene Winkel; doch an kaum einem anderen Ort kommen einem selbst solche Zweifel ob des Sinns des eigenen Eindringens wie gerade in Trunyan.

Bloß einen winzigen, schmalen Streifen hat die Natur den Menschen am östlichen Ufer des Batur-Sees zur Besiedlung gelassen. Gleich neben ihren Behausungen steile Felsen. Nur Fußpfade verbinden die wenigen Dörfer miteinander. Der Weg zur Außenwelt führt übers Wasser. In den früheren Jahrhunderten bot es eher eine Barriere denn eine Verbindung zum Bali jenseits der Ufer, mit dem die Menschen hier wenig oder gar nichts zu tun haben wollten. Es sind die Nachfahren der *Bali Aga*, der Ureinwohner der Insel. Sie blieben der Megalith-Kultur am engsten verhaftet und von den hinduistischen Strömungen und javanischen Einflüssen ziemlich unberührt. Trunyan in der Gebirgsenklave und **Tengaran**, das Dorf im Südosten, wurden die bekanntesten Orte, in denen Bali Aga unter sich geblieben sind; aber sogar diese beiden Dörfer unterscheiden sich in vielen Aspekten ihres gesellschaftlichen und kulturellen Lebens voneinander. Schon von weitem sind unter der Felswand die rötlichrostigen Wellblechdächer der Häuser von Trunyan zu erkennen. Ein gespaltenes Tor auch hier nahe der Anlegestelle. Und doch ist so vieles anders als in den meisten Dörfern Balis. Die heitere Atmosphäre, die wir doch bei der Abfahrt vor nur einer halben Stunde aufnahmen, bleibt auf nicht recht erklärbare Weise zurück. Daß die Bewohner Trunyans den Gast nicht willkommen heißen, sondern ihn nur dulden, ihn widerwillig zum Heiligtum führen und dafür eher drohend als bittend einen Obulus verlangen, daß einen auf allen Wegen durch das kleine Dorf eine Wand aus Mißtrauen und Abneigung umgibt, kann wohl nur ein hartgesottener Zeitgenosse ignorieren. Mit sieben Meru-Dächern ragt der Haupttempel im schattigen heiligen Bezirk außerhalb des Dorfes auf. Die darin verborgene vier Meter hohe Statue der obersten Gottheit der Menschen von Trunyan, RATU GEDE PANCERING JAGAT im **Pura Pancering Jagat**, wird nicht gezeigt. Nur einmal im Jahr, beim wichtigsten Fest, darf die Figur von Auserwählten geschaut werden.

Ein paar hundert Meter weiter östlich, nur mit dem Boot zu erreichen, steigen wir an der Totenstätte Trunyans aus und sehen die eigenwilligste, makaberste Besonderheit seiner Bewohner. Ein wackeliger Holzsteg, eine steinerne Uferbefestigung, ein bescheidenes gespaltenes Tor. Dahinter dichter Wald, grünes Zwielicht, Vogelgezwitscher, Fliegengebrumm, schwül-heiße Feuchtigkeit. Neben einer verbeulten Emailleschüssel drei ausgeblichene Totenschädel. Auf der glitschigen Erde liegen zerborstene Teller, Tassen, Körbe mit Knochen, verschimmelte Kleiderfetzen, Münzen. Ein wirres Durcheinander. Wüßte man nicht bereits, welchen Ort man da betritt, so könnte sich einem der Gedanke an einen Müllplatz aufdrängen. Gefehlt! Unter Bambusgittern, spitz aufgestellt, liegen die Toten Trunyans. Der Ritus der Leichenverbrennung, der mit den hinduistischen Einflüssen nach Bali gelangt war und zum wichtigen Bestandteil seiner Kultur werden sollte, drang nicht bis in diese Region am Gunung Batur vor. Die Verstorbenen werden hier auf die Erde gelegt und den Tieren und der Verwesung überlassen. Wir sind

in den Grenzbereich zwischen Diesseits und Jenseits geraten. Das Sterben wird nicht verdrängt, nicht durch Zeremonien verdeckt, der Verstorbene nicht vor den Blicken unerwünschter Augen bewahrt. Kein Namensschild benennt das Andenken, dieser letzte Platz der körperlichen Hüllen und ihrer Auflösung gilt allen. Es ist einer der eigenartigsten Orte, die ich je betreten habe. Beim Weggehen fällt der Blick auf einen Fuß, einen linken Fuß, der pergamenten aus dem lockeren Leinenbündel unter den Bambusstäben absteht, nicht angefressen, nicht verrottet und doch bereits seit Wochen ohne Leben. Der Fuß wirkt wie ein erstarrter Wink aus einer anderen Welt.

Stirb und werde
Bangli – Pura Kehen

Es ist, als kehrte man ins pralle, bunte Leben zurück. Mit **Bangli**, an den Ausläufern des Gebirgsmassives aus Gunung Batur, Abang und Agung gelegen, erreichen wir einen Außenposten von Balis Süden, dem sonnigen, dem verlockenden, dem heiteren. Nach den beklemmenden Bergerfahrungen nehmen wir solche Attribute dankbar auf, wenngleich auch sie ständig relativiert werden müssen. »Nun lag plötzlich hinter einer Biegung der Dorfstraße dieses vollendete Bild menschlicher Schönheit vor mir. Der ganze weite Platz war voll Menschen, sitzenden, hockenden, kauernden, stehenden und gehenden. Alle in farbenbunten Sarungs mit Blumen im Haar, alle mit nacktem Oberkörper, vollendeten Körpern in hüllenloser Schönheit. Ich hielt den Wagen sofort an und wagte nicht, näher zu fahren. Ich fürchtete, die Harmonie dieses Bildes zu stören, fürchtete, daß bei meinem Erscheinen alles erschreckt auseinanderstieben würde, zerrinnen und zerfließen wie ein Phantom.« Solche Besorgnis wie COLIN ROSS sie aufgeschrieben hat, der in den zwanziger Jahren ebenfalls aus dem balinesischen Norden kam und vom Marktgeschehen in Bangli begeistert war, braucht der heutige

Dämonenfigur am Pura Kehen bei Bangli

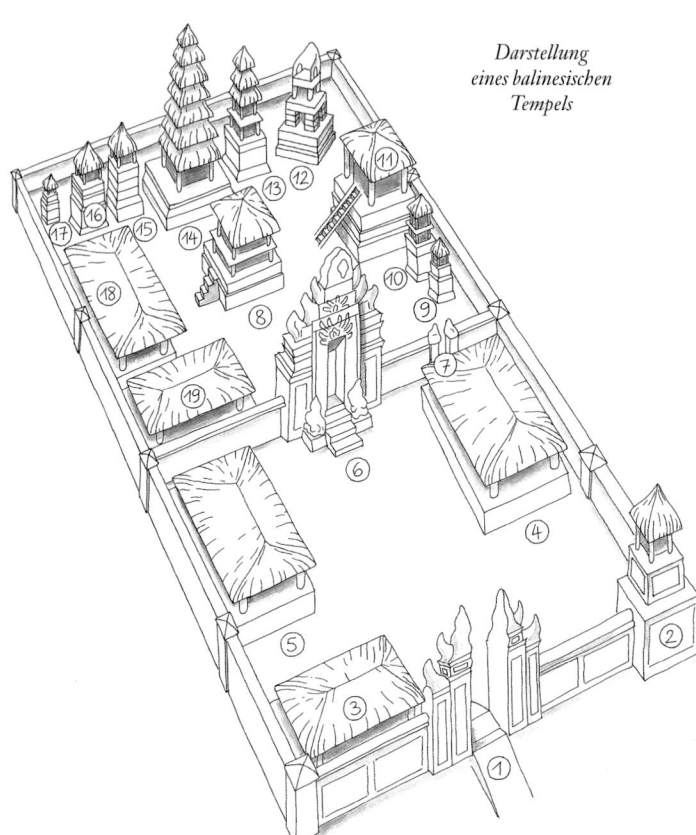

Darstellung eines balinesischen Tempels

1. Tjandi Bentar (Gespaltenes Tor; Dualitätssymbol)
2. Kulkul-Turm (Glockenturm)
3. Paon (Küche)
4. Balé Gong (Musikraum)
5. Balé (Pilgerraum)
6. Padu Raksa (Geschlossenes Tor zum Göttergelände)
7. Seiteneingang
8. Paniman oder Pepelik (Raum der Götter und Ahnenseelen)
9. Ngrurah gedé (Götterdiener)
10. Ngrurah alit (Götterdiener)
11. Gedong pesimpangan (Platz der Dorfgründer-Seelen)
12. Padmasana (Thron des Surya)
13. Schrein für Gunung Agung
14. Meru (Schrein des Sanghyang Widhi)
15. Schrein für Gunung Batur
16. Maospait (Schrein der Majapahit-Siedler; Ostjava)
17. Taksu (Schrein für Menschen und Götter)
18. Räume für Opfergaben
19. Räume für Opfergaben

Reisende nicht zu haben. Zu viele Europäer sind seither hier gewesen; und »oben ohne«, von dem die Vorgänger, die männlichen zumal, schwärmten, ist auf Bali aus der Mode gekommen. Der Markt indes, der auch hier alle drei Tage stattfindet, ist sehenswert geblieben.

Bangli ist eine angenehme Kleinstadt, die noch in sich selber ruht. Daß sie einmal das Zentrum eines Königreiches bildete, das aus der Gelgel-Dynastie hervorgegangen war, ist nur noch im arg verkommenen Palast, **Puri Artha Sastra**, zu erahnen – oder zu erträumen, denn im alten Gemäuer ist ein bescheidenes Hotel eingerichtet worden. Die Pracht von ehedem läßt sich dagegen am nördlichen Ortsausgang schauen, wo der alte Staatstempel **Pura Kehen** steht, ein Musterbeispiel für die Gestaltung und Anlage der südbalinesischen Puras.

Über drei Terrassen steigt der Tempelkomplex an. Die Eingangstreppe wird von furchterregenden Wächterfiguren flankiert. Darüber türmt sich pyramidenförmig das aus hellem Stein gebaute und mit reicher Ornamentik verzierte Haupttor mit einem Kala-Kopf zur Abwehr der bösen Geister, reich geschmückt und doch keinesfalls überladen. Die Innenhöfe sind durch gespaltene Tore, **Candi Bentar**, getrennt. Im mittleren Hof überschattet ein gewaltiger *Waringin-Baum* einen Teil des Pura. In die Luftwurzeln sind Schreine aus Holz gefügt. In seinem verzweigten Astwerk hängen die hölzernen Glocken, *Kulkul*, für die üblicherweise ein eigener kleiner Turm errichtet wird. Der Baum voller Geheimnisse und von unten uneinsehbaren Ausmaßes ist ebenso wie der gesamte Tempel eine der eindrucksvollsten Sehenswürdigkeiten Balis. Im obersten Tempelbezirk ragt mit elf Meru-Dächern der SHIVA geweihte Schrein auf, von zwei Dutzend kleineren Schreinen umgeben. Besonders bemerkenswert der erhöhte Steinsitz, *Padmasana*, der im äußersten östlichen Winkel steht und auf den Gunung Agung bezogen ist. Bei den meisten Puras ist er allein SURYA, dem Sonnengott, vorbehalten; hier aber ist der Sitz dreigeteilt für die Hindu-Trinität BRAHMA-VISHNU-SHIVA. Der Thron ruht auf der Weltenschildkröte *Bedawang Naga*, um die sich Schlangen winden; alles mit feinen Reliefs überzogen. Der Padmasana macht auch dem westlichen Besucher augenfällig, was ein Pura für Balinesen bedeutet. Der Hochsitz ist als Einladung gedacht für den oder die Götter und die einbezogenen Ahnen, zu bestimmten Zeiten – nicht etwa ständig – als Gast bei den Lebenden zu verweilen und ihnen während der Opferfeste und heiligen Handlungen stärkend zur Seite zu sein. Die Offenheit einer Tempelanlage nach allen Seiten und vor allem nach oben soll den Eintritt der bei Festen angerufenen Götter ermöglichen; eine immer wieder aufs Neue ausgesprochene Einladung, von deren jeweiliger Annahme das Wohlergehen des Dorfes, der Region und ihrer Bewohner abhängt.

Nicht die Baulichkeiten gelten als heilig, sondern der Boden, auf dem sie errichtet werden. Es ist die Erde, von der die Balinesen sagen, sie gehöre den Göttern, nicht den Menschen. Ihnen sei nur die Nutzung überlassen worden in pfleglicher Sorge, auf daß die Leihgabe den Kindern und Kindeskindern weitergereicht werden könne. Ein Gebot, das westliche Besucher Balis erst im Begriff sind zu lernen, steht es doch im Katalog der dringenden Forderungen zur ökologischen Rettung der Lebensgrundlagen aller Erdenbewohner an oberster Stelle. Wo sich freilich abendländisches Denken auf Vernunft und Rationalität beruft (nachdem mit eben diesen Eigenschaften der Globus bereits weitgehend ruiniert worden ist!), wurzelt das balinesische Selbstverständnis in Religiosität und Ahnenverehrung, die in Europa längst in Vergessenheit geraten sind. Balinesen sehen sich nicht so sehr als individuelle Einzelerscheinungen, sondern als Glieder einer langen Ahnenkette, verbunden mit denen, die vor ihnen waren, und hingewandt zu denen, die nach ihnen sein werden. Das macht Vergleiche mit westlichen Philosophien so schwierig. Das balinesische Stirb-und-Werde schließt die Wiedergeburt ein. Der persönliche Tod wird nicht als endgültiges Dahinscheiden verstanden, sondern als Übergang in eine andere Form des Seins. An den Nahtstellen zwischen Leben und Tod, zwischen Gesundheit und Krankheit, zwischen Aussaat und Ernte, zwischen Gefahr und Rettung gilt es, mit Opfern und Reinigungsfesten der geheiligten Überlieferung gemäß alles zu tun, was *Adat* gebietet. Die Puras, die großen Tempel und Kultstätten, gehören ebenso wie die *Sanggahs*, die Haustempel der einzelnen Gehöfte, als lokalisierbare Orte der geistigen Verbindung mit den Ahnen und jenseitigen Kräften zum alltäglichen Leben. Das ist der Wesensgehalt solcher heiligen Stätten.

Wohin wir auch kommen bei unseren Fahrten durch Bali: allerorten beobachten wir die Vorbereitungen zu Festen, können daran teilnehmen und sehen als Spuren gerade zu Ende gegangener Feierlichkeiten die verwelkten, vertrockneten Reste der Opfergaben. Da wird ein Gong durchs Dorf getragen, dort erklingt das Gamelan; an anderem Ort versammeln sich die Frauen mit kunstvoll geordneten Blumen und Früchten. Eine ganze Dorfgemeinschaft ist mit dem Bus unterwegs zu einem Heiligtum, festlich gekleidet. Dann wieder erfahren wir von der Planung eines alle Dorfbewohner einbeziehenden Festes, das erst in zwei Jahren stattfinden, sehr viel Geld kosten wird und bereits jetzt die Gemüter beschäftigt. Hier kreuzt eine Prozession unseren Weg. Dort werden die grellbunten Tierkörper angefertigt, die die leiblichen Reste der Verstorbenen aufnehmen, um sie zu verbrennen. Das alles atmet einen Gemeinschaftsgeist, der Balis Stärke ausmacht und eine Antwort auf die vielgestellte Frage gibt, ob die Balinesen denn den Bedrängnissen der modernen Zeit, ihrer touristischen Abgesandten und ihrer kommerziellen Verlockungen standzuhalten vermögen und sich ihre Identität bewahren können. Noch und auf absehbare Zeit ist diese Frage zu bejahen.

In Ubud und um Ubud herum

Gibt es denn Ubud noch? Das Künstlerdorf der frühen Reisebeschreibungen, inmitten der Reisfelder gelegen – gibt es das noch? Oder sollte gerade um diesen Ort wegen seiner totalen touristischen Vermarktung ein weiter Bogen geschlagen werden? Nun, ich habe darauf keine eindeutige Antwort. **Ubud** ist ein balinesisches Musterbeispiel für das Sowohl-als-Auch, das die Insel sogar in diesem Fall kennzeichnet. Zur Erkundung des Zentrums von Bali bietet Ubud noch immer ein treffliches Standquartier mit einer Vielzahl von Herbergen und Restaurants, wo allerdings nicht zu übersehen und überhören ist, daß da die Traveller weißer Hautfarbe unter sich bleiben. Andererseits tun sich dem an Kunst und Historie interessierten Reisenden trotz der Kommerzialisierung in Ubud und Umgebung einige Schätze auf, die es zu entdecken gilt. Ubud führt einem –

Sieben Figuren aus dem höfischen anmutigen Legong-Tanz

noch! – auf eher liebenswürdige, freundliche Weise die tiefgreifenden Veränderungen Balis vor, die in Denpasar bereits sichtbar, hörbar, riechbar dramatische Folgen haben.

Der Weg, der von Ubuds Hauptstraße südwärts abbiegt, von jedermann *Monkey-Forest-Road* genannt, zeigt den Ausverkauf Balis. Eine Boutique neben der anderen, Warungs, Geldwechsler, Souvenirshops, Hinweistafeln für abendliche Tänze und organisierte Ausflüge. In die Reisfelder wurde eine Schneise des Geschäfts geschlagen, die ganz auf die Wünsche und Geldbeutel der Touristen zugeschnitten ist. Dann kommt man am Ende der abschüssigen Straße zu eben jenem Affenwald, den der Name ankündigt, und wähnt sich wieder einmal als Wanderer zwischen den Welten. Eine steile Schlucht, dämmriger Schatten unter alten Baumdächern, Luftwurzeln, die wie Barthaare eines Giganten zu Boden hängen, schlüpfrige Wege, ein bemooster Badeplatz, ein überwucherter Opferschrein, metallisch tönendes Insektensummen; märchenhaft und geheimnisvoll die Atmosphäre. Liegt das bunt-schreierische Bali mit der dröhnenden Popmusik wirklich gleich um die Ecke? Auf Bali ist solche Nachbarschaft möglich. Wenn wir wieder aufsteigen vom geheiligten Platz der Reinigung, stehen wir rechterhand bald vor dem **Pura Dalam**, einem der Unterweltstempel, die stets dem Ortszentrum und dem Blick zum Gunung Agung abgekehrt sind. Schrecken-

erregende *Rangdas*, die widerspenstige Menschen auffressen, sind da an den roten Wänden zu sehen. Daneben die Reisfelder, auf denen gerade geerntet wird. Frauen in bunten *Sarungs*, die Männer mit Strohhüten auf dem Kopf. Das alles ist Einzugsbereich von Ubud; und es ist auch traditionelles Bali. Das Mietrad wird zum angemessenen Verkehrsmittel, um sich umweltschonend und gemächlich fortzubewegen. Eine Tagestour auf Nebenwegen öffnet einem Bali von seinen schönsten Seiten.

Erster Stopp im Dorf **Peliatan**, das mit Ubud zusammengewachsen ist und wegen seiner Tanzschulen bereits einen Namen hatte, ehe der Massentourismus hier einbrach. Hier wird besonders der höfische *Legong-Tanz* gepflegt, der kleinen, zarten Mädchen vorbehalten ist und als hohe Schule der Anmut und Reinheit gilt. Vier- und fünfjährige Mädchen wiegen sich in bis auf die kleinste Fingerbewegung abgezirkelten Schritten. Der zumeist alte, drahtige Tanzmeister fordert strenge Disziplin. Die Trainingsstunden im Schatten der Bäume oder unter dem Dach einer Balé, denen zugeschaut werden kann, vermitteln einen Eindruck von der unerhörten Körperbeherrschung, die den Mädchen abverlangt wird und die dann beim abendlichen Auftritt im Scheinwerferlicht bei den Klängen des Gamelan so spielerisch wirkt. Mit 13 oder 14 Jahren hat eine Legong-Tänzerin schon das Ende ihrer Karriere erreicht; nach der ersten Monatsblutung ist sie nicht mehr rein für diesen erhabenen, von allen balinesischen Tänzen am meisten stilisierten Auftritt. Ein paar Kilometer weiter östlich, über Asphaltstraßen talwärts, gelangen wir zur Elefanten-Grotte, **Goa Gajah**, wo wir in das Dunkel altbalinesischer Kulte vordringen. Aus sonnenbeschienener Gegenwart steigt man in die Tiefe und steht plötzlich vor einer Felswand, in die das Grauen eingemeißelt ist. Ein Monstermaul, schwarz aufgerissen, drohend die Kulleraugen darüber, Urkraft, ein personifizierter Vulkan. Eine Riesenhand scheint das Gestein wegreißen zu wollen. War hier Bhoma am Werke, der legendäre Sohn der Mutter Erde? Oder der Riese Pasupati, der ebenso in den Märchen Balis sein Unwesen treibt? Oder auch hier KBO IWO, der Kraftmensch volkstümlicher Überlieferung? Auch die Wissenschaft hat die Rätsel von Goa Gajah bislang nicht eindeutig klären können. Vermutlich ist dieses Riesenrelief, das zu einer T-förmigen Höhle (13,50 Meter breit) führt, im 11. Jahrhundert geschaffen worden. Hier war aber schon in vor-hinduistischer Zeit ein Meditationsplatz. In einer Höhle kann man den vierarmigen GANESHA erkennen, den elefantenköpfigen Sohn des SHIVA, nach dem die Höhle benannt worden sein könnte. Im rechten Quergang steht auf einem Steinsockel ein dreifacher Shiva-Lingam, der die Einheit der Gottheiten Brahma, Shiva und Vishnu symbolisiert. In den zwanziger Jahren war diese buddhistische Mönchsklause wiederentdeckt worden; und das Badeheiligtum, das der Höhle gegenüber mit sechs wasserspeienden Steinnymphen plätschernde Frische verbreitet, wurde sogar erst in den fünfziger Jahren bei Ausgrabungsarbeiten freigeschaufelt. Ein paar Etagen tiefer, über schmale Fußwege zu erreichen, sind die Reste buddhistischer Skulpturen zu sehen, Gebetsnischen, die religiösen Zeugnisse einer versunkenen Epoche.

Ein schmaler Weg zweigt von der Straße, an der Goa Gajah liegt, durch eine Aneinanderreihung von Dörfern und Gehöften südwärts nach **Kemenuh** ab; zu Fuß oder mit dem Fahrrad (und wenn es sein muß: auch mit dem Auto) gut zu benutzen. Wir passieren die typischen balinesischen ländlichen Wohngebiete. Von außen sind da nur die Mauern zu sehen, aus Lehm, aus Steinen, von weitausladenden Bäumen überdeckt. Die Türen, selbst wenn sie offen sind, gewähren keinen Einblick in das In-

Goa Gajah, die Elefantengrotte

nere der Anwesen. Gleich hinter dem Eingang ist ein Mäuerchen quer gestellt, an dem rechts und links vorbei zwar die Freunde und die Familienangehörigen in den Hof treten können, an dem sich aber die geradeaus stürmenden bösen Geister ihre imaginären Köpfe einschlagen. Das Familienleben spielt sich hinter den Mauern ab. Die Großfamilie ist nach wie vor der verläßliche Garant des Überlebens; eine tragfähige Versicherung der Generationen auf Gegenseitigkeit in einem Land, wo die anonyme, mit Gebühren verbundene Versicherung den Beamten und Betuchten vorbehalten bleibt. Je langsamer man diese Siedlungen zwischen den Hauptstraßen und Hauptsehenswürdigkeiten passiert, desto eher läßt sich etwas von der Alltags-Atmosphäre Balis aufnehmen. Da spielt Zeit noch eine ganz andere Rolle als bei den von weither angereisten Fremden, die mit dem Fahrplan ihrer organisierten Busse auf Bali doch nur den mitgebrachten Lebenszwängen ihrer jeweiligen Heimatländer folgen. Sich einfach an einen der Warungs entlang der Dorfstraßen setzen, wo Tee, Gebäck, Bananen und sonstiger Imbiß für die Einheimischen feilgeboten werden, sich dabei Zeit nehmen, etwas essen, trinken, das Lächeln erwidern, das kann einem Bali vertrauter machen als die ausgeklügeltste Besichtigungstour.

Ein paar Kilometer östlich von Kemenuh erreichen wir das Städtchen **Blahbatu**. Dort machen wir eine Stippvisite im **Pura Puseh Blahbatu**, einem Tempel aus dem für das mittlere und südliche Bali typischen rötlichen Stein; die Anlage wurde nach dem Erdbeben von 1917 erneuert. Einer der Schreine auf hohem Podest stellt einen unförmigen Kopf zur Schau, ein metergroßes Haupt, das den legendären Riesen KBO IWO darstellt. Wie sich Fabel und historische Tatsachen vermengen, ist gerade an diesem Ort zu bedenken. Kbo Iwo hat tatsächlich gelebt, er war der einflußreiche Minister beim letzten selbständigen Fürsten von Bedulu, RAJA RATNA BANTEN, der beim Angriff der Krieger von Majapahit unterlag. Kbo Iwo behauptete sich dabei als gefährlicher Gegner GAJAH MADAS, der den Widersacher freilich nach dem Sieg über Bali 1343 ermorden ließ. Als Riese bewahren ihn die Balinesen im Gedächtnis. Blahbatu ist ein Ort, wo sein Andenken besonders verehrt wird. Erstaunlich übrigens auch das Haupttor mit seinen erotischen Motiven, eine für südbalinesische Puras rare Bilderfolge.

Nach Blahbatu geht es wieder nordwärts. Beim Dorf **Kutri** sehen wir auf der rechten Straßenseite eine Tempelanlage, die bereits eine Rast lohnte. Doch dahinter führt eine steile Treppe den Berg hinauf zum **Bukit Dharma**, dem geheiligten Hügel. Da steht ein kleiner Pavillon mit einer Statue der Todesgöttin DURGA. Mit ihren acht zum Teil gebrochenen Armen erinnert sie an Vorbilder in Indien; und das Rind Nandi unter ihr paßt auch zu dieser religiösen Herkunft. Die Statue stammt aus dem 11./12.Jahrhundert und ist doch rein balinesischen Ursprungs. In dieser Göttin sehen die Balinesen die Königin MAHENDRADATTA, die Prinzessin aus Ostjava und Mutter Airlanggas und Anak Wungsus. Hier aber wird sie als Durga, als Hüterin geheimnisvoller Kräfte der Unterwelt dargestellt, der man sich in Notlagen zu versichern hat. Wer gerade keines solchen Beistandes bedarf, kann sich an der wunderbaren Aussicht erfreuen. Ringsum breitet sich das Bali der Reisfelder aus; grüne Fruchtbarkeit als Augenweide.

Und dazu Geschichten, immer wieder Geschichten. Wenn wir weiter zum Ort **Bedulu** fahren, gelangen wir nicht nur ins einstige Zentrum jenes Reiches des RAJA RATNA BANTEN; es ist auch der Ort, dessen Name auf die magischen Kräfte des Herrschers verweist. Beda heißt so viel wie verwandelt, vertauscht; Hulu ist der Kopf. Daraus wurde Bedulu. Der Fürst ließ sich von seinem Diener immer wieder das Haupt abschlagen und erneut aufsetzen als Beweis seiner trantrisch-magischen Fähigkeiten. Doch einmal versagten diese, und der Gehilfe setzte seinem Herrn nicht mehr den eigenen, sondern den Kopf eines Schweines auf. Fortan durfte niemand mehr dem Herrscher ins Antlitz blicken.

Außerhalb des Ortes kann man seiner Phantasie freien Lauf lassen. Inmitten der Reisfelder, nur über schmale Wege zu Fuß zu erreichen, an einem Flüßchen entlang, kommen wir zu **Yeh Pulu**, einem rätselhaften Zeugnis der Vergangenheit. An einer mit Gras überwachsenen Felswand zieht sich übermannshoch ein 30 Meter langes Relief hin, das erst 1925 freigelegt wurde. Die zeitliche Einordnung seines Entstehens ist ungewiß; möglicherweise 14.Jahrhundert; auf jeden Fall vor der Invasion Majapahits. Es ist eines der bedeutendsten Erbstücke altbalinesischer Kunst, die hier vielleicht Bestandteil eines Klosters gewesen war. Im rötlichen Gestein erkennen wir als Halbplastik die Figur GANESHAS, daneben Reiter, Menschen, eine Jagdszene; die Konturen eher grob, nicht vergleichbar mit den Reliefs an javanischen Candis, doch in solcher Größe eindrucksvoll. Eine alte Frau bringt Ganesha ein Blumenopfer dar und zündet die Räucherstäbchen an. Die Luft ist erfüllt vom Rauschen der Wasser. Irgendwo klappert ein Bambusrad auf hoher Stange, das die Vögel aus den Reisfeldern vertreiben soll: ein eigenartiger melodischer Klang, der auf- und abschwellend unendlich schwermütig tönt. Überall in Balis Reisfeldern stehen solche musikalischen Vogelscheuchen. Man mag darüber spekulieren, was wohl noch alles unter Balis Erde verborgen liegt.

Zurück durch die Felder und Dörfer zur Hauptstraße und wieder bergan: **Pejeng** heißt das nächste Ziel. Im **Pura Penataran Sasih** an der rechten Straßenseite stoßen wir auf die Hinterlassenschaft einer Vorzeit, die erst recht Rätsel aufgibt. Der eher unscheinbare Tempel und der hohe Schrein in der nordöstlichen Ecke geben auf den ersten Blick nicht preis, welche Einmaligkeit hier aufbewahrt wird: der berühmte *Mond von Bali*, die vermutlich größte erhaltene vorgeschichtliche Bronzetrommel der Welt. Auf hohem Steinsockel liegt sie, von unten kaum zu sehen, durch keine Leiter dem gewöhnlichen Besucher zugänglich. So bleibt dem Augenschein fast verborgen, was die Besonderheit des Bronzeinstrumentes von 1,60 Meter Durchmesser und einer Höhe von 186,5 Zentimeter ausmacht. Über und über ist die Trommel mit Ornamenten bedeckt und ringsum mit stilisierten männlichen Antlitzen geschmückt, die seltsam traurig wirken und kreisrunde Telleraugen haben. Dieses Meisterwerk der Gußtechnik stammt aus dem 3. Jahrhundert; ob in Bali hergestellt oder von Java oder aus dem südlichen China hierhergebracht, ist ungeklärt.

Der Gong von Pejeng – in volkstümlicher Erzählung der dreizehnte, vom Himmel gefallene Mond – ist ein hervorragendes Zeugnis für die frühe Einbeziehung Balis in die Verbreitung jener Dong-Song-Kultur (benannt nach dem nordvietnamesischen Dorf), die als erste indonesische Hochkultur gilt und auf die schöpferische Verbindung des asiatischen Festlandes und des südostasiatischen Archipels schließen läßt: die für die weitere Entwicklung Indonesiens so unerhört prägende Epoche zwischen dem 7. vor und dem 1. Jahrhundert unserer Zeitrechnung. Für die Balinesen ist der Kesselgong noch immer ein Gegenstand kultischer Verehrung.

Die Tour, die von Ubud ausging und dort auch enden wird, rundet sich stimmungsvoll im Dorf **Petulu**, das von Pejeng in nordwestlicher Richtung zu erreichen ist und seine weiße, tausendfach flatternde Attraktion in den späten Nachmittags- und frühen Abendstunden bietet. Es ist, als flögen vor einbrechender Nacht alle *Reiher* Balis herbei. Weißen Wolken gleich schwirren die gewichtigen Vögel aus allen Himmelsrichtungen ein und lassen sich auf den Bäumen von Petulu nieder. Tagsüber suchten sie in den Sawahs ihr Futter und begleiteten manchen Bauern, der mit dem Rindergespann sein Reisfeld pflügte. Nun treffen sie sich hier zur Ruhe. Erst wenn der Mond aufgeht und sein silbernes Licht über die Spiegel der Sawahs ergießt, löst sich die Aufgeregtheit in den Ästen auf und geht über in die Stille der balinesischen Nacht.

Nach Gunung Kawi und Pura Tirta Empul

Jeder wird bei der Erkundung Balis irgendwo für sich seinen schönsten Winkel entdecken. Zu meinen bevorzugten Orten gehört **Gunung Kawi** beim Dorf Tampaksiring. Es läßt sich ebenfalls von Ubud aus gut ansteuern; freilich ist für den hochgelegenen Ort in nördlicher Richtung nicht das Fahrrad empfehlenswert sondern das Auto. Frühmorgens sollte man starten, weil dann Gunung Kawi seinen poesievollen Reiz besonders entfalten kann: der *Berg der Dichtung*, der Dichter, wie sich der Name frei übersetzen läßt. Gunung, der Berg, und Kawi, die altjavanische Sprache, die mit den Javanern als Idiom der Kunst und der Macht nach Bali gebracht worden war. Von beidem kündet der abgeschiedene, historisch bedeutsame Ort, der die gemeinsame javanisch-balinesische Vergangenheit manifestiert.

Von der Straße führt eine steile Steintreppe ins Tal des Pakrisan-Flusses. Noch bevor wir die steinernen Überreste vergangener und merkwürdig gegenwärtiger Kultur wahrnehmen, umfängt uns eine märchenhaft grüne Landschaft, deren Reisterrassen die einstmals unwirtlichen Abgründe an beiden Uferseiten in schwebend-schwingende Harmonie verwandelten. Da ist man wahrlich an die Volkserzählungen erinnert, in denen Menschen auf der Suche nach dem Paradies lange wandern und plötzlich das gelobte Land vor sich sehen. So ist der Eindruck, wenn man hinabsteigt in dieses versteckte Tal, das von den Europäern erst 1920 ausfindig gemacht wurde.

Zu beiden Seiten des Flusses sind *Grab- und Meditationsmonumente* in den Tuffstein hoch aufragender Felswände geschlagen worden. Gleich linkerhand ist eine Front von vier Monumenten zu sehen, gegenüber, nach dem Passieren eines Tores und einer Brücke, ragen fünf auf. Einzigartig auf Bali die Form: es sind als vollplastische Reliefs die Umrisse von *Candis*, wie sie vielerorts im östlichen Java aus der Singasari- und Majapahit-Epoche überdauert haben. Hier aber sind die Candis nur Fassade ohne Innenraum, sieben Meter hoch, unverkennbar klassisches javanisches Formempfinden, das im 11.Jahrhundert diese Variation in den Stein bannte. Ob hier tatsächlich die Gräber für König UDAYANA und seine Familie errichtet worden waren, oder ob hier in übertragenem Sinne deren geistiges Erbe zu höherem

Ruhme dargestellt werden sollte, bleibt umstritten. Nur balinesischer Volksglauben ist sich dabei sicher: Der Riese KBO IWO war auch hier fleißig und hat die Kunstwerke mit den Fingernägeln in einer einzigen Nacht aus den Felsen gekratzt.

Rechts von den fünf Haupt-Candis sind die Höhlen und Nischen von Mönchsklausen erkennbar; offensichtlich sind sie älteren Datums als die Grabmale und zeugen davon, daß sich an diesem Orte schon vor mehr als tausend Jahren fromme Männer zur Meditation zurückgezogen haben. Möglich, daß unter ihnen auch ANAK WUNGSU weilte, der Bruder Airlanggas, unter dessen Regierung das östliche Java und Bali vereint worden waren. Gunung Kawi ist ein Ort der geistlichen wie politischen Geschichte. Ein Hauch von Feierlichkeit liegt in der milden Luft. Am Fluß waschen Frauen ihre Batiksarungs. Ein Junge führt seine Entenschar über die Dämme zwischen den Sawahs; und brav folgen die schnatternden Tiere seinem bunten Fähnchen, das an langer Bambusstange hängt. Die Bilder strahlen Ruhe und Frieden aus. Hier ist man der fragwürdig gewordenen und eigentlich niemals wirklich zutreffenden Bali-Idylle wenigstens nahe.

Ein paar Kilometer nördlich lädt schon die nächste heilige Stätte zur Einkehr ein; ein Ort der inneren und äußeren Reinigung: **Pura Tirta Empul** am Oberlauf des Pakrisan-Flusses. Hier hat Gott INDRA persönlich in die Wasserversorgung eingegriffen. Nachdem die Dämonen mit dem Oberbösewicht Maya Danawa den Petanu-Fluß im benachbarten Tale vergiftet hatten – schlimmstes Vergehen auf Bali, das aus und mit dem Wasser lebt –, schuf Indra hier eine neue Quelle, deren Naß die Gabe der Unsterblichkeit schenkte. So heißt es im Volksmund; und was da den Göttern zugeschrieben wird, ist nichts anderes als die uralte Erfahrung der auf dem Anbau von Naßreis basierenden Kultur: Solange die Wasser fließen, ist das Überleben gesichert. Das Blut der Dämonen hatte den Petanu so gründlich vergiftet, daß er tausend Jahre nicht mehr von den Menschen genutzt wurde. Erst vor wenigen Jahrzehnten wagten sie es nach langwierigen Reinigungsfesten, den Petanu wieder in ihr Bewässerungssystem einzubeziehen. Auch die Anlage Tirta Empul, die heiligen Quellen, reicht in die ältesten Dynastien Balis zurück. Hierher kommen die Balinesen zum rituellen Bade. Tempel, Schreine, Pavillons gehören zu dem ausgedehnten Komplex in parkähnlicher Umgebung. Über allem steht auf dem benachbarten Berg das klotzige staatliche Gästehaus, das sich in den fünfziger Jahren Staatspräsident SUKARNO hatte erbauen lassen. In langer Prozession kommen an bestimmten Festtagen die Menschen hierher, angetan in farbenprächtige Sarungs, um sich im Wasser der Unsterblichkeit zu reinigen. Aus solchem Überfluß konnten die Balinesen schöpfen und, weil es die Natur so gut mit ihnen meinte, daraus auch die Felder der Kunst, der Malerei, der Musik üppig bestellen – jene Felder der Kreativität, die nur dort gedeihen können, wo die Menschen mehr erwirtschaften als sie unbedingt zum Leben brauchen, auf daß sich ihnen auch der Reichtum des schöpferischen Geistes erschließt: der Mehrwert des Schönen.

Malerei und Museen

Die Landschaft des südlichen Bali, ein Kunst- und Gemeinschaftswerk, spiegelt sich in den Arbeiten der Maler, Schnitzer, Bildhauer wider, die traditionellerweise auch Bauern waren und eine intensive Beziehung zur Erde hatten. Das Kunsterzeugnis ist stets ein Bestandteil religiösen Rituals gewesen, der Künstler kein allein produzierender Individualist, der sich in seinem Werk verwirklichen will, sondern Mitglied der Dorfgemeinschaft wie alle anderen auch. Die steinernen Lingam-Figuren hoch oben im Nebel des **Pura Tegeh Koripan** am Gunung Penulisan; die aus Palmblättern oder Stroh geflochtenen Figuren der Reisgöttin SRI, sogenannte *Cili*; die täglichen Opfergestecke aus Blüten, Blättern, Reis, die vor Hausaltäre und Merus, an Wegkreuzungen und Flußläufe gelegt werden – all dies sind Beispiele von Volkskunst. Es ist – abgesehen von den historischen steinernen Skulpturen – eine Kunst der Vergänglichkeit; für den Tag, den jeweiligen festlichen Anlaß geschaffen. Nicht das Materielle, das die Zeit überdauern soll, ist von Bedeutung, sondern der spirituelle Gehalt. Aufwendig gefertigte Opfergaben verrotten nach dem Fest als Müll. Die teuren, in monatelanger Arbeit hergestellten Holztiere und die riesigen Türme, in denen die körperlichen Überreste eines Verstorbenen zur Verbrennung getragen werden, gehen in Flammen auf. Holzschnitzereien haben des Klimas wegen keine allzu lange Lebensdauer. Jedes Dorf war und ist also immer wieder veranlaßt, Neues zu schaffen oder doch Altes zu reproduzieren. Im milden Klima Balis und in seiner Atmosphäre der Religiosität gediehen volkstümliches Formempfinden und die Fähigkeit, von außen kommende Einflüsse immer wieder einzubeziehen und der eigenen Ästhetik entsprechend anzupassen.

Was die Malerei betrifft, so bietet **Ubud** für Glanz und Elend gleichermaßen Beispiele. Entlang der Hauptstraße und hinunter zum Affenwald hängen die Fließbandanfertigungen für Touristen. Woher die balinesischen Motive in der darstellenden Malerei kommen, läßt sich ein paar Schritte neben der so überaus geschäftigen Hauptstraße von Ubud in der **Puri Lukisan** bewundern, dem 1957 eingeweihten Kunstmuseum. In den über mehrere Hügel in einem Park eingerichteten luftigen Hallen hängen die Originale, die nun als balinesischer Stil so oft kopiert werden: die Bilder der Bauern, deren Nachfahren *Painter* und *Young Artists* wurden, nämlich hauptberufliche Produzenten von Kunsterzeugnissen. Die Puri Lukisan mit Hunderten von Bildern zeigt, wie sich diese Veränderung vollzogen hat. Der deutsche Maler WALTER SPIES, der sich 1927 in Ubud ansiedelte, und sein holländischer Kollege RUDOLF BONNET, der ihm 1929 folgte, waren ursächlich daran beteiligt. Die beiden Europäer, der eigenen Zivilisation müde geworden, erfuhren auf Bali eine Herausforderung der Schaffenskraft und wurden zu Anregern brachliegender Kreativität ihrer Gastinsel. Der fürstliche Hausherr in Ubud, COKORDE GEDE AGUNG SUKAWATI, selbst ein Förderer balinesischer Kunst, unterstützte sowohl die Europäer als auch die mit ihnen zusammenarbeitenden Balinesen. Sie folgten den Vorschlägen, neben rituellen Motiven und den klassischen Abbildungen aus dem Ramayana und Mahabharata auch Szenen aus dem dörflichen Alltag aufzugreifen. Es wurde mit neuen Materialien experimentiert. Aus Holland kamen Tempera- und Wasserfarben, Öl- sowie Acrylfarben. Balinesische Maler, bis dahin stark von der flächigen Darstellung des Wayang-Stiles geleitet, entdeckten für sich die Perspektive. Die von Spies und Bonnet zusammen mit einheimischen Künstlern im Jahre 1936 gegründete Künstler-Organisation *Pita Maha* (große Vorfahren) wurde so etwas wie eine Schule, die den *Ubud-Stil* zum

Markenzeichen machte, und sowohl den Verkauf der Bilder als auch internationale Ausstellungen besorgte, was der neuen balinesischen Selbstdarstellung weltweite Aufmerksamkeit einbrachte. Gleichzeitig bildete sich im Dorf **Batuan**, südlich von Ubud, eine weitere Stilrichtung heraus, die trotz moderner Maltechniken stärker den klassischen Vorbildern verhaftet blieb, die nach dem sogenannten *Kamasan-Stil* benannt werden. Auch dies ein Dorf, das in der Nähe von Klungkung liegt. Dort entstanden im 17.Jahrhundert großflächige, auf Leinen gemalte Szenen des Ramayana, Mahabharata und magischer Motive Balis; Gemälde, die ursprünglich allein für religiöse Zeremonien im Umkreis des Fürstenhauses von Klungkung benutzt wurden und in kräftigen Naturfarben, Ocker, Blau, Braun, die profilhafte Wiedergabe des Schattenspieles pflegten.

Als sich 1956 der Holländer ARIE SMIT in Campuan bei Ubud ansiedelte, dort ein Studio einrichtete und die Jugend seiner ländlichen Nachbarschaft beim eigenen Malen zuschauen ließ, inspirierte er als ein weiterer Europäer einen balinesischen Stil, nämlich den der Young Artists – wie er den gewandelten Zeiten gemäß in englischer Sprache seither heißt. Kräftige, grelle Farben, klarer Aufbau, Spontaneität, großflächige, idealisierte Alltagsszenen zeichnen diese Sicht Balis aus.

In der Puri Lukisan ist dieser Bilderbogen der Stile und ihrer frühen Interpreten ausgebreitet. Die Werke hängen da nicht in klimatisierter Konservierung, sondern sind einbezogen in das ländliche Leben, das durch die geöffneten Fenster sichtbar bleibt als ständige Erinnerung, aus welchem Geist heraus diese Gemälde geschaffen wurden. Es duftet frisch von geschnittenem Gras. *Sawahs, Tänze, Wayang, Gamelan, Verbrennung, Reisernte, Götter* und *Dämonen, Märkte* und *Mythen*. Immer wieder werden diese Motive variiert. Keines der Bilder in der Puri Lukisan verrät etwas von den Sorgen der Menschen hinter den Alltagsmotiven. Kein Tropfen Schweiß, kein Kranker, kein Zeichen von Not, keine Touristen. Bali idealisiert. Bali stilisiert. Und vor den Toren der Puri Lukisan tausendfach kopiert.

Ansätze von Gegenwartsbezügen sind im zweiten Kunstmuseum Ubuds zu erkennen, im **Neka-Museum**, das außerhalb des Ortes an der steil ansteigenden Straße nach Kintamani auf einem Hügel erbaut und 1982 eingeweiht wurde. Hier sehen wir

Balinesische Malerei bei Ubud im Neka-Museum

zwei Beispiele des *Batuan-Stiles*, die das heutige Bali abbilden. Da ist WAYAN BENDI mit seinem Gemälde von 1988: »Balis Leben mit Touristen«, ein fast satirisches Durcheinander von fleißigen Balinesen, Kühen, Hunden, Fledermäusen und überall dazwischen filmenden, fotografierenden oder sonstwie störenden Touristen. Eine eher humorvolle, gutmütige Darstellung, die zeigt, wie tolerant und friedlich Balinesen mit den Eindringlingen umgehen. Merkwürdig fremd und nicht zum Alltagsleben dazugehörend erscheint auch die Hauptfigur auf dem Bild von MADE BUDI, der 1987 »Präsident Suhartos Besuch auf Bali« malte, einen Mann im weißen Anzug, von schwerbewaffneten Soldaten geschützt, von indonesischen Reportern begleitet, die offensichtlich genauso aufdringlich das Landvolk überfallen wie ihre touristischen Amateur-Kollegen – und eben diese balinesischen Bauern, die gar nicht hinschauen zu dem hohen Gast aus Jakarta.

Auch das Neka-Museum hat offene Fenster und Türen und eine Atmosphäre, bei der es Spaß macht, die Blicke schweifen zu lassen. Nicht nur balinesische Kunstentwicklung ist hier zu studieren; auch eine kleine Übersicht zur gesamtindonesischen Malerei erlaubt die Sammlung mit knapp 200 Bildern. AFFANDI ist vertreten als Altmeister, der hier mit einem Selbstporträt, mit einem toten Kampfhahn, einem heimkehrenden Fischer das in seinen Bildern zeigt, was ihn von den meisten balinesischen Malern unterscheidet: eine kraftvolle, individuelle Handschrift zu haben, unverwechselbar und unnachahmlich. Da wird die schwere, riesige Sonne zum Symbol der Urgewalt, der müde und beladene Fischer, fast zusammenbrechend unter seiner Last, zum Inbegriff des geknechteten, ausgebeuteten, entrechteten Menschen, der geschlagene Hahn zum Opfer schlechthin. Auch dies alles oft variierte balinesische Motive, doch einzigartig interpretiert. Allein eines solchen Vergleiches wegen lohnt der Besuch im Neka-Museum.

Außerdem hängen hier jeweils ein paar Bilder der europäischen Maler, für die Bali schicksalsbestimmend wurde: RUDOLF BONNET, ARIE SMIT, WILLEM GERHARD HOFKER, ein Holländer, THEO MEIER, ein Schweizer, und einige andere. Nur einer wird bloß am Rande erwähnt, und keines seiner Bilder ist im Original zu sehen; der bedeutendste, der vielseitigste dieser Fremden, die auf Bali ihre Erfüllung fanden: WALTER SPIES.

Walter Spies und Ubud

Wenn man vom Neka-Museum nach Ubud zurückfährt, ist auf der linken Seite kurz vor der Brücke über den in tiefer Schlucht fließenden Campuan ein bemerkenswertes Hotel zu sehen; ein Rezeptions-Pavillon unter Bäumen zuerst, dann an den steilen Hängen des Flußtales die Holzhäuser mit Atap-Dächern ganz im modernistischen Bali-Stil für gehobene Ansprüche. Eines der Häuser mit doppeltem Dach nach Art der Merus, restauriert und gepflegt, ist einst nach den Plänen des Walter Spies gebaut worden. Im Januar 1930 zog er ein. Hier hat er vermutlich die glücklichsten, fruchtbarsten Jahre seines Lebens verbracht. Eine steinerne Inschrift an einer der Stützmauern erinnert daran. Hier fühlten sich mit Blick über einen Garten voller Hibiskusblüten und Cempaka- und Orchideengewächse hin zu den grünen Hügeln jenseits des Campuan auch illustre Besucher wie CHARLIE CHAPLIN und VICKY BAUM wohl. Ihnen und weniger prominenten Gästen hat Walter Spies die Insel Bali vermittelt: sein Bali. In Vicky Baums Roman »Liebe und Tod auf Bali«, der hier teilweise mit seiner Beratung geschrieben wurde, ist diese Sachkenntnis und zutiefst von Sympathie getragene Beziehung zum Eiland und dessen Bewohnern auf heute noch lesenswerte Weise eingefangen.

Walter Spies verkörperte und lebte die Hoffung, die so viele Reisende mit Bali verbinden: auf dieser Insel in Einklang mit sich zu gelangen, die eigenen Talente zur schönsten Blüte bringen zu können und in der Begegnung mit einer großartigen Kultur und Kulturlandschaft innere Erfüllung zu finden. Es scheint ihm gelungen zu sein: »Das ganze Leben ist mir ein andauernder Geburtstag!«, schrieb er überschwenglich 1939 hier in Ubud. Die Götter waren ihm bis dahin offensichtlich wohlgesonnen gewesen. Walter Spies entstammte einer deutschen Kaufmannsfamilie, die in Rußland lebte, und wurde am 15. September 1895 in Moskau geboren. Nach dem Ersten Weltkrieg lebte er einige Jahre in Deutschland, wo er mit den künstlerischen Größen der Epoche zusammenkam, sich aber von der Hektik abgestoßen fühlte. 1923 fuhr er als Matrose nach Java. Es war die entscheidende Reise seines Lebens. Als er nach vier Jahren, die er in Bandung und Yogyakarta verbrachte, nach Bali übersiedelte, hatte er das Ziel seines Lebens erreicht. Was für ein Mensch! Musiker, der das europäische Weisen spielende Orchester des Sultans von Yogyakarta geleitet hatte und sich mit dem Gamelan beschäftigte wie kein Abendländer vor ihm. Maler, der in visionären, traumhaften Bildern die Seele Balis einfing, wie es nur ein begnadeter Künstler tun kann, der diese Insel in sich aufgenommen hat. Initiator, der einheimische Künstler anzuregen verstand und in ihnen vergessene Talente zu wecken vermochte. Briefeschreiber, der von der Überfülle seines Lebens und Wirkens in spontaner Begeisterungsfähigkeit zu erzählen verstand. Ein Mensch, der geben und nehmen konnte und ein Leben voll schöpferischer Vielfalt genießen durfte.

Vor seinem einstigen Haus ist etwas von der anregenden, heiteren Umgebung zu erlauschen, in der solch ein Leben möglich war. Es gibt noch einen anderen Ort, der einem eine Ahnung davon vermittelt: **Iseh**, an den südlichen Ausläufern des **Gunung Agung** gelegen. Dorthin, in den Osten Balis, zog sich Walter Spies zurück, wenn es auch ihm in Ubud zu betriebsam wurde und er der Abgeschiedenheit bedurfte. Wenn wir Walter Spies' Spuren nach Iseh folgen, wird dies auch für uns ein Abschied von Ubud.

Wir gelangen nun in einen Teil Balis, der bislang kaum vom Tourismus bedrängt wird. Von Klungkung aus fährt der Wagen durch das Tal des Yehunda-Flusses und folgt der immer steiler ansteigenden Straße.

Gleich am Ortseingang von Iseh steht auf einer Anhöhe rechterhand ein Haus mit Terrasse. Es gehört dem Cokorde der Region. In den dreißiger Jahren war es ein Gästehaus, das auch Walter Spies und später Theo Meier bewohnten. Von der Terrasse tut sich wie ein monumentales Gemälde die Landschaft mit dem alles überragenden Kegel des Gunung Agung auf. Davor üppiges Sawah-Grün, das Harmonie und Fruchtbarkeit vereint. Hier glaubt man endgültig zu verstehen, warum ein Walter Spies dieses Bali zu seiner Wahlheimat gemacht hat. Beim Bummel durch das Dorf, im Schatten von Palmen und Bambushainen, mit Fernsichten zu Reisterrassen, bei der Begegnung mit Bauern, die ihre braunen Rinder heimwärts führen, gerät man in die Bilderwelt von Walter Spies, der solche Motive in surrealistische Traumgebilde übertrug.

Eine heile Welt? – Der Blick hinüber zum Gunung Agung, der sich braungrau, zerfurcht und drohend über die alle Sinne erfreuende Landschaft erhebt, dämpft solche Illusion. Das ist ständig gegenwärtige Gefahr, die alles Glück im Nu zerstören kann. Auch Walter Spies blieb nicht unangefochten ein Liebling der Götter. Mit dem Zweiten Weltkrieg zerbarst sein Bali in Trümmer. Er wurde als Deutscher in niederländische Internierung nach Java und Sumatra verbannt und kurz vor der japanischen Invasion im Januar 1942 mit anderen politischen Gefangenen auf dem Passagierschiff »Van Imhoff« außer Landes gebracht, um in ein Lager auf Ceylon zu kommen. Vor der Insel Nias, nahe der westlichen Küste Sumatras, traf eine japanische Fliegerbombe den wehrlosen Dampfer, der am 19. Januar versank. Auch daran ist zu denken, wenn man in Iseh zum Gunung Agung schaut.

Schwere Wolken des Unheils
Pura Besakih

Der 28. Februar 1963 ist ein schwarzer Tag in der Geschichte Balis. Der **Gunung Agung**, seit 120 Jahren verstummt und von den Balinesen als erloschen betrachtet, erwacht wie ein schlafender Riese mit polterndem Getöse. Ungeheuerliches geschieht. Gerade bereitet sich Bali vor, das größte, bedeutendste seiner Feste zu zelebrieren, da senden die Götter Angst und Schrecken und Vernichtung über die Insel. Weite Gebiete Ostbalis werden verwüstet; mehr als zweitausend Menschen kommen um. Im **Pura Besakih**, dem wichtigsten Tempelkomplex Balis, an den südwestlichen Abhängen des Gunung Agung in knapp tausend Meter Höhe gelegen, harren indes Hunderte von Menschen aus. Wird der Muttertempel, wie ihn die Balinesen nennen, mitsamt seinen Gläubigen ein Opfer des wütenden Berges? Der Lavastrom teilt sich. Pura Besakih bleibt verschont. Ein Wunder, eine Warnung der Götter?

Es blieb bis heute umstritten, warum zu jener Zeit das *Eka Dasa Rudra* Fest ausgerichtet werden sollte, das nur im Besakih-Tempelkomplex gefeiert werden kann. Eine Reihe von in ihrer Bedeutung abgestuften Zeremonien ist genau festgelegt und folgt dem balinesischen Kalender, der gemäß des Shaka-Systems 78 Jahre hinter der Gregorianischen Jahreszählung liegt. Das Eka Dasa Rudra Fest ist ein Jahrhundert-Ereignis, das erst im März 1979 fällig gewesen wäre. Warum sechzehn Jahre davor bereits ein erster Anlauf? Es gibt einige Antworten. Im 16. Jahrhundert hatte das alle Balinesen vereinigende Hauptfest zum letztenmale stattgefunden; während der Kolonialzeit blieb es aus. Die sechziger Jahre waren auch auf Bali von tiefgreifenden wirtschaftlichen Schwierigkeiten gekennzeichnet, die kommunistische Partei erhielt starken Zulauf. Balis Bewohner besannen sich nach Jahrzehnten ökonomischer und auch religiöser Lethargie ihrer ureigensten Identität. Das Bedürfnis nach der großen, allumfassenden Reinigung und Erneuerung war übermächtig geworden. In Revolution erhofften sich die einen das Heil, in Religion die anderen, die Mehrheit. Eka Dasa Rudra, das einzige Fest, das vom Pura Besakih ausgehend die gesamte Insel, deren Bewohner und den Kosmos zu reinigen imstande ist, sollte des-

halb vorgezogen werden. Alles war eingeleitet worden, um am
8.März 1963 den Höhepunkt feiern zu können. Da brach im
Februar der Gunung Agung völlig unerwartet aus und machte
das Fest zunichte.

Der Ausbruch hatte Risse im spirituellen Selbstverständnis
der Balinesen zur Folge. Was hatten sie getan, daß sie sich gerade während ihrer so demonstrativ bekundeten Bereitschaft zu
Versöhnung und Neubeginn den Zorn der jenseitigen Mächte
zuzogen? Es sollte noch schlimmer kommen. Von den politischen Beben, die Indonesien beim Machtwechsel 1965 erfaßten,
blieb auch Bali nicht verschont. Massenmorde an Kommunisten
oder solchen, die dafür gehalten wurden, erschütterten Bali
ebenso wie Java. Mehrere zehntausend Menschen wurden hin-
gemetzelt. Dies gehört zur Vorgeschichte, als dann 1979 – zum
Beginn des balinesischen Jahrhunderts – das Eka Dasa Rudra
Fest ohne Zwischenfälle und offenbar mit dem Wohlwollen der
Götter gefeiert werden konnte. Wochenlang, mit dem 28.März
als Höhepunkt, war Pura Besakih das Pilgerziel der Balinesen.
Mehr als eine Million machte sich auf zu dem beschwerlichen
Anstieg, um den Göttern zu opfern.

Besakih liegt zweiundzwanzig Kilometer nördlich von Klungkung, mittlerweile über eine gut ausgebaute Straße zu erreichen,
die immer wieder phantastische Aussichten über das südöstliche
Bali bis hin zum Meere freigibt. Vor dem Besucher wächst zu
gigantischer Größe das Massiv des Gunung Agung auf, dessen
Kratergipfel mit 3142 Metern sich üblicherweise bereits in den
Vormittagstunden in dichte Wolken hüllt. Wo die Tempelanlage von Besakih steht, war vermutlich bereits in megalithischer
Vorzeit eine geheiligte Stätte, zu der die Menschen auch unter
zunehmend hinduistischem Einfluß immer wieder pilgerten.
Seit mehr als tausend Jahren werden dort oben die Götter und
Geister beschworen. Im Jahre 1007 soll hier die Totenfeier für
die vielzitierte Königin MAHENDRADATTA stattgefunden haben.
Ab Ende des 15.Jahrhunderts wurde Besakih der Reichstempel
der Könige von Gelgel und Klungkung.

Was wir heute vor uns sehen, wenn wir vom Parkplatz aus den
letzten Kilometer zu Fuß in die Höhe steigen, ist gerade in
jüngerer Zeit renoviert und erweitert worden. Pura Besakih ist
der Sammelbegriff für eine von unten unübersehbar ausgedehn-

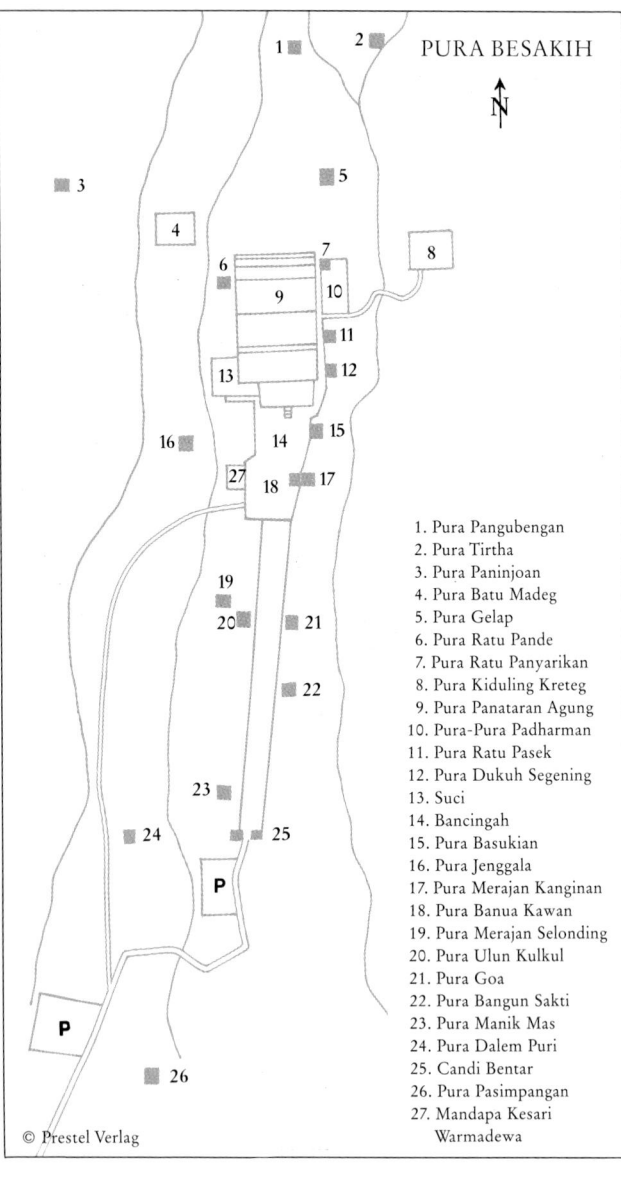

te Anlage von dreißig Einzelkomplexen mit etwa zweihundert Bauwerken. Jedes hat einen Namen, einen religiösen Bezug und bietet in solcher Vielfalt den verwirrenden Anblick einer Wallfahrtsstätte, deren Details auch die meisten Balinesen nicht vollständig benennen können. Familien der drei oberen Kasten sowie Berufsvereinigungen und Dorfgemeinschaften haben hier eigene Schreine. Allen gelten die drei das Gesamtbild beherrschenden Puras als Haupttheiligtum: Im Zentrum, über eine steile Steintreppe, die von zahlreichen Wächterfiguren gesäumt ist, unter einem hohen gespaltenen Tor steht kompakt und düstergrau der steinerne, pyramidenförmige **Pura Panataran Agung**. Er ist Inbegriff aller Gottheiten, SANGHYANG WIDHI WASA und seiner Erscheinungsform SHIVA geweiht. Ihm wird bei kultischen Handlungen die Farbe weiß zugeordnet. Im Haupthof des zentralen Heiligtums steht der *Sanggar Agung*, der dreisitzige Lotosthron hinduistischer Trinität Brahma, Vishnu, Shiva. Hierher werden sie eingeladen, um an den großen Festen teilzunehmen. Östlich davon ist **Pura Kiduling Kreteng**, BRAHMA geweiht, dem die Farbe rot zusteht. Westlich davon **Pura Batu Madeg**, VISHNUS Tempel, wo die Farbe schwarz vorherrscht. Der innere Bezirk von Besakih ist Touristen verschlossen.

Keiner der jetzt Lebenden wird mehr an einem Jahrhundert-Höhepunkt von der Dimension des Eka Dasa Rudra Festes teilnehmen können. Doch in den Anlagen von Besakih, die weithin mit ihren Meru-Dächern in die karge, klare Landschaft des Hochgebirges ragen, werden jeden Tag zu jeder Stunde an einem der vielen Schreine heilige Zeremonien abgehalten. Die Priester walten ihres Amtes, unterteilen die kultischen Handlungen mit dem Geklingel ihrer Glöckchen, sprechen die uralten Formeln, versprengen das heilige Wasser, das die Essenz balinesischer Religiosität ist. Je nach Bedeutung der Zeremonie ist der *Pemangku* damit betraut, der Tempelpriester aus der Jabakaste, der untersten, oder der *Pedanda*, der Priester aus der Brahmanenkaste, der höchsten. Da sind Worte zu vernehmen und Zeichen zu sehen, die aus vergangenen Zeiten stammen und von den einfachen Balinesen in ihren Feinheiten nicht verstanden werden und doch als gemeinsame Beschwörung gelten, die Götter genehm zu stimmen: die Götter, die auch über den Schlaf oder das Erwachen des Gunung Agung entscheiden.

Alles fließt
*Karangasem – Tirtagangga – Candi Dasa –
Tenganan – Goa Lawah*

Nach dem Ausbruch des Gunung Agung 1963 wurde die östlichste Stadt Balis in **Amlapura** umbenannt, damit der Neuanfang auch solcherart erkennbar werde, so wie Kinder nach schwerer Krankheit einen neuen Namen erhalten, um die bösen Geister zu verwirren. Amlapura läßt kaum noch ersichtlich werden, daß es im 17. und 18. Jahrhundert als *Karangasem* der Mittelpunkt eines machtvollen Reiches war und von hier aus das östliche Bali und die Nachbarinsel Lombok regiert wurden. Nur die **Puri Agung Kanginan**, im nördlichen Teil des Städtchens hin zum Gunung Agung gelegen, verrät noch etwas von einstiger Pracht. Durch die Tore zweier rot-weißer Steintürme im Stil der Meru-Pagoden gelangen wir in den inneren Bereich, der von zwei langmähnigen Löwen bewacht wird; und daneben sind auf Reliefs seltsame Fabelpferde zu sehen, die die Zunge herausstrekken als rauchten sie Pfeife.

Die *Balés* gruppieren sich um einen viereckigen künstlichen See, in dessen Mittelpunkt **Balé Kambang** steht, ein Pavillon eleganten Zuschnitts. Hausschmuck, Schnitzereien, Möbel, Gemälde in dem zum Wasser hin offenen Hauptgebäude zeigen einen Mischmasch aus balinesischen, chinesischen und europäischen Elementen. Die Puri ist Ende des vorigen Jahrhunderts gebaut worden. Als die Holländer von Singaraja aus Bali vereinnahmten, machten die Fürsten von Karangasem im Gegensatz zu den meisten anderen südbalinesischen Herrschern gemeinsame Sache mit den Europäern. Dafür behielten sie Titel und Privilegien, was die aufwendige Hofhaltung bis in die Zeit des Zweiten Weltkrieges ermöglichte. Puri Agung Kanginan ist jener Ort der Adels-Herrlichkeit, der historisch gesehen am jüngsten ist. Der Vorliebe des letzten einflußreichen Mannes dieser Dynastie, Anak Agung Gede Jelantik, und seiner Nachkommen für Wasserschlösser verdanken wir bezaubernde Ausflüge.

*Reste der einst fürstlichen Pavillons vom »Wasserpalast«
Tirtagangga (Wasser des Ganges) nordwestlich von Amlapura*

Vier Kilometer südöstlich an der Küste stehen wie romantische Ruinen die Trümmer des 1921 erbauten Wasserschlosses in der von Seen und Palmenhainen bestimmten Landschaft. Auch dieses Anwesen beim Fischerdorf Ujung wurde durch Erdbeben und Vulkanausbruch zerstört. Am Strand liegen die Boote der Fischer; charakteristisch die Buge der buntbemalten hölzernen Gefährte mit Auslegern aus Bambus: glubschäugige Ungeheuer, die Schwertfischen gleich ihre aufgerissenen spitzen Mäuler den Wellen entgegenrecken.

Als Gegenstück wurde Ende der vierziger Jahre in den Bergen ein weiteres Refugium voll schönster Poesie angelegt: **Tirtagangga**, mit Wasser des Ganges zu übersetzen, sechs Kilometer nordwestlich von Amlapura gelegen. Von den einstigen fürstlichen Pavillons ließen die tobenden Naturgewalten nicht viel übrig. Aber Teiche, Springbrunnen, Wandelwege blieben erhalten und wurden restauriert. Es lohnt sich, hier zu verweilen. Der touristische Trubel hat Tirtagangga noch nicht erfaßt. Über den Badeteich wölbt sich ein Waringin-Baum von gewaltigen Ausmaßen, ein lebendes Symbol der Geborgenheit.

Ringsum breiten sich die Kaskaden der *Reisterrassen* aus. Stundenlang wanderten wir bei unseren Besuchen über die Dämme, erkletterten Hänge, sprachen mit den Bauern und blickten über diese Kulturlandschaft, die von den Balinesen die Stufen zu den Göttern genannt wird. DEWI SRI, der Reisgöttin, sind überall an den Terrassen kleine Opferhäuschen aufgestellt. Um den Anbau des Reises dreht sich der Lebens- und Jahresrhythmus. Zwei Ernten im Jahr, drei in zwei Jahren sind möglich. Hier, an den fruchtbaren südöstlichen Hängen des Gunung Agung läßt sich besonders eindrucksvoll erkennen, was menschlicher Fleiß, was ein ausgeklügeltes Bewässerungssystem, ein inniges Verhältnis zwischen Natur, Mensch und Tier und die Erfahrung von Jahrtausenden gestaltend hervorgebracht haben: eine vollendete Landschaft, die nie fertig im Sinne von endgültig ist. Das ist Menschenwerk in einem nirgends festgeschriebenen Generationenvertrag auf jenem Boden, der – von den Göttern zur Nutzung geborgt, von den Ahnen ererbt – gemeinsam zu bearbeiten und an die Nachkommen weiterzugeben ist.

Kein Balinese indes kann wie ein europäischer oder amerikanischer Bauer Reis als Einzelunternehmer anbauen. Dazu bedarf es aller im Dorf. Die *Subak*, die Bewässerungsgenossenschaft, bietet den organisatorischen Rückhalt. Jeder Mann ist Mitglied, was zugleich bedeutet, anerkannt und mit allen Rechten und Pflichten betraut zu sein. Die Aufnahme in eine Subak, wichtiger Einschnitt im Leben eines Balinesen, hat die Bedeutung von Erwachsenwerden. Gemeinsam wird entschieden, im Einklang mit den durch die Priester befragten Göttern, wann bewässert, gepflügt, wann die Setzlinge gezogen, wann sie über die Felder verteilt werden (was übrigens auf Bali im Gegensatz zu Java nicht die Frauen, sondern die Männer tun), wann nach vielen Opfer- und Arbeitsgängen schließlich geerntet wird. Jede Subak hat einen eigenen Tempel, wo all diese Abschnitte eines Reis-Jahres von der Aussaat bis zur Ernte mit den entsprechenden religiösen Zeremonien begleitet werden. Reis ist für die Balinesen keineswegs bloß ein Nahrungsmittel, er ist Inbegriff des Lebens in all seinen leiblichen wie spirituellen Aspekten. Reis verbindet Irdisches mit Himmlischem. Wenn wir bei den Wanderungen über die Sawahs von Tirtagangga den Blick schweifen lassen und sehen, wie das kräftige Blau des Firmamentes in den von zartgrünen Setzlingen durchzogenen ovalen Wasserspiegeln der Reisterrassen leuchtet, schimmert uns diese Verbindung von Oben und Unten entgegen.

Doch das Atmosphärische der Impression bedarf der sachlichen Ergänzung, um Bali gerecht zu werden. Längst reicht der Boden nicht mehr für alle aus, um angemessen leben zu können. Überbevölkerung ist ein Stichwort. *Transmigration*, das staatliche Umsiedlungsprogramm auf andere Inseln, ist eine der umstrittenen politischen Maßnahmen, um den Druck zu mildern. Wenn man aber weiß, was Balinesen mit ihrer Insel verbindet, läßt sich ermessen, was ihnen der mehr oder weniger befohlene Abschied bedeutet: es ist der Verlust ihrer Identität. Veränderungen im sozialen und ökonomischen Gefüge sind unübersehbar – in den städtischen Bereichen nicht mehr aufzuhalten. Was aber der Augenschein in solch relativer Abgeschiedenheit wie Tirtagangga verbirgt, sind die Folgen neuer schnellwachsender Reissorten, die Folgen von Pestiziden, von Düngemitteln, die Umstellung von der traditionellen Vorrats- und Tauschwirtschaft auf das Geldsystem, die Verlagerung von Gemeinschaftsarbeiten, die unentgeltlich auf der Basis von Gegenseitigkeit durchgeführt wurden – *Gotong Royong* –, hin zu bezahlter Lohnarbeit. Die grüne Revolution hat auch vor Bali nicht halt gemacht; die von Jakarta aus zentralistisch gelenkte Landwirtschaftspolitik forciert die Anbaumethoden mit den höheren Erträgen. Das erscheint volkswirtschaftlich als sinnvoll und unvermeidlich, stellt aber langfristig den Gemeinschaftskult des überlieferten Reisanbaus infrage und unterhöhlt die Basis Jahrtausende währender Kultur. Der Prozeß ist in vollem Gange; und er ist schneller in Gang gekommen als es sich die besorgten Reisenden früherer Jahrzehnte vorstellen konnten.

Der Tourismus mit seinen Fremdeinflüssen und seiner täglich von den Balinesen auch an abgelegenem Ort zu beobachtenden Demonstration, den Konsum zum Kult zu machen und den Kult zu konsumieren, beschleunigt die Veränderungen einheimischer Lebensweise. Bei der weiteren Tour wieder westwärts der Küste entlang ist an der Bucht von **Candi Dasa** in jüngerer Zeit ein solcher touristischer Außenposten totaler Vermarktung eingerichtet worden. Ich erinnere mich, daß es Ende der siebziger Jahre nur ein paar bescheidene Losmen ohne elektrischen Anschluß gab. Heute zieht sich die Ferienkolonie mit Bungalows, Restaurants, Hotels, Billardsälen, Warungs bereits über einige Kilometer die Küste entlang. Gerade noch war das ein sogenannter Geheimtip, schon ist er massenhaft vereinnahmt; und Buwitan, ein paar Kilometer weiter, wird vorübergehend als die neue Entdeckung gepriesen.

Die Auswirkungen lassen sich unweit von Candi Dasa erkennen. Bis in die sechziger Jahre galt das Dorf **Tenganan** als geschlossene Gesellschaft. Europäer brauchten eine Erlaubnis, um dieses eigenwillige Gemeinwesen in der Tradition vor-hinduistischer Einflüsse betreten zu dürfen. Tenganan ist ein weiteres Dorf der *Bali Aga*, der Ureinwohner Balis. Heute warten bereits an der Abzweigung von der Küstenstraße nahe Candi Dasa jugendliche Motorradfahrer, um die Touristen, die keinen eigenen Wagen haben, auf den Rücksitzen nach Tenganan zu befördern. Die schmale Eingangspforte steht zwar noch heute und hemmt zumindest den Gruppenandrang. Doch das Mädchen mit der Sammelbüchse läßt keinen Zweifel, daß man hier ein Eintrittsgeld erwartet. Wenn schon eine touristische Invasion, dann nicht zum Nulltarif. Der Ort hat sich verändert. Die Menschen, die ehedem Besucher höflich aber distanziert behandelten, sich selbst ganz der eigenen Würde bewußt, machen nun einen Marktbetrieb aus ihrem Dorf. Dies verwundert um so mehr, als gerade Tenganan allen Einwirkungen der Majapahit-Fürsten und auch holländischen Kolonialverwaltung zu trotzen vermochte. Es hat der Javanisierung und der Europäisierung widerstanden. Dem Tourismus, so scheint es, widersteht es nicht.

Etwa 3500 Menschen zählt der Verwaltungskreis von Tenganan, dreihundert Bewohner hat der eigentliche Ort. An beiden Seiten der Dorfstraße ziehen sich weißgetünchte Häuser entlang, nicht einzelne von eigener Mauer umfriedete Gehöfte, wie in den sonstigen balinesischen Dörfern, sondern eher wie eine Reihenhaussiedlung anzuschauen. In der Mitte der breiten Straße ziehen sich zur Höhe des **Gunung Agung** hin die Balés und Gemeinschaftshallen. In Tenganan lebt die Kunst des Beschriftens von *Lontar-Büchern* fort. Hier hat sich die Tradition einer der kompliziertesten Webtechniken im indonesischen Archipel erhalten: die Herstellung von *Doppel-Ikat-Tüchern*, den Geringsing-Stoffen. Sie gelten als aufgeladen mit magischer Kraft und werden für kultische Zeremonien verwendet. Über Monate zieht sich der Webvorgang hin. Aber nur noch wenige Frauen im Dorf beherrschen die Arbeit; es sind vornehmlich die alten. Die jungen Frauen bieten gekühlte Cola an und offerieren Webwaren, die vor allem aus anderen Dörfern und östlichen Inseln stammen, von Sumba, Lombok, Sumbawa. Anders als Trunyan hoch oben am Batur-See, das von der Natur geschützt wird, hat Tenganan außer seinen Mauern der Neugier der Fremden nichts entgegenzusetzen. Zu nahe verläuft der Touristenstrom.

Dies trifft auch für **Goa Lawah** zu, die Fledermaushöhle, an der südöstlichen Küste zwischen Candi Dasa und Klungkung gelegen. Aus der Felsgrotte haben die Balinesen einen ihrer Reichstempel gemacht, ein Heiligtum, das über den regionalen Standort für die gesamte Insel religiöse Bedeutung hat. Ganze Dorfgemeinschaften reisen hierher, um ihre Opfer und Reinigungsriten zu bekunden. Zu Tausenden hängen tagsüber die Fledermäuse in der zum Meer hin weit geöffneten Höhle. Spitze Schreie erfüllen die Luft ebenso wie aufdringlicher Gestank. Die Dächer der Tempelschreine am Rande der Grotte sind schwarzglänzend mit dem Kot der Fledermäuse überzogen. Die Tiere gelten als heilig, ebenso die Schlangen, die im Inneren der in Dunkelheit versinkenden Höhle vermutet werden. Den mythologischen Schlangen *Sanghyang Naga Basuki* und *Antaboga* ist die seltsamste unter den heiligen Stätten Balis geweiht. Der Volksglaube berichtet, daß die Höhle bis zur Höhe des Besakih-Tempels reicht, mithin eine Verbindung zwischen Meer und Berg darstellt. Das gezackte Felsloch mit seinen spitzmäuligen Wächtern in unheimlich verwirrendem Durcheinander wirkt wie der Eingang zur Welt der Dämonen und Monster. Auch die Betenden davor, die die gefalteten Hände nach oben halten, und den Beschwörungen der Priester folgen, sind von der Faszination des Ortes wie betäubt. Wer sich umdreht und auf das ruhige, blaugrüne Meer schaut und die auslaufenden Wellen am Strand sieht, mag das als befreiend empfinden – obwohl Balinesen gerade von dort, von den Tiefen der Gewässer, ihre eigentliche Bedrohung empfinden.

Grausamkeiten zwischen Himmel und Hölle
Klungkung

Höllenqualen werden uns in **Klungkung** vor Augen geführt wie nirgends sonst auf Bali; gemalte Abscheulichkeiten in luftiger Höhe. Der Schauplatz solcher Folterbilder ist die einstige Gerichtshalle **Kertha Gosa** in der Parkanlage Taman Gili. Der moderne Teil mit Markt und Geschäftsstraßen prägt das Bild Klungkungs, das ohne diese Gerichtshalle aus längst vergangener Epoche wenig Sehenswertes zu bieten hat. Nur Kertha Gosa und eine weitere überdachte Halle, beide von grünen Teichen umgeben, haben die Zerstörungen der holländischen Truppen überdauert, die 1908 mit Gewalt eines der ältesten und bedeutendsten Fürstenhäuser auslöschten. Mit dem *Puputan*, dem gemeinsamen Untergang, mit dem sich hier der letzte noch eigenständig regierende balinesische Herrscher samt seines Gefolges in die Bajonette der Europäer stürzte, ging auch eine bedeutsame Epoche balinesischer Geschichte zu Ende.

In diesem Teil Balis soll der Sohn des Majapahit-Königs BRA WIDJAYA nach dessen Tod und dem damit verbundenen Zusammenbruch seines Reiches als Flüchtling mit seinen Getreuen

1478 an Land gegangen sein. In Gelgel proklamierte er sich selbst zum König von Bali, nahm den Titel *Dewa Agung* an, und begründete die Gelgel- und (nach der Verlegung des Königssitzes) Klungkung-Dynastie. Klungkung war bis ins 18.Jahrhundert hinein der politische Mittelpunkt Balis. Mit der Zersplitterung in zahlreiche kleinere Fürstentümer schwand auch die Macht eines Dewa Agung; doch die kulturelle Ausstrahlung und die moralische Autorität blieben bis ins 19.Jahrhundert erhalten. Die Gerichtshalle, die wir über eine hohe steinerne Treppe betreten, mag ein letztes sichtbares Zeugnis dafür sein. Das laute Straßentreiben bleibt im Bereich der unmittelbaren Wahrnehmung, störend, lästig, und doch ist es, als schreite man aus unserer Zeit heraus ins Niemandsland zwischen Kulturen, Epochen, Dynastien.

Als erstes nimmt man die Farben wahr. Ein warmes, dunkles Rot, kräftiges Ocker, Schwarz; Farben der Natur, angenehm anzuschauen. Dann werden einzelne Bilder fixiert. Wir sehen menschliche Figuren, Dämonen, Götter, Zwerge; alles im *Wayang-Stil* des umrißhaften Halbprofiles dargestellt, dem Schattenspiel der *Kulit-Figuren* auf der Leinwand nachempfunden. Im nahegelegenen Dorf Kamasan haben Künstler im königlichen Auftrag diese Maltechnik entwickelt; und noch heute wird dort nach den alten Vorlagen gearbeitet. Über unseren Köpfen sind prächtige Beispiele des *Kamasan-Stiles* in 267 verschiedenen Paneelen zu einem Farbenrausch zusammengefügt. Das Auge pickt sich einzelne Szenen heraus, und damit beginnt das eigentliche immer wieder aufs Neue entfachte Suchen. Gegenseitig macht man sich auf Entdeckungen aufmerksam. Da schreiten Menschen über züngelnde Flammen. Dort wird ein Paar in siedendem Wasser gekocht. Da hinten verbeißt sich ein Krebs in der Brust einer Frau. Hier regnet es spitze Krisse aus einem Baum, die den Menschen darunter die Augen ausstechen. Auf dem Bild darüber zersägen zwei Dämonen einem Mann den Kopf. Ein kahlköpfiges Ungeheuer hält eine lodernde Fackel zwischen die Schenkel einer Frau. An Bäumen hängen Männer und Frauen; und einer der Stricke wird gerade von einer Maus aufgefressen. Man reckt sich den Hals aus, um genauer zu sehen. Durften Maler ihre sadistischen Wünsche an diese hölzerne Decke projizieren, die sich pyramidenförmig nach oben verjüngt?

Die Gerichtshalle wurde im frühen 18.Jahrhundert gebaut. Offenbar wurden hier unter Vorsitz des Dewa Agung die Fälle behandelt, die von der Dorfjustiz nicht entschieden werden konnten. Doch die Vermutung, mit den Deckenbildern sei den Delinquenten gewissermaßen das Spektrum möglicher Strafen vorgeführt worden, trifft wohl nicht die Wirklichkeit. Die Halle war heiliger Ort, kein Mensch, der die Ordnung gestört hatte, durfte ihn betreten. Es ging also darum, mit diesen Motiven im übertragenen Sinne den Ausgleich zwischen Verfehlung und Vergeltung darzustellen. Wann die Deckenbemalung entstand, wann sie beendet wurde, ist historisch ungeklärt. Die erste schriftlich überlieferte Erwähnung findet sich auf einem Lontar-Blatt, das von 1842 stammt und in **Gedong Kirtya** in **Singaraja** aufbewahrt wird. 1909, nach dem Sieg der Holländer, wurde Kertha Gosa offizielle Gerichtshalle der Klungkung-Region unter niederländischer Verwaltung; auch nach der Kolonialzeit wurde hier bis 1950 Recht gesprochen. 1960 fand die letzte umfassende Restaurierung der Bilder statt; einige wurden ganz ausgetauscht.

Hat man sich erstmal an den Grausamkeiten sattgesehen, fallen einem Kampfszenen auf, in deren Mittelpunkt ein Held mit der für Wayang-Figuren typischen Kopfbedeckung steht. Es ist BHIMA, einer der Pandawa-Brüder aus dem *Mahabharata-Epos*. Sein Auftreten macht klar, daß es sich an der Decke von Kertha Gosa nicht um einzelne in sich geschlossene Darstellungen handelt, sondern um eine fortlaufende Erzählung. Da wird die Geschichte von Bhima, dem kraftvollen Helden und Krieger erzählt, der in die Hölle und in den Himmel vordringt, um seine Eltern zu suchen, begleitet von den clownartigen Gesellen Twalen und Mredah. Es ist das uralte Gleichnis von Leben und Tod und das uralte Motiv, über den Tod hinaus weiterzubestehen. Bhima Swarga heißt dieser Ausschnitt aus dem Mahabharata; Swarga das jenseitige Reich, das der Toten, das Himmel und Hölle einschließt. Im Schattenspiel wird es immer wieder beschworen, wenn ein Dalang die Figuren seiner Aufführung zum Medium für die Kommunikation mit den Ahnen macht. Bei balinesischen Tänzen beginnt die Grenze zu diesem Reich zu fließen, wenn Tänzer in Trance fallen. Bei heiligen Ritualen in den Tempeln dringt der Priester immer aufs Neue zu diesen

Nahtstellen zwischen Diesseits und Jenseits vor, die in der Geschichte von Bhima Swarga so drastisch gezeichnet sind. Und noch ein Bezug fällt dem europäischen Betrachter bei dieser Decke in der Gerichtshalle von Klungkung ein: die geistigen Vorstöße, die ein Dante Alighieri im 14. Jahrhundert in seiner *Göttlichen Komödie* unternahm, als er mit den Mitteln der Dichtung eben diese Grenzen überschritt und wie Bhima in Hölle und Himmel eindrang, um nach den Antworten auf die ewigen Fragen der Menschheit zu suchen: das Epos vom Leben und vom Leiden und von der Erlösung.

Schwarze und weiße Magie
Batubulan

Männer mit nackten Oberkörpern, um die Hüften schwarz-weiß karierte Sarungs geschlungen, hinter das rechte Ohr eine rote, hinter das linke Ohr eine weiße Hibiskusblüte gesteckt, stürmen aus dem geheimnisvollen Dunkel tropischer Nacht in einen von Fackeln beleuchteten Kreis. Fünfzig, achtzig, schließlich mehr als hundert Männer, die sich da niederlassen, die Hände orgiastisch erhoben, die Finger krallenartig ausgestreckt, vereint zu einem Leib, der sich mal nach der einen, mal nach der anderen Seite im Rund beugt. Dabei stoßen sie ein tierisches Gebrüll aus. Ein anschwellendes Ketschak-tschaké-tschaké-tschak-tschak entfährt den hundert Kehlen. Das Stakkato überschlägt sich in rasender Wiederholung und mündet in einen Klagegesang; und erneut finden die Stimmen zum tobenden Ketschak-tschakétschaké-tschak-tschak zusammen. Das geht jedem unter die Haut, rührt Ängste und Ahnungen an, die der Verstand nur unzureichend zu beruhigen vermag.

Als *Kecak* gehört das nächtliche Spektakel zum Standardprogramm für Touristen. Kecak ist ein Teil des vermarkteten Bali geworden, in **Peliatan** bei Ubud mehrmals wöchentlich zu erleben. WALTER SPIES, der schon zu seiner Zeit den Ausverkauf der Götterinsel beklagte, ist nicht ganz unschuldig daran. Er fungierte bei den Dreharbeiten für den Film »Die Insel der Dämonen«, 1931 von Baron VICTOR VON PLESSEN großartig inszeniert und von Kameramann DAHLSHEIM in berauschende

Stummfilmszenen umgesetzt, als landeskundlicher und künstlerischer Berater. Dabei wurde der Kecak der dramaturgischen Effekte wegen so gestaltet, wie wir ihn heute sehen können. In die Mitte des Kreises aus zuckenden Leibern kamen Figuren der Ramayana-Geschichte. Prinz Rama, der Ehemann auf der Suche nach Sita, seiner geliebten Gattin, die der Unhold Rawana geraubt hat. Hilfe erhält der betrogene Gatte von HANUMAN, dem General der Affenarmee. Daher der Name, der den Kecak seither weltberühmt gemacht hat: *Affentanz*. Welch irreführende Bezeichnung für ein ekstatisches Schauspiel, das in seinem elementaren Gehalt auf Balis dunkle Vorzeiten verweist. Lange bevor Indiens Götter eintrafen, lange bevor Javas Herren eingriffen, lange bevor das Inferno mit Szenen aus Bhimas Weltbild ausgemalt wurde, hockten sich Balis Männer auf die Erde und beschworen in nächtlichem Ritual die Kräfte des Jenseits. Da wurden die Ahnen um Beistand gebeten; und im gemeinsamen Anruf machten sich die Nachkommen Mut, das Diesseits zu bestehen, von keinem Instrument unterstützt, denn das Gamelan kannten die Männer noch nicht, sondern einzig ihren kräftigen Stimmen vertrauend. Solange wurden die magischen Silben wiederholt, wispernd, flüsternd, zischend, fluchend, brüllend, bis heilsame Trance sie alle umfing. Die Grenze zwischen den Lebenden und den Toten war überschritten.

Wenn heute ein Kecak aufgeführt wird, kommen die Männer mit dem Motorrad angefahren, sie haben gerade noch die Abendnachrichten im Fernsehen verfolgt und ziehen Jeans aus, ehe sie sich den Sarung umbinden; sie sparen Geld für den Warung, den sie an der von Touristen besuchten Straße einrichten wollen. All das gehört heutzutage zum Lebenshintergrund. Und doch verliert dies zu nächtlicher Stunde an Gewicht. Es ist, als klinge bei jedem Kecak ein fernes Echo an von jenen Urschreien, die vor mehr als tausend Jahren ausgestoßen wurden.

Die Summe aller Kult- und Kunstformen, in denen sich Bali noch immer authentisch mitteilt, heißt: Tanz. Lang ist die Liste seiner Namen. Der Kecak ist einer der kraftvollsten, männlichsten. Der Legong ist einer der poetischsten, weiblichsten. Die Entfesselung vulkanischer Gewalten der eine, zurückreichend in graue Vorzeiten; die bis in die Fingerspitzen stilisierte Anmut der andere Tanz, den erst das ästhetisch anspruchsvolle Hofzeremoniell des 19.Jahrhunderts hervorgebracht hat. Allen Tänzen und Tanzdramen gemeinsam ist, daß sie aufnehmen und wiedergeben, was Balis Leben prägt: Malerei, Theater, Architektur, Maskengestaltung, Schnitzhandwerk, Webkunst, Musik, Gesang. Die Ausdrucksformen spiegeln die Üppigkeit tropischer Natur wider, und sie sind kollektiv manifestierte Religiosität, die alle Balinesen verbindet. Dabei scheint es den Menschen noch immer zum eigenen Seelenheil zu gelingen, zwischen den rituellen Tänzen bei den Festen im eigenen Dorf und den inszenierten Tänzen auf den Bühnen für Touristen zu unterscheiden.

Der *Barong*, der jeden Morgen zwischen 9.30 und 10.30 Uhr im Dorf **Batubulan** aufgeführt wird, beweist dieses tänzerisch-religiöse Doppelleben, zu dem Balinesen fähig sind, auf eindrucksvolle Weise. Was da jeden Morgen in Batubulan abläuft, ist Barong vom Fließband, ist perfekte Show, großartig gemacht. Vom Spielgeschehen unter freiem Himmel schweift der Blick hinaus in die terrassierten Reisfelder. Über dem ländlichen Bali schwebt die blaue Silhouette des Gunung Agung. Wunderbar, aber eben nur die Außenansicht des Barong. Die Annahme, ein solches Tanzdrama werde zur Unterhaltung, Belehrung, zur Bewußtseinsbildung im europäischen Sinne von Theater gespielt, wäre ein fataler Irrtum. Was in den Morgenstunden in Batubulan Spiel ist, mit einer Handlung in sieben Akten wie es der Handzettel in mehreren Sprachen mitteilt, hat im Ursprung magische Bedeutung und die Aufgabe exorzistischer Reinigung. Der Barong ist die Verkörperung des mächtigen Schutzgeistes BANASPATI RAJA, dargestellt mit einem animalischen Fabelwesen, für das es kein lebendes Vorbild gibt. Drei Meter lang ist dessen Rumpf, in den bei den Auftritten zwei geübte Männer schlüpfen; zottelig der Körper, der Kopf eine rot und golden bemalte Holzmaske mit hervorquellenden Augen, Eckzähnen und breitem Maul, ähnlich den Kala-Köpfen über den Candis auf Java. Die Herkunft der Barong-Figur ist umstritten, chinesisch-buddhistische Einflüsse werden vermutet. Auch wenn der Barong unbewegt im Dorftempel aufbewahrt wird, genießt er hohe Verehrung, weil er nicht bloß ein Tanzkostüm, sondern mit magischen Kräften aufgeladen ist. Barong ist der Inbegriff der weißen Magie, auf die Menschen in Bedrängnis ihre Hoffnung richten. Die Todesgöttin DURGA gilt als Verursacherin solcher Not; und als Durgas gelehrigste Schülerin in der Anwendung der schwarzen Magie bedroht RANGDA (die Witwe) die Menschen.

Die Maske der Rangda, die bei den öffentlichen Auftritten üblicherweise von einem Mann getragen wird, sieht schreckenserregend aus: struppeliges Haupthaar, die Augen halbrund, vier hauerähnliche Zähne, bis fast zum Boden herabhängende rote Zunge, die mit Spiegeln besetzt ist; in der Rechten hält sie mit spitzen langen Fingernägeln ihr weißes Tuch *Anteng*, ihre Verderben bringende Waffe. In den Totentempeln, wo die Maske aufbewahrt wird, bleibt sie streng unter Verschluß, weil sogar dort, gewissermaßen im Ruhezustand, unabwägbares Unheil von ihr ausgehen kann. Deshalb wird Rangda ebenfalls mit Opfergaben bedacht, um sie genehm zu stimmen. In dieser interessanten Figur lebt jene legendäre Königin Mahendradatta fort, der wir auf unseren javanisch-balinesischen Reisewegen schon einigemale begegnet sind.

Wird nun ein Dorf vom Bösen befallen, kündigt sich eine Katastrophe an, ist Unrecht geschehen und die Ordnung zerstört, dann werden Barong und Rangda zum Kräftemessen aufgefordert, um das Gleichgewicht wieder herzustellen. Das ist der Kerngehalt ihres Kampfes, alles theatralische Drumherum, wie es bei den Aufführungen von Batubulan mit Witz und Showeffekten abläuft, nur unterhaltsames, sinnbildliches Beiwerk. Bei den eigentlichen Zeremonien treffen schwarze und weiße Magie aufeinander, die nur bedingt als Böse und als Gut interpretiert werden können. Beide sind für die Menschen gleichermaßen gefährlich; gegenüber beiden müssen sie sich wohlverhalten. Barong und Rangda gelten als unversöhnliche Feinde, doch sie gehören dem einen Prinzip an, das sie untrennbar verbindet: dem dualistischen auf Konfliktausgleich beruhenden Prinzip balinesischer Philosophie.

Der Kampf endet unentschieden. Der Konflikt bricht immer wieder hervor, und der Kampf ist immer wieder aufs Neue zu bestehen. Das vermögen Balinesen mit bravouröser Spielleidenschaft in Szene zu setzen. Überall dort, wo sie Barong und Rangda in Ausnahmesituationen ihrer Existenz beschwören und nicht bloß fremden Augen vorführen, wird das vermeintliche Spiel zu einer Frage von Leben und Tod.

Abgesang auf einen Mythos
Denpasar

Wenn man morgens noch vor der Buskarawane mit den Touristen in **Batubulan** ankommt, bleiben Zeit und Ruhe, sich den **Pura** gleich neben der Barong-Bühne anzuschauen. Bemerkenswert die beiden Buddha-Statuen, die zu beiden Seiten des Haupttores in gewölbten Nischen meditieren, ganz so wie die Figuren am Borobudur, die einige hundert Jahre älter sind; steinerne Hinweise darauf, wie religiöse Symbolgestalten einträchtig nebeneinander stehen und bestehen können auf Bali. Die Beschaulichkeit zu jener frühen Stunde bleibt von beschränkter Dauer. Wenn erst die Busse zu Dutzenden vorfahren, wird vollends klar: Batubulan liegt bereits mitten im Einzugsgebiet von **Denpasar**, nur acht Kilometer davon entfernt. Seit den siebziger Jahren, seit sich Indonesien dem Massentourismus öffnete und die Politik auf Entwicklungsmodelle westlich geprägter Dynamik setzte, ist auch Denpasar vom Strudel erfaßt worden, der die meisten der Provinzhauptstädte im Archipel umtreibt.

300000 Einwohner leben in Denpasar. Trotz Umgehungsstraßen und infolge eines verwirrenden Einbahnstraßensystems hat man den Eindruck, in ein permanentes Verkehrschaos zu geraten. Was Jakarta für das gesamte Land, ist Denpasar für Bali: Zentrum der Verwaltung, der Wirtschaft, der Tourismusindustrie, der Banken, des Militärs, der Massenmedien. Da die Strandregionen **Kuta**, **Legian** im Südwesten und **Sanur** im Südosten und auch der Hotelkomplex Nusa Dua auf der südlichen Halbinsel **Bukid Badung** nur wenige Kilometer weg sind, kreuzen hier täglich auch Touristen zu Tausenden auf. Denpasar ist laut, von Abgasen verpestet und scheint alle Besorgnisse früherer Jahrzehnte, Balis mögliche Veränderungen betreffend, weit in den Schatten seiner wuchernden Urbanität zu stellen. Eine Stadt, die austauschbar geworden ist und ihr Lokalkolorit verloren hat. »Denpasar vereint eigentlich all das, was man sich unter

Folgende Doppelseite: Der furchterregende Barong beim Tanzspiel in Batubulan

Bali nicht vorstellt«, hat das jüngst ein Kenner der Insel ausgedrückt. Denpasar ist nicht Bali, aber es wäre töricht zu übersehen, daß diese Großstadt mit dem unverkennbaren Stempel der Kommerzialisierung zunehmend Rück- und Auswirkungen auf das Geschehen in allen Ecken und Winkeln Balis hat. Das einstige Zentrum des Königreiches Badung, das im *Puputan* von 1906 unterging, ist voll einbezogen in den von Jakarta aus gesteuerten und mit Kapital und Masterplänen forcierten gesamtindonesischen Entwicklungsprozeß.

Was RENDRA, der streitbare und umstrittene Lyriker und prominente Theatermann in Indonesien 1977 in seinem Gedicht über Bali als warnende Voraussage formulierte, klingt heute, in Denpasar gelesen, bereits wie ein Abgesang auf diese Insel: »Und in Bali machen die einheimischen Hotels bankrott, zerquetscht von den packaged tours./ Die Volkskultur ist verunreinigt, platt gedrückt von den internationalen Handelsnormen./ Die Tänze sind keine Beschwörungen mehr, sondern nur noch Darbietungen zur Unterhaltung. Bildhauerei und Schnitzerei sind nicht mehr Ausdruck der Seele, sondern nur noch Kunsthandwerk./ Das Leben wird von den Wünschen von Menschen beherrscht, ohne dem Lauf der Natur Beachtung zu schenken./ Die Herrschaft des menschlichen Willens, die mit aller Kraft institutionalisiert ist, kümmert sich nicht um den Instinkt der Nieren, der Leber, der Galle, der Flüsse und der Wälder./ In Bali sind Strände, Berge, Betten und Tempel besudelt.« (Nach der Übersetzung von Martina Heinschke.) Ein weltweiter Fluch, der auch dies vermeintlich letzte Paradies nicht verschone.

WALTER SPIES, der mithalf, jenen die Fremden anlockenden Bali-Mythos zu propagieren, hat die negativen Folgen bereits selbst beobachtet und bedauert; 1936 schrieb er in einem Zeitungsartikel: »Tatsache bleibt nur, daß Bali heute schon durch Grammophon und Radio allen westlichen Einflüssen ausgesetzt ist, die bei seiner empfänglichen Offenheit nicht spurlos vorübergehen werden. Man darf jedoch nach bisherigen Erfahrungen hoffen, daß auch diese fremdartigen Elemente vom balischen Wesen aufgesogen werden ohne es zu überwuchern.« Allerdings: »Das Bewußtsein der Vollwertigkeit eigenen Denkens und Schaffens wird durch die Fülle der verführerischen neuen Eindrücke von unserer, so andersartigen Zivilisation getrübt.

Hier lauert die Gefahr einer Entartung und sogar eines Verfalles der ganzen Volkskunst, denn das Eigene, aus dem Innersten der Volksseele Erwachsene, wird verlassen; das Neue jedoch, ganz unbegriffen und kritiklos angenommen, fällt auf so ungeeigneten Boden, daß es keine Existenz und Entwicklungsmöglichkeit darin finden kann.« Eine weitsichtige und aktuell gebliebene Einschätzung.

Der **Puputan-Platz** mitten im alten Teil von Denpasar ist so recht geeignet, solche Veränderungen wahrzunehmen. Dort steht das Denkmal, das an das folgenschwere Ereignis vom September 1906 erinnert. Lanzen und Krisse schwingend stürmen auf hohem Steinsockel zwei Männer und eine Frau hin zum freien Platz. Lange vor dem Massentourismus und den Investitionen mit handfesten Profitinteressen wurde mit der Eroberung durch holländische Truppen und der Selbstaufgabe des Adels von Badung das alte Bali in seinen Grundfesten erschüttert. Kann sein, daß der immer wieder neu zu erringende Ausgleich zwischen Rangda und Barong seither noch schwieriger geworden ist.

Im **Bali-Museum** an der Ostseite des Platzes, das in den dreißiger Jahren im Stil der einstigen Puris errichtet wurde, sind die sichtbaren Gegenstände der gefährdeten, der sich wandelnden Kultur zusammengetragen worden: die Masken, die Gamelans, die Schattenspiel-Figuren, die Instrumente zur Zahnfeilung, die Requisiten für Hochzeiten und Verbrennungen.

Neben dem Museum liegt der Tempelkomplex **Pura Jagatnatha**, der Tempel des Weltherrschers, dem SANGHYANG WIDHI WASA geweiht, der Abstraktion aller balinesischen Gottheiten. Siebenstufig ragt sein Lotosthron in die Höhe, bereit, an den Festtagen die Gottheit aufzunehmen. 1906 war auch dieser Pura zerstört, zwei Jahre danach aber wieder aufgebaut worden. Inmitten des Verkehrs und umgeben von einer hier so gar nicht sakralen Atmosphäre wirkt der Padmasana wie ein Mahnmal überfälliger Einkehr. Gegenüber, vom Turm des Museums aus, bietet sich ein Ausblick hin zum Pura Jagatnatha, der im Range eines Reichstempels ist. Hinter dem Lotosthron ragen zwei Antennenmasten in den Himmel, rot-weiß gestrichen, nüchtern und funktional. Diese Stahlskelette sind beträchtlich höher als der Hochsitz für Sanghyang Widhi Wasa.

Spanne und Spannung zwischen Berg und Meer
Mengwi – Tabanan – Pura Luhur – Tanah Lot

Der urbane Krake greift mit seinen Fangarmen bereits weit hinein ins ländliche Bali und schluckt Sawahs, Kampungs, Spiritualität. Es ist eine Wohltat, Denpasar in nordwestlicher Richtung zu verlassen und nach dem städtischen Gestank wieder dörfliche Gerüche aufzunehmen. Noch vor 9 Uhr früh im sechzehn Kilometer entfernten **Mengwi** anzukommen, wird zum befreienden Erlebnis, wenn man in der Morgenfrische eines beginnenden Tages den **Pura Taman Ayun** besucht. Eine Insel der Stille und Besinnung, von Kanälen umgeben, in denen Wasserrosen schwimmen und sich die anthrazitfarbenen Meru-Dächer der Schreine spiegeln. Bis zu elfmal verjüngen sich die Pagoden, Ausdruck höchster Gottheiten. Nach Besakih gilt Pura Taman Ayun als zweitgrößter Tempelkomplex Balis, einer der Reichstempel, über den lokalen Bereich hinaus für jeden Balinesen bedeutsam. Als sich in Mengwi eine Seitenlinie der Gelgel-Dynastie etablierte und das südliche Bali in einzelne Fürstentümer zersplitterte, ließ I GUSTI AGUNG ANOM 1634 den Tempel errichten. In den dreißiger Jahren unseres Jahrhunderts wurde die Anlage restauriert und erweitert. Auf der höchsten Ebene der terrassenförmig ansteigenden, durch einzelne Höfe unterteilten heiligen Stätte stehen neunundzwanzig Schreine, die von der Morgensonne in klares, intensiv leuchtendes Licht getaucht werden.

Glotzäugige Steinfiguren, denen eine freundliche Hand rote Hibiskusblüten hinter die Ohren gesteckt hat, bewachen den Frieden dieses Ortes vor dem Eintreffen der Besucher, zumeist Touristen. Auch der weißgekleidete Priester, der seine Runde macht, trägt im Haarknoten den leuchtenden Blumenschmuck. Vor jedem Schrein legt er die Opfergaben nieder, verbeugt sich, benetzt den Boden mit geweihtem Wasser. Ihm folgen ein Hund und eine Katze, die von den kunstvoll zusammengefügten Bananenblättern mit den Blüten und Küchlein die nahrhaften Ingredienzien zum Frühstück nehmen. Das eben noch demutsvoll

Pura Taman Ayun – Oase des Friedens, der Stille und der inneren Einkehr; Balis zweitgrößter Tempelkomplex Mengwi

PURA TAMAN AYUN

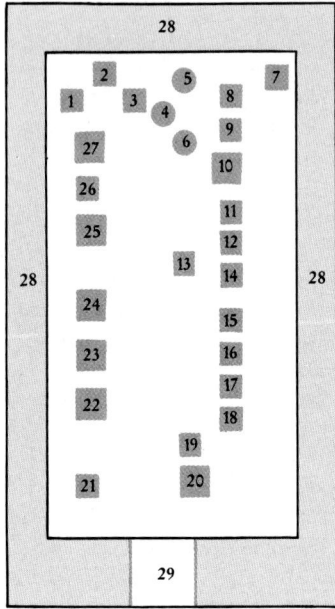

1. Gedong – Bhatara Puncak Padangdawa, den Künsten geweiht.
2. Meru Tumpang XI (11-stufiges Dach) – Hyang Gunung Batukau, den Bergen und Wäldern geweiht.
3. Gedong – Dewan Gusti geweiht.
4. Candi Kuning – Dewi Ciligading geweiht.
5. Candi Padmasana – Bharatara Wawurauh, Schiva und Buddha geweiht.
6. Candi – Hyang Purasada, allen Helden gewidmet.
7. Tugu – Bhatara Dugul, dem Gott der Reisfelder geweiht.
8. Meru Tumpang XI (11-stufig) – Ulunsuwi, Bhatara Sri geweiht.
9. Meru Tumpang XI (11-stufig) – Bhatara Sakenon, der Meeresgottheit geweiht.
10. Gedong Palinggih Ibu oder Paibon – Ahnenaltar für Opfergaben für die Herrscher von Mengwi.
11. Meru Tumpang IX (9-stufig) – Hyang Gunung Batur geweiht.
12. Meru Tumpang XI (11-stufig) – Gunung Agung, zur Erhaltung des Staates geweiht.
13. Hyang Siwa Raditya – dem stehenden Sonnengott Surya geweiht.
14. Meru Tumpang IX (9-stufig) – Hyang Puncak Pengalengan Gunung Mangu Bratan, dem Bewässerungsgott geweiht.
15. Meru Tumpang VII (7-stufig) – den göttlichen Vorfahren der Majapahit-Weinwanderern geweiht.
16. Meru Tumpang V (5-stufig) – Batungaus geweiht.
17. Meru Tumpang III (3-stufig) – Syang Pasurungan geweiht.
18. Meru Tumpang II (2-stufig) – Batu Pasek Badak geweiht.
19. Bale – Opfergabenablage für Ratu Pasek.
20. Bale Murdha – Versammlungshalle der Dorfältesten.
21. Gedong – zur Aufbewahrung von Tempelgewändern.
22. Bale Saka IX – für das Orchester.
23. Bale Saka VIII – zur Vorbereitung von Opfergaben.
24. Bale Pawedan – hier rezitieren Priester die Weden.
25. Bale Papelik – Gemeindesitz der Götter.
26. Bale Panggung – Opferstätte.
27. Bale Saka IX – zur Aufbewahrung von Mobiliar.
28. Kolam – Wassergraben.
29. Kuri Agung – überdachtes Haupttor, das nur bei Tempelzeremonien geöffnet wird.

dargebrachte Opfer wird im nächsten Moment ein gefundenes Fressen. Alle Kreaturen dürfen teilhaben am Gottesdienst. Alle sind einbezogen in den ewigen Ablauf von Geburt-Sterben-Wiedergeburt. Es sieht ganz so aus auf dieser gesegneten Tempel-Insel von Mengwi, als seien die Götter zu solch früher Stunde mit der Welt und ihren Bewohnern zufrieden.

Bei der Weiterfahrt nach Nordwesten läßt sich im geordneten Überblick ein Stück *Reiskultur* bewundern, aus der heraus Bali wurde, was es ist. In **Tabanan**, einst auch einer der Fürstensitze, wurde 1981 ein großzügiges **Subak-Museum** eingerichtet, das einzige seiner Art auf Bali. Alles, was im materiellen Sinne mit dem Reisanbau zu tun hat, ist hier mit Geräten, Modellen, Grafiken ausgestellt. Die Hallen indes wirken ein paar Nummern zu protzig; weniger dem Gegenstand ländlicher Lebensweise angepaßt, sondern zugeschnitten auf das Repräsentationsverlangen heutiger Verwaltungschefs der *Neuen Ordnung* in der Nachfolge der alten Reiche. Tabanan liegt etwa in der geografischen Mitte zweier Tempel, die spannungsvoll aufeinander bezogen sind und uns in ihrer polaren Exponiertheit eine weitere Vorstellung des balinesischen Weltbildes zwischen Berg und Meer vermitteln, zwischen *kaja* und *kelod*, zwischen Oben und Unten. Es sind dies **Pura Luhur** an den Hängen des Gunung Batukau und **Pura Tanah Lot** in der Brandung der südlichen Gewässer.

Die Fahrt in die nebligen Höhen des **Batukau**, mit 2276 Metern der zweitgrößte Vulkan Balis, erscheint wie das neuerliche Überschreiten von Welten trennenden Grenzen. Immer steiler wird die Straße, immer dünner besiedelt die Region. Die letzte Strecke von einigen hundert Metern ist nur noch Fußgängern, Wanderern, Pilgern vorbehalten. Auch Pura Luhur ist einer der Reichstempel und bei großen Festen das Ziel Tausender. Die Kultstätte hat vermutlich längst vor der Hinduisierung Balis bestanden. Der Hinduheilige EMPU KUTURAN, der im 11.Jahrhundert predigend umherzog, gilt als Gründer des Pura. Düster und geheimnisvoll ragen die Meru-Dächer in den grauen Himmel. Der Tempel mit seinen Badeanlagen ist als Enklave der Frömmigkeit hineingebaut worden in das wuchernde dunkle Grün des tropischen Regenwaldes. Klamm und feucht die Luft. Verwesungsgeruch. Vogelgezwitscher, das schrill aus dem undurchdringlichen Wald tönt. Der Ort hat etwas Beängstigendes und strahlt die Botschaft aus, die da heißt: Macht euch den Göttern angenehm, respektiert deren Willen, vermeidet deren Zorn. Etwas unterhalb der Schreine und Pagoden liegt ein kleiner See, über und über mit Wasserpflanzen bedeckt; in der Mitte zwei Opferhäuschen. Die Wächterfiguren tragen Umhänge aus Moos und Bärte aus Flechten. Voller Geheimnis ist die Atmosphäre. Ich bin bei meinen Besuchen nie den Eindruck losgeworden, ans Ende der balinesischen Welt gelangt zu sein. Einzige Farbtupfer neben den grauen verwitterten Schreinen sind die roten Hibiskusblüten an einem Strauch; sie gleichen einem lebendigen, fröhlichen Gruß aus der Welt da unten, wo die Menschen sind.

Folgen wir wieder den Wegen abwärts, so umfängt uns bald die wogende Fruchtbarkeit der Sawahs. An einem Opferhäuschen am Rande eines terrassierten Feldes machte ich Halt, schaute über diese ausgeglichene Landschaft der Weite, die den Blick freigibt bis hin zur See, und spürte diese Spannung des Dazwischen-Seins, das bestimmt wird aus beiden Kraftzonen: aus denen da oben in der Düsternis der Göttersitze, aus denen da unten in den Abgründen der Dämone. Doch das Dazwischen-Sein schließt in unserer Zeit nicht nur Geografie und Geister ein, sondern auch die Geschäftserwartung balinesischer Bauern. Neben der bescheidenen Opferstätte für DEWI SRI sprach mich ein Landmann an. Ich schwärmte von der Schönheit seiner Heimat. Er fragte unvermittelt, ob ich denn ein Stück Land zu kaufen beabsichtige. Ich traute meinen Ohren nicht. Landofferten hier? Er erwähnte den Bau von Häusern, Hotels, Fabriken, so als müsse mir ein lukratives Angebot gemacht werden. Wie ernst solche Rede gemeint sein mag, sei dahingestellt. Daß sie ein balinesischer Bauer an einen Fremden richtet, zeigt, wie sich die Werte verändern. Der Landverkauf als Inbegriff balinesischen Ausverkaufs schlechthin wird – ungeachtet seiner Realisierungsmöglichkeit – auf diese Weise zum Gesprächsthema und gewinnt in der Vorstellung einen höheren Wert als Reisanbau und traditionelle Lebensform. Eine Episode nur und doch ein Hinweis auf Veränderungen.

Die neue Zeit mit ihrer Vermarktung und ihrem Fetisch Geld schiebt sich in Meeresnähe unerbittlich ins Bild. Bevor **Pura Tanah Lot** zu sehen ist, gilt es, Parkplätze, Money Changer, Restaurants, Warungs, Scharen von Kindern mit Postkarten,

Händlerinnen mit Stoffen zu passieren wie einen Schutzwall; und es bleibt zweifelhaft, wer und was vor wem zurückgehalten werden soll. Markttreiben in aller Aufdringlichkeit. Das ist kein balinesischer Pasar, wo die Frauen auf Kunden warten, schwätzen, natürlich auch Geld verdienen wollen, aber dies ohne auf sich und ihre Waren anbiedernd aufmerksam zu machen. Das Marktgewimmel vor Pura Tanah Lot ist die Zurschaustellung des veränderten Bali, das Züge von Prostitution trägt. Man muß sich energisch einen Weg durch den Souvenirhandel bahnen, um endlich eine der berühmtesten Tempel-Silhouetten Balis vor Augen zu haben. Um zum Strand gehen zu können, ist sogar Eintritt zu entrichten.

Dann erhebt sich bei Flut ein grauer Felsen über die aufspritzenden Wellen, einer behäbigen Dschunke ähnlich, die da festgemacht hat für alle Zeiten. Schreine und eine Pagode mit fünf Meru-Dächern bilden die Aufbauten, von Bäumen und Sträuchern umgeben. Tanah Lot ist den Geistern der Meere geweiht, bekanntester Tempel einer ganzen Reihe solcher heiliger Stätten entlang der südlichen Küste. Auch dieser Pura aus dem 11. Jahrhundert ist ein Reichstempel, zu dem Balinesen aus allen Teilen der Insel pilgern.

Unverkennbare Zeichen der Vergänglichkeit auch hier, gerade hier im Ansturm maritimer Gewalten. Das Felsmassiv ist unterspült; und die vorgelagerten, einst Schutz gebenden Riffs sind durch die Detonationen der Fischer, die ihre Beute mit Dynamit aufschreckten, ruiniert worden. 1987 wurde ein Rettungsvorhaben gestartet. Mit mehreren tausend Betonklötzen sind Wellenbrecher ins Wasser gesenkt worden, die das Heiligtum Tanah Lot auch für das nächste Jahrtausend erhalten sollen. Ein technischer Rettungsring für einen Ort der geistigen Erneuerung, der religiösen Reinigung, der spirituellen Offenbarung. Bei Ebbe ist der Tempel trockenen Fußes zu erreichen. In den ausgewaschenen Höhlen liegen dann die schwarz-weiß gestreiften Seeschlangen, die verehrt werden. Der Aufstieg über die in den Felsen geschlagenen Stufen wird Touristen verwehrt. Genauso wie das Innere des Besakih-Tempels den Balinesen und ihren heiligen Zeremonien vorbehalten bleibt, so wird auch Tanah Lot geschützt vor der geballten Neugier. Ich finde diese Abgrenzung unbedingt gerechtfertigt, ja notwendig. In respektvoller Distanz zu schauen und schweigend etwas von dem aufzunehmen, was da vor sich geht, gebietet die Achtung vor der Kultur Balis.

Welch ein Schauspiel! Eine Dorfgesellschaft trifft ein. Bunt die Kleidung, leuchtend das Gelb der Ehrenschirme. An langen Bambusstangen flattern schmale Fahnen in rot und weiß. Zwei Männer tragen Gongs, die in rote Tücher gehüllt sind. Frauen haben auf den Köpfen gold-weiß geschmückte Türmchen, in denen die Aschereste der Verstorbenen aufbewahrt sind, sogenannte *Puspah*. Bei der zuvor stattgefundenen Verbrennungszeremonie war bereits eine der wichtigsten Pflichten der Nachfahren erfüllt worden. Nach dem Tod eines Menschen wird die Leiche zunächst begraben, nachdem ein komplizierter Ablauf von heiligen Handlungen vollzogen wurde. Doch die Seele kann nur Ruhe finden und einkehren in eine weitere Form ihres Seins, wenn nach allen *Adat*-Vorschriften die Verbrennung abgehalten wird. *Kremationen* als farbenprächtiges, spektakuläres Fest aus der Hindu-Tradition gehören zu den aufwendigsten Unternehmungen, die eine balinesische Familie ausrichten muß – zum Frieden der Verstorbenen, zum Frieden der Lebenden; und beides ist unauflöslich miteinander verbunden. Später wird ein Teil der Asche einem Fluß, einem See oder dem Meer anvertraut. Mit dem Rauch ist die Richtung himmelwärts markiert; mit der ins Wasser versenkten Asche die Richtung nach unten bestimmt. So kommen denn die Menschen auch an die Gestade von Tanah Lot, um das Gebot der Seelenreinigung zu befolgen. Der Brahmanenpriester spricht die heiligen Worte. Ergriffen sind die Leute aus dem Dorf. Sie lassen sich von den gerade hier in Scharen schauenden, fotografierenden, filmenden Touristen nicht stören. Es ist, als sei jenseits des Walls aus Kommerz ein ursprünglicher Freiraum geblieben.

Oben von den Klippen, wo längst auch Restaurants aufgereiht sind, läßt sich Tanah Lot am besten bewundern. Das ist der gebührende Abstand zum gesegneten Ort, zu den festlich gekleideten Balinesen, zu ihrer Zeremonie, zum Gebet der Priester. Dumpf tönt von drüben der Gong herüber und spricht in einer Sprache, die nur die Eingeweihten verstehen. Wir wenden den Kopf und sehen hinter uns die allmählich ansteigenden Hügel, über deren Sawah-Grün das Grau des Gunung Batukau in massiger Schwere lagert. Es ist die Spanne und Spannung, die Bali ausmacht, aus der heraus Bali lebt und weiterlebt. Wenn sich bei sinkender Sonne die Umrisse von Tanah Lot nur noch als schwarze Scherenschnitte gegen das schwindende Rot und Gold des Abendhimmels abheben, dann kann es sein, daß einen leise Wehmut erfaßt und bereits die Ahnung künftiger Sehnsucht zu spüren ist, nach Bali zurückkehren zu wollen – immer wieder aufs Neue.

*»Balinesischer Schattenriß« –
Korallenträgerinnen am Strand*

Java und Bali auf einen Blick

350 Historische Entwicklung
354 Indonesisches Kultur-Kaleidoskop
361 Balinesische Besonderheiten
365 Reisehinweise von A bis Z
378 Literatur
381 Personen- und Götterregister
385 Orts- und Sachregister

Karten

Übersichtskarte Java · Bali
Vordere und rückwärtige Einband-Innenseiten

Java

Jakarta 12
Westjava 88
Bandung 99
Zentraljava 142
Prambanan 168
Yogyakarta 192
Surakarta 225
Ostjava 236
Trowulan 254

Bali

Inselkarte 268
Pura Besakih 320
Pura Taman Ayun 342

Prozession auf Bali

Historische Entwicklung

Vor einer halben Million Jahren erste nachweisbare Besiedlung des zentralen Java durch aufrecht gehende Affenmenschen; PITHECANTHROPUS ERECTUS, der sogenannte Java-Mensch.

Vor 10 000 Jahren im Mesolithikum bildete sich infolge von Erdaufschichtung und Überflutung der südostasiatische Archipel in seinen Grundzügen heraus, die bis heute fortbestehen.

3000 bis 1500 v. Chr. mehrere Einwanderungswellen vom südostasiatischen Festland her; neolithische Kultur mit Vierkantbeil, Ahnenverehrung, Steinsetzung (Megalithkultur).

300 v. Chr. Naßreisbau mit rituellen Opferungen, Bronzegußtechnik, soziale Rangordnung.

Um Christi Geburt Einbeziehung in den Handel mit und zwischen dem chinesischen Festland im Nordosten und Indien im Nordwesten; Gewürze, Gold, edle Hölzer als Handelsgut; durch indische Kaufleute und Priester breitet sich die indische Kultur aus; hinduistische Einflüsse auf Java und Kalimantan/Borneo.

Um 500 erste hinduistisch-buddhistisch geprägte Fürstentümer; Beginn der geistig-religiösen Durchdringung Javas mit der indischen Kultur.

7. bis 10. Jahrhundert das buddhistische Großreich Srivijaya mit Zentrum im südöstlichen Sumatra dehnt seinen Einfluß auf ganz Südostasien aus.

8. Jahrhundert konkurrierende Königreiche im zentralen Java; die buddhistische Sailendra-Dynastie behauptet sich; Bau des Borobudur; erste Bronzeurkunde in altbalinesischer Sprache und buddhistische Spuren auf Bali.

9. Jahrhundert die hinduistische Sanjaya-Dynastie erringt die Macht im zentralen Java; Machtverlagerung nach Ostjava; auf Bali das Reich von Pejeng-Bedahulu mit Einfluß des Mahayana-Buddhismus.

1000 Ostjava und Bali unter einer Oberherrschaft, KÖNIG AIRLANGGA (reg. 1019-1042); in Ostjava Kediri-Dynastie (1045-1222); Javanisierung in Kunst und Tempelbau.

12. Jahrhundert Singasari-Dynastie in Ostjava (1222-1294); Aufstieg des sich über weite Teile Südostasiens ausdehnenden Majapahit-Reiches vom Zentrum Trowulan im östlichen Java aus (1294-1520); erste islamische Einflüsse in Südostasien.

13./14. Jahrhundert Majapahit erreicht den Höhepunkt seiner Macht; der erste Minister GAJAH MADA, die führende politische Figur der Epoche, unterwirft Bali (1343); die Konturen des späteren Indonesien bilden sich heraus.

Um 1500 allmählicher Zerfall Majapahits als Folge innerer Zwistigkeiten und forciert durch die Verbreitung des Islam; ein Teil des Hofstaates siedelt nach Bali über und begründet dort mit Kastenwesen und zentraler Herrschaft die Blütezeit der balinesischen Kunst.

16. Jahrhundert die Portugiesen und andere Europäer entdecken auf der Suche nach Gewürzen und tropischen Reichtümern den südostasiatischen Archipel; Portugiesen, Spanier, Engländer und Holländer in erbitterter Konkurrenz.

1596 erste niederländische Expedition unter dem Seefahrer CORNELIS DE HOUTMAN; Anfänge niederländischer Handelsstützpunkte auf Java.

1602 Gründung der Vereinigten Ostindischen Kompanie (VOC), die unter dem holländischen Generalgouverneur JAN PIETERSZOON COEN vom neuen Stützpunkt Batavia aus den Handel monopolisiert und für die folgenden dreieinhalb Jahrhunderte den holländischen Machtanspruch in Indonesien begründet.

17. Jahrhundert im islamisch geprägten Mataram-Reich versuchen javanische Fürsten, politische und kulturelle Eigenständigkeit zu bewahren.

1740 Massaker an der chinesischen Bevölkerung in Batavia.

1799 wird wegen Korruption und Mißwirtschaft die VOC aufgelöst, an deren Stelle wird die Batavische Republik gegründet; die eigentliche Kolonisierung Indonesiens beginnt.

1811 bis 1816 verdrängen die Briten die Holländer in Indonesien; der englische Generalgouverneur SIR STAMFORD RAFFLES führt Verwaltungsreformen ein und bereitet eine kulturelle und geografische Bestandsaufnahme Javas vor; Wiederentdeckung altjavanischer Bauwerke.

1825 bis 1830 der zentraljavanische Prinz Diponegoro lehnt sich als Guerillaführer gegen die zurückgekehrte holländische Kolonialmacht auf; in Zentraljava werden durch Intervention der Holländer aus dem Mataram-Reich vier einzelne Fürstentümer gegründet (Yogyakarta und Solo); unter Gewaltanwendung wird auf Java das holländische Zwangsanbausystem durchgesetzt, das die Bauern zur Exportproduktion zwingt und Hungersnöte auslöst; Nordbali gerät in den Einflußbereich der Kolonialverwaltung.

Bis zur Jahrhundertwende umfassende Erschließung des Archipels: Eisenbahnbau auf Java, Straßenanlagen, Telegrafie, ausgedehntes Schiffahrtsnetz, industrielle Produktion, Plantagenanbau; Einleitung einer liberalen Kolonialpolitik.

1906 infolge der Eroberung des südlichen Bali durch die Holländer kollektiver Selbstmord (Puputan) des Herrscherhauses von Badung, 1908 des Herrscherhauses von Klungkung; Beginn der nationalen Unabhängigkeitsbestrebungen.

1908 Gründung der *Budi-Utomo*-Bewegung, die Keimzelle der Befreiungskämpfe.

1917 die islamische Partei Sarekat Islam fordert erstmals bei ihrem Nationalkongreß in Batavia ein nationales Parlament und die Unabhängigkeit Indonesiens; es entstehen weitere politische Parteien, auch die kommunistische Partei (PKI), 1920 gegründet.

1918 die Kolonialverwaltung setzt den Volksrat mit indonesischen Abgeordneten als Konsultationsorgan ein.

1927 SUKARNO gründet die Nationalpartei, die als Sammelbecken der verschiedenen nationalistischen Strömungen fungiert.

In den dreißiger Jahren erste Welle des Tourismus auf Bali; Einfluß europäischer Künstler bei Malerei und Schnitzerei und Tänzen.

1942 die Japaner besetzen Südostasien und entmachten auch die Holländer in Indonesien.

17. August 1945 zwei Tage nach der japanischen Kapitulation wird von SUKARNO und HATTA die unabhängige Republik Indonesien proklamiert; nach Kriegsende kehren die Holländer zurück und versuchen mit Diplomatie und militärischer Macht das Rad der Geschichte zurückzudrehen; es folgen Jahre der Abwehr indonesischer bewaffneter Kämpfe um die Unabhängigkeit.

27. Dezember 1949 die Holländer erkennen die Unabhängigkeit der Vereinigten Staaten von Indonesien an, ein letzter Versuch, doch noch Einfluß zu behalten.

1950 Indonesien erhält seine volle Souveränität; es wird ein von Jakarta, dem einstigen Batavia, aus zentralistisch geführter Einheitsstaat aufgebaut; innenpolitische Konflikte; Rivalität zwischen islamischen Kreisen, die den Islamstaat erkämpfen wollen, den Militärs und den Kommunisten; separatistische Abspaltungsversuche in Sumatra, Kalimantan und den Molukken.

1955 afro-asiatische Konferenz in Bandung, ein außenpolitischer Erfolg des Präsidenten SUKARNO, mit dem allerdings die innenpolitischen Spannungen nur zeitweise überdeckt werden können.

1959 die Ära der »gelenkten Demokratie« beginnt, SUKARNOS Versuch, die widerstrebenden Kräfte zwischen Nationalismus, Religiosität und Kommunismus zu verbünden (NASAKOM).

1963 der Westteil Neuguineas wird als letztes bis dahin unter holländischer Flagge verwaltetes Gebiet an Indonesien übergeben; Konfrontationspolitik gegen den von Großbritannien in die Unabhängigkeit entlassenen Nachbarn Malaysia; antiwestlicher Kurs in der Politik.

30. September 1965 Putsch kommunistisch orientierter Offiziere in Jakarta; Beginn des in seinen Hintergründen bis heute umstrittenen Machtwechsels von SUKARNO auf den bis dahin unbekannten General SUHARTO.

1966 SUHARTO setzt Regierung der Neuen Ordnung (Orde Baru) ein; als Folge der September-Ereignisse eine landesweite Kommunistenjagd, mehrere hunderttausend Tote, Zehntausende von politischen Gefangenen; wirtschaftspolitische Öffnung zum Westen; zunehmende Auslandsinvestitionen; das Militär ist neue starke Macht im Lande.

Juni 1970 SUKARNO stirbt.

1975 das bis dahin portugiesisch verwaltete Ost-Timor wird von Indonesien annektiert und zur 27. Provinz erklärt; einheimischer Widerstand wird in den folgenden Jahren militärisch niedergeschlagen; landesweit werden oppositionelle Gruppen zum Schweigen gebracht; in der Folge der Ölpreissteigerungen rasanter wirtschaftlicher Aufschwung, der von Jakarta ausgehend das gesamte Land erfaßt, in seinen Erträgen aber nur einer Minderheit zugute kommt.

Nach 1980 Modernisierung in Wirtschaft und Infrastruktur; durch grüne Revolution erstmals Selbstversorgung bei Reis; weite Verbreitung der elektronischen Massenmedien; tiefgreifender kultureller und gesellschaftlicher Wandel.

1988 Präsident SUHARTO wird für weitere fünf Jahre wiedergewählt; die indonesische Bevölkerung ist inzwischen auf über 185 Millionen Menschen angewachsen; davon leben zwei Drittel auf Java und Bali.

Das steinerne Krishna-Denkmal in Subagan auf Bali
Figuren aus dem Mahabharata-Epos

Indonesisches Kultur-Kaleidoskop

Adat Sammelbegriff aller überlieferten Werte und Lebensmaßstäbe, ungeschrieben, doch von Generation zu Generation weitergegeben; Gewohnheitsrecht oder auch Sitten, nach denen traditionell das Verhalten ausgerichtet ist, solange es unter sozialer Kontrolle steht; Inhalt variiert von Region zu Region.

Alun-Alun viereckiger Rasenplatz im Mittelpunkt der Städte, um den die Gebäude des öffentlichen Lebens gruppiert sind; Aufmarschplatz zur Selbstdarstellung staatlich-militärischer Macht.

Angklung Musikinstrumente aus Bambushülsen, die aneinandergeschlagen werden und auf einen Ton oder Akkord gestimmt sind; typisch für Westjava und die Kultur der Sundalande.

Bajaj dreirädriges motorisiertes Kleintaxi, vor allem in Jakarta.

Bapak (Kurzform **Pak**) Vater, respektvolle Anrede für einen Mann mit oder auch ohne Verbindung des Familiennamens.

Batik Handwerkstechnik, mit flüssigem Wachs einzelne Stoffpartien abzudecken und zu färben; Ornamente und Farben von vielfältiger, auch kultischer Aussagekraft; berühmt vor allem in Zentraljava; jede Region, jede Stadt mit eigenen Motiven und Farbzuordnung.

Becak Fahrradriksha, dreirädrig.

Bemo drei- oder vierrädriges motorisiertes Fahrzeug im öffentlichen Nahverkehr; zusammengesetztes Wort aus Becak und Motor.

Bendi Pferdekarren für Waren- oder Personentransport, durch ein kleines Dach gegen Sonne und Regen geschützt; auf dem Lande noch weit verbreitet.

Beras geschälter Reis; einer von vielen Begriffen, der die verschiedenen Zustandsformen des Reises bestimmt.

Bhinneka Tunggal Ika Einheit in der Vielfalt; ein Sanskrit-Wort, das das Motto im Wappen der Republik Indonesia als philosophisch-politisches Ziel definiert.

Bupati leitender Beamter, dem deutschen Landrat vergleichbar.

Candi Hindu-Tempel; ursprünglich in der Bedeutung einer Grabstätte; heute allgemein gebraucht für historische Kultstätten und Tempelruinen.

Desa Dorf, ländlicher Bezirk.

Dokar zweirädriger, von Pferden gezogener Holzkarren mit Sitzbänken.

Dukun Medizinmann (kann auch eine Frau sein), Heilpraktiker, Priester.

Gamelan auf Java und Bali der Sammelbegriff für Orchester; regional verschieden gibt es mehr als ein Dutzend Formen der Gamelan-Besetzung und -Musiken; darin sind Schlag-, Blas- und Saiteninstrumente vereint (→ Wayang).

Garuda legendärer Zwitter aus Vogel und Mensch, göttlicher Abstammung; Reittier und Gefährte des Hindu-Gottes Vishnu; Wappentier der Republik Indonesia; auch Name der staatlichen indonesischen Fluggesellschaft.

Gereja christliche Kirche.

Gotong Royong uneigennützige Hilfe auf Gegenseitigkeit; soziales Prinzip der traditionellen ländlichen Gesellschaft; wird mehr und mehr von der Geldwirtschaft und bezahlter Arbeit verdrängt.

Gunung Berg; wird in vielerlei Verbindungen gebraucht; Gunung Api, der Feuerberg (Vulkan); Gunung Agung (der große, der Hauptberg).

Ibu (Kurzform **Bu**) Mutter; respektvolle Anrede für eine Frau; kann in Verbindung mit dem Familiennamen gebraucht werden.

Idul Fitri Fest zum Ende der islamischen Fastenzeit; auch Lebaran und Hari Raya (der große Tag) genannt; wird als größtes Fest unter den Moslems empfunden.

Ikat Abbindeverfahren zum Färben von Fäden beim Weben; es wird zwischen Kett- und Schußikat unterschieden, je nach dem, welche Fäden gemustert werden; durch Verweben von Kett- und Schußikat ergibt sich sogenannter Doppelikat.

Jalan Straße.

Jamu Heil- und Schönheitsmittel aus Kräutern, Gräsern, Samen, Wurzeln, Rinden, Blättern; bei indonesischen Frauen sehr beliebt.

Kala Dämon; Kala-Köpfe mit schreckenerregender Gestalt als Steinfigur über Eingängen der Tempel aus hinduistischer Tradition.

Kali Flüßchen, Bach, Kanal.

Kampung Dorf, Stadtviertel, Wohnviertel; ein Begriff, zu dem die Menschen jeweils auch eine emotionale Beziehung haben.

Kawi Altjavanisch.

Kebaya langärmlige Bluse, auf Taille gearbeitet und tief ausgeschnitten.

Kunsthandwerkliche Batik – Variation mit Pekalongan-Motiven

Kerbau Wasserbüffel; noch immer wichtigstes Nutztier beim Naßreisanbau.

Keroncong wörtlich übersetzt: klirren; Sammelbegriff für volkstümliche, sentimentale Musik mit Gesang, deren Ursprung portugiesisch ist und noch heute besonders im Gebiet von Jakarta gepflegt wird.

Ketroprak javanisches Volkstheater, das Stücke aus der höfischen Geschichte aufführt; hauptsächlich in Mittel- und Ostjava; die Zahl der Wanderbühnen stark rückläufig.

Klenteng chinesischer Tempel.

Kraton von einer Mauer umgebener Stadtpalast; ursprünglich religiöses, später auch weltliches Zentrum von Macht und Sultanswürde; in Yogyakarta und Solo/Surakarta einst jeweils die Stadt in der Stadt; kultureller Mittelpunkt.

Kretek Zigarette mit Gewürznelkenaroma; süßlicher intensiver Geruch, typisch für Indonesien.

Kris javanischer und balinesischer Dolch mit wellenförmiger Schneide; Kultgegenstand, dem magische Kräfte zugeschrieben werden; traditionelles Erbstück im Familienbesitz; die Mythologie ist reich an Geschichten von wundertätigen Krissen; das Symbol der Männlichkeit wird auch beim Barong-Tanz verwendet.

Losmen preiswerte Unterkunft, die man auch in kleinen Orten findet, in denen es keine Hotels mehr gibt.

Ludruk Theaterform, die vor allem in Ostjava um Surabaya herum gepflegt wird; Stücke mit Gegenwartsbezug, deftig, volkstümlich; in der Konkurrenz zu modernen Massenmedien immer mehr zurückgedrängt.

Lurah javanischer Dorfvorsteher, in Städten Bezirksbürgermeister; Gäste in einem Dorf sollten dieser Respektsperson ihre Aufwartung machen.

Mahabharata umfangreiches Hindu-Epos, das in seiner adaptierten Form im javanisch-balinesischen Geistesleben eine zentrale Rolle spielt; das facettenreiche Gleichnis von Stirb-und-Werde; die Figuren sind sehr populär und dienen in ihrer festgelegten Charakterisierung als Leitbild oder als Negativ-Modell.

Kris-Tänzer in Trance beim Barong-Tanz in Batubulan

Majapahit größtes hindu-javanisches Königreich (1294-1520) mit Zentrum in Ostjava (Trowulan), dessen Verbreitungsgebiet weite Teile des indonesischen Archipels umfaßte.

Masjid, Mesjid Moschee.

Merdeka Freiheit, Unabhängigkeit; Schlachtruf der nationalistischen Bewegung.

Nasi gekochter Reis; Nasi goreng (gebratener Reis); s. Seite 365 f.).

Nona unverheiratetes Mädchen; höfliche Anredeform, die allerdings leicht antiquiert ist.

Orang Mensch; Orang Utan, der Waldmensch, Affenart.

Padi Reis auf dem Halm.

Pancasila fünf Säulen, Grundregeln; Sanskrit-Wort, das die fünf Prinzipien der Republik Indonesia zusammenfaßt: Glaube an einen Gott, Humanität, nationale Einheit, Demokratie, soziale Gerechtigkeit; wurde bei der Proklamation der Republik am 17. August 1945 in Jakarta von Präsident SUKARNO als gesellschaftspolitische Grundlage des neuen Staates festgeschrieben, unter der Präsidentschaft SUHARTOS und seiner Politik der Neuen Ordnung zur Staatsdoktrin erklärt, der sich alle Bürger Indonesiens zu verpflichten haben.

Pasar Markt.

Peci Kopfbedeckung der Männer, die zum nationalen Symbol geworden ist. Sie werden im allgemeinen aus schwarzem Filz oder Samt gefertigt, randlos in Schiffchenform.

Pendopo nach allen Seiten offene Säulenhalle mit tief herabgezogenem Dach; Stätte offizieller Empfänge und der Gemeinschaftsveranstaltungen; Grundmuster reicht in die Epoche der hindu-javanischen Reiche zurück.

Prau, Perahu Boot, Segelschiff; Sammelbegriff für die Vielzahl der größeren Wasserfahrzeuge.

Priyayi niederer Adel, Hofbeamte; spielen an Kratons eine einflußreiche Rolle; heute allgemein für Beamte im höheren Dienst.

Raden javanischer Fürstentitel.

Ramadan islamischer Fastenmonat.

Ramayana indisches Epos, das in adaptierter Form das javanisch-balinesische Geistesleben befruchtet hat; das hohe Lied der Liebe; Ramayana-Motive im → Wayang, auf Steinreliefs von → Candis, in Batikmustern, im Theater, in Kunst, Malerei, Schnitzerei; der Held Rama und seine vom Dämonen Rawana entführte Frau Sita gehören zu den bekanntesten mythischen Figuren auf Java und Bali.

Rupiah indonesische Währung (s. Reisehinweise, S. 367).

Sarung um die Hüfte geschlungener Stoff; wird von Frauen und Männern getragen; Vielzweckbekleidungstuch.

Saté Fleischspieß, eine Art Nationalgericht in Südostasien aus Hühner-, Rind- oder Schaffleisch; wird mit Erdnußsoße gewürzt (s. S. 365 f.).

Sawah Naßreisfeld, meist in Terrassen angelegt.

Selamatan großes, rituelles Festessen; dient der Reinigung, der Wiederherstellung der gestörten Ordnung; zugleich gegenseitige Bestätigung gemeinschaftlicher Verpflichtungen.

Selendang über die Schulter getragene Schärpe der Frauen; unverzichtbares Stück bei Festkleidung.

Stupa glockenförmiger Grabhügel; Aufbewahrungsort buddhistischer Heiligtümer.

Terima Kasih vielen Dank (wörtlich: nimm meine Liebe); eines der Wörter, das ein Gast unbedingt kennen sollte.

Transmigrasi staatliches Umsiedlungsprogramm innerhalb Indonesiens, mit dem bereits in holländischer Kolonialzeit der Versuch gemacht wurde, den Druck der Bevölkerungszunahme auf Java und Bali zu mildern; politisch, kulturell und ökologisch sehr umstritten.

Tuak Reis- oder Palmwein.

Tuan höfliche Anrede für einen sozial höher stehenden Mann; wird auch für Europäer gebraucht, um besonderen Respekt auszudrücken.

Tukang Handwerker, Händler; in zahlreichen Zusammensetzungen.

Waringin, Banyan Ficus benjamina; weitausladender Baum mit Luftwurzeln, der als heilig und schutzbringend gilt und oft im Zentrum der Dörfer zu finden ist; vor Kratons zu finden; Teil des indonesischen Staatswappens.

Warung kleiner Laden am Wegrand, Imbißbude.

Wayang Schatten, Schemen; in der modernen indonesischen Umgangssprache heißt Schatten aber »Bayang«; »Wayang« wird heute im weitesten Sinne für Theateraufführungen gebraucht, ein Sammelbegriff für die vielfältigen Formen des javanischen und balinesischen Puppenspiels. In der Literatur werden etwa hundert verschiedene Variationen erwähnt:

»Wayang Kulit« ist das eigentliche Schattenspiel; es gilt als die historisch älteste Form der Aufführung, die mit gestanzten Lederfiguren gespielt wird (Kulit: Haut, Leder). Die Anfänge, schattenwerfende Flachfiguren für kultische Handlungen zu verwenden, reichen auf Java mehr als tausend Jahre zurück. Die Figuren, wie sie später bei höfischen Festen benutzt wurden und noch immer werden, sind beidseitig kostbar bemalt und an einem Haltestab aus Holz oder Büffelhorn befestigt; die beweglichen Arme werden durch Stäbchen von der Hand des Spielmeisters, des Dalang, geführt. Die Figuren können bis zu 70 Zentimeter groß sein. Mittels einer Lichtquelle (früher Öllämpchen, Bléncong genannt, heute elektrische Glühbirne) werden auf einer straff gespannten Leinwand die Schatten erzeugt. Frisch geschlagene, liegende Bananenstämme bilden die Bühne (Gedebok). Wayang Kulit wird traditionellerweise zwischen Sonnenunter- und Sonnenaufgang gespielt; ursprünglich eine Beschwörung der Ahnen und jenseitigen Geister.

Aufführungen für Touristen finden heute auch tagsüber, aber leider nur mit sehr verkürztem Inhalt statt.

»*Wayang Purba*« ist der über die einzelnen Spielarten hinausgehende Begriff für alt, ursprünglich, einst; er bezeichnet die klassischen Themen der Spielvorlagen. Es sind auf javanisch-balinesische Verhältnisse und historische Überlieferungen abgestimmte Adaptionen der Hindu-Epen → Mahabharata und → Ramayana, die die vor-hinduistischen Religionen Javas und Balis beeinflußt und das gesamte Kulturleben durchdrungen haben. Die Spielabläufe sind in Lakons enthalten, den schriftlich und mündlich überlieferten Texten. Historisch jüngere Inhalte von Wayang-Aufführungen greifen Themen der javanischen Geschichte und der hindu-javanischen Reiche vor der Islamisierung (Panji-Erzählungen, Damar-Wulan-Geschichten) ebenso auf wie die Verbreitung des Islam, wobei dafür Stoffe aus der arabischen Welt (Menak-Erzählungen) variiert werden. In jüngerer Zeit wurden Wayang-Kulit-Aufführungen sowohl für die politische Propaganda der Unabhängigkeitskämpfe der vierziger Jahre (*Wayang Suluh*) als auch für die Aufklärung bei Familienplanung verwendet. Es gab auch Versuche, mit Wayang Kulit die christliche Lehre zu vermitteln (*Wayang Wahyu*). Einen reich dokumentierten Überblick bietet das Wayang-Museum in der Hauptstadt Jakarta (s. S. 40 f.).

Puppenfiguren des Waynag-Spiels

»*Gunungan*« (auf Java) und »*Kayonan*« (auf Bali) symbolisieren die vielschichtige Bedeutung von Wayang; das magische Kraftzentrum des Spieles, das zu dessen Beginn und zu seinem Abschluß im Mittelpunkt der Bühne steht und zwischendurch jeweils bei wichtigen Ereignissen vom Dalang gezeigt oder geschwenkt wird. Die Formen und Motive können verschieden sein, das Grundmuster aber ist sich gleich: in stilisierter Form werden die Schichten des Kosmos dargestellt, der in das Unten der Dämonen, die Mitte der Erdbewohner, den Himmel der Erfüllung geteilt ist. Götterberg und Weltenbaum sind bevorzugte Grundmotive, die regional und nach den verschiedenen Wayang-Arten variiert werden. Gunungan und Kayonan bestehen wie Wayang-Kulit-Figuren aus gestanztem und farbig bemaltem Leder; sie werden in der Mitte von einem gespaltenen Stab aus Büffelhorn oder Holz gehalten, sind einteilig und unbeweglich; Höhe bis zu 90 Zentimeter.

»*Dalang*« ist der Mann im Mittelpunkt jeder Aufführung (außer »Wayang Wong«), der Spielmeister, Regisseur, Ensemblechef; aus der Überlieferung heraus hat er priesterliche Aufgaben und ist die Seele des Wayang; ein Medium mit spirituellen Kräften; Mittler zwischen den Welten.

»*Gamelan*« ist der Sammelbegriff für Orchester, das zu jeder Wayang-Aufführung gehört; regional verschieden gibt es mehr als ein Dutzend Formen der instrumentalen Besetzung und daraus resultierender Klangfarben. Im Gamelan mit zwei Dutzend Spielern erklingen Metallophone, Holzschlaginstrumente, Streichinstrumente, Trommeln und Flöten. Beim Wayang Purba folgt das Gamelan dem fünfstufigen Selendro-Tonsystem (Tonleiter besteht aus fünf Tönen ohne Halbtöne); bei den jüngeren Wayang-Stoffen wird im Pelog-System gespielt (siebenstufige Tonleiter). Das Gamelan bestimmt weitgehend die Atmosphäre einer Aufführung, unterstreicht den Auftritt einer Figur, steigert dramatische Szenen, begleitet in feinsten Nuancen das Geschehen. Darin wird es durch zwei bis drei Sängerinnen unterstützt, die sowohl zum Stück ge-

Gamelan-Orchester auf Bali

hörende, erklärende Texte als auch davon unabhängig Lieder und Balladen singen. Bei den Aufführungen werden unterschiedliche Sprachen benutzt; je nach Spielort das alte höfische Javanisch (Kawi) oder Sundanesisch oder Balinesisch, wenn die klassischen Figuren agieren, und das moderne Bahasa Indonesia, wenn volkstümliche Figuren über Gegenwartsthemen parlieren.

»Wayang Bébér« ist eine fast ausgestorbene Spielart, erinnert entfernt im äußeren Ablauf an Moritatensänger in Europa. Die fortlaufenden Szenen sind auf Rollbilder aus Stoff oder Papier gemalt und werden vom Dalang einzeln erläutert. Zu einer Vorführung gehören etwa zwölf Bildrollen. Die Motive sind überaus kunstvoll gestaltet. Bis auf wenige Dörfer Javas, wo sich solche Rollen in geheiligtem Besitz befinden, ist Wayang Bébér nur noch in Museen zu sehen.

»Wayang Klitik« wird mit flachen, bunt bemalten Holzfiguren gespielt, die reliefartig geschnitzt sind. Die Arme bestehen aus gestanztem Leder und sind – ähnlich Wayang-Kulit-Figuren – mit Stäbchen beweglich. Früher wurden auch die Wayang-Klitik-Figuren auf eine Leinwand projiziert; bei den selten gewordenen Aufführungen wird heute darauf verzichtet. Wayang Klitik kann als Zwischenform zu *»Wayang Golek«* verstanden werden, das mit dreidimensionalen Stabpuppen gespielt wird, die aus geschnitztem und bemaltem Holz bestehen. Der Kopf ist an einer Spindel befestigt, die durch den Rumpf führt, der je nach Charakter der Figuren in prächtige oder einfache Kleider gehüllt ist und unten in einem langen Rock ausläuft, in dem die Hand des Dalangs den Stock greifen kann. Die Arme sind beweglich und werden mittels Holzstäbchen geführt. Auch beim Wayang Golek dienen frisch geschlagene Bananenstämme als Bühne, in die die Figuren gesteckt werden. Sie können bis zu 70 Zentimeter groß sein. Wayang Golek wird hauptsächlich in Westjava aufgeführt (s. S. 103 f.).

»Wayang Topeng« ist eine Art Pantomimenspiel, das von Menschen aufgeführt wird (Topeng: Maske). Die Kostüme sind denen der sonstigen Wayang-Motive entlehnt. Die Texte rezitiert der Dalang.

»Wayang Wong« (oder *»Wayang Orang«*) wird ebenfalls von Menschen gespielt, die aber ohne Gesichtsmasken auftreten und ihre Texte selbst sprechen und singen.

Balinesische Besonderheiten

Balé Agung   Versammlungshalle der Dorfgemeinde.

Bali Aga   Nachfahren der Ureinwohner Balis, die sich vor den hinduistischen Einflüssen zumeist in abgelegene Bergregionen zurückzogen und altbalinesische Kulturelemente bewahrten; Trunyan und Tenganan als bekannteste Beispiele.

Balian Vertreter volkstümlicher Medizin, Spezialist für Zauberei und Magie und angewandte Psychologie.

Banjar Einwohnergemeinde, die sich nach Wohnvierteln im Dorf zusammenschließt; kleinste dörfliche Einheit.

Brahmane Angehöriger der ersten Kaste.

Candi Bentar Begriff für das gespaltene Tor, das für balinesische Tempel typisch ist.

Hahnenkampf eine der Leidenschaften, bei der die sanftmütigen balinesischen Männer jegliche Selbstbeherrschung verlieren können; das Kräftemessen der mit rasierklingenscharfen Sporen an den Beinen ausgestatteten Hähne geht vielen Tempelfesten voraus, wird aber auch als eigenständige Veranstaltung mit hohem Wetteinsatz in den Dörfern abgehalten; der kultische Bezug des blutigen Tieropfers reicht in vorgeschichtliche Megalith-Riten zurück; in jüngerer Zeit immer wieder von den Behörden verboten, doch weiterhin populär; der sorgsam gepflegte Kampfhahn, der in glockenförmigen Körben gehalten wird, gilt als maskulines Statussymbol (Kampfarena: Wantilan).

Lontar Buch mit alten Schriften und Zeichnungen, das aus den zu Streifen geschnittenen Blättern der Lontarpalme (Borassus flabellifer) gefertigt wird.

Nyepi balinesisches Neujahr nach dem *Saka*-Kalender meist im März; Tag der völligen Zurückgezogenheit und Einkehr; die Menschen bleiben zuhause und unterlassen jegliche Aktivitäten; die am Vortag mit Opfergaben besänftigten und mit speziellen Riten vertriebenen Dämonen sollen annehmen, Bali sei von den Menschen verlassen.

Odalan regional bedeutsames Fest zum Jahrestag der Tempelweihe.

Pedanda Priester aus der Brahmanenkaste.

Pemangku Tempelpriester, meist aus der Sudra- oder Jabakaste.

Perbekel Titel des beamteten Dorfchefs.

Puputan ritueller Selbstmord; kultische Selbstaufgabe beim Ansturm einer verhaßten Übermacht; mehrmals von balinesischen Fürstenhöfen bei Angriffen holländischer Truppen zu Beginn des 20. Jahrhunderts vollzogen.

Pura Sammelbegriff für den Dorftempel, in dem sich das Balé Agung der Dorfgemeinde befindet.

Pura Dalem Tempel der Unterwelt.

Pura Puseh Tempel der Ahnen.

Puri Palast, Sitz balinesischer Fürsten.

Sanghyang Widhi Abstraktion der höchsten balinesischen Gottheit; in jüngerer Zeit der Pancasila-Doktrin entsprechend.

Satria Angehöriger der zweiten Kaste.

Sprache das Balinesische kennt der Kasteneinteilung entsprechend drei Sprachebenen: die

Volks- und die Hochsprache und zunehmend eine Mischform aus beiden; bei kultischen Handlungen werden Altbalinesisch, Altjavanisch und Sanskrit verwendet; Amtssprache auch hier Bahasa Indonesia; als Folge des Tourismus wird Englisch vielerorts verstanden und zumindest zur Basisverständigung gesprochen.

Subak Sammelbegriff für Reisfelder, die an einer Wasserzuleitung liegen; Wassergenossenschaft, deren männliche Mitglieder gemeinsam über die Belange des Dorfes zu entscheiden haben.

Sudra Angehöriger der vierten Kaste auf Bali, auch Jaba genannt.

Tirta geweihtes Wasser, das für zahlreiche religiöse Feste unentbehrlich ist.

Triwangsa Bezeichnung für die drei oberen Kasten der Brahmanen, Satria und Wesya.

Verbrennung Mit den hinduistischen Einflüssen kam der Kult der Leichenverbrennung nach Bali. Es ist das spektakulärste und aufwendigste Fest. Dabei bestimmen wie bei keinem anderen religiösen Ereignis im familiären Leben noch immer die Kastenunterschiede den Ablauf und die Größenordnung. Für einen Balinesen der Hindu-Tradition stellt der menschliche Körper nur eine vergängliche Hülle der unsterblichen Seele dar. Der leibliche Tod ist demnach nur der Übergang in eine andere Form des Seins. Je nach der gesellschaftlichen Stellung und den während der Lebensspanne vollbrachten guten und bösen Taten, die das Karma bestimmen, wird diese nächste Existenz und die damit verbundene Wiedergeburt beschaffen sein. Aus diesem Glauben heraus bedeutet der individuelle Tod inner-

Hahnenkampf auf Bali

halb einer Familie gleichwohl schmerzlichen Abschied; das dann folgende Fest aber, dessen Vorbereitung und Vollzug sich über Wochen und Monate hinziehen können, ist ein freudiges Ereignis. Es gilt, der vom Körper befreiten Seele den Weg in eine neue bessere Daseinsform zu ebnen. Wie dabei alle Riten und Zeremonien eingehalten werden, hat eine Rückwirkung auf die Hinterbliebenen. Bei den ärmeren Familien – und das heißt: bei der Mehrheit der Balinesen – wird der Leichnam nach den rituellen Waschungen auf dem Dorffriedhof begraben, weil für eine sofortige Verbrennung nicht genügend Geld vorhanden ist. Mitunter bleibt die Leiche jahrelang in der Erde. Wenn sich dann die Gelegenheit der Verbrennung bietet – weil das erforderliche Geld angespart ist oder das Fest zusammen mit anderen Familien oder gar mit der Verbrennung einer hochgestellten Persönlichkeit stattfinden kann –, dann sind in vielen Fällen nur noch wenige Knochen übriggeblieben; sollten überhaupt keine körperlichen Reste mehr zu bergen sein, werden symbolische Figuren aus Sandelholz oder Lontarblättern geformt, sogenannte *Adegan*, die anstelle des Leichnams verbrannt werden.

Je höher gestellt der oder die Verstorbene war, desto komplizierter, langwieriger, teurer der Verbrennungsablauf. Das zeigt sich bei den Türmen, mit denen die Leiche zum Verbrennungsort getragen wird; das wird erkennbar bei den Tierkörpern nachgebauten Särgen, mit denen die eigentliche Kremation vollzogen wird. Leichentürme mit vielen Meru-Dächern bleiben Fürsten vorbehalten. In gemeinschaftlicher Prozession wird darin die Leiche transportiert, immer wieder um die eigene Achse gedreht, um die bösen Geister zu verwirren, wie es heißt, und um der Seele die Rückkehr zum Haus der Familie zu verwehren, weil dies Unglück bedeuten würde. Auf dem Verbrennungsplatz wird die Leiche in den Sarg gelegt, dessen Farbe und Form der Kastenzugehörigkeit entspricht. Ein weißer Stier für den Brahmanenpriester, ein schwarzer Stier für einen Satria; ein geflügelter Löwe für den niederen Adel. Angehörige der untersten Kaste erhalten nur geschmückte Holzkisten. Nach Gebeten und umfangreichen priesterlichen Zeremonien und dem Versprengen des heiligen Wassers werden die Särge angezündet. Auch die Tragetürme gehen in Flammen auf. Innerhalb weniger Minuten wird vom Feuer zerstört, was oft in wochenlanger kostspieliger Gemeinschaftsarbeit hergestellt wurde. Die Asche wird gesammelt, in Opfergefäße getan und am Abend oder am nächsten Tag mit feierlicher Prozession in einen Fluß oder ins Meer geworfen. Nun gilt die Seele als befreit von allem irdischen Ballast und kann den Weg fortsetzen im ewigen Lauf von Vergehen und Wiedergeburt.

Wesya Angehörige der dritten Kaste.

Zahnfeilung rituelle Handlung vor allem bei Jungen und Mädchen der oberen Kasten.

Reisehinweise von A bis Z

Anreise

Touristen aus der Bundesrepublik Deutschland, aus der Schweiz und Österreich, können ohne Visum einreisen und sich bis zu zwei Monaten in Indonesien aufhalten. Voraussetzung: Reisepaß, der noch mindestens sechs Monate gültig ist, sowie ein Rück- oder grenzüberschreitendes Weiterreise-Ticket. Internationale *Flugplätze*, wo der Tourist bei der Einreise den Sichtvermerk erhält, sind Medan, Batam, Pekanbaru, Jakarta, Denpasar (Airport Ngurah Rai).

Auskunft

Indonesisches Fremdenverkehrsamt für Europa, 6000 Frankfurt/M., Wiesenhüttenstraße 17; Tel. 069/23 36 77.

Botschaften und Konsulate

In Deutschland:
Botschaft der Republik Indonesien, Bernkasteler Str. 2, 5300 Bonn 2; Tel. 02 28/3 82 99 26.
Generalkonsulat der Republik Indonesien, Bebelallee 15, 2000 Hamburg 76; Tel. 040/51 20 71.

In Österreich:
Botschaft der Republik Indonesien, Gustav-Tschermak-Gasse 5-7, 1180 Wien; Tel. 2 22/34 25 33.

In der Schweiz:
Botschaft der Republik Indonesien, Elfenaufweg 51, 3000 Bern; Tel. 31/44 09 83.

In Indonesien:
Botschaft der Bundesrepublik Deutschland, Jalan M. H., Thamrin Nr. 1, Jakarta; Tel. 21/32 39 08 od. 32 44 38. Besuchszeiten: Mo.-Fr. 8.00-12.00 Uhr.
Honorarkonsul der Bundesrepublik Deutschland, P.O. Box 100, Denpasar/Bali (Sanur), Tel. 361/85 35.
Botschaft der Republik Österreich, P.O. Box 25 46, 44 Jalan Diponegoro, Jakarta 10001; Tel. 21/33 80 90.
Schweizer Botschaft, Jalan H. R. Rasuna Said, Blok X 3/2, Kuningan, Jakarta-Selatan 12950; Tel. 21/34 79 21.

Essen und Getränke

Europäische Mahlzeiten werden in allen internationalen Hotels angeboten, ebenso das dem englischen nachempfundene Frühstück. In allen größeren Städten gibt es eine Vielzahl von Restaurants mit höchst unterschiedlichen Preisen, chinesische Gaststätten ebenso wie die Häuser der Padang-Küche, wo mehr als ein Dutzend der verschiedensten – meist sehr scharfen – Speisen auf den Tisch gestellt und nur die verzehrten berechnet werden. Dort gibt es keine festen Essenszeiten. Wo wirklich chinesische Küche serviert wird, liegen Eßstäbchen auf dem Tisch; Messer, Gabel und Löffel werden auf Bestellung gebracht. Das übliche indonesische Essen wird mit dem Löffel in der Rechten und der Gabel in der Linken eingenommen. Alle Speisen sind mundgerecht geschnitten. Man kann sich auch jederzeit in einem der zahlreichen *Warungs* (Garküchen) versorgen, die vor allem nachts wie Pilze aus dem Boden sprießen. Die Gerichte bestehen aus Gemüse, Fleisch oder Fisch, meist in einer feurigen oder süß-würzigen Soße. Als Beilage gibt es Reis. Die Auswahl ist groß, so daß für jeden Geschmack etwas dabei ist. Vorsicht bei ungekochten Speisen, Eis, Wasser oder Saft.

Feste und Feiertage

In Indonesien werden sowohl die bekannten christlichen als auch die islamischen Feiertage begangen. Insbesondere das Ende des Fastenmonats *Ramadan* (*Idul Fitri*, jährlich wechselnd) ist mit reger Reisetätigkeit der Indonesier verbunden, nicht nur der muslimischen. Vor allem auf Java ist dies bei der Routenplanung und der Ticketbestellung zu berücksichtigen.
Staatsfeiertag ist der 17. August. Der *Sonntag* ist arbeitsfrei, und die meisten Geschäfte haben geschlossen.
Freitags ist um zwölf Uhr muslimische Betzeit – Behörden und offizielle Büros (auch auf Bali) schließen für den Rest des Tages. Der *Festkalender Balis* sieht für jeden Tag an verschiedenen Orten mehrere Termine vor. Die wichtigsten Feierlichkeiten sind in den Hotels und im Touristenbüro in Denpasar zu erfragen.

Fotografieren, Filmen und Video

Mit Ausnahme von militärischen Einrichtungen darf in Indonesien fast alles fotografiert oder mit Video aufgenommen werden. Diese dem Gast eingeräumte Freiheit sollte allerdings feinfühlig gehandhabt werden. Gerade bei religiösen Festen ist Zurückhaltung oberstes Gebot. Bevor Menschen auf den Film gebannt werden, ist deren Einwilligung einzuholen und eine eventuelle Ablehnung (von Frauen beispielsweise) unbedingt zu akzeptieren. Bei den zahlreichen Festen auf Bali sind Gäste zumeist willkommen, wenn sie sich mit ihren Objektiven unaufdringlich zurückhalten und es vermeiden, höher zu stehen als Priester, Tänzer und andere Gäste. Filme kann man vielerorts kaufen. Wegen der unterschiedlichen Lagerqualität (Hitze!) ist Vorsicht geboten.

Gastfreundschaft

Überall in Indonesien wird Gastfreundschaft als selbstverständliche Tugend und Verpflichtung empfunden. Auch in der ärmsten Hütte erhält der Gast ein Getränk und Gebäckstücke, die in großen, verschlossenen Gläsern aufbewahrt werden. Den Tee, Kaffee

ESSEN UND GETRÄNKE – GESCHÄFTSZEITEN 367

Opferfest im Reisfeld

oder das Glas mit Cola rührt der wohlerzogene Gast nicht eher an, bis der Hausherr »silakan« (bitteschön) sagt; was üblicherweise nicht zu Beginn, sondern bereits bei weit fortgeschrittenem Gespräch erfolgt.
Blumen als Gastgeschenk sind nur in städtischen Kreisen angebracht; ansonsten kann der europäische Gast mit einer Dose Kekse, mit Kalendern, Bildbänden oder Fotografien von sich und seiner Familie eine Freude machen. Gern gesehen sind Ansichtskarten des Heimatlandes, mit denen sich auch bei mangelnden Sprachkenntnissen vieles vermitteln läßt. Ob man als Ausländer eine spontane Einladung zum Übernachten in einem fremden Privathaus annehmen kann, ist sorgfältig zu prüfen. Gelegentlich kommt so eine Offerte aus dem Bedürfnis nach Freundlichkeit, die mit den häuslichen Verhältnissen nicht unbedingt übereinstimmen muß. Höfliche Ablehnung kann beitragen, daß der wohlmeinende Indonesier sein Gesicht bewahrt.

Geld

Rupiah ist die indonesische Landeswährung: 100 Rupiah sind ca. 0,10 DM; 1 DM etwa 1000 Rupiah. Die Inflationsrate beträgt jährlich ca. 15%. Wechseln sollte man am besten in den lizensierten Wechselstuben und bei Banken.

Geschäftszeiten

Amtsstuben haben montags bis donnerstags von acht bis vierzehn Uhr, freitags von acht bis elf Uhr dreißig und samstags von acht bis zwölf Uhr geöffnet.
Banken sind geöffnet von acht oder acht Uhr dreißig bis dreizehn Uhr. Die *Läden* haben unterschiedliche Zeiten, üblicherweise

an Werktagen von acht bis zwanzig Uhr, kleinere Geschäfte sind bis weit in die Nacht geöffnet.

Gesundheit

Pocken- und Choleraimpfung sind nicht mehr erforderlich, aber empfehlenswert, ebenso Malariavorbeugung. Nützlich ist die kostenlose Broschüre, die von der Lufthansa herausgegeben wird: »Gesundheitsratgeber für Auslandsreisen. Verständigungshilfe für Apotheken- und Arztbesuche im Ausland«. Erhältlich in allen Lufthansa-Büros.

Handeln

Auf den Märkten kann man auch als Ausländer den jeweils geforderten Preis etwas mindern. Es ist eine Frage des Anstandes, nicht um jeden Preis feilschen zu wollen, zumal es sich in den meisten Fällen um Beträge handelt, die für den Europäer kaum zu Buche schlagen. In den Kaufhäusern haben die Waren verbindliche Preisschilder. Handeln ist dort zwecklos.

Harmonie

Javaner und Balinesen haben ein ausgeprägtes Harmonie-Bedürfnis. Das drückt sich sowohl im Umgang untereinander als auch in der Begegnung mit Ausländern aus. Auf höfliche Formen in freundlicher Distanz wird großer Wert gelegt. Vor allem Javaner vermeiden die direkte Konfrontation, laute Worte und unmittelbare Ablehnung. Auf vielerlei Weise wird eine Negation ausgedrückt, ohne tatsächlich Nein zu sagen: »tidak«. Zur Verneinung wird lieber das Wort »belum« (noch nicht) gebraucht. Alle religiösen Feste und rituellen Handlungen kreisen mehr oder weniger um die Erhaltung oder die Wiederherstellung der ständig gefährdeten Harmonie. Alles Tun, das in gesellschaftlicher Kontrolle steht, ist auf Ausgleich und Konfliktvermeidung ausgerichtet. Dies schließt handfeste Unhöflichkeit außerhalb der strengen sozialen Bindungen keinesfalls aus. Rüpelhaftes Vordrängen an der Warteschlange im Postamt erklärt der zur Rede gestellte Sünder selbstbewußt mit dem Hinweis, daß ihn an solchen Orten niemand kenne.

Hygiene

»Kamar mandi« heißt das indonesische Badezimmer; es besteht aus einem betonierten Wasserbottich und einer Schöpfkelle, mit der sich der Gast das kostbare Naß über den Körper schüttet. Es fließt durch ein Loch im Boden ab. Gummischlappen sind hier nützlich. Meist ist in der Kamar mandi auch eine einfache Hock-Toilette zu finden. Üblicherweise ist kein Toilettenpapier vorhanden, statt dessen wird Wasser benutzt. In modernen Hotels gibt es auch Duschen und Toiletten europäischer Art.

Kleidung

Fast überall ist es feucht-heiß. Kühl wird es erst in den Höhenlagen. Für Bergtouren muß man einen Pullover mitnehmen. Aber sonst: baumwollene Unterwäsche, bequeme Hemden, Hosen und Blusen, ebenfalls aus Baumwolle, leichter Rock, Sandalen (möglichst keine aus Plastik, die sind vor allem in den Amtsstuben verpönt). Nur nicht allzuviel einpacken! Auf fast allen Märkten kann man seinen Textilvorrat ergänzen. Für Batikhemden und Batikröcke sollte man Platz im Reisegepäck lassen. Für offizielle Veranstaltungen der High-Society: dunkler Anzug beziehungsweise Cocktail- oder Abendkleid. Langärmeliges Batikhemd für Herren paßt zu jedem Anlaß.

Klima und Reisezeit

»Das prächtige Reich Insulinde, das sich da schlingt um den Äquator wie ein Gürtel von Smaragd ...«, so schwärmte vor einem Jahrhundert Multatuli. – Die Nähe zum Äquator bestimmt das Klima. Luftfeuchtigkeit zwischen siebzig und neunzig Prozent. Im Jahresverlauf ziemlich konstante Temperaturen zwischen 22 und 34 Grad im Flachland, keine wesentliche Abkühlung während der Nächte. Sehr viel kühler in den Bergen und Höhenlagen, die überall, wo es sie in Stadtnähe gibt, zu Ausflugsgebieten werden. Die Monsunwinde bewirken saisonal deutlich unterschiedliche Niederschlagsmengen. Zwischen *November und März* fällt auf Java und Bali besonders ergiebiger Regen, der bei Gewitter immer wieder Überschwemmungen auslösen kann. Tagelanger Dauerregen ist möglich, abwechslungsreiches Wetter mit plötzlichen Schauern und anschließendem Sonnenschein eher die Regel. Zwischen *April und Oktober* deutlich weniger Niederschläge; auf Bali und im Osten Javas zuweilen wochenlang kein Regentropfen. Die Temperaturen steigen weit über dreißig Grad an. Während dieser Monate ist das Reisen einfacher, und die Verkehrsmittel sind witterungsbedingt verläßlicher als in der übrigen Zeit. An den großen Feiertagen wie Weihnachten, Jahreswechsel und Idul Fitri infolge des steigenden inländischen Reiseverkehrs spürbare Engpässe bei Transport- und Hotelkapazitäten.

Lombok

Von Padang Bai an Balis Ostküste verkehren regelmäßig Auto- und Personenfähren zur 35 Kilometer entfernten Insel Lombok, Fahrtzeit etwa vier Stunden bis zum Hafen von Lembar. Beide Inseln trennt eine tiefe Meerenge, dazwischen verläuft die sogenannte *Wallace-Linie*. Der britische Forscher ALFRED RUSSEL WALLACE (1823-1913) zog in der zweiten Hälfte des vorigen Jahrhunderts die nach ihm benannte Linie durch die Gewässer des östlichen Indonesien. Zwischen Kalimantan und Sulawesi sowie zwischen Bali und Lombok lokalisierte der Biologe die Grenzen zwischen dem südostasiatischen und dem australischen Lebensraum; nachgewiesen bei einzelnen Tier- und Pflanzenfamilien, die nur in dem einen oder dem anderen vorkommen. Elefant, Tiger, Nashorn beispielsweise, eingewandert aus

*Im Sasak-Dorf
Sade auf der Insel Lombok*

Asien, kamen nicht über Java hinaus. Das trifft umgekehrt auf australische Arten zu, die sich nicht in der westlichen Region des Archipels verbreitet haben.
Die Wallace-Linie bleibt umstritten. Jüngere Forschungen sprechen von Übergangszonen und verwerfen die strikte Grenzziehung.
Lombok hat 4600 Quadratkilometer und wird von mehr als zwei Millionen Menschen bewohnt. Die Landschaft wird vom Vulkan Rinjani beherrscht, mit 3726 Metern einer der höchsten Berge Indonesiens. An den südlichen Ausläufern wird Naßreis angebaut. Die Insel kann sich gleichwohl nicht mit den Schönheiten Balis messen. Wenn häufig von Lombok als der kleineren Schwester Balis die Rede ist, so ist das zwar historisch aber weniger kulturell und atmosphärisch begründet.
Im 18. Jahrhundert wurde der Westteil Lomboks vom balinesischen Karangasemreich, der Ostteil vom islamischen Makassar aus beherrscht. 1894 schlugen die Holländer den Widerstand auf Lombok gewaltsam nieder und gliederten die Insel in ihren Verwaltungsbereich ein. Hinduistische Einflüsse à la Bali und der Islam prägen das religiöse Leben, das auch heute noch von dem zuvor verbreiteten Animismus bestimmt wird, *Wektu Telu* genannt: ein typisches Beispiel für Synkretismus in Indonesien.
Balis Einflußgebiet ist vor allem an den Puras im urbanen Ballungsgebiet erkennbar, zu dem die Städte Ampenan, Mataram und Cakranegara im Westen zusam-

mengewachsen sind. Sehenswert das Museum Negeri Nusa Tenggara Barat (Jalan Panji Tilarnegara), das in großzügiger Präsentation das historische Werden Lomboks und die Verschmelzung seiner Kultur mit den fremden Elementen zeigt. Die Bevölkerungsmehrheit gehört der Volksgruppe der Sasak an.

Etwa zwanzig Kilometer nordöstlich von Mataram steht bei Suranadi hochgelegen der älteste Hindu-Tempel Lomboks inmitten von Reisfeldern und Bambushainen, ein bemerkenswertes Beispiel jenes die verschiedenen religiösen Strömungen aufnehmenden Synkretismus.

Lombok erfreut sich wachsender touristischer Beliebtheit, weil es sowohl an den südlichen als auch an den westlichen Küsten reizvolle Sandstrände hat, die noch nicht überlaufen sind. Die der nordwestlichen Küste vorgelagerten Inseln Gili Air, Gili Meno und Gili Terawangan laden mit bescheidenen Losmen zum Robinsonleben auf Zeit ein. Mit unverkennbarer Kommerzialisierung wird freilich auch diese Verlockung bald der Vergangenheit angehören. – Zwischen Denpasar (Airport Ngurah Rai) und Mataram tägliche Flugverbindungen.

Madura

Eine halbe Stunde braucht die Auto- und Personenfähre, die regelmäßig von Surabaya nach Madura fährt. Flach und wenig fruchtbar liegt die Insel in der Java-See, 150 Kilometer lang und bis zu dreißig Kilometer breit, 4470 Quadratkilometer, in Vorzeiten ein Teil Javas. Eine Brücke zwischen Surabaya und Madura ist geplant. Maduresen haben eine eigene Sprache und waren in der Vergangenheit stets auf Eigenständigkeit bedacht. Sie gelten als besonders glaubensstrenge Muslime. Heute gehört die mit 2,8 Millionen Menschen überaus dicht bevölkerte Insel zur Provinz Ostjava. Die Kalkböden und Wassermangel erlauben kaum Reisanbau, die karge Landschaft ist von Grasflächen bestimmt. Rinder- und Ziegenherden bilden neben dem Fischfang die wichtigsten Erwerbszweige. Die *Stierrennen*, meist zwischen August und Oktober, sind eine Besonderheit. Die für solche Wettkämpfe trainierten Tiere werden jeweils paarweise vor einen hölzernen Schlitten gespannt und von den darauf stehenden Lenkern zu Höchstgeschwindigkeit angetrieben. Die Rennen sind Volksfeste, bei denen auch ausländische Zuschauer willkommen sind. Sehenswert das ewige Feuer, das sechs Kilometer westlich der Stadt Pamekasan aus der Erde schlägt und den Besuchern zeigt, daß auch Maduras Boden im vulkanischen Einzugsbereich liegt. Zur Geschichte der Insel bietet das Museum im Kraton von Sumenep eine beachtliche Sammlung. Die Moschee mit dreistufigem Dach stammt aus dem siebzehnten Jahrhundert. Madura ist im Windschatten der indonesischen Entwicklung geblieben und wirkt in ländlicher Abgeschiedenheit wie der Kontrast zu Surabaya.

Museen

Die meisten Museen sind montags geschlossen; Öffnungszeiten werden immer wieder geändert.

Museen auf Java:

AMBARAWA
Eisenbahn-Museum (auf dem Gelände des ehemaligen Bahnhofes), täglich 8-16 Uhr; S. 148.

BANDUNG
Gedung Merdeka (ehemaliges holländisches Klubhaus, Tagungsstätte der Bandung-Konferenz 1955), Jalan Asia-Afrika, Di.-Do. 9-14, Fr. 9-11, Sa. 9-13, So. 9-14 Uhr; S. 102 f.
Siliwangi-Museum (Armee-Museum), Jalan Lembong, geöffnet Mo.-Do. 9-14, Fr. 9-11, Sa. 9-13 Uhr; S. 100.
Westjavanisches Museum (Museum Negri Java Barat), Jalan Oto Iskandardinata 638, Di.-Do. 8.30-13, Fr. 8.30-11, Sa. 8.30-12, So. 8.30-14 Uhr;

CIREBON
Museum im Kraton Kasepuhan (gegenüber der alten Moschee), Öffnungszeiten nachfragen; S. 117-119.
Lustschloß Sunyaragi (Tamansari Sunyaragi), Jalan Bay Pass, Öffnungszeiten nachfragen; S. 119.

JAKARTA
Schiffahrtsmuseum Bahari, gegenüber vom Fischmarkt (Pasar Ikan); Di.-Do. 9-14, Fr./Sa. 9-11, So. 9-15 Uhr; S. 32 f.
Jakarta Museum (Museum Sejarah Jakarta), Jalan Taman Fatahillah 1; Di.-Do. 9-14, Fr. 9-11, Sa. 9-13, So. 9-15 Uhr; S. 41 f.
Kunstmuseum (Balai Seni Rupa), Jalan Taman Fatahillah 2, Di.-Do. 9-14, Fr. 9-11, Sa. 9-13, So. 9-15 Uhr; S. 40.
Puppenspiel-Museum (Wayang-Museum), Jalan Pintu Besar Utara 27, Di.-Do. und So. 9-14, Fr. 9-11, Sa. 9-13 Uhr; an So. um 10 Uhr Schattenspiel-Aufführungen; S. 40 f.
Nationalmuseum (Museum Nasional) Jalan Merdeka Barat, Di.-Do. 8.30-14, Fr. 8.30-11, Sa. 8.30-13, So. 8.30-15 Uhr; Di., Mi., Do. kostenlose Führungen in englischer Sprache; S. 54-58.
Museum Prasasti (historischer Friedhof), Tanah Abang, Mo.-Do. 8-15, Fr. 8-11, Sa. 8-14 Uhr; S. 51-53.
Textil-Museum (Museum Tekstil), Jalan Jembatan Tinggi 4, Mo.-Do. 9-14, Fr. 9-11, Sa. 9-13 Uhr; S. 53 f.
Adam-Malik-Museum, Jalan Diponegoro 29, Di.-So. 10-13 Uhr;
Museum im Nationalmonument (Monumen Nasional), Jalan Silang Monas, täglich 9-15 Uhr; S. 16, 18.
Ahmad Yani Sasmita Loka Museum (Villa des 1965 ermordeten Generals), Jalan Lembang Terusan 58, Di.-So. 8-15 Uhr;
Taman Mini Indonesia Indah (Freizeitpark), Pondok Gede Jakarta Timur, Richtung Bogor, 20 km außerhalb der Stadt, täglich 9-17 Uhr; Museen nur bis 15 Uhr; u. a. Briefmarken-, Militär-, Nationalmuseum; S. 82-85.

KLATEN
Museum des Rohrzuckers (Museum Gula Java Tengah, 25 km nordöstlich von Yogyakarta Richtung Solo auf dem Gelände der Zukkerfabrik Gondang Baru), Öffnungszeiten nachfragen; S. 223.

MOJOKERTO
Museum Purbakala, Jalan Ahmad Yani (gegenüber der Post), Di.-Do. 8-14, Fr. 8-11, Sa. 8-12.30, So. 8-14 Uhr; S. 253.

REMBANG
Museum Kartini (im Gebäude des Verwaltungssitzes Kapupaten), Öffnungszeiten nachfragen.

SANGIRAN
Prähistorisches Museum (Fundstätte der Knochen des Pithecanthropus erectus/»Java-Mensch«), 16 km nördlich von Surakarta, Abzweigung beim Dorf Kalioweh an der Strecke nach Purwodadi, täglich 8.30-14 Uhr; S. 230.

SOLO/SURAKARTA
Kraton Kasunahan (am Alun-Alun Lor), Mo.-Do. 8.30-14, So. 8.30-15 Uhr; S. 226-229.
Kraton Mangkunegaran (Eingang von Jalan Diponegoro aus), Mo.-Do. 9-14, Fr. 9-12, So. 9-13 Uhr; S. 225.
Museum Radyapustaka (Kultur Zentraljavas) Jalan Slamet Riyadi, neben Tourismusbüro, Di.-Do. 8-12, Fr. 8-11, Sa. 8-11.30, So. 8-12.30 Uhr; S. 224.
Presse-Museum (Monumen Pers Nasional), Jalan Gajah Mada/-Jalan Yosodipuro, Öffnungszeiten nachfragen; S. 225.

SUMEDANG
Museum Prabu Geusan Ulun (ehemaliger Fürstensitz am Alun-Alun), Öffnungszeiten nachfragen; S. 115.

TROWULAN
Majapahit-Museum (auf dem Areal der einstigen Hauptstadt des Majapahit-Reiches nahe des Teiches, Kolam Segaran), Di.-Do. 8-14, Fr. 8-11, Sa. 8-12.30, So. 8-14 Uhr; S. 253-257.

YOGYAKARTA
Museum Sono Budoyo (Kultur Zentraljavas), Jalan Trikora 2, Di.-Do. 8.30-13.30, Fr. 8.30-10.30, Sa./So. 8.30-11.30 Uhr; S. 196.
Fort Vredeburgh (einstige holländische Befestigung), Jalan Malioboro, Di.-Do. 8.30-13.30, Fr. 8.30-10.30, Sa./So. 8.30-11.30 Uhr; S. 195.
Kraton (mehrere Museen, vom Alun-Alun Utara zu betreten), Mo.-Do. 8.30-12.30, Fr.-Sa. 8.30-11.30, So. 8.30-12.30 Uhr; S. 196-204.
Kutschenmuseum (Museum Kereta Kraton am Alun-Alun Utara), täglich 8-16 Uhr; S. 202.
Affandi-Museum, Jalan Solo (bei der Brücke Gajah-Uwong-Fluß), täglich 9-15 Uhr; S. 219-221.
Monumen Diponegoro (Gedenkstätte für Diponegoro), Tegalrejo, nordwestlich vom Zentrum, täglich 8-16 Uhr; S. 205-217.
Museum des Unabhängigkeitskampfes (Monumen Yogya Kembali, beim Dorf Sariharjo an der Jalan Lingkar Utara), täglich 8.30-14 Uhr; S. 217-219.

Museen auf Bali:

DENPASAR
Bali-Museum (am Puputan-Platz), Di.-Do. 8-14, Fr. 8-11, Sa. 8-12.30, So. 8-14 Uhr; S. 339.
Kunstzentrum (Werdhi Budaya Art Center, Jalan Bayusuta), außer Mo. täglich 8-16.30 Uhr; häufig abendliche Tanzvorführungen.

SINGARAJA
Lontar-Museum (Gedong Kirtya), Jalan Veteran, außer So. täglich geöffnet; S. 279, 289.

TABANAN
Reisbau-Museum (Subak-Museum, an der Straße nach Denpasar), täglich geöffnet; S. 343.

UBUD
Museum der Gemälde (Museum Puri Lukisan), Jalan Raya, täglich 8-16 Uhr; S. 312.

Museum Neka (2 km nördlich von Campuan), täglich 8-16 Uhr; S. 313-315.

Öffentliche Verkehrsmittel

Die inner-indonesischen *Flugverbindungen* sind in den vergangenen Jahren zügig und verläßlich erweitert worden. Zwischen Jakarta, Bandung, Yogyakarta, Semarang, Solo, Surabaya und Denpasar (Airport Ngurah Rai) täglich mehrere Flüge. Für Touren auf Java ist die *Eisenbahn* empfehlenswert; die Strecke Jakarta–Bandung ist landschaftlich besonders reizvoll.
Busverbindungen zwischen den größeren Orten. Klimatisierte und komfortable Nachtbusse für Fernstrecken. Dichter Pendelverkehr mit Minibussen im Nahverkehr, die meist überfüllt sind. In den Städten auch

Fahrradriksha in Yogyakarta

Taxis, die je nach Verhandlungsgeschick stundenweise oder für eine bestimmte Ausflugsstrecke zu einem mehr oder weniger hohen Festpreis gemietet werden können; in Jakarta auf Benutzung des Taxometers bestehen. Es kann zweckmäßig und preiswert sein, bei größeren Entfernungen öffentliche Verkehrsmittel zu gebrauchen, im lokalen Umkreis aber Taxis zu chartern oder ein Auto mit/ohne Fahrer zu mieten. Vermittlung an der Hotelrezeption. Auf Bali werden außerdem *Motorräder* vermietet. Vorsicht: hohe Unfallgefahr. Im städtischen Umfeld kann man sich getrost den *Becaks* (Fahrradrikschas) anvertrauen, die allerdings auf Bali nicht heimisch geworden sind. Fahrpreis vorher aushandeln. Zwischen Ostjava (Ketapang bei Banyuwangi) und Bali (Gilimanuk) verkehrt täglich mehrmals eine Auto- und Passagierfähre. *Speziell für Jakarta:* Stadtrundfahrten werden von Reiseveranstaltern vor Ort angeboten und in den größeren Hotels vermittelt; derartige Touren lassen sich aber auch sehr gut in eigener Regie organisieren. Taxis in Jakarta gelten in der Regel als zuverlässig, verfügen über Taxometer und sind preiswert. Für kürzere Strecken kann man sich den dreirädrigen Bajajs (Kleintaxis) anvertrauen. Die Becaks sind leider mehr und mehr verbannt worden. Die historischen Stätten Sunda Kelapa (Segelschiffhafen), Pasar Ikan (Fischmarkt) und Kota (das Zentrum des einstigen Batavia) kennt jeder Fahrer. Von dort am besten jeweils zu Fuß weiter.

Ein Bauer reitet auf einem Ochsen zu seinem Feld

Sprache und Verständigung

Von den sechshundert regionalen Sprachen, die die Fachleute der austronesischen Sprachfamilie zurechnen, werden etwa zweihundertfünfzig im indonesischen Archipel gesprochen. Die meisten bleiben auf einzelne Inseln und Inselteile beschränkt. Javanisch und Sundanesisch gehören zu den von der Bevölkerungsmehrheit verwendeten Idiomen. Aus der malaiischen Sprache, die seit Jahrhunderten entlang der Küsten als lingua franca unter den Handel treibenden Völkern verwendet wurde, bildete sich die nationale Sprache heraus. Im Zeichen der Unabhängigkeitsbewegung wurde das Bahasa Indonesia (bahasa – Sprache) 1928 eines der Ziele po-

Kinderreichtum – Java und Bali gehören zu den dichtest besiedelten Regionen der Welt

litischer Selbständigkeit (Sumpah Pemuda – Schwur der Jugend). *Bahasa Indonesia*, an allen Schulen gelehrt, vorherrschende Sprache der Massenmedien, ist landesweites Verständigungsmittel. Das *Holländisch* der Kolonialherren ist stets nur auf elitäre einheimische Kreise beschränkt geblieben und war niemals – wie beispielsweise das Englisch in Indien, das Französisch in Westafrika – allgemein verbreitet.

Englisch ist heute in Indonesien die am meisten gelehrte Fremdsprache, in touristischen Zentren zumindest bruchstückhaft populär, an den Rezeptionen der großen Hotels selbstverständlich, aber außerhalb städtischer und universitärer Kreise der Mittel- und Oberschicht kaum anzuwenden. Die Kenntnis einiger leicht zu erlernender Wörter der Bahasa Indonesia ist angebracht. Darüber hinaus ersetzt ein freundliches Lächeln manche Vokabel. Mit Gesten und sonstigen nicht-verbalen Ausdrucksmitteln Neugier und Sympathie zu zeigen, sind Indonesier wahre Meister. Wichtigste Fragen zur sozialen Einordnung: Sind Sie verheiratet? Haben Sie Kinder? Wenn ja, wieviele? Wenn nein, warum keine?

Telefonieren

Schwierig, aber nicht unmöglich. In den öffentlichen Telefonzellen benötigt man 100 Rupiah-Münzen; erst die Münzen einwerfen, wenn sich der Teilnehmer meldet, bei Signalton Münzen nachwerfen. – *Auskunft:* national 100; international 101; *Notruf:* Polizei 110; Feuerwehr 113; Notfall, Krankenwagen 118 und 119. *Internationale Vorwahlnummern:* Indonesien 0062; Bundesrepublik Deutschland 0049; Österreich 0043; Schweiz 0041.

Unterkunft

Das breiteste Angebot hat Jakarta mit einer Reihe von Luxushotels der internationalen Spitzenklasse. Auch in den anderen Großstädten sind erstaunlich viele Hotels während der vergangenen Jahre gebaut worden, die hohen Ansprüchen genügen. Daneben eine Vielzahl von Mittelklasse- und Einfachhotels. Hotelverzeichnisse erhält man beim Indonesischen Fremdenverkehrsamt in Frankfurt (→ Auskunft) und bei den örtlichen Touristenbüros. – In kleinen Ortschaften gibt es sogenannte Losmen oder Penginapan, die bescheidene Unterkunft bieten und zumeist sauber, aber leider häufig laut sind. In touristischen Zentren wie Yogyakarta und im Süden Balis ist die touristische Infrastruktur auf jeden Geldbeutel zugeschnitten. Falls nicht vorbestellt wurde, empfiehlt es sich, mit Hilfe eines Becakoder Taxifahrers auf Zimmersuche zu gehen.

Zeitunterschied

Jakarta zur MEZ (Winterzeit) plus sechs Stunden. Wenn es in Deutschland zwölf Uhr mittags ist, ist es in Jakarta bereits achtzehn Uhr. Indonesien hat wegen seiner enormen Ost-West-Ausdehnung drei Zeitzonen mit jeweils einer Stunde Unterschied; auch zwischen Java und Bali (12 Uhr Java = 1 Uhr Bali).

Zollbestimmungen

Bei der Einreise muß eine Zollerklärung über den Wert der mitgeführten Gegenstände ausgefüllt werden, welche dem Beamten bei der Zollkontrolle übergeben wird. Zollfrei eingeführt werden können pro Person maximal zwei Liter alkoholische Getränke, eine angemessene Menge Parfum, 50 Zigarren, 200 Zigaretten oder 200 Gramm Tabak, des weiteren Gegenstände des persönlichen Bedarfs, sowie Foto- und Film-/Videokameras, Filme, Schreibmaschine und Fernglas, jedoch unter der Voraussetzung, daß sie bei der Ausreise wieder mitgenommen werden. Bei Tieren sind Gesundheitsbescheinigungen erforderlich. Die Einfuhr unter anderem von Publikationen in chinesischer Schrift, Pornographie, bespielten Videokassetten, Waffen, Rauschgift und Frischobst ist verboten.

Literatur

*Eine Auswahl
in deutscher Sprache*

Chairil Anwar: Feuer und Asche, sämtliche Gedichte. Wien 1978.
Vicky Baum: Liebe und Tod auf Bali. Amsterdam 1937.
Albert S. Bickmore: Reisen im Ostindischen Archipel in den Jahren 1865 und 1866. Jena 1869.
Erwin Berghaus: Propeller überm Paradies, Amsterdam–Batavia, eine Luftreise über 17 Länder. Dresden 1934.
T. Z. Bezemer: Volksdichtung aus Indonesien, Sagen, Tierfabeln und Märchen. Den Haag 1904.
H. Breitenstein: Einundzwanzig Jahre in Indien, II. Theil Java. Leipzig 1900.
Rainer Carle: Rendras Gedichtsammlungen (1957-1972), ein Beitrag zur Kenntnis der zeitgenössischen indonesischen Literatur. Berlin 1977. – Ausgabe: Rendra: Weltliche Gesänge und Pamphlete; übersetzt von Beate u. Rainer Carle. Unkel 1991.
Louis Couperus: Unter Javas Tropensonne. Berlin 1925.
Bertold Damshäuser/Ramadhan K. H.: Am Rande des Reisfelds, zweisprachige Anthologie moderner indonesischer Lyrik. Pustaka Jaya, Jakarta 1990.
Max Dauthendey: Erlebnisse auf Java, aus Tagebüchern. München 1924.
Ders.: Letzte Reise, aus Tagebüchern, Briefen und Aufzeichnungen. München 1924.
Walter Dreesen: Hundert Tage auf Bali. Hamburg 1937.
Dr. F. Epp: Schilderungen aus Holländisch-Ostindien. Heidelberg 1852.
Otto Fischer: Kunstwanderungen auf Java und Bali. Stuttgart–Berlin 1941.
Bedřich Forman: Das buddhistische Heiligtum Borobudur. Prag 1980.
Arnaldo Fraccaroli: Sumatra und Java, Menschen am Äquator. Essen–Freiburg 1947.
Christiane Franke-Benn: Die Wayangwelt, Namen und Gestalten im javanischen Schattenspiel. Wiesbaden 1984.
Ernst Haeckel: Aus Insulinde, malayische Reisebriefe. Bonn 1901.
E. Haffter: Briefe aus dem Fernen Osten. Frauenfeld 1898.
Karl Helbig: Ferne Tropen-Insel Java, ein Buch vom Schicksal fremder Menschen und Tiere. Stuttgart 1946.
Ders.: Zu Mahamerus Füßen, Wanderungen auf Java. Leipzig 1954.
Ders.: Paradies in Licht und Schatten, Erlebtes und Erlauschtes in Inselindien. Braunschweig 1949.
Irene Hilgers-Hesse (Hrsg.): Perlen im Reisfeld und andere indonesische Erzählungen. Tübingen 1971.

LITERATUR

F. Jagor: Singapore–Malacca–Java, Reiseskizzen. Berlin 1866.
Java und Bali, Buddhas, Götter, Helden, Dämonen (Ausstellungskatalog). Mainz 1980.
Franz Junghuhn: Java, seine Gestalt, Pflanzendecke und innere Bauart. Leipzig 1857.
Ernst Ulrich Kratz (Hrsg.): Indonesische Märchen. Köln 1973.
Georg Krause/Karl With: Bali. Hagen i.W. 1922.
Hans-Dieter Kubitschek/Ingrid Wessel: Geschichte Indonesiens, vom Altertum bis zur Gegenwart. Berlin 1981.
Stefan Loose/Werner Mlyneck/Renate Ramb: Bali, Java, Lombok, Singapore. Berlin 1989.
Franz Magnis-Suseno: Javanische Weisheit und Ethik, Studien zu einer östlichen Moral. München 1981.
Ders.: Neue Schwingen für Garuda, Indonesien zwischen Tradition und Moderne. München 1989.
Julia Menz: Maha djalan, westöstliche Reise. Hamburg 1940.
John Miksic: Borobudur. München 1991.
Rudolf Mrázek/Bedřich Forman/W. Forman: Bali. Luzern 1983.
Werner Müller: Bibliographie deutschsp. Literatur über Indonesien. Hamburg 1982.
Multatuli: Max Havelaar. Zürich 1965.
T. L. Freiherr von Oesterreicher: Aus fernem Osten und Westen, Skizzen aus Ostasien, Nord- und Süd-Amerika. Leipzig 1879.
Pramoedya Ananta Toer: Bumi Manusia, Garten der Menschheit. Berlin 1984.
Ders.: Das ungewollte Leben. Berlin 1987.
Ders.: Kind aller Völker. Luzern 1990.
Ders.: Spiel mit dem Leben. Reinbek bei Hamburg 1990.
Urs Ramseyer: Bali, Insel der Götter. Basel 1983.
Gerhard Rauchwetter: Faszination Bali. Wels–München 1980.
Hans Rhodius: Schönheit und Reichtum des Lebens, Walter Spies (Maler und Musiker auf Bali). Den Haag 1964.
Rudolf O. G. Roeder: Indonesien, Reiseführer mit Landeskunde. Frankfurt/M. 1988.
Colin Ross: Heute in Indien, durch das Kaiserreich Indien, Ceylon, Hinterindien und Insulinde. Leipzig 1937.
Willy Seidel: Die Himmel der Farbigen, ein Bilderbuch aus zeitlosen Weltwinkeln. München 1930.
Friedrich Seltmann/Werner Gamper: Stabpuppenspiel auf Java – Wayang Golek. Zürich 1980.
Rüdiger Siebert: Roter Reis im Paradies, indonesische Gespräche. Wuppertal 1976.
Ders.: Bambus läßt sich nicht brechen, Reportagen vom Überleben in Südostasien. Würzburg 1986.
Ders.: 5mal Indonesien, Annäherung an einen Archipel. München 1987.
Ders.: Das Meer der Träume, Joseph Conrads Ostindien. München 1988.
Ders.: Am Rande der Welt, unterwegs notiert in Asien. Dreieich-Buchschlag 1988.

Noto Soeroto/v. Veltheim-Ostrau: Göttliches Schattenspiel. Stuttgart 1976.

Günter Spitzing: Das indonesische Schattenspiel. Köln 1981.

Ders.: Bali (Text und Fotografie). München 1991.

Otto Stadler/Ernst Hermann Ruth/Rüdiger Siebert: Bali. München 1987.

Studienkreis für Tourismus (Hrsg.): Indonesien verstehen. Starnberg 1988.

Helmut Uhlig: Bali, Insel der lebenden Götter. München 1979.

Frits A. Wagner: Indonesien, die Kunst eines Inselreiches. Baden-Baden 1959.

A. R. Wallace: Der Malayische Archipel. 1869; Reprint Frankfurt 1983.

Clara B. Wilpert: Das indonesische Schattentheater. Baden-Baden 1979.

Dies.: Bali, eine Einführung. Hamburg 1977.

Karl Wirth: Java, Brahmanische, buddhistische und eigenlebige Architektur und Plastik auf Java. Hagen i.W. 1920.

Eine Auswahl in englischer Sprache

Susan Abeyasekere: Jakarta, a History. Singapore 1989.

Raden Adjeng Kartini: Letters of a Javanese Princess. Kuala Lumpur 1976.

Rudi Badil/Nurhadi Rangkuti/Gatot Ghautama: The Hidden Foot of Borobudur. Jakarta 1989.

Aart van Beek: Life in the Javanese Kraton. Singapore 1990.

Candi in Central Java Indonesia. Yogyakarta 1982.

Lee Khon Choy: Indonesia between Myth and Reality. London 1976.

Miguel Covarrubias: Island of Bali (1937). Singapore 1972.

Fred B. Eiseman jr.: Bali, Sekala & Niskala, Essays on Religion, Ritual, and Art. Singapore 1989.

Clifford W. Hawkins: Praus of Indonesia. London 1982.

Robert W. Hefner: Hindu Javanese, Tengger Tradition and Islam. Princeton, New Jersey 1985.

Adolph Heuken SJ: Historical Sites of Jakarta. Jakarta 1982.

Adrian Horridge: Sailing Craft of Indonesia. Singapore 1986.

Pramoedya Ananta Toer: This Earth of Mankind. Ringwood, Victoria 1981.

Ders.: Child of all Nations. Ringwood, Victoria 1984.

Ders.: The Fugitive. 1975.

Idanna Pucci: The Epic of Life, a Balinese Journey of the Soul. New York 1985.

Niels Mulder: Mysticism & Everyday Life in Contemporary Java. Singapore 1978.

Rendra: Ballads and Blues, Poems. Kuala Lumpur 1974.

Hans Rhodius and John Darling: Walter Spies and Balinese Art. Amsterdam 1980.

M. C. Ricklefs: A History of Modern Indonesia, c. 1300 to the present. London 1981.

Michael Smithies: Yogyakarta, Cultural Heart of Indonesia. Singapore 1986.

Personen- und Götterregister

Halbfette Seitenzahlen
verweisen auf Hauptstellen.

AFFANDI (1907-1990), Maler 40, **219-221**
Agasty (Shiva) 175
Agung, Sultan 184, **186f.**
Airlangga (reg. 1019-1042), König 235, 239, 251, 253, 306, 310
Albuquerque, Afonso de (um 1462-1515), Eroberer 20
Amir Hamzah (gest. 625), Onkel Mohammeds 106
Anak Agung Gede Jelantik, Fürst 322
Anak Wungsu, König 310
Ananta Toer, Pramoedya (geb. 1925), Dichter 223
Anushanata (gest. 1248), König 248
Anwar, Chairil (1922-1949), Dichter 17
Arjuna, hind. Held 240
Asep Sunandar Sunarya, Schauspieler 104, **106-109**
Ayu Dunureja, Prinzessin 77

BADUGA MAHARAJA (14.Jh.), König 97
Barong (Banaspati Raja), Schutzgeist 333f., 339
Bastian, Adolf (1826-1905), Forscher 30
Baum, Vicki (1888-1960), Schriftstellerin 316
Bedawang Naga, Sagenwesen 299
Berghaus, Erwin (20.Jh.), Reisejournalist 98
Bezemer, T.J. (19./20.Jh.), Schriftsteller 261f.
Bhima Swarga, hind. Held 330f.

Bickmore, Albert S. (19.Jh.), Reiseschriftsteller 75
Bonnet, Rudolf (geb. 1895), Maler 312, 315
Bouwes, P.C., Wissenschaftler 81
Brahma, hind. Gott **147**, 264, 299, 304, 321
Brawidjaya (Dewa Agung), König 328f., 330
Brecht, Bertolt (1898-1956), Schriftsteller 258f.
Breitenstein, H. (19./20.Jh.), Militärarzt 176f.
Buddha, Siddharta Gautama (560-480 v.Chr.), Religionsstifter 151f., 159, 162, 180, 277
Burden, Douglas W., Forscher 81
Burgh, J.R. van der (reg. 1772-1780), Gouverneur 195

CAPELLEN, van der, Gouverneur 206
Chulalongkorn (Rama V., 1853-1910), König 54
Churchill, John (1650-1722), Hzg. v. Marlborough 194
Coen, Jan Pieterszoon (1578-1629), Generalgouverneur **29**, 30, 32, 33, 39, 41
Cokorde Gede Agung Sukawati, Fürst 312
Conrad, Joseph (1857-1924), Schriftsteller 265
Cook, James (1728-1779), Forscher 21, 22, 39
Couperus, Louis (1863-1923), Schriftsteller 84, 100, 135, 200, 259

DAENDELS, Herman Willem (1762-1818), Generalgouverneur **41**, 49f., 60, 61, 63, 114

PERSONENREGISTER

Dalem Badaulu, König 270
Damshäuser, Bertold, Übersetzer 9
Dante Alighieri (1265-1321), Dichter 331
Dauthendey, Max (1867-1918), Dichter 23, 98, 130, 245 f., 262
De Klerk, Reinier (1710-1780), Generalgouverneur 49
Dewa, bal. Gottheit 276
Dewi Rara Sati, jav. Göttin 109
Dewi Sri, hind. Göttin 251, 324, 289, 311
Diponegoro (1785-1855), Prinz 16, 195, 205, **206**, 207
Djajasepoetra, A. D. (reg. 1953-1970), Bischof 62
Djiwokusumo (20.Jh.), Prinz 226
Dubois, Eugène (19.Jh.), Forscher 230
Durga, Todesgöttin 306, 333 f.

EMPU KUTURAN (11.Jh.), Hindu-Heiliger 343
Epp, F. (19.Jh.), Reiseschriftsteller 55
Ernst II. (1818-1893), Herzog von Sachsen-Coburg 75 f.
Erp, Theodor van (19./20.Jh.), Ingenieur 156, 164

FATAHILLAH (15./16.Jh.), Prinz und Fürst 29, 37
Fraccaroli, Arnaldo, Schriftsteller 228

GAJAH MADA (14.Jh.), Politiker 255 f., 270, 306
Gama, Vasco da (um 1460-1524), Seefahrer 20
Ganesha, hind. Gott 148, 175, 304, 307
Garuda, Göttervogel 13, 77, 248, 251, 253
Gunapriya, Königin 270

HABIBIE, Bacharuddin Jusuf (20.Jh.), Politiker 101

Haeckel, Ernst (1834-1919), Wissenschaftler 86, 95
Haffter, E. (19./20.Jh.), Reiseschriftsteller 43, 50, 113
Hamengkubuwono I. (gest. 1792), Sultan 186, 198, 204
Hamengkubuwono III., Sultan 206
Hamengkubuwono IV., Sultan 206
Hamengkubuwono VIII., Sultan 196
Hamengkubuwono IX., Sultan 187, 188, 189, 196, 197, 200, 202
Hamengkubuwono X., Sultan 189, 201, 217
Hartingh, Nicolaas (18.Jh.), Gouverneur 191
Hasskarl, Justus Karl (1811-1894), Forscher 112
Hatta, Politiker 187, 196
Helbig, Karl (20.Jh.), 141, 147
Hofker, Willem Gerhard (20.Jh.), Maler 315
Houtman, Cornelis de (1540-1599), Seefahrer 20

I GUSTI AGUNG ANOM, Fürst 340
Imhoff, Gustaaf Willem Baron van (1705-1750), Generalgouverneur **41 f.**, 90
Indra, bal. Gott 310

JAGOR, F. (19.Jh.), Reiseschriftsteller 51
Junghuhn, Franz Wilhelm (1812-1864), Forscher 111-113

KAPTEN JAS (gest. 1768), Kapitän 52 f.
Kartadibrata, Abdullah (20.Jh.), Konservator 115
Kasian Cephas (20.Jh.), Fotograf 159
Kbo Iwo, Riese 294, 304, 306, 310
Ken Angrok, Heerführer 255
Kertanegara (gest. 1292), König 248, 261
Koenigswald, Gustav Heinrich Ralph von (1902-1982), Forscher 230

Kraus, Werner (20.Jh.), Wissenschaftler 75
Kuvera, hind. Gott 164
Kyai Maya (19.Jh.), relig. Führer 207

LAKSMI, Frau Vishnus 251
Lokesvara, Boddhisattva 165
Loro Jonggrang, Göttin 175
Loro Kidul, Göttin 183, 188, 189, 190, 201, 217, 228

MADE BUDI (20.Jh.), Maler 314
Magellan, Ferdinand (um 1480-1521), Seefahrer 20
Magnis-Suseno, Franz 169
Mahakale, Todesgott 56
Mahendradatta, Prinzessin 267f., 306, 319, 334
Maitreya, Boddhisattva 180
Makara, Tier-Gott 182
Malik, Adam (1917-1984), Politiker 40
Mangkunegara II., König 226
Mansfeldt, Constancia von (19.Jh.), Geschäftsfrau 76
Manuel I. (1469-1521), König von Portugal 59
Meier, Theo (20.Jh.), Maler 315, 317
Mengden, Ulrike von (20.Jh.), Orang-Utan-Expertin 82
Menkegara, König 186
Menz, Julia (20.Jh.) Chronistin 273
Molkenboer, Theo (1871-1920), Künstler 62
Mpu Sindok, König 267

OESTERREICHER, Freiherr von (19.Jh.), Kapitän 86

PAK SUKARNA (20.Jh.), Gonggießer 90-92
Paku Alam I., König 186
Pakubuwono II., König 186, 227
Pakubuwono III., König 191
Pakubuwono X., König 227

Pangeran Karangen (18.Jh.), Fürst 119
Pangeran Kornel, Fürst 114, 115
Plessen, Victor von, Regisseur 331

RADEMACHER, J.C.M. (18.Jh.), Wissenschaftler 54f.
Raden Saleh (1814-1880), Prinz und Maler 40, **74-76**, 80
Raden Wijaya, Heerführer 255
Raffles, Olivia Mariamne (gest. 1814), 51, 90
Raffles, Thomas Stamford (reg. 1811-1816), Generalgouverneur 50, 74, 90, 156
Raja Made Agung 272
Raja Ratna Banten, Fürst 306, 307
Rakai Pikatan, König 178
Ramseyer, Urs, Forscher 276f.
Rangda, Zauberin 303, 334, 339
Ratna Sari Dewi, Ehefrau Sukarnos 79
Ratu Gede Pancering Jagat, bal. Gottheit 295
Ratu-Adil, sagenhafter König 207
Reinardt, Caspar Carl (19.Jh.), Wissenschaftler 87
Rendra (20.Jh.), Lyriker, Dramaturg 338
Ross, Colin (19./20.Jh.), Reiseschriftsteller 297
Röttger, E.H. (19.Jh.), Missionar 39

SADIKIN, Ali, Gouverneur 33
Said Abdullah (19./20.Jh), Kaufmann 54
Sakyamuni, Buddha 165
Sanghyang Widhi Wasa, bal. Gottheit 276, 277, 321, 339
Sangkurirang, Sagengestalt 110
Scidimore, E.R. (19./20.Jh.), Reisender 227
Semar, Mensch-Gott 247
Senapati (gest. 1601), Reichsgründer 184
Shakti, hind. Gott 292

Shiva, hind. Gott 58, 130, **146f.**, 148, 175, 244, 248, 249, 250, 275, 292, 299, 304, 321
Sidaditya Shiva, bal. Gott 275
Siddharta s. Buddha
Sindok, Fürst 235
Smit, Arie (20.Jh.), Maler 313, 315
Spies, Walter (1895-1942), Maler 200, 312, **315f.**, 317, 331, 338f.
Sri Maharaja Rakai Pikatan, König 170
Sudhana, Boddhisattva 158, 164
Suharto, T.N.J., Politiker (geb. 1921) 15, 17, 46, 55, 77, 84, 90, 139, 154, 187, 188, 201, 218, 242, 243
Sukarno, Ahmed, Politiker (1901-1970) 15, 16, 17, 61, 63, 73, 78, 79, 90, 92, 103, 173, 187, 195, 196, **241-243**, 311
Sumardjo, Trisno (1916-1969), Lyriker 9
Sunan Kudu (15./16.Jh.), Wali 150
Surya, Sonnengott 275, 299
Susuhunan Gunung Jati (15./16.Jh.), Wali 116, 117, 150

Tara, buddhist. Gott 178
Thamrin, Mohammad Husni (20.Jh.), Politiker 78

Udayana II., Prinz u. Fürst 235, 251, 267f., 309

Vairapanai, Boddhisattva 165
Vishnu, hind. Gott 94, **147**, 250, 251, 253, 299, 304, 321
Vishnuwardhana (gest. 1268), König 246f.

Wagner, Frits A., Kunsthist. 152
Wallace, Alfred Russel (1823-1913), Forscher 369f.
Wang Zhu-Cheng (15.Jh.), Admiral 35
Wayan Bendi (20.Jh.), Maler 314
Wirth, Karl (19./20.Jh.) 172

Yani, Ahmad (gest. 1965), General 195

Zwaardecroon, Henric (1667-1728), Generalgouverneur 36

*Eines der Gesichter
auf dem Gong von Pejeng im
Pura Pentaran Sasih*

Orts- und Sachregister

Halbfette Seitenzahlen verweisen auf Hauptstellen, *kursive* Seitenzahlen auf Bildlegenden.

ADAT 132, 277, 346, 354
Agama Buda, Religion 263
Agama Hindu, Religion 263
Alun-Alun 254
Anreise 365
Angklung 354
Armee (ABRI) 84
Auskunft 365

BADUI, Volk 263
Badung-Dynastie 351
Bahasa Indonesia, Sprache 17, 78
Bajaj 354
Bali (Plan 268-269) 265-347
  Amlapura (Karangasem) 322
    Balé Kangung 322
    Puri Agung Kanginan 322
  Bali Aga, Urvolk 294, 295, 326f.
  Bali-Aga-Dörfer 267
  Bangli 297-301
    Candi Bentar 299
    Padmasana-Steinsitz 299f.
    Pura Kehen 297, 299-301
    Puri Artha Sastra 299
  Banyuwangi 265
  Barong, Tanz 333, *335*
  Batuan 313
  Batubulan 331-335
  Batukau, Vulkan 343
  Batur 293
    -See 294
  Bedulu 307
    Yeh Pulu 307
  Besakih, Tempelanlage s. Pura Besakih

Bali
  Blahbatu 306
    Pura Puseh 306
  Bratansee *208*
  Bukit Badung, Halbinsel 265, 335
    Ngurah-Rai-Flughafen 265
  Candi Dasa, Bucht 326
  Denpasar 278, 302, **335-339**
    Bali-Museum 339
    Puputan-Platz 339
    Pura Jagatnatha 339
    Eka Dasa Rudra, Fest 328f.
    Gelgel-Dynastie 329, 340
  Gilimanuk 265, 266, 273, 274
  Goa Lawah, Höhle 327f.
  Goa Gajah, Grotte *64*, 304, *305*
  Gunung Agung 275, 317, **318f.**, 324, 327, 333
  Gunung Batur 275, 292f., 294
  Gunung Kawi 309-311
    Grab- und Meditationsmonumente *120*, 309f.
    Pura Titra Empul 310f.
    Sukarno-Haus 311
  Gunung Penulisan 291f.
  Hahnenkampf 362, *363*
  Ikat-Tücher 327, **355**
  Iseh 317
  Jaba, Kaste 271
  Kamasan-Stil 313, 329
  Kamenuh 304-306
  Karangasem s. Amlapura
  Kecak (Affentanz) 331-333
  Ketapang 265
  Kintamani 293
  Klungkung 270, 273, 328-331
    Kertha Gosa *120* 328-331
  Krahma Vihara, Kloster 277f.
  Kris *119*, *356*
  Kubutambahan *290*

ORTS- UND SACHREGISTER

Bali
- Kuta 335
- Kutri 306
  - Bukit Dharma 306
- Legian 335
- Legong-Tanz *302f.*, *303f.*, 332
- Lovina Beach 278
- Mahameru, Götterberg 275
- Mengwi 340
  - Pura Taman Ayun (Plan 342) *340*, **340-343**, *341*
- Mythen 274f.
- Nyepi (Neujahr) 362
- Pakrisan, Fluß 309, 310
- Pedanda (Priester) 321
- Pejeng 307f.
  - Mond-von-Bali-Trommel 308
  - Pura Pentaran Sasih 307
- Peliatan 303, 331
- Pemangku (Priester) 321
- Penelokan 293
- Pengastulan 277
- Petulu 308
- Pita Maha, Künstlerschule 312f.
- Puputan 328, 338, 339
- Pura Besakih **(Plan 320)** 120, **318-321**, 340
  - Pura Batu Madeg 321
  - Pura Kiduling Kreteng 321
  - Pura Panataran Agung 321
- Pura Maduwe Kurang 291
- Pura Pulaki, Tempel 274-277
- Pura Tegeh Koripan 292, 311f.
- Reiskultur 324f., 343
- Sangsit 289f.
  - Pura Beji 289
  - Pura Dalem 289f.
- Sanur 266, 335
- Singaraja 274, **278f.**, 289, 330
  - Gedong-Kirtya-Museum 279, 289, 330
  - Puri-Buleleng-Palast 278f.
- Sprache 362f.
- Subagan 353
- Tabanan 343-347
  - Pura Luhur 343-346
  - Pura Tanah Lot *208*, 343-347
  - Subak-Museum 343

Bali
- Tampaksiring 309
- Tenganan 289, 326f.
- Tengaran 294f.
- Tirtagangga *322*, 324, 325
- Transmigration 325f.
- Trunyan 294f.
  - Pura Pancering Jagat 295
- Ubud *281*, 301-303, 312-315
  - Monkey-Forest-Road *120*, 302
  - Neka-Museum 313-315, *314*
  - Pura Dalam 302f.
  - Puri-Lukisan-Museum 312
  - Ubud-Stil 312f.
- Verbrennung *281*, 346, 363f.
- Walter-Spies-Haus 315f.
- Weltbild 275
- Wesya 271, 364
- Zahnfeilung 339, 364
- Bandung-Konferenz 103
- Bapaktismus 193
- Bataver, Volksstamm 31
- Batik 354, 355
- Besetzung, japanische 32, 78, 260
- Bevölkerung 205
- Bharatayuddha-Epos 144f.
- Bhinneka Tuggal Ika 354
- Botschaften und Konsulate 365
- Brahmana, Kaste 271
- Britisches Interregnum (1811-1816) 194, 206
- Buddhismus 163, 256, 263, 276
- Bupati 354

CANDI 166, 354
- Chinarinde (Baum) 111-113
- Chinesische Minderheit 44-46
- Cholera 39

DALANG (Spielmeister) 106f., 108, 109
- Desa 354
- Dong-Song-Kultur 308
- Dukun (Wunderheiler) 190, 354

ESSEN 132, 365

Feste *64*, 366
Fieber, batavisches 39
Fotografieren 366

GAMELAN (Orchester) 90, *93*, 103, 107, 115, 129, *281*, 355, *360*
Garebeg-Fest 202 f.
Garuda 13, 77, 251, 355
Gastfreundschaft 366 f.
Geld 367
Gereja 355
Geschäftszeiten 367 f.
Gesundheit 368
Giyanti, Vertrag von 186, 191
GOLKAR, Staatspartei 201
Gotong Royong 355
Grüne Revolution 326

HANDEL, südostasiatischer 20-23
Handeln 368
Harmonie 368
Hinayana-Buddhismus 170
Hinduismus 256, 263, 276
Historie 350-353
Hygiene 368

IDUL FITRI, Fest 355
Indische Kultur 94, 146, 235
Indonesien 1, 15, 16, 188
Insulinde 30-32, 50
Islam 106, 116, 132, 134, 149, 184, 256, 271

JAMU, 355
Java (13-264)
  Ajasmoro, Vulkan 249
  Ambarawa 148
  Arjuno, Vulkan 248, 249
  Astana Gede, Palast 135 f.
  Bandung (Plan 99) 94, 97, **98-103**, 110
    Flugzeugwerk 100-102
    Gedung Bumi Siliwangi 110
    Gedung Merdeka 102 f.
    Siliwangi-Museum 100
    Universität 102
    Westjavanisches Museum 372
  Banten, Bucht von 28 f.

Java
  Belawan 251 f.
  Blitar 241-243
    Makaman Proklamator 241, 243
  Bogor 86-92
    Batu-Tulis, Stein 92 f.
    Gongwerkstätte 90-92
    Kebun Raya (Botanischer Garten) **86 f.**, 95, 137
    Präsidentenpalast 90, *91*
  Borobudur, Tempelanlage 56, *120*, *152*, *159*, **151-166**, 172, 173, 176, 182, 277
    Archäologischer Park 152 f.
    Bildreliefs 158-162
    Candi Mendut 163 f.
    Candi Pawon 164-166
  Branta, Fluß 245, 246, 253
  Caldera, Vulkanregion 144
  Candi Banyunibo 172
  Candi Baro 172
  Candi Ceto 231 f.
  Candi Ijo 172
  Candi Kalasan 180 f.
  Candi Kedason 257
  Candi Kidul 247 f.
  Candi Morangan 183
  Candi Sari 180
  Candi Singasari 248 f.
  Candi Sukuh 231-233
  Candirawan 249
    Candi Sumbarawan 249
  Canggu 238, 239
    Candi Surowono 238 f.
    Candi Teguwangi 238 f.
  Ciampea 92 f.
  Cibodas (Botanischer Garten) 95 f.
  Cilacap 138, 140, 141
  Cipanas 95, 131
  Cirebon 116-119, 168, 219
    Gunung Jati 116 f.
    Kraton Kanoman 117 f.
    Kraton Kasepuhan 117-119
    Mesjid Agung 117
    Tamansari Sunyaragi 119

Java

- Ciwulan-Tal 131
- Demak (Stadt) 149f., 184
- Demak (Königreich) 29
- Dieng (Dorf) 141, 144
- Dieng-Plateau 141-149
  - Candi Arjuna 144
  - Candi Bhima 147f.
  - Candi Semar 144, 147
  - Kawah-Sileri-See 148
  - Puntadewa 144
  - Sembadra 144
  - Srikandi 144, 146f.
- Galunggun (Vulkan) 129
- Garut 129, 131
- Gedong Songo (Tempel) 148
- Goa Selamangleng 240
- Gondang Baru (Zuckermuseum) 223
- Gunung Gede 95
- Gunung Kelut 243
- Gunung Lawu 229, 231, 234, 238
- Gunung Merabu 222
- Gunung Merapi 183, 221f.
- Gunung Penanggungan 250
- Gunung Slamet (Vulkan) 138
- Gunung Ungaran 148
- Imogiri *185*, 183-188
- Jakarta **(Plan 12) 13-85**
  - Ancol 34f.
    - Erefelden Ancol 35
    - chin. Tempel 34f.
    - Kunstmarkt 34
    - Taman Impian Jaya Ancol 34
  - Batavia 15, 19, **29-31**, **36-42**, *44*, 86
  - Bidadari, Insel 23, 26, 27
  - Bucht 19
  - Cikini-Krankenhaus 74, 76
  - Denkmal der indonesischen Gastfreundschaft 79
  - Fischmarkt 32
  - Friedhof Taman Prasasti *53*
  - Gambir-Bahnhof 18
  - Gedung Gajah 54
  - Glodok 19, **42-48**
    - Jin-de-Yuan-Tempel 46-48
    - Pasar Petar Sembilan 43

Java

- Hafen 19, *31*, *64*
- Harmonie 48, **49-51**
- Häuser und Paläste
  - Gedung Kesenian 62
  - Gedung Pancasila 73
  - Hotel Borobudur 63
  - Hotel des Indes 51
  - Hotel Indonesia 79f.
  - Istana Merdeka 17, **60**
  - Istana Negara 60f.
  - Nationalarchiv 49
  - Pertamina-Zentrale 18
  - Präsidialamt 17
  - Präsidialverwaltung 51
  - Radio Republik Indonesia 17
  - Toko Merah 42
  - Verteidigungsministerium 17
- Hoenderpasarbrug 41f.
- Jalan Thamrin 77f.
- Jayakarta 29
- Kelor, Insel 23, **26**, 27
- Khayangan, Insel 23, 26, 27
- Kirchen und Moscheen
  - Anglikanische Kirche 73f.
  - Cut-Mutiah-Moschee 19
  - Immanuel-Kirche 18, **73**
  - Istiqlal-Moschee *18*, 18, 61
  - Katholische Kathedrale *18*, 19, **61f.**
  - Sion-Kirche 36f., 53, 73
- Kota 36f.
- Memorial-Park 52
- Menteng 19
- Museen
  - Adam-Malik-Museum 372
  - Ahmad Yani Sasmita Loka Museum 372
  - Bahari-Museum 32f.
  - Balai Seni Rupa, Kunstmuseum 40
  - Jakarta-Museum 372
  - Museum im Nationaldenkmal 16, 18
  - Museum Keprajuritan Indonesia 84
  - Nationaldenkmal 13-17, 19

Java
    Nationalmuseum 17, 57, 54-58, 233
    Stadthaus 39, 39f.
    Stadtmuseum 85
    Taman Mini Indonesia Indah 82-85, 195
    Textil-Museum 53f.
    Wayang-Museum 40f.
  Onrust, Insel **19-27**, 22, 33
  Orang Betawi 78
  Pasar Baru 62
  Plätze
    Fatahillah **37f.**, 40
    Lapangan Banteng 32, **62f.**
    Merdeka 15-19
  Ragunan-Zoo 80-83
  Si-Jagur-Kanone 40
  Sunda Kelapa **27f.**, 33
  Taman Ismail Marzuki (TIM), Kulturzentrum **74**, 77
  Uitkijk-Turm 33f.
  Unabhängigkeitshalle 16
Jalatunda 251, 252
Kediri 239
Kedu-Ebene 154
Ketroprak 356
Klaten 222, 223
Kraton Kasanunan 190
Kraton Ratu Boko 166-172
Kudus 150f.
Lembang 110f., 113
Ludruk 356
Lurah 356
Madiun 238
Magelang 195
Malang 130, **245f.**
  Candi Badut 246
  Pelangi-Hotel (Palace) 245f.
  Toko Oen 245
Mojokerto (Stadt u. Museum) 253
Naga (Dorf u. Kampung) 131f.
Ngadisari 262, 264
Nusa Gede 134f., 136
Nusa-Kembangan, Insel 139
Ostjava (Plan 236-237), 234-264

Java
  Panataran, Tempelanlage **243-245**, 248
    Reliefs 244
  Pangandaran, Botanischer Garten 136-138
  Parahiangan-Eisenbahn 96-98
  Parangtritis 188-190
  Plaosan, Tempelanlage *178*, 178f.
  Prambanan, Tempelstadt (Plan 168) 167, *175*, *177*, 173-178
    Candi Bubrah 178
    Candi Lumbung 178
    Sewu-Komplex 178
  Preanger-Land 129
  Propolingo 261
  Puncak-Paß 95, 97
  Sambirejo 172
  Sambisari (Dorf u. Candi) 181f.
  Sanggrahan 240f.
  Sangiran (Dorf u. Museum) 230
  Sarangan 234
  Sariharjo 217
  Sawal-Vulkan 134
  Segara-Anakan-See 138
  Selamangleng 239f.
  Semarang 116
  Situ Cangkuang (See) 130
    Hindu-Tempel 130
  Situ Lengkong 134
  Solo (Surakarta; Plan 225) 56, 168, 221, **224-229**
    Kasunahan (Kraton) 226-229
    Monumen Pers Nasional 225
    Puru Mangkunegaran (Kraton) 225
    Radyapustaka-Museum 224
    Taman Budaya Jawa Tengah 226
  Sprache 199f., 270
  Sumedang 114f.
    Prabu Geusan Ulun (Museum) 115
  Sunda (Westjava) 96, 104, 132, 134

Java

Surabaya 116, **258-261**
  Aspari-Park 261
  Bahnhof 260
  Delta Plaza 260f.
  Jembatan-Merah, Brücke 259
  Madura-Insel 259
  Tanjung-Perak-Hafen 259
Surakarta s. Solo
Tangkubanprahu (Vulkan) 109-114, **113**
Tanjung Priok 116
Tasikmalaya 132
Tawangmangu 234
Tegalreji 205
Tengger-Massiv 261-264
  Bromo 262, 264
  Semeru 262
Tretes 249f.
Trowulan (Plan 254) 253-257
  Candi Brahu 254f.
  Candi Kedaton 256f., 257
  Candi Siti Inggil 255
  Pendopo Agung 256
Tulungagung 240
Tumpang 246
  Candi Jago 246f.
Ujung-Kulon-Nationalpark 82
Vulkane 94, 109-114, 129, 131, 154, 249
Waduk-Rawapening-See 149
Wajak-Berge 240
Welirang, Vulkan 249
Westjava (Plan 88-89) *132*, **86-140**
Wonosobo 141, 148
Yogyakarta (Plan 192) 166, 168, **183f.**, 187, 188, **191-205**, *374*
  Affandi-Museum 219-221
  Fort Vredenburgh 195
  Gajah-Mada-Universität 205
  Holländische Residenz 195f.
  Hotel Garuda 193
  Kencono-Pavillon 198
  Kesatriyan-Pavillon 198-200
  Kota Gede 184
  Kraton 196-204, *202*
  Kutschenmuseum 202

Java

  Malioboro 191-194, 219
  Monumen Diponegoro 205-217
  Monumen Yogya Kembali 217, 219
  Museum des Unabhängigkeitskampfes *373*
  Parlament 193
  Pasar Beringhardjo 194f.
  Pringgodani-Gebäude 200
  Ratu Ageng 206
  Sono Budoyo (Museum) 196
  Taman-Sari-Garten 204f.
  Vogelmarkt 204
Zentraljava (Plan 142-143) 142-233
Java-Krieg 207, 217
Java-Mensch (Pithecantropus erectus) 55f., 229f.

KALA-FRATZEN 248, 355
Kasada, Fest 264
Kastenwesen 271
Kawi, altjav. Sprache 309
Kebatinan-Glaube 256
Kediri-Dynastie (1050-1221) 235
Kejawen-Glaube 256
Kerencong 356
Kleidung 368f.
Klima 369
Klungkung-Dynastie 329
Kolonialismus
  Niederlande 24, 19-27, 29-32, 35, 50, 60, 90, 98, 186, 187, 207, 245, 258, 272, 273, 330, 339
  Portugiesen 29, 31
Koneksi 80
Kraton (Palast) 168f., 356
Kraton-Kultur 146, 224
Kretek, Zigarette *145*, 151, 356
Kris 119, 356
Kujang 119
Kulturkaleidoskop 354-364

LINGAM, Fruchtbarkeitssymbol 15, 182, 232, 292, 304, 311
Literatur 378

Lombok 369, *370*
London Missionary Society 74
Lontar-Bücher 180, **279**, **289**, 327
Ludruk-Spiel 258, 356

MADURA 371f.
Mahabharata-Epos 77, 105 f., 170, 232, 238, 239, 247, 279, 330, 356 f.
Mahayana-Buddhismus 155, 181, 267, 312
Majapahit-Reich (1294-1520) 92, 149 f., 184, 187, 228, 235, 238, 243 f., 253, 254, 255, 257, 262, 270, 271, 309, 357
Malakka 20, 21, 36
Malaria 102, 130
Mandala-Diagramm 158
Massaker, chinesisches *44*, 44
Mataram-Reich 156, 172, 182, 184, 187, 189, 190, 191, 201, 207, 234 f.
Megalith-Kultur 233, 266, 294
Meru (Götterberg) 250
Molukken 20, 31
Museen 372-374
Mushrooms 190

NAGA (Schlange) 251
NASAKOM-Ära 352
Neolithische Kultur 266 f.
Neue Ordnung 46, 55, 83, 219, 243, 343
Niederländisch-Indien s. Kolonialismus

ORANG-UTAN 82
Ost-Timor 83

PADRÃO (Grenzstein) 59
Pagelaran-Tor 197
Pajajaran-Reich 92, 100
Pancasila, Staatsreligion 256, 276
Papua, Volksstamm 84
Pendopo, Stil 167, 226, 241, 255
Peranakan, chin. Volksgruppe 46
Pfahldörfer 138 f.
Pinsi (Segelschiff) 28
Pithecantropus erectus s. Java-Mensch

Prau (Segelschiff) 28, 259
Protestantische Kirche Westjavas 73
Purânas (Heilige Schriften) 250

RAMAYANA-EPOS 105 f., 176, 244, 279, 312, 357
Reiher 308
Reisanbau *64*, *132*, *208*, 222 f., *242*, 324 f.
Reisehinweise **365-377**

SAILENDRA-DYNASTIE 154 f., 156, 170, 171, 178, 179
Sanggar Agung (Thron) 321
Sanjaya-Dynastie 170 f., 178
Satria (Ksyatrya), Kaste 271
Sawah 97, 248, 340, 357
Selamatan 358
Shaka-Zeitrechnung 244, 251, 318
Singasari-Dynastie (1222-1294) 235, 243, 246, 255, 259, 309
Sithinggil, Empfangshalle 197
Sklaven 272
Sprache 375 f.
Srivijaya-Reich 154
Sumpah-Palapa, Schwur 256
Sundainseln 81
Susuhunan, hind. Titel 227

TAHU-SPEISE 114
Tanah Air 265, 266
Tänze, javanische 199
Telefonieren 376 f.
Tenggeresen, Volk 263
Terrakotta 255
Totok, chinesische Volksgruppe 46
Transmigrasi 358
Tugu (Säule) 191

UNABHÄNGIGKEITSERKLÄRUNG 16, 60
UNESCO 157
Unterkunft 377

VEREINIGTE OSTINDISCHE KOMPANIE (VOC) 19, **20f.**, 29, 32, 36, 39, 40, 41, 50, 184, 185, 272
Verkehrsmittel 374f.

WALI 116f.
Warane 81
Waringin-Bäume 196f., 299, 358
Wayang, Kultspiel 40, 56, 77, 78, 108f., 220, 235, 329, 359, **358-361**
Wayang Bébér 361
Wayang Golek 104f., 106, *107*, 247
Wayang Klitik 238, 361

Wayang Kulit 90, 104, 170, 238, 329, **358f.**
Wayang Purba 359
Wayang Topeng 361
Wayang Wong 361
Weltevreden 60

YONI, Fruchtbarkeitssymbol 15, 232, 292

ZEIT 377
Zeittafel **350-353**
Zoll 377
Zuckerrohr 223

Abbildungsnachweis

Franz Binder, München: Schwarzweiß-Abbildung Seite 305. Peter Cirtek, Hamburg: Farbtafel 6; Schwarzweiß-Abbildung 355. Reinhard Eisele, Augsburg: Farbtafel 13. Heidrun Kayser, Schwieberdingen: Farbtafel 20. Mainbild, Frankfurt/M.: Schwarzweiß-Abbildungen Seite 2, 57, 93, 107, 153, 160, 174, 177, 185, 296, 347, 359. Richard Mikala, Bregenz: Schwarzweiß-Abbildungen Seite 171, 242. Hans Patzelt, Ambach: Umschlagvorderseite; Schwarzweiß-Abbildungen Seite 91, 336, 348, 360. Rüdiger Siebert, Metternich: Schwarzweiß-Abbildungen Seite 22, 24, 31, 38, 45, 53, 85, 133, 145, 179, 185, 202, 239, 252, 257. Hubert Stadler, Bucherau: Farbtafeln 7, 10. Otto Stadler, Geisenhausen: Farbtafeln 2, 9, 11, 12, 14, 15, 17, 19; Schwarzweiß-Abbildungen Seite 314, 323, 353, 356. Thomas Stankiewiez, München: Farbtafeln 3, 18; Schwarzweiß-Abbildungen 18, 374. Friedrich Stark, Dortmund: Umschlagrücken; Farbtafeln 1, 4, 8, 16; Schwarzweiß-Abbildungen Seite 341, 363, 367, 370, 375. Marina Tetzner, Hamburg: Farbtafel 5; Schwarzweiß-Abbildungen Seite 290, 376.

Die Tempelanlage (S. 298) und die Tänzerinnen (S. 302/303) zeichnete Judith Winstel, Ottobrunn, nach den Vorlagen aus dem Buch von Miguel Covarubbias. Island of Bali (1937). Reprint Singapore 1972.

Kartographie: Astrid Fischer, München.

BANGKA
Karimata-Straße
BELITUNG
SUMATRA
Telukbetung
SERIBU-
ARCHIPEL
KARIMUNJ
Sunda-Straße
JAKARTA
Serang
Krawang
Indramayu
PANAITAN
Labuhan
Rangkasbitung
JAVA
Jep
WEST-JAVA
Bogor
Cirebon
Cianjur
Pekalongan
Pemalang
Tegal
Sukabumi
BANDUNG
Semarang
Garut
ZENTRAL-JAVA
Purwokerto
Tasikmalaya
Magelang
Cilacap
INDISCHER
OZEAN
N
JAVA/BALI
100 km

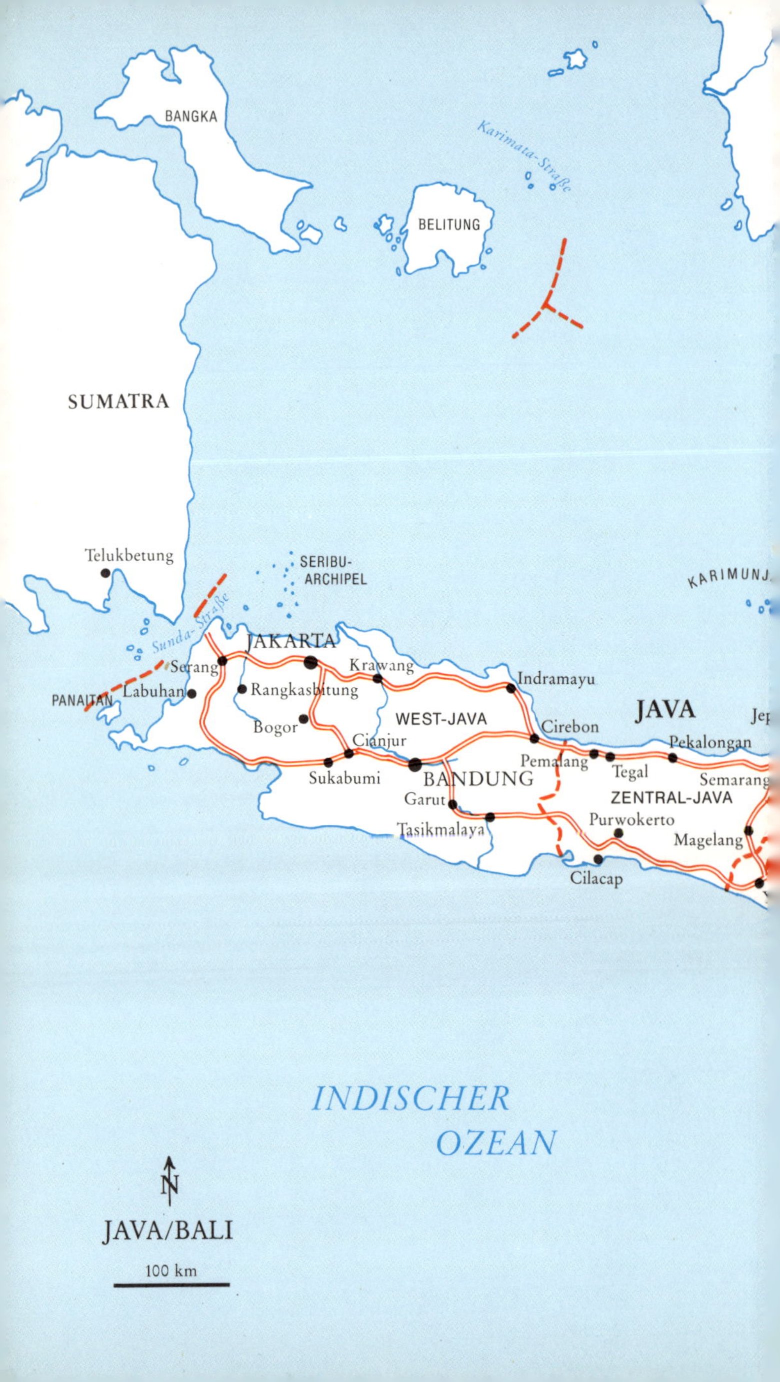

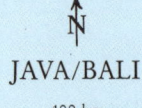